国家社科基金
GUOJIA SHEKE JIJIN HOUQI ZIZHU XIANGMU
后期资助项目

性别视角下的译者规范

20世纪初叶中国首个本土女性译者群体研究

Translator's Norms from Gender Perspective
A Study on the First Indigenous Women Translators in
Early Twentieth-century China

罗列 著

北京师范大学出版集团
BEIJING NORMAL UNIVERSITY PUBLISHING GROUP
北京师范大学出版社

图书在版编目(CIP)数据

性别视角下的译者规范：20世纪初叶中国首个本土女性译者群体研究／罗列著.—北京：北京师范大学出版社，2014.3
（国家社科基金后期资助项目）
ISBN 978-7-303-12832-7

Ⅰ.①性… Ⅱ.①罗… Ⅲ.①女性－翻译家－人物研究－中国－20世纪 Ⅳ.①K825.5

中国版本图书馆CIP数据核字(2014)第042289号

营销中心电话 010-58802181 58805532
北师大出版社高等教育分社网 http://gaojiao.bnup.com
电子信箱 gaojiao@bnupg.com

XING BIE SHI JIAO XIA DE YI ZHE GUI FAN
出版发行：北京师范大学出版社 www.bnup.com
北京新街口外大街19号
邮政编码：100875
印　　刷：北京京师印务有限公司
经　　销：全国新华书店
开　　本：165 mm × 238 mm
印　　张：20
字　　数：320千字
版　　次：2014年3月第1版
印　　次：2014年3月第1次印刷
定　　价：68.00元

策划编辑：曾忆梦　　责任编辑：赵雯婧
美术编辑：王齐云　　装帧设计：王齐云
责任校对：李　菡　　责任印制：孙文凯

国家社科基金后期资助项目

出 版 说 明

    后期资助项目是国家社科基金设立的一类重要项目，旨在鼓励广大社科研究者潜心治学，支持基础研究多出优秀成果。它是经过严格评审，从接近完成的科研成果中遴选立项的。为扩大后期资助项目的影响，更好地推动学术发展，促进成果转化，全国哲学社会科学规划办公室按照"统一设计、统一标识、统一版式、形成系列"的总体要求，组织出版国家社科基金后期资助项目成果。

全国哲学社会科学规划办公室

序

　　第一次见到罗列是在她的博士答辩会上。2007 年，应她母校四川大学之邀，去担任她导师朱徽教授开门弟子的博士论文答辩评审。当时罗列侃侃而谈，胸有成竹，看得出来她确实下工夫读书做研究，对所研究的女译者如数家珍，对评委们的问题也回答得恰到好处，给我留下了非常深刻的印象。在答谢宴会上，她举止端庄，谈吐得体，师弟师妹们对她都非常敬重，一派大家闺秀的风范。许多人习惯地认为，凡是做女性研究的女人，要么属于恐龙级别，要么性格激进，要么受过什么刺激，咄咄逼人，总之，与温文尔雅沾不上边。罗列恰好打破了这个迷思，她不仅清秀美丽，大方文雅，而且饱读诗书，学问扎实。她既不浓妆艳抹，奇装异服，又不言辞激烈，手舞足蹈。她把自己的读书所得娓娓道来，用还原历史的态度让读者信服。

　　罗列的博士论文《女性形象与女权话语——20 世纪初叶中国西方文学女性形象译介研究》，选取了 20 世纪初叶翻译文学中的西方女性形象，通过这些形象的译介，探讨当时中国翻译文学兴起和性别问题凸显的历史文化动因，探究西方女性形象在翻译文学中的再现方式以及在译入语社会的接受情况，透视女性形象译介与女权话语演变之间的互动关系，从而见证中国文学的演进、新文艺形式的萌生、女权诉求和女性历史际遇的巨变。尽管论文的研究方法和部分表述还存有瑕疵，但作者的学术勇气、研究态度、立场观点以及严谨的思维和优美的文笔，都给我留下了很好的印象。我深知，要把形象学、译介学、话语权力、性别研究等融为一体是难度很大的，跨学科研究要融会贯通几个学科的知识很不容易。单就性别研究来说，作者就要承受极大的压力，对此我深有体会。

　　在香港读博士期间，我有机会接触到文艺批评领域三代女性文学批评家，阅读了他们的作品，与部分学者进行了深入交流，从而对性别研究产生了兴趣，自己也做了一点粗浅的研究，后来在指导硕士研究生的时候，由于不少硕士生对性别研究有兴趣，我就跟他们一起继续阅读讨论，完成了《翻译研究中的性别视角》课题的写作。特别是数次应中山大学艾晓明老师之邀，参加他们的博士论文答辩及相关学术活动，对性别研究在各个学术领域的应用有了进一步的思考。

　　罗列毕业后，我们仍保持着联系，经常电话里一聊就是半小时以上。我的态度是，尽管她已经博士毕业，但学术研究才刚刚起步，单用译介学、形象学等视角来做女性译者的研究还不够，必须结合翻译理论本身探讨的关键问题展开深入研究。此外要成为成熟的研究人员，还需接受更为系统的研究方法论的训练。克服了种种工作和家庭的困难，罗列终于决定从事博士后研究，让我非常感动。作为女性，我理解她对幼子和年迈父母的不舍；作为同行，我佩服她对学习和研究不懈的追求；作为导师，我有责任跟她一起并肩工作，探索未知。

　　在博士后研究期间，罗列像一名博士生一样，认真地听课读书，参加每一次导读和学术活动；她又是博士生们的贴心大师姐，耐心帮他们解决学习和生活中的各种问题；她还是我的好伙伴好助手，跟我一起面对各种压力，勇敢地从事翻译与性别这个有一定危险更有难度的研究领域。当她最终以优异的成绩通过出站考核的时候，她十分淡定地微笑着接受师弟师妹们的祝福，反倒是我，热泪夺眶而出，因为我太了解她的不容易了！在站研究期间，她承受了太多的压力，来自研究本身的难度，来自工作岗位的压力，来自家庭生活的困难，来自异性的不解和质疑……这些压力非但没有压垮她，反而让她更加坚强，更加成熟，更加专注。

　　博士毕业，罗列没有止步不前；博士后出站，罗列依然继续前行。在繁忙的教学科研、行政工作以及家务劳动之余，她成功申请到国家社科基金项目的资助，开始了新的征程。这本著作《性别视角下的译者规范——20世纪初叶中国首个本土女性译者群体研究》将翻译规范与性别研究相结合，探索分析了翻译规范和译者规范之间的关系，系统研究了女性译者的期待规范、预备规范和操作规范，探讨了译者主体在建构和推动翻译规范发展中发挥的重要能动作用，也突出了中国翻译史书写中性别维度的关照带来的新发现。本书向读者奉献了作者的智慧和思考，我期待在未来她能迎接更多的挑战，承受更大的压力，为翻译理论和性别研究做出自己新的贡献。

　　是为序。

穆　雷

2013 年仲秋

于白云山下

目　录

绪　论

　　人类社会的翻译历史同语言的历史一样久远，对什么是翻译、什么是好的翻译的探讨由来已久。传统的翻译理论将重点放在讨论原语文本和目标语文本之间的关系，尝试找到双语转换的规律，实现两种文本之间的对等，因而翻译标准是探讨的核心问题。然而翻译并不是一个从文本到文本的封闭过程，也非一种单纯的语言行为，而是在特定历史语境中发生的文化行为。"20 世纪 70 年代产生的多元系统论，把翻译文学视作目标语文化中一个更大的社会、文学和历史系统中的一个系统，这一研究模式是对静态的规定性研究模式的反动"①，启发了从文化层面探索和认识翻译行为。研究者认识到"如果把对译作的研究同影响译作产生的诸种因素割裂开，最终将导致对翻译现象中一个重要维度的忽视"。② 20世纪 80 年代翻译研究中发生的"文化转向"(cultural turn)打破了语言学和文学之间的界限，使翻译研究作为一门相对独立的学科跻身于学术殿堂，并为翻译研究提供了崭新的理论视角和研究范式。翻译研究中的"文化转向"把重点放在描述性的方法上，强调译本作为文献这个现实，它们的存在是物质性的(exist materially)，并处在流动(move about)中。这让我们理解到翻译与其他交流模式之间存在着有机的联系，将翻译视为书写实践，贯穿所有文化表现的各种张力都在翻译中有所体现。③"文化转向"推动研究范式从规定走向描写，以目标语为导向的研究把翻译作为特定历史文化语境中的社会活动加以考察，"规范"(norms)这一概念被引入翻译研究。"规范"是一个社会科学概念，用以解释人类活动的社会意义，并对人类行为进行规约。经过图里(Gideon Toury)、赫曼斯(Theo Hermans)及切斯特曼(Andrew Chesterman)等学者的阐发，"规范已经

---

① Jeremy Munday. *Introducing Translation Studies：Theories and Applications*. Routledge，2001. p. 108.

② Basil Hatim, and Ian Mason. *Discourse and the Translator*. Shanghai Foreign Language Education Press，2001. p. 13.

③ Sherry Simon. *Gender in Translation：Cultural Identity and the Politics of Transmission*. Routledge，1996. pp. 7-8.

成为描述翻译研究中的关键概念和便于使用的工具"。① 探讨翻译规范不但可以不断拓展对翻译的认识，也可以推动对翻译法则(laws)的探寻。

随着规范理论的发展，其不足之处也逐渐显现出来。西方研究者指出该理论忽视了对主体性的关注，译者在规范描写中的重要意义开始得到重视。翻译规范并不稳定，总是处在不断变化之中，在特定历史语境中的翻译规范也存在多样性，多元规范的共存为译者的个性化选择提供了可能。译者主体与翻译规范之间存在互动关系，一方面译者的活动和决定会受到翻译规范的影响和制约，如赫曼斯指出的"有些译者的决定根本就说不上是决定，更不要说是译者自己的决定"②，有些决定不是译者主体可以控制或者可以随意违反的；但另一方面译者并不是翻译规范被动的接受者和遵循者，所有规范都需要通过译者的选择和内化，作用于译本的生产。有意识或者无意识地，译者在遵循和打破既有规范之间做出选择，改变着原有规范的格局，不断参与并推动翻译规范的变迁。

西方翻译规范研究的不断发展，也引起了中国学者的关注。中国学者约从 2001 年开始关注翻译规范研究。③ 国内已有研究成果可大致分为以下几类：一类是评介西方学者相关的翻译规范理论；一类是对翻译规范理论的运用研究，探讨各种翻译现象和实践；一类是中国学者对翻译规范理论的探索和发展。现有成果中把翻译规范和译者主体相结合的研究期刊论文有 4 篇，硕士论文有 2 篇，博士论文有 1 篇。④ 可见翻译规范的研究，尤其以中国特定历史语境为背景，将翻译规范与译者主体相结合，重构当时翻译规范的研究尚有巨大空间去深入和拓展，而至今尚还未有从性别视角关注译者群体来展开的对这一领域的研究。

---

① Theo Hermans. *Translation in Systems：Descriptive and System-oriented Approaches Explained*. Shanghai Foreign Language Education Press，2004. p. 73.

② Theo Hermans. *Translation in Systems：Descriptive and System-oriented Approaches Explaine*. Shanghai Foreign Language Education Press，2004. p. 73.

③ 2001 年有 4 篇期刊论文和 1 部著作译介、评述了国外翻译规范研究。在"CNKI 中国期刊全文数据库"上以"翻译规范"为关键词查询，截至 2011 年 7 月，共有期刊论文和硕士、博士论文 246 篇。

④ 期刊论文有孙艺风：《翻译规范与主体意识》，《中国翻译》，2003 年第 3 期；曲文艳：《翻译的主体性：谈翻译主体意识与翻译规范意识》，《北京第二外国语学院学报》，2006 年第 6 期；凌长秀：《论翻译规范的演变和译者的主体性》，《湖南经济管理干部学院学报》，2006 年第 5 期；陈鹏：《守规与译者的主体性：关于翻译规范的认识》，《郑州航空工业管理学院学报》，2007 年第 1 期。硕士论文有江澎涛：《从翻译规范理论角度看译者主体性》，中国海洋大学，2005；徐斌：《翻译规范与译者对文本及翻译策略的选择》，湖南师范大学，2006。博士论文有章艳：《清末民初小说翻译规范及译者的应对》，上海外国语大学，2006。

本书提出"译者规范"这一概念,旨在突出译者主体在翻译规范萌生、发展及变化中的重要作用。如果并不存在没有译者主体参与的翻译规范,且译者主体与翻译规范之间是互动、而非制约与被制约的单向关系,译者规范应属于翻译规范的一部分,对此笔者将在第一章中进行论述。本文以性别为分析范畴,以20世纪初叶中国历史上出现的第一个本土女性译者群体为研究对象,对她们的译者规范进行系统描述,将之作为书写中国翻译史的组成部分,重构20世纪初叶中国翻译文学中多元翻译规范的在场。"看清楚规范的运作方式可以令我们更接近翻译的本质。我们的任务就是通过语料分析,重构某一群体、某个历史时期的翻译规范。"[①]虽然本文研究的语料有限,研究模式和结果可能并不具备普遍适用性,但仍可以成为把特定译者群体的研究纳入翻译规范研究的有益尝试。

本文从译者主体出发,描述特定历史语境中特定译者群体的译者规范,以揭示对译者亚群体的研究对于描写翻译规范的重要意义。译者主体并非是拥有一致性文化身份的整体,可以通过不同的标准对译者主体进行界定和划分,以便更客观、更具体地描写特定历史文化语境中的译者规范。对译者规范的描述如果不是以超验的、去身体化的主体状况为基础,性别便是对译者主体进行分类的最显性的一个区分度。加拿大翻译理论家雪利·西蒙(Sherry Simon)指出,将翻译置放在文化研究之中,意味着"'文化'、'身份'和'性别'这些概念不再被视为不言自明之物,它们成为研究的对象"[②]。西方女性主义学者在20世纪60年代末至70年代初提出"社会性别"(gender)这一概念,指出社会性别是人类组织性活动的一种制度,是人类社会的一种基本组织方式,也是人社会化过程中一个基本的内容。[③]既然翻译活动被视作是历史文化活动,受规范的影响和制约,而"规范是个体在其社会化过程中习得的,意味着具有约束力——或者是确已存在的,或者是潜在的,或者是消极的,抑或积极的"[④],那么译者作为特定历史文化语境中的个体,其翻译活动自然与社会性别之间存在千丝万缕的联系。女性主义翻译理论特别强调译者的主体地位,对于主体身份的研究指出"最应受到批评的是,在诸多对翻译忠

---

① 朱志瑜:《求同与存异》,Christina Schäffner, ed. *Translation and Norms*. Foreign Language Teaching and Research Press,2007. p. xi.

② Sherry Simon. *Gender in Translation: Cultural Identity and the Politics of Transmission*. Routledge,1996. p. ix.

③ 王政:《越界:跨文化女权实践》,天津,天津人民出版社,2004,第1版,第175页。

④ Gideon Toury. *Descriptive Translation Studies and Beyond*. Shanghai Foreign Language Education Press,2001. p. 55.

实的男权主义表述中，预设了一个'统一'的主体"①，即无性别差异的主体，而背后潜藏的其实是以男性主体特征来消泯女性主体的特征。女性主义翻译理论主张译者有明确的翻译目的，有翻译方案，有翻译策略和方法，这些都构成女性主义视角下译者规范的要素。加拿大翻译研究学者路易斯·冯·弗洛脱（Luise von Flotow）认为，将性别与翻译相结合的研究，在 20 世纪曾经历了两种范式，第一种范式关注女性，第二种范式关注酷儿理论和翻译中的述行（the performative）。然而第二种范式将研究的重点从女性转移到其他性别上，对翻译研究的推动大大减弱，因在 21 世纪新的社会语境中，翻译与性别的研究现在应该重新返回第一范式，返回女性主体这一论题上，研究自称是女性或者被视作女性的译者、作家和小说人物。② 对女性主体研究的强调，与后女性主义对性和性别的行述性主张相辅相成。后女性主义认为，身体从成为社会存在的那一刻就被性别化了，不存在超越社会文化规范的性。生物学上的性别差异与社会性别的建构之间存在着诸多联系。鉴于此，本文以性别为视角③，以 20 世纪初叶中国历史上出现的第一个本土女性译者群体及其翻译文学作品为研究对象④，分析其翻译行为和翻译策略中的共性和个性，尝试发现其中的一致性，描述背后的译者规范。

选择 20 世纪初叶（1898～1930）这一时段出现的本土女性译者的翻译文学为描述译者规范的语料，原因有五：

其一，20 世纪初叶是中国社会的重大转型期，一系列影响深远的政治、历史和文化事件相继发生：1898 年改良派发动戊戌变法，虽然变法失败，却极大地推动了近代中国的思想启蒙；1911 年资产阶级革命派领导的辛亥革命推翻了清政府，终结了在中国延续几千年的封建帝制；1912 年"中华民国"成立，开始建立共和制；1917 年开始持续长达十年之久的五四新文化运动，推动中国在政治、思想、文化、文学和语言等诸

---

① Sherry Simon. *Gender in Translation：Cultural Identity and the Politics of Transmission*. Routledge，1996. p. 29.
② Luise von Flotow. *Translating Women*. University of Ottawa Press，2011. pp. 1-9.
③ 本文将性别作为分析范畴运用，并不是采用女性主义的立场来描写译者规范。
④ 20 世纪初叶的中国出现了历史上第一个本土女性译者群体，"本土女性译者"是指在这一历史时期参与翻译活动的传统才女、接受新式学堂教育以及有着海外留学经历的新知识女性，新式学堂既包括教会女学，也包括中国人自办的女学堂，以及后来政府创办的女学堂以及招收女学生的其他学堂。在中国报纸杂志及出版社发表译作的西方女性译者不包括在内。20 世纪初叶中国本土女性译者的译作以翻译文学作品居多，因此本文重点探讨她们的翻译文学作品，但也会部分涉猎对其非文学翻译作品的研究，以期获得对女性译者的翻译活动及相关规范更全面的认识。

多方面发生巨变。这一时期，在中国各路社会政治文化力量纷纷从不同途径寻求实现现代化的背景中，翻译文学被作为启蒙和教诲的工具得到知识分子的大力提倡。而自中国进入近代以来，性别话语和国族话语紧密交错在一起。造就新女性，革新传统的贤妻良母观、"女子无才便是德"的女性观、塑造符合现代国族主义目标的新女性，成为这一时期代表进步的社会性别话语。中国第一代进入公共空间的女性知识分子开始出现，其中包括第一个女性译者群体。

其二，20世纪初叶见证了中国文学翻译规范的萌生、发展和现代转型。虽然在佛经翻译和明清之际传教士的翻译中也存在一些文学因素，但"翻译中的'翻译文学'却只是近百年来才逐渐成为翻译的主流"。[①] 晚清以来中国社会内在的文化需求先后驱动了大规模的科技翻译和社科翻译，然而甲午战争和戊戌变法的失败让中国知识分子重新审视西方和自我，启蒙思潮的兴起推动了目标语文化对文学翻译的选择。翻译文学作为目标语文化中新兴的文类，其翻译规范处于萌生和发展阶段。主流规范的逐渐形成，与译者对原语文本的选择、翻译策略的运用以及读者对什么是好的译作的认同密不可分。如不通外文的林纾(1852～1924)在翻译活动中原文意识淡薄，他的翻译更多体现出的是目标语社会的本土文学规范，以及他作为译者的个性化选择。然而在译介域外文学的过程中，域外文学中的异质因素悄然潜入林纾的翻译文本，从而构成对本土文学规范的偏离。林纾的译作可以说建构了清末中国读者对于域外文学的主要想象。林译小说的风行，因而也开创了清末文学翻译的意译风尚。这一时期大量的文学翻译实践让文学翻译规范逐渐显露雏形，意译成为主流翻译规范。从清末到五四，随着新文化运动的发展，目标语社会对域外文学和文化的认知及需求开始发生变化，域外文学成为本土文学寻求革新，以创造新文学的借鉴和参照。原有目标语文化中的本土文学主流规范沦为新文化知识分子的抨击对象。以林纾为代表的以目标语文化为中心的翻译规范开始受到质疑和挑战，各种不同翻译规范之间展开对中心地位的争夺。在论争中，现代翻译规范逐渐生成。

其三，20世纪初叶中国首次出现了本土的文学译者群体。中国历史上由于外语学习一直都处于文化的边缘，历史上大型的翻译活动多采用依靠外来译者和外译中述的模式，没有形成培养本土译者的传统。然而晚清以降，清廷与各国列强之间的外交谈判和洋务发展，促使本土文化

---

① 王向远：《翻译文学导论》，北京，北京师范大学出版社，2004，第1版，第5页。

对翻译的需求激增，外语学习和培养具备双语能力的本土译者才从官方到民间逐渐受到重视。外语学习开始被纳入新式学校的教学计划之中，为本土译者的产生提供了客观条件。具备外语能力的本土译者群体的生成，让 20 世纪初叶的文学翻译从开始的外译中述翻译模式，迅速转化为通晓外语的独立译者翻译模式。本土译者群生产出了与同时代创作数量难分伯仲的翻译文学作品，当时的重要作家几乎无一例外都参与过文学翻译活动，他们的翻译文本与创作文本之间往往呈现出典型的互文关系，翻译文学成为驱动本土文学系统和模式演变的重要力量之一。本土译者群的出现及其大量翻译作品的生产为探讨译者规范提供了充足的语料。

其四，20 世纪初叶中国历史上首个本土女性译者群体出现。女性作为历史中沉默的他者，其书写和作品的流传历来受到各种规范的严格限制。20 世纪初叶女学开禁，让女性有机会接受新式教育，甚至出国留学，女性的生存空间得到史无前例的拓展，这为本土女性译者的产生提供了历史条件。1898 年《无锡白话报》①第 1 期上刊发裘毓芳（1871～1902）用白话翻译的伊索寓言《海国妙喻》，署名"金匮梅侣女史演"，之后该报上陆续连载《海国妙喻》的其他寓言，这是中国历史上第一位女性译者署名发表的译作。之后参与翻译活动的女性逐渐增多，发表的翻译作品在数量上不断增长，几乎当时所有翻译的文本类型女性译者都有参与，从新小说、戏剧、儿童文学、寓言、新诗，到历史、教育、医学、经济学、政治等文本类型，不一而足。且对各类新文本类型的翻译，不乏女性译者大胆率先尝试，在突破传统女性书写多囿于诗词的同时，对 20 世纪初叶中国文学传统的现代转型起到了开风气之先的开拓性贡献作用。她们署名的翻译作品公开在各种报纸杂志上发表，书籍在出版社发行，其中许多译作还不断再版，开创了现代女性书写的先河，是 20 世纪初叶翻译文学繁盛中的一朵奇葩。她们的翻译作品不仅呈现出一幅女性译者翻译活动的历史图景，成为描写本土女性译者群体规范的重要资料，同时也是重构该历史语境中的翻译规范的重要组成部分，是女性译者参与推动翻译规范从传统向现代嬗变这一进程的历史见证，也从一个侧面反映中国文学传统转型过程的多姿多彩。

最后，对 20 世纪初叶中国历史上第一个本土女性译者群体的研究，是书写中国翻译史必不可少的组成部分。但在目前的翻译史编撰和研究中，有关她们翻译活动的书写依然着墨甚少。"在传统上，父权文化标准

---

①　自第 5 期更名为《中国官音白话报》。

所定义的美学及文学价值，赞许男性作家的作品，而贬低女性作家；因而导致许多女性的书写'失落'了"①，同样，女性译者的翻译活动、翻译作品及其影响也处在"失落"状态，依然处于翻译史书写的边缘。相较于同时期的男性译者，虽然20世纪初叶中国的本土女性译者群体的翻译作品在数量上无法与他们等量齐观，但她们的翻译作品，以及为数不多但却弥足珍贵的有关翻译的思考文字，常常体现出开拓者的先锋精神，有的甚至超前于同时代男性译者的思考与实践，是整个20世纪初叶翻译文学盛大图景中不可或缺的组成部分。虽然近年来有关中国近代以来女性译者的研究逐渐开始得到学界关注②，但目前仍有许多空白尚待填补，之后才能逐渐获得对这个译者群体的全面认知，这是推进中国翻译史研究的必要步骤。

本书将探讨以下三个主要研究问题：第一，20世纪初叶中国女性译者的译者规范主要有何特征？第二，女性译者与男性译者在翻译规范上是否存在差异？如果有，这些差异是如何体现的？第三，特定译者群体的译者规范与主流翻译规范之间如何发生互动？而要探析这几个问题，存在以下几个研究难点：首先在理论层面，"译者规范"到目前为止仍是一个新的概念，虽然国外已有学者提到过相似概念，希望将译者主体纳

① Luise von Flotow. *Translation and Gender*：*Translating in the 'Era of Feminism'*. Shanghai Foreign Language Education Press，2004. p. 30.
② 如郭延礼作《二十世纪第一个二十年近代女性翻译家群体的脱颖》(《中华读书报》，2002年5月10日)发掘了有关这一女性译者群体的资料，此外还著有专文介绍陈鸿璧、黄静英、黄翠凝等女翻译家的成就；钱南秀著"'Borrowing Foreign Mirrors and Candles to Illuminate Chinese Civilization'：Xue Shaohui's Moral Vision in the *Biographies of Foreign Women*."(NAN NU. 6；1. 2004.)系统研究了薛绍徽的《外国列女传》；乔素玲的《教育与女性：近代中国女子教育与知识女性觉醒(1840—1921)》(天津古籍出版社，2005)中介绍了女性翻译群体及其相关作品，但多为资料的陈列，尚未超越郭延礼的研究；卓加真的《晚清的首部完整翻译旅游文学：薛绍徽译〈八十日环游记〉之策略与影响》(香港中文大学中国文化研究所翻译研究中心"书写中国翻译史"会议论文，2006)对薛绍徽所译《八十日环游记》进行了详尽探讨；位方芳的硕士论文《1900—1919中国女性翻译家初探》(解放军外国语学院，2006)研究了薛绍徽、罗季芳、薛琪瑛和吴弱男四位女性译者，探讨了她们翻译活动的意义；朱静的博士论文《清末民初外国文学翻译中的女译者研究》(北京大学，2007)系统研究了包括西方女传教士在内的女性译者的外国文学翻译活动；罗列的《女性形象与女权话语：20世纪初叶中国西方文学女性形象译介研究》(四川辞书出版社，2008)有专章对女性译者进行评述，其中展开了对薛绍徽、沈性仁和薛琪瑛的个案研究。

入对翻译规范的研究①，但这些研究成果对于"译者规范"没有充分的概念化，对于如何描述"译者规范"也没有提出较为系统的分析框架。因此，如何学理化地界定此概念，并确定描写的相关维度有很大的挑战性；其次，如何选择有代表性的翻译文本，让对译者规范的描写具有客观性；再者，因为国内外的相关研究较少，如何从大量的语料分析中描述出特定译者群体的译者规范，具有相当的困难。

1898 年至 1930 年间，中国有译作署名发表，并能确定性别身份的本土女性译者目前统计有 49 人②，本书尝试对她们翻译活动的特征进行整体描述。但试图通过文本分析来获得对译者翻译行为的认识，重构译者规范，就离不开个案研究。正如图里指出的，实际上可以观察到的与其说是规范，不如说是受规范影响的行为。更准确地说，是翻译行为的产品。图里提出了重构翻译规范的两种方式和来源，一种是语篇内的 (textual)，即翻译文本本身，这是最重要的；一种是语篇外的 (extra-textual)，即译者的前言、后记，与翻译活动相关的编辑、出版商及其他人员对翻译作品、译者或某"派别"翻译行为的评论等。③既然翻译文本是重构翻译规范的主要来源之一，在研究中翻译文本的选择是否恰当，会直接影响到规范重构的信度和效度。图里指出重构翻译规范并非易事，首先语料要丰富，其次还要有代表性，而代表性是很难以证明的。虽然对代表性文本的选择存在种种困难，本文建立了以下选择文本的基本原

---

① 　如 Alice Martin 在 "A Translator's View of Translation Norms"（*Helsinki English Studies*：*The Electronic Journal of the Department of English at the University of Helsink*. 1：Special Issue on Translation Studies. 2001. 〈http://blogs. helsinki. fi/hes-eng/volumes/volume- 1-special-issue-on-translation-studies/a-translators-view-of-translation-norms-alice-martin/〉）一文中提出了"translatorial norms"这一概念；Reine Meylaerts 在 "Translators and（their）norms"（In Anthony Pym，Miriam Shlesinger，and Daniel Simeoni，eds. *Beyond Descriptive Translation Studies*：*Investigations in Homage to Gideon Toury*. John Benjamins Publishing Company，2008.）一文中，将译者的惯习引入对规范的研究；Vasso Yannakopoulou 在 "Norms and Translatorial Habitus in Angelos Vlahos' Greek Translation of Hamlet"（In Pieter Boulogne，ed. *Translation and Its Others*. *Selected Papers of the CETRA Research Seminar in Translation Studies* 2007. 2008. 〈http://www. kuleuven. be/cetra/papers/papers. html〉）一文中认为规范无法解释译者选择背后的动机，提出"translatorial habitus"这一概念和规范一起作为分析译者选择的工具。

② 　朱静在其研究中统计出"在 1898～1922 年间，目前可以确定身份的女译者共计 45 人"（朱静：《清末民初外国文学翻译中的女译者研究》，《国外文学》，2007 年第 3 期，第 61 页）。该数据包括了西方来华女传教士，本文统计数据仅指本土女性译者。随着后续历史考古的不断深入，该数据应该进一步获得完善。

③ 　Gideon Toury. *Descriptive Translation Studies and Beyond*. Shanghai Foreign Language Education Press，2001. p. 65.

则，尽可能在一定程度上体现其重要性和代表性。首先，该译者发表或出版的翻译作品数量较多，再版次数较多，拥有较大的读者群，获得评论家的关注；其次，其翻译的作品在同时代有多个其他译本出现，说明该作品在当时的目标语文化中受到译者、赞助人和读者的青睐；最后，该作品在目标语文化中引起较大反响。

　　本书主要采用定性研究的方法，辅以定量研究，以性别为分析范畴，从个案研究入手，以文本细读法、比较法和文献研究为主要手段，对 20 世纪初叶中国历史上第一个本土女性译者群体及其翻译活动展开描写研究，其中会与同时代的男性译者及相关翻译作品进行比较研究，尝试发现其中的共性与差异，发掘女性译者之间翻译活动中可能具有的共性，探寻和描写译者规范的产生、发展和变化，并尝试揭示译者规范之于翻译规范研究的重要意义。同时进一步完善对于中国历史中女性译者的研究，丰富中国翻译史的书写。

第一章　翻译规范与译者规范

　　"规范"作为一个社会科学概念，用以解释人类活动的社会意义。古代汉语中没有"规范"一词，但对组成该词的两个汉字均很早就有解释，例如《说文》中对"规"字的解释为："规，有法度也。从矢，从见，会意。"《尔雅》对"范"的解释为："范，法也。范，常也。"二字均含有社会法度及社会规则之意，具有很强的规约力。在现代汉语里，《辞海》对"规范"的解释为"标准、法式"。在英文里，"norm"解释为："标准或模式，尤指一个群体中典型的或期待的社会行为；必要的标准，应遵循或者达到的水平。"①无论古今中西，规范这一概念均含有对人类行为的要求、评判和约束之意。

　　翻译作为人类社会最古老的文化交际活动，自然与各种规范之间存在复杂的互动关系。对规范的研究一直是翻译研究的重要组成部分，但却存在不同路径，即规定性的研究和描述性的研究。规定性的研究把重点主要放在翻译标准、翻译原则和翻译方法等论题上，旨在发现双语转换的规律，总结并制定出双语转换中译者必须遵守的翻译规范，以指导译者生产出忠实、正确的译文。这种规范研究强调在两种语言之间寻求对等，目标语对原语的忠实再现，体现出典型的原语中心观念，为翻译实践提供了很强的指导，在译者培训、提高翻译质量及进行翻译质量评估方面发挥着重要作用。但这一研究模式却忽略了翻译与社会文化之间的关联性，疏于对历史中大量存在的偏离忠实标准的翻译现象进行阐释。描述性研究将翻译看作受规范制约的社会文化行为，把翻译文本视作特定历史文化语境下的产物，"以翻译存在的本来面目为研究对象，并对其现象和性质做出解释"②，为翻译研究开启了新的理论视角，即以目标语文化为导向的研究新模式。描述性翻译研究不对翻译做出忠实与否、正确与否的价值判断，而是从客观发生的翻译行为和翻译文本出发，描写分析导致目标语文本吻合或者偏离原语文本的原因，描述出制约、影响

---

① Judy Pearsall，ed. *The New Oxford Dictionary of English*. Shanghai Foreign Language Education Press，2001，p. 1263.

② Theo Hermans. *Translation in Systems：Descriptive and System-oriented Approaches Explained*. Shanghai Foreign Language Education Press，2004. p. 35.

翻译过程和产品接受的翻译规范，通过对翻译规范认识的不断积累，来揭示翻译的本质和规律。翻译规范"涵盖了描写性翻译研究和译入语为导向的研究方法"[①]，对客观存在的翻译行为和文本具有较强的解释力，成为现代翻译研究的重要内容。

第一节　国外翻译规范研究综述

一、国外翻译规范研究的发展

国外翻译研究中有影响力的规范概念主要有以下几种：巴切（R. Bartsch）将规范定义为"正确性观念的社会现实"，并把规范应用到语言学，提出了生产规范（product norms）和产品规范（production norms）[②]。图里把规范定义为"将特定社会共享的普遍价值或观念——如对正确与否、恰当与否的看法——转换为适当的、且适用于特定情境的行为指南"[③]；赫曼斯认为"规范是心理和社会存在，是人们互动交际中的重要因素，因此是所有社会化过程不可或缺的部分。在本质上，规范与法规和常规一样具有社会制约功能"。[④] 谢芙娜（Christina Schäffner）认为"规范在社会化过程中生成，是约定俗成的，是某一社会中的成员共识。规范作为行为模式在主体间发生作用，也规约对行为本身和行为产物的期待。"[⑤]

以上定义均指出规范与正确性或者恰当性密切相关，对社会中主体的行为具有约束力。翻译活动是一种社会文化行为，"翻译规范是内化的行为约束力，体现着特定社会共享的价值观"[⑥]，翻译行为与规范之间存在内在关联。最早把"规范"引入翻译研究的是利维（Jiri Levy），而率先

---

① 苗菊：《翻译准则：图里翻译理论的核心》，《外语与外语教学》，2001 年第 11 期，第 31 页。

② Christina Schäffner, ed. *Translation and Norms*. Foreign Language Teaching and Research Press，2007. p. 1.

③ Gideon Toury. *Descriptive Translation Studies and Beyond*. Shanghai Foreign Language Education Press，2001. p. 55.

④ Theo Hermans. "Norms and the Determination of Translation: A Theoretical Framework". In Román Álvarez, and M. Carmen-África Vidal, eds. *Translation*, *Power*, *Subversion*. Multilingual Matters Ltd. , 2007. p. 26.

⑤ Christina Schäffner, ed. *Translation and Norms*，Foreign Language Teaching and Research Press，2007. p. 1.

⑥ Christina Schäffner, ed. *Translation and Norms*，Foreign Language Teaching and Research Press，2007. p. 5.

从翻译研究的角度系统研究翻译规范的是图里。图里认为翻译行为是一种受规范支配的(norm-governed)社会文化行为，并就翻译规范的性质、种类、特征和重建规范的途径做了深入探讨，指出规范是"对翻译进行描述性分析的一个范畴"。① 他希望通过对翻译规范认识的不断积累，系统陈述可能的翻译方式，最终找到翻译的普遍规律。翻译规范论对翻译研究产生了重要影响，根茨勒(Edwin Gentzler)将图里理论的贡献归纳为四个方面：①抛弃了原语与目标语之间一一对应的等值关系和文学/语言对等的可能性(除非是巧合)；②目标语文化系统里的文学趋势对译文产生的影响；③动摇了原文信息恒定不变的观念；④把原文和目标语文本在相互作用的文化系统的符号网络中进行聚合。②

切斯特曼在图里规范研究的成果基础上，发展了对翻译规范的研究，将翻译规范划分为译作规范或期待规范(product or expectancy norms)以及过程规范或专业规范(process or professional norms)。专业规范从属于期待规范，并受其制约，可以细分为责任规范、交际规范和关系规范。切斯特曼系统描述了译者遵守规范的方式，即翻译策略。

赫曼斯对翻译规范理论的贡献主要有两个方面：一是系统分析了规范的规定性，二是由规范概念顺理成章地推导出抛弃对等概念的合理性。③赫曼斯的研究强调各种规范之间的竞争和妥协，强调其中的权力关系和译者的能动性，译者如何在特定的背景中做选择。"如果从更广泛的语境来观照规范，可以看到其规约力与译者意图之间的张力，因此需要在规约力与能动性(agency)之间取得平衡。毕竟译者并非机械地赞同或反对，他们的行为均带有各自的意图。"④译者主体在规范的描写中越来越受到重视。

二、翻译规范论的不足

随着翻译规范研究的深入，学者纷纷提出规范论的不足。芒迪(Jeremy Munday)认为图里的规范术语具有潜在的模糊性：图里使用该术语时

---

① Gideon Toury. *In Search of a Theory of Translation*. The Porter Institute for Poetics and Semiotics，1980. p. 57.

② Edwin Gentzler. *Contemporary Translation Theories*. Rev. 2nd ed. Shanghai Foreign Language Education Press，2004. p. 131.

③ 韩江洪、张柏然：《国外翻译规范研究述评》，《解放军外国语学院学报》，2004 年第 2 期，第 55 页。

④ Theo Hermans. *Translation in Systems：Descriptive and System-oriented Approaches Explained*，Shanghai Foreign Language Education Press，2004. pp. 79-80.

首先把它看作是一个要通过行为的规律性来进行研究的描述性分析范畴，但规范似乎也承载着施加压力的一面，发挥着某种规约性的功能。① 根茨勒指出图里理论中存在矛盾之处，为了进行一系列的比较，观察变化中蕴含的规范，图里借助于一个理想的不变的第三文本（an ideal invariant third text），即"充分译本"，这不是以与原文和各种历史文本比较为基础的文本，而是建立在抽象的语言及文学理论基础上的文本，这与图里理论所提出的文本是主体决策或者特定历史语境的产物这一结论相矛盾。② 皮姆（Anthony Pym）指出，图里所著《描述翻译学及其他》的第二章中，规范仅仅作为客体，以观察到的行为规则为基础被研究，看不到人的作用。③ 罗宾逊（Douglas Robinson）指出图里的规范虽然会随着时间演进变化，但在该过程中却没有译者，译者完全屈从于规范。④ 其实图里的翻译规范论虽然多把译者的选择和决定视作受规范制约的产物，但也并非完全没有注意到译者的能动性。规范总在不断变化，"面对这些变化时并非所有译者都是被动的，其中许多译者通过他们的活动参与了规范变化的进程"⑤，"译者的地位也是变化的，尤其当译者未能调整自己与变化的要求相适应，或者调整了，但相适应的程度不充分。所以当规范发生变化时，原来'进步'（progressive）的译者很快发现自己变成'入大流'（trendy），或者有时甚至已经'过时'（passé）"。⑥ 因此，当译者处于"进步"地位时，其翻译行为和译作是打破既定规范、促成新规范形成的力量。但图里把关注点更多放到规范对译者的规约方面，对译者主体如何参与和推动规范的变迁没有系统论述，"回避了对翻译过程中译者主体及其主体性的考察"⑦，此外，对意识形态和权力等因素在规范生成和变

---

① Jeremy Munday. *Introducing Translation Studies：Theories and Applications*. Routledge，2001. p. 113.

② Edwin Gentzler. *Contemporary Translation Theories*. Rev. 2nd ed. Shanghai Foreign Language Education Press，2004. pp. 128-129.

③ Anthony Pym. "Okey, So How Are Transaltion Norms Negotiated? A Question for Gideon Toury and Theo Hermans". In Chiristina Schäffner，ed. *Translation and Norms*. Foreign Language Teaching and Research Press，2007. p. 107.

④ Douglas Robinson. "Translation Norms and the Hystericization of Mastery". *Chinese Translators Journal*. 30：4. 2009. p. 45.

⑤ Gideon Toury. *Descriptive Translation Studies and Beyond*. Shanghai Foreign Language Education Press，2001. p. 62.

⑥ Gideon Toury. *Descriptive Translation Studies and Beyond*. Shanghai Foreign Language Education Press，2001. p. 63.

⑦ 张思洁：《描述翻译学中的工具理性反思》，《解放军外国语学院学报》，2004 年第 4 期，第 64 页。

化过程中的作用少有涉及。翻译规范研究在方法上强调客观描述，强调历史化、语境化和社会化的研究路径，纽马克（Peter Newmark）提出在研究中必须考虑主体性问题①，国际译联副主席布什（Peter Bush）认为"规范"的整个概念似乎都忽略了历史，研究者的主体性也被忽略了，应该在研究中寻找包含主体性的方法，来探讨同样可以反映翻译规范的其他问题。②

翻译规范研究给翻译研究注入了新生活力，带来了研究范式的变化。"将翻译规范引入翻译研究最大的收获就是拓展了研究对象。现在对于什么是翻译、翻译可以是什么样的概念，相较于以前有了更广的理解。从本质主义（凡是翻译必须具备特定特征）到相对主义（在某文化中怎样的文本被看作译作）的变化极为有益，将翻译研究从不必要的限制中解放出来。"③翻译不再被视作是两种语言符号系统之间对等转换的过程，而被看成受规范制约的社会文化行为。翻译规范论摈弃了对等观念，强调对目标语文化中的翻译活动和翻译文本进行语境化的研究，通过重构不同历史时期的翻译规范，逐渐接近对翻译本质的认识。"然而可以观察到的与其说是规范，不如说是受规范制约的行为，更准确地说，往往是行为产生的产品"④，因此对翻译规范的探讨需要在特定语境中对翻译行为进行描述。翻译规范研究强调运用描述性研究方法，尽可能客观地对翻译现象进行描述和解释，"把翻译研究从原文取向引入译文取向，从语言中心导向文化中心，从'求同'导向'存异'"⑤，极大拓展了翻译研究的范围，推动了翻译研究从规定到描写的范式转变。虽然翻译规范研究在理论和研究方法上存在不足，但它带来了翻译学研究方法论上的变革，给翻译学科的发展注入了活力，吸引着更多学者参与研究和探讨。

---

① Christina Schäffner, ed. *Translation and Norms*, Foreign Language Teaching and Research Press, 2007, p. 35.

② Christina Schäffner, ed. *Translation and Norms*, Foreign Language Teaching and Research Press, 2007, pp. 36-37.

③ Andrew Chesterman. "Description, Explanation, Prediction: A Response to Gideon Toury and Theo Hermans". *Current Issues in Language and Society*. 5: 1. 1998. p. 91.

④ Gideon Toury. *Descriptive Translation Studies and Beyond*. Shanghai Foreign Language Education Press, 2001. p. 65.

⑤ 朱志瑜：《求同与存异》，见 Christina Schäffner, ed. *Translation and Norms*, Foreign Language Teaching and Research Press, 2007. p. x.

第二节　国内翻译规范研究现状评析

国内对翻译规范的描述性研究得益于国外相关研究的发展，中国学者约从 2001 年开始关注翻译规范的研究，当年有 4 篇期刊论文和 1 部著作译介、评述了国外翻译规范研究的概况。在"CNKI 学术文献总库"上以"翻译规范"为关键词查询，截 2012 年 11 月，博士论文有 11 篇，硕士论文 103 篇，期刊论文 225 篇。期刊文章中虽然少量文章文题不符，或者存在重复，但相关研究逐年递增却是一个明确的总趋势，以 CNKI 提供的翻译规范研究的学术关注度①为例：

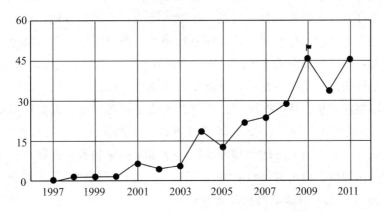

图 1-1　CNKI 提供的翻译规范研究的学术关注度

从图 1-1 可见，对翻译规范的研究在总体趋势上受到越来越多国内学者的关注。笔者通过对相关翻译规范研究文献的分析，发现国内的翻译规范研究主要集中在以下三个方面。

一、译介、评述西方的翻译规范理论

中国学者最早于 2001 年开始译介国外的翻译规范理论及相关研究成果，译介和评述的关注点在不断发生变化，可将之大致分为三个阶段。

（一）译介单个国外学者的规范论（2001 年）

2001 年图里和赫曼斯的翻译规范理论被介绍到中国。傅勇林最早介

① 学术关注度是以 CNKI 知识资源总库中与关键词最相关的文献数量为基础，统计关键词作为文献主题出现的次数，形成的学术界对某一学术领域关注度的量化表示。该统计表引自〈http://trend. cnki. net/TrendSearch/trendshow. htm? searchword＝％u7FFB％u8BD1％u89C4％u8303〉。

绍了图里的翻译规范理论，指出"图里要求翻译理论一定要涵括文化——历史'事实'，根据这些事实即可构成一套规则，而这些规则就是所谓的'翻译规范'(translation norms)，它们占据了图里译学理论的中心并且在翻译过程的每一个阶段都发挥着自己应有的作用，同时也在各个潜在的等值系统之间充当'媒介'的角色"。① 该文介绍了图里翻译规范的三种类型："原发型规范"(preliminary norms)、"原初型规范"(initial norms)和"操作性规范"(operational norms)，指出其翻译规范理论"尤其强调社会/文学规范，强调这些规范对宿语文化的控制及对整个翻译过程所产生的直接影响"②，并总结了该理论对现当代翻译研究学科发展的历史贡献。赵宁评介了图里翻译规范论中翻译规范的本质、分类、翻译规范多样化及翻译规范的建立等核心问题，介绍了元规范和操作规范，阐释了各种翻译规范之间的排列顺序关系和互动关系，介绍了建立翻译规范的两个途径：篇章和篇章外。评介者注意到译者与规范之间的关系，指出"译者在翻译规范变化面前也并不总处于被动地位。相反，有些译者试图通过诸如翻译思想、翻译批评等方式促进规范变化的形成，以便控制这些变化。"③苗菊概括论述了图里翻译思想的三方面研究，即描写性研究、以译入为导向的研究方法和翻译准则，介绍了图里的首要准则、初步准则和操作准则，指出翻译准则"涵盖了描写性翻译研究和译入为导向的研究方法"④，关于翻译准则的研究将成为翻译研究的中心内容，总结了图里理论的贡献。廖七一评介了赫曼斯的翻译规范理论，介绍了规范的本质、内容和作用，以及规范在翻译中的运用，指出翻译是社会交际行为，翻译研究的主要任务之一是"发现、辨认和阐释那些支配译者做出选择和决定的规范"。⑤ 赫曼斯批评图里的规范理论忽视了翻译背后的权力关系，指出"经验主义的翻译研究必须把社会和意识形态含义以及翻译的影

---

① 傅勇林：《翻译规范与文化限制：图里对传统语言学与文学藩篱的超越》，《外语研究》，2001年第1期，第69页。

② 傅勇林：《翻译规范与文化限制：图里对传统语言学与文学藩篱的超越》，《外语研究》，2001年第1期，第70页。

③ 赵宁：《Gideon Toury翻译规范论介绍》，《外语教学与研究》，2001年第3期，第218页。在该作者同年发表的另一篇文章《特拉维夫学派翻译理论研究概论》(《上海科技翻译》，2001年第3期)中，也介绍了翻译规范论，相关内容多为相同，但更粗略。

④ 苗菊：《翻译准则：图里翻译理论的核心》，《外语与外语教学》，2001年第11期，第31页。

⑤ 廖七一等编著：《当代英国翻译理论》，武汉，湖北教育出版社，2001，第1版，第316页。

响作为自己的研究范畴"①，这些理论的关键是通过规范问题来研究翻译。

在 2001 年对翻译规范的译介性成果中，基本以介绍国外某学者的相关研究为主要方式，但中国学者对相关学术术语的译名不统一，也几乎不涉及对国外学者翻译规范论的差异论述，笔者将之归为译介规范论的第一阶段。

（二）注重介绍，关注差异（2004～2005 年）

2001 年之后的两年对国外翻译规范理论的评介陷入停滞，至 2004 年才又出现 3 篇文章，其中 2 篇都介绍切斯特曼的理论。韩江洪②首次撰文介绍了切斯特曼翻译规范论的主要思想：翻译规范是由翻译理念因子演变而来，规范可分为期待规范和专业规范，后者又细分为责任规范、交际规范和关系规范。切斯特曼系统描述了规范对具体翻译活动的影响，指出"明晰"、"真实"、"信任"和"理解"四种价值观是翻译规范的基础与依据。他的翻译规范论是对图里描述性翻译规范研究的拓展和深化。李德超、邓静介绍了切斯特曼翻译规范的内容，追溯了其理论根源，并将之与图里的规范理论进行比较，强调规范研究的描述性立场，并分析了该理论为翻译研究带来的新视角和对传统翻译观念的逾越，指出译者不再被理解为"一个被动的源语文本的复制者，而是一名主动的、积极的文化因素的传播推广者"，这一新的研究视角"实现了翻译研究中译者的地位从边缘向中心的移动"。③ 虽然翻译规范的研究仍然受到一些学者质疑，如在缺乏大规模语料做基础的情况下，如何论证翻译规范的可信度、代表性和适用性，两位研究者认为随着研究的深入，对翻译规范的描述会越来越全面，越来越具有解释力和指导意义。韩江洪、张柏然对国外20 世纪 50 年代以来的翻译规范研究进行了综述，认为大致可分为传统语言学、篇章语言学和翻译研究学派三个方面。前两者属于规定性研究，后者为描述性研究，并指出翻译研究学派的规范研究为解释一些翻译现象提供了理论框架和工具，对具体的翻译实践有指导意义，拓宽了翻译研究的领域。④ 张思洁在介绍图里翻译规范论的同时，质疑了其理论的工具理性，指出"该理论的结构性缺陷恰好在于它似乎悖论性地回避了对

① 廖七一等编著：《当代英国翻译理论》，武汉，湖北教育出版社，2001，第 1 版，第 317 页。
② 韩江洪：《切斯特曼翻译规范论介绍》，《外语研究》，2004 年第 2 期。
③ 李德超、邓静：《传统翻译观念的逾越：彻斯特曼的翻译规范论》，《外国语》，2004 年第 4 期，第 70 页。
④ 韩江洪、张柏然：《国外翻译规范研究述评》，《解放军外国语学院学报》，2004 年第 2 期，第 56 页。

翻译主体所具有的主体性的研究和理论建构"①，在批评的基础上来介绍图里的理论。2005年马萧在评述切斯特曼的翻译模因论中指出，翻译模因论的核心是翻译规范论。"当某一翻译模因在某一时期处于支配主导地位，这一翻译模因就演化成了翻译规范"②，文章介绍了切斯特曼的规范分类，总体上没有超越以前成果对切斯特曼翻译规范理论的译介。

笔者将2004年至2005年的译介视为第二阶段，中国学者在译介国外各学者翻译规范论的同时，开始关注他们彼此之间的继承和发展关系，注意到其间的差异性。

（三）厘清概念，探讨规范论的学科意义（2006～2012年）

2006年，林克难③撰文梳理了描写翻译学派理论中 norm 这一术语的含义及其在国内的译介，主张将之译作"行为常式"，并归纳了它的四个主要特点，即同时具有规范性和描写性，但侧重后者；是人们对某一个特定时间、特定文体、特定读者所表现出的一些共同点，从文字出发综合社会文化各种因素进行的总结，是一种描写行为；是一种下意识行为，是动态的、临时的、可逆的。作者指出外国翻译理论的引进改变了我们研究翻译的思维，丰富了研究方法，运用行为常式可以启发对某些翻译行为的研究，推动中国翻译研究的发展。

2008年发表了4篇论文，其中张建萍、赵宁在图里翻译规范论的评介中，重点分析了译者在翻译的三个阶段中分别会受到不同规范的影响，同一原文的不同译本之间的差异，"取决于译者对于在特定时期限制下对影响翻译活动的'规范'的倾向性的选择和利用"，"译者与'规范'的关系将直接影响着译文的成功与否"。④ 该文强调了译者在各种规范之间的选择和协调作用，突出了翻译规范制约和影响下译者的主体性，但对于翻译规范和译者主体之间的互动和相互制约关系没能得以深入探讨。胡平⑤介绍了国外学者对规范的不同定义，概况了规范的几个特征，即指导性、社会调节作用、约束力、强制性和预设了人们的普遍认同、共识和相互期待，并对西方翻译规范理论进行了梳理，介绍了图里、切斯特

---

① 张思洁：《描述翻译学中的工具理性反思》，《解放军外国语学院学报》，2004年第4期，第65页。

② 马萧：《从模因到规范：切斯特曼的翻译模因论述评》，《广东外语外贸大学学报》，2005年第3期，第55页。

③ 林克难：《解读"norm"》，《中国翻译》，2006年第1期。

④ 张建萍、赵宁：《图里翻译理论中译者的使命研究》，《中国矿业大学学报》，2008年第2期，第142页。

⑤ 胡平：《论翻译规范》，《上海工程技术大学教育研究》，2008年第3期。

曼、赫曼斯和诺德的翻译规范理论，并对之进行比较分析，概况了翻译规范论给翻译研究开启的新视野。

2009 年廖七一①介绍并比较了图里、切斯特曼、诺德、赫曼斯及勒菲弗尔等学者的翻译规范论，指出翻译文本、相关的副文本和元文本是描述和考察翻译规范的基本途径。仝亚辉②从翻译规范研究的理论基础和研究方法、研究规范的出发点和范围、对规范研究的分类以及对翻译等值问题的讨论等几方面，探讨西方翻译规范研究的特点及发展前景。2009 年之后虽仍有论文评介国外规范理论，但总体上对前期成果没有新的超越。

2012 年彭勇穗③批评了图里为描写翻译研究所设计的方法，认为包括规范在内的解释性推导，存在简约化、机械化阐释的倾向，容易导致不是再现历史，而是建构历史的倾向。

笔者将 2006 年至 2012 年视为国内译介翻译规范论的第三阶段，研究者更加关注国外各学者翻译规范论之间的异同，注重评述和反思各自理论的优势和不足，并归纳描述翻译规范的基本途径。

二、对翻译规范理论的运用研究

2001 年国内学界开始译介国外学者的翻译规范论，2002 年便出现研究把翻译规范论运用到对各种翻译现象和实践的分析探讨中。以中国知网上的数据为参考，历年来的研究论文数量（包括期刊论文、硕博论文和论文集文章）成逐年上升趋势。这些论文的研究对象大致分为译本研究、口笔译实践研究、翻译家研究、翻译史研究、翻译与中国语言文学关系研究等几种类型，当然有些论文的研究对象存在交叉重叠现象，如对译本的研究与翻译家的研究相结合。

在对国外翻译规范理论的运用中，以译本研究为最盛，研究的译本多为中国典籍英译本，《红楼梦》和《浮生六记》最多，其次有《论语》、《道德经》、《孙子兵法》、《文心雕龙》、《老残游记》及《水浒传》。也有少量对汉译外国文学的研究，译本多为清末民初的翻译小说和诗歌，其次就是莎剧的汉译。这一类研究有的运用图里或者切斯特曼的翻译规范论来分

---

① 廖七一：《翻译规范及其研究途径》，《外语教学》，2009 年第 1 期。
② 仝亚辉：《当代西方翻译规范研究的发展与特点》，《北京第二外国语学院学报》，2009 年第 2 期。
③ 彭勇穗：《谁的文本？谁的历史？论图里描写翻译学中的"客观描写"》，《解放军外国语学院学报》，2012 年第 1 期。

析一些看似不正常的翻译现象,如清末民初大量不忠实译本的产生,论证翻译规范论对于翻译活动的解释力,认为该理论"提供了值得借鉴的方法论"①;有的通过对译本的分析来描述翻译规范的运作方式或翻译规范的变化和特点②;有的用翻译文本作为案例,讨论翻译规范如何影响译者对翻译策略的决定,以及译者主体的价值观如何决定了译者遵从的翻译规范;有的通过文本分析,指出套用西方翻译理论中可能存在的风险,在对翻译规范的归纳中"如果只根据单一译本的几个例子就推出结论,恐怕会招致'过分轻率'之讥"。③ 可见中国学者在运用翻译规范论逐渐从简单套用上升到反思后的语境化运用。随着国家对中国文化"走出去"工程的推动,中国现当代文学的外译研究得到重视。耿强④在翻译规范研究的基础上,以描述性方法系统研究了国家机构对外翻译项目"熊猫丛书",尝试揭示国家机构对外翻译模式在翻译规范方面的特征,为思考和解决中国文学外译过程中的困难提供借鉴。赵文静和孙静⑤运用翻译规范理论分析了伊万·金对老舍名作《骆驼祥子》的翻译,译者对原作做了大量改写,然而这部译作却获得了极大的成功。该文探讨了金译本成功的原因。这些研究为中国文学如何"走出去"打开了新的思路。

其次为口、笔译实践研究,包括现场口译、影视及字幕翻译、旅游文献翻译、公共标示语翻译、广告翻译及词典翻译等。有的研究把口译行为还原到其所在的社会、文化、交际的真实语境中进行描述,尝试将口译规范的研究成果提供给译员作为口译行为的指导,并为口译评估和译员认证提供依据⑥;有的运用汉英会议口译语料库,探讨分析了记者招待会汉英口译的句法操作规范⑦;有的研究指出翻译实践中存在的问

---

① 谢世坚:《从翻译规范论看清末民初小说翻译》,《山东师范大学外国语学院学报》,2002 年第 2 期,第 13 页。

② 关诗珮:《从林纾看文学翻译规范由晚清中国到五四的转变:西化、现代化和以原著为中心的观念》,《中国文化研究所学报》,2008 年总第 48 期;廖七一:《五四文学翻译对"信"的重构》,《中国翻译》,2008 年第 4 期。

③ 洪涛:《翻译规范、意识形态论与〈红楼梦〉杨译本的评价问题:兼论〈红楼梦〉译评与套用西方翻译理论的风险》,《红楼梦学刊》,2008 年第 1 辑,第 240 页。

④ 耿强:《国家机构对外翻译规范研究:以"熊猫丛书"英译中国文学为例》,《上海翻译》,2012 年第 1 期。

⑤ 赵文静、孙静:《从翻译规范视角解析〈骆驼祥子〉伊万·金译本中的语际改写》,《河南师范大学学报》,2012 年第 1 期。

⑥ 王斌华:《从口译规范描述到译员能力评估:一项基于中国总理记者会交传语料的研究》,博士论文,广东外语外贸大学,2009。

⑦ 胡开宝、陶庆:《记者招待会汉英口译句法操作规范研究》,《外语教学与研究》,2012 年第 5 期。

题，分析其中对规范的背离，强调翻译实践中增强翻译规范意识是提高翻译质量的关键要素，但其中部分研究混淆了规定性的翻译规范和描述性的翻译规范；有的通过对翻译实践案例的分析，尝试描述某一类翻译实践中的翻译规范。

通过语料重构特定历史时期的翻译规范是规范研究的重要任务，廖七一分别从翻译标准、译本接受、文学翻译语言以及晚清集体叙述等角度，对晚清至五四的文学翻译规范进行了描述[①]，让这一历史时期翻译规范的样貌逐渐得以呈现。此外运用翻译规范论进行翻译家研究也取得了一些成果，如对翻译家朱湘译诗的研究[②]考察了朱湘百余首译诗，通过译入语的择取、译诗形体建构以及译诗语言音乐化效果三方的追求，审视朱湘在翻译过程中遵循的翻译规范，对既有翻译规范进行了怎样的改写或改进，揭示朱湘为中国新格律体译诗规范建立所做的贡献。陈琳与胡强[③]从翻译规范的角度，分析了徐志摩陌生化诗歌翻译的翻译学理据，解析其译诗成为白话新诗发展助推器的原因。

国外翻译规范研究的成果为中国语境下的翻译实践研究提供了理论架构与分析工具，一方面展现了翻译规范理论对于翻译现象的解释力，同时也呈现出在中国文化的不同历史语境中翻译规范的多样性，丰富了对翻译规范的认识，为书写或者重写中国翻译史提供了新的角度。但是也应注意，虽然研究者尝试通过对不同研究对象的探讨，分析导致译本产生、影响译者翻译策略的规范，但多在国外翻译规范理论框架下展开，缺乏理论运用的语境意识，忽略了在西方产生的理论运用到中国文化语境中时，需要审视理论的适用性。目前有学者已经开始注意到套用西方翻译理论可能存在的风险，研究者应加强理论运用的语境意识，可以根据中国语境，对相关理论进行修正，如提出新的规范划分类型，重构某一特定文化中某一历史时期的翻译规范，通过对翻译实践中翻译规范的不断描述，深化和推进对翻译本质的认知。

---

① 廖七一：《五四文学翻译对"信"的重构》，《中国翻译》，2008 年第 4 期；《周氏兄弟的〈域外小说集〉：翻译规范的失与得》，《外语研究》，2009 年第 6 期；《从"信"的失落看清末民初文学翻译规范》，《外语与外语教学》，2011 年第 1 期；《晚清集体叙述与翻译规范》，《上海翻译》，2011 年第 1 期；《晚清文学翻译语言的"变格"》，《解放军外国语学院学报》，2011 年第 2 期等。

② 张旭：《视界的融合：朱湘译诗新探》，北京，清华大学出版社，2008，第 1 版。

③ 陈琳、胡强：《陌生化诗歌翻译与翻译规范》，《外语教学》，2012 年第 4 期。

三、对翻译规范的理论探索和发展

在评介和运用国外翻译规范理论的同时，中国学者也在不断深入探索和发展该理论。对翻译规范的理论探讨大致有以下几类：

一类把其他理论及其相关研究方法和工具与翻译规范结合起来讨论，如胡显耀①运用语料库语言学的工具和方法，通过建立汉语翻译小说语料库来分析、描写和解释翻译规范。该文重新界定翻译规范的概念，对翻译规范进行了分类，并建立翻译规范理论框架与语料库实证方法的联系。袁邦株、林长洋②分析了翻译规范论与目的论的共同点以及翻译中规范与目的的运行方式，认为将两种理论结合起来有助于解释翻译活动中的一些问题。刘小刚③从话语秩序理论来研究翻译规范，话语的生成受到外部程序、内部程序和话语持有者的规范的控制、选择、组织和重新分配，作者分别考察三个程序对于翻译话语规范的启发作用，分析了外部规范、内部规范和主体规范，认为翻译话语的角度为思考规范与权力的关系、主体的抵抗与僭越提供了新的视角。这类研究开启了对翻译规范研究的多元理论视角。

一类研究注重分析原语文化和目标语文化对翻译活动的影响及对翻译规范重建的理论思考。韩庆果④以译文的文本性为出发点，对现有的翻译规范理论重新加以调整和扩展，提出了包含文本规范、文本外规范和偏差规范的新规范分类，并尝试构建一个可以应用于教学的关于翻译规范的理论框架。刘亚猛分析了后结构主义翻译理论摒弃"忠实"观、强调译者中心存在的理论软肋，认为应该将注意力转向原语文化，"强调译者对原语文化的尊重和责任对弱势文化是一种加权，有助于纠正不同语言文化之间权力关系的不对称"⑤，并将之作为重构翻译规范的正确方向。陈霞⑥分析了当代中国人精神需求及其产生的原因，提出重建外译

---

① 胡显耀：《当代汉语翻译小说规范的语料库研究》，博士论文，华东师范大学，2006。
② 袁邦株、林长洋：《翻译研究：目的论与规范论的结合》，《四川外语学院学报》，2007年第6期。
③ 刘小刚：《翻译规范：话语的秩序》，《天津外国语学院学报》，2008年第1期。
④ 韩庆果：《翻译规范与文本性：整合文本性的翻译规范理论初探》，《中国翻译》，2006年第2期；韩庆果：《整合文本性的翻译规范理论初探》，博士论文，上海交通大学，2009。
⑤ 刘亚猛：《从"忠实于源文本"到"对源语文化负责"：也谈翻译规范的重构》，《中国翻译》，2006年第6期，第16页。
⑥ 陈霞：《从当代中国人的精神需求看外译中翻译规范的重建》，《上海翻译》，2007年第4期。

中翻译规范的构想，将外译中翻译规范分成"原则性规范"和"操作性规范"两大类，操作性规范又分为文本外部操作性规范和文本内部操作性规范。

　　一类研究关注到翻译规范与主体性之间的关系。当国外翻译研究在描述翻译规范中越来越重视译者主体，中国学者也开始探讨这一问题。孙艺风①指出有关规范的研究始终没就翻译主体意识与规范的关系做正面、深入的讨论，认为伊始规范规定和限制主体性，而操作规范则在社会和意识形态规定的有限范围内，发挥了主体性的功能，规范和主体意识是**密切互动的关系**。贺显斌②分析了打破翻译规范的可能性和必要性，探讨了译者在各个翻译阶段的能动性，指出过度强调社会的制约力将导致译者地位和责任削弱，以及翻译质量的下降，译者应在规范可接受的范围内展现个性，遵守和打破规范都离不开译者主体介入。徐斌③探讨了翻译规范与译者对文本及翻译策略选择之间的相互关系，指出一方面规范在社会和文化方面对作为行动主体的译者具有约束性，另一方面译者对规范的理解与迎合，以及由此而做出的各种选择，体现了译者的主体意识，从而强化了译者的主体地位。翻译活动是在译者与规范相互协调与合作下才得以进行的。章艳④研究了清末民初的小说翻译规范以及译者在这些翻译规范面前的应对，发现译者对规范的配合和抗衡，翻译规范一方面制约了译者，但另一方面也为译者提供了发挥主体性的可能和机会。这一时期的译者具有强烈的主体意识，他们在遵守规范的同时，也在制定规范。陈鹏⑤从心理角度和翻译规范的主观性两方面探讨了译者在翻译过程中的守规，以及规范的宽容性与译者主体性之间的关系，但该文把翻译标准等同于翻译规范有待进一步商榷。中国研究者已经注意到译者不是简单地受规范制约，译者也是遵守规范或者打破规范和推动规范变迁的重要因素，译者主体性与翻译规范之间存在着互动关系。

　　其他研究有的关注中国的翻译规范研究，如韩江洪⑥论述了中国翻译规范研究从语文学、比较语言学到描述性研究的变革，分析了规定性

①　孙艺风：《翻译规范与主体意识》，《中国翻译》，2003年第3期。
②　He Xianbin. "Translation Norms and the Translator's Agency". *Translation Today*. 2: 1. 2005. 28 Oct 2010.〈www. anukriti. net〉。
③　徐斌：《翻译规范与译者对文本及翻译策略的选择》，硕士论文，湖南师范大学，2006。
④　章艳：《清末民初小说翻译规范及译者的对应》，博士论文，上海外国语大学，2006。
⑤　陈鹏：《守规与译者的主体性：关于翻译规范的认识》，《郑州航空工业管理学院学报》，2007年第1期。
⑥　韩江洪：《论中国的翻译规范研究》，《山东外语教学》，2004年第6期。

翻译规范研究的局限性，剖析了描述性翻译规范研究的意义，指出应将当下翻译规范研究的重点由规定性转向描述性，以描述性为主，以实证的方法得出一系列有关翻译规律的理论主张，力求以实证分析保证翻译规范理论的现实性；有的着重对某一种规范的研究，如在伦理规范的研究中，吴建国、魏清光①认为翻译是一定情景及一定伦理文化的组成部分，作者从中西方伦理规范的比较出发，指出译入语伦理规范强大时，译者在译介过程中往往顺应译入语伦理规范而改写原文，若译入语伦理规范处于弱势，不能满足大众的文化需求，译者则会引进新的伦理规范；有的着重探讨翻译规范与相关概念的关系，如描述性的翻译规范与传统翻译标准，认为二者是翻译理论相互联系的两个方面，两者对立统一、相互补充，应该重视并使其平衡发展。②

四、国内翻译规范研究的发展趋势及存在问题

（一）发展趋势

自 2001 年中国学者开始译介翻译规范论以来，已经吸引了越来越多研究者关注并参与探讨。综上所述，可以看到国内对翻译规范的研究呈现出以下发展趋势：

从单一介绍到比较研究。国内翻译规范论的探讨从刚开始单一介绍国外某个学者的理论，到关注各个学者的规范论之间的发展与继承关系，并注意分析他们理论之间的异同，探讨各个理论的学科贡献及其存在的不足。

运用研究中内容的多样化。在运用翻译规范论探讨翻译实践问题时，从开初关注译本研究，尤其是中国典籍翻译，逐渐扩展到多样化的研究对象，如不同翻译实践类型的研究、翻译家研究、翻译史研究、翻译与中国语言文学关系研究等。

跨学科的研究方法。在对翻译规范的研究中，研究者开始借鉴其他学科或者理论的研究工具和方法，如与语料库语言学、话语理论、社会叙述理论相结合，拓展了翻译规范研究的多元理论视角。

（二）存在的问题

虽然国内学者对翻译规范的研究取得了重大进步，但还存在一些问题，主要表现为：

---

① 吴建国、魏清光：《翻译与伦理规范》，《上海翻译》，2006 年第 2 期。
② 吴娟：《翻译规范研究：传统翻译标准与描述性翻译规范》，硕士论文，上海外国语大学，2007。

在运用研究中理论运用的语境意识较为薄弱。有些研究简单套用国外学者的规范理论，忽视了翻译规范这一概念本身的特性，一是其描述性，二是不可脱离翻译活动发生的特定历史文化语境。简单套用容易忽略或曲解导致译者采用翻译策略及译本产生的真实原因，这将背离重构特定历史语境中翻译规范的初衷。

研究主题重复较多，拓展不够。以"CNKI中国期刊全文数据库"为例，有关翻译规范研究的论文从数量上看不少，但梳理之后发现，其中重复研究，乃至存在某些学术失范的论文不少，有些论文文题不符。例如，从国外学者对翻译规范的讨论看，主体性问题成为关注的焦点，这既涉及译者的主体性与规范之间的张力与互动关系，又涉及作为研究者的主体性如何在描述性研究中保持尽可能中立的立场。这一问题虽然也引起了国内学者的注意，但相关的理论探讨和实证研究都还相当不充分。

对基本概念的阐述、理解和运用不够统一。虽然翻译规范是描述翻译学的重要概念，但在翻译研究中对这一概念的理解和运用并不统一，在国内研究中尤其突出。仅从对norm这一术语的翻译来看，就有规范、准则、行为常式等多个译名。在运用上也存在一些误区，如在概念上混淆规定性的翻译规范和描述性的翻译规范，出现运用描述性的翻译规范来论证翻译中的不"规范"现象和翻译质量低劣的原因。

综上所述，翻译规范作为描述翻译学的重要概念，推动了翻译研究范式的转变，成为20世纪八九十年代翻译研究中的重要课题之一。虽然国内的翻译规范研究起步较晚，但涉及的论题却很多样化，从对国外翻译规范论的译介、评论，到对该理论的运用、研究和发展。中国语境中对翻译规范的探讨虽然还存在明显不足，但却为规范研究提供了不同的实证研究基础。图里希望通过对不同历史文化语境中翻译规范的认识积累，逐渐得出翻译的普遍规律。研究中国语境中的翻译现象，描述特定历史语境中的翻译规范，是增强中西翻译理论话语交流，避免以西方理论为中心，而忽视了其他非西方的语言文化活动特点，这也是逐渐接近对翻译普遍规律认识不可或缺的环节。

第三节　论译者规范及其研究途径

随着国内外翻译规范研究从理论到实证的不断拓展，现有翻译规范研究的不足也逐渐引起学者注意，其中最受关注的是译者主体与翻译规范之间的关系。图里的规范论比较强调规范对译者的规约力，而对译者

的主体性有所忽略。"在翻译研究中，规范的概念固然重要，但与之相关
的主体意识同样不容忽视"。① 任何翻译规范形成和变迁的过程，都离不
开译者主体的参与和推动，翻译规范总是需要通过译者的内化和接受才
能发挥作用。随着对翻译规范研究的进一步深入，译者主体性和翻译规
范之间的关系越来越受到研究者的重视。

一、翻译规范的文化特性、不稳定性和多样性

图里认为规范具有两大特性，即社会文化特性和其本质上的不稳定
性。在论述规范的社会文化特性时，图里认为无论某一规范的具体内涵
是什么，绝对不存在（在同一程度上，或者根本就没有）某一规范要适用
于社会所有层面的需求，更无必要或者可能性让某一规范适用于不同文
化。规范的重要性是由其所在的系统所赋予的，而各系统之间存在差异，
即使外在行为表现相同。在论述规范的不稳定性时，图里指出规范的不
稳定性并非是其存在内在的缺陷，而是规范的本质使然。有时规范变化
相当快，有时变化慢，然而翻译规范发生根本性的变化，往往要在人的
一生中才能觉察出来。②翻译规范的文化特性和不稳定性，与目标语文化
与原语文化之间的关系以及目标语文化系统内部的多层次性相关，由此
衍生出翻译规范的另一个特征，即多样性。

纵观中西翻译史上大规模的翻译活动，其发生多基于目标语文化内
在需求的驱动。但目标语文化并非是一个统一的整体，而是由不同文化
阶层和力量结集在一起形成的复杂集合体。在特定社会历史文化语境中，
本土文化与域外文化力量对比的差异和变化，会影响本土文化的心理机
制，以及对待异域文化的态度，从而形成该时代对翻译特定的需求和认
识，即目标语文化会形成时代主流的翻译需求。但即使在同一历史时期，
因目标语文化中不同政治文化力量对自我和他者在认识上的差异，会形
成多元的翻译需求，在主流的翻译需求之外，非主流的需求一直相伴存
在。且主流需求和非主流需求的地位也处于流动和变化之中，即目标语
文化对域外文化的需求不是一元统一的，需求的方面也非恒定不变，在
任何历史时期都会存在多元的翻译需求。在目标语文化不同的翻译需求
驱动下，催生了多元翻译规范的交织共存。翻译规范的多样性与其社会
文化特性和不稳定性相生相息。

---

① 孙艺风：《翻译规范与主体意识》，《中国翻译》，2003 年第 3 期，第 8 页。
② See Gideon Toury. *Descriptive Translation Studies and Beyond*. Shanghai Foreign Lan-
   guage Education Press，2001. p. 62.

　　图里认为，总体上一个文化内部并存着三种类型相互竞争的规范：一类居于系统的中心地位，引导着"主流"的翻译行为，处在边缘的是余留的旧有规范和新规范的萌芽。①图里从时间特性上区分了过时的、入大流的和进步的三种规范；根据力量的强弱图里认为规范处于相对绝对的规则（rules）和纯粹个性（idiosyncrasies）之间，形成一个成级差的连续体。② 赫曼斯绘制了规范"规约力形态"（modalities of normative force）图，来揭示规范之规约力的相对强度，呈现各种力量模式之间的相互关联：③

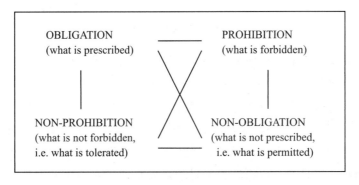

图 1-2　规约力形态图

　　赫曼斯认为规范的规约力有四种形态：义务、禁律、许可和容忍，并对每种形态进行了进一步细化。"总体而言，越具有宽容度的规范，其柔韧性也越强，因此对环境变化更容易开放地进行重新阐释和调整。而规约力更强、更普遍的规范随着时间会变得稳定，最后被制度化和固化"。④ 赫曼斯从规约力的相对强度上分析了规范的多样性。无论从历时的还是共时的角度，多样性作为规范的典型特性可以在不同层面上展现。

　　"在一个庞大、社会阶层结构和分层复杂的社会里，各种不同而又相互交织、相互冲突的规范同时多元共存。规范的多样性同时也是孕生潜

①　Gideon Toury. *Descriptive Translation Studies and Beyond*. Shanghai Foreign Language Education Press，2001. pp. 62-63.
②　Gideon Toury. *Descriptive Translation Studies and Beyond*. Shanghai Foreign Language Education Press，2001. p. 54.
③　Theo Hermans. "Norms and the Determination of Translation：A Theoretical Framework". In Román Álvarez, and M. Carmen-África Vidal, eds. *Translation，Power，Subversion*. Multilingual Matters Ltd.，1996. p. 33.
④　Theo Hermans. "Norms and the Determination of Translation：A Theoretical Framework". In Román Álvarez, and M. Carmen-África Vidal, eds. *Translation，Power，Subversion*. Multilingual Matters Ltd.，1996. p. 34.

在变化因素的主要源泉"。① 翻译规范的多样性一方面可以使彼此之间相互补充，形成特色各异的翻译文化和文本，满足目标语社会对域外文化多维度、多层面的需求，另一方面也会带来不同规范之间的竞争，宽容度较高的规范因其规约力相对较弱，往往容易滋生出偏离主流、甚至具有颠覆性质的新规范萌芽，并逐渐打破原有规范的稳定格局，形成非主流对主流、边缘对中心的不断侵越与争夺。因此翻译规范并不稳定，总是处在不断变化之中。

二、翻译规范与译者主体

语言学范式的翻译研究把翻译看作两种语言符号的转换，翻译涉及的是文本之间或者不同语言系统之间的关系，译者的功能是实现二者之间的对等转换，强调原文中心的观念，译者作为社会文化主体的复杂性被忽略。"当今的翻译越来越被看作是在交际和社会文化语境中发生的复杂交流行为，这要求将译者作为社会存在全面纳入讨论"②，译者主体的翻译活动并非只涉及双语转换的过程，还有译者对原文本的选择，其翻译作品的出版和接受。为实现其翻译活动，译者必须和其他社会存在发生互动，如赞助人、读者、评论家、各种相关机构等，在各种不同的文化目的和兴趣之间沟通与协调，实现各种不同维度的期待。

在特定历史语境中，多元规范的共存为译者的个性化选择提供了可能。译者主体与翻译规范之间存在互动关系，一方面译者的活动和决定会受到翻译规范的影响和制约，在规约力极强的规范，如禁律面前，选择什么原语作品来翻译，如何翻译原作中与目标语文化相冲突的异质信息，会受到相当的控制，如果要背离这样的强势规范，可能会导致翻译作品无法出版，甚至译者可能会遭到诘难。因此，有些决定不是译者主体可以掌控和随意违反的。但另一方面"规范并不排除偏离规范和个体的独特行为。何种规范由谁来打破取决于规范的本质和强度，以及个体的

---

① Theo Hermans. "Norms and the Determination of Translation: A Theoretical Framework". In Román Álvarez, and M. Carmen-África Vidal, eds. *Translation*, *Power*, *Subversion*. Multilingual Matters Ltd., 1996. p. 36.

② Theo Hermans. "Norms and the Determination of Translation: A Theoretical Framework". In Román Álvarez, and M. Carmen-África Vidal, eds. *Translation*, *Power*, *Subversion*. Multilingual Matters Ltd., 1996. p. 26.

动机"。① 译者并不是完全被动受制于翻译规范，任何翻译规范的发生和形成都离不开译者主体的参与，而对规范的遵循或打破与译者的翻译目的息息相关。出于各自的目的，译者对规范的选择、内化、遵循或者偏离，会作用于翻译行为的每个环节，译者的选择是形成不同规范竞争力强度的重要组成部分。译者的选择和决定有与主流规范相一致的一面，同时也会存在译者个性化的选择，造成对主流规范的偏离。译者在遵循和打破既有规范之间做着选择，译者个性化的选择会逐渐改变不同规范之间力量的对比，消解既有中心和边缘疆界的划定，参与并推动翻译规范的变化过程。

三、从译者思维习惯到译者规范

在传统翻译研究中，译者一直处于"隐形"状态，其主体性被遮蔽，文化地位被边缘化。翻译研究中的"文化转向"开启了描述性的研究方法，研究重点从以原文为中心转为以目标语为导向。图里的翻译规范研究，从方法和内容上都极大拓展了翻译研究的范围，但研究者们也纷纷指出其不足之处，比较集中地提出了规范论对译者主体研究的忽视。其实图里意识到译者并非在规范变化中都是被动的，他认为规范是"主体间性因素"(intersubjective factors)②，可见译者主体是构成翻译规范不可或缺的因素。但图里把更多的关注点放到了规范对译者的规约方面，对译者如何参和推动规范的变迁没有系统论述，对意识形态和权力等因素在规范的生成和变化过程中的作用少有涉及。图里的描述翻译学研究模式"重视的是整体方案与结构，而不是个体行为者"③，而"人类行为人不能仅仅只作为专业人员来描述，同时也必须作为社会化的个体来描写"④，将译者及其翻译活动仅作为一个宏观的整体来看待，容易导致将译者作为笼统的抽象概念，作为静态的对象来考察，而忽视译者因个体差异形成

---

① Theo Hermans. "Norms and the Determination of Translation: A Theoretical Framework". In Román Álvarez, and M. Carmen-África Vidal, eds. *Translation*, *Power*, *Subversion*. Multilingual Matters Ltd., 1996. p. 31.

② Gideon Toury. *Descriptive Translation Studies and Beyond*. Shanghai Foreign Language Education Press, 2001. p. 54.

③ Reine Meylaerts. "Translators and (their) norms". In Anthony Pym, Miriam Shlesinger, and Daniel Simeoni, eds. *Beyond Descriptive Translation Studies: Investigations in Homage to Gideon Toury*. John Benjamins Publishing Company, 2008. p. 91.

④ Reine Meylaerts. "Translators and (their) norms". In Anthony Pym, Miriam Shlesinger, and Daniel Simeoni, eds. *Beyond Descriptive Translation Studies: Investigations in Homage to Gideon Toury*. John Benjamins Publishing Company, 2008. p. 91.

的动态和不断变化的个性化选择，以及由此可能形成的译者亚群体的翻译规范。

规范作为描述翻译研究的重要概念，强调对目标语文化中的翻译活动和翻译文本进行语境化研究，对于翻译史中客观存在的翻译行为和文本具有较强的解释力。在目标语文化为导向的翻译研究范式中，"要探究译作的形成，规范是必不可少的，规范也能对某特定译作在目标语文化中的地位进行描写，但却无法揭示译者选择背后的动机"①，无法对译者的主观选择和偏离规范的翻译实践进行系统的有效描述。随着翻译规范研究的发展，对译者主体研究的需求日益提上日程。切斯特曼认为翻译研究的发展趋势之一是"研究兴趣从翻译的研究(translational studies)(强调译作本身)扩展到译者研究(translatoral studies)(强调译者及其决定)"②，皮姆在翻译史研究中提出译者是历史知识的核心，认为"只有通过译者以及与译者相关的社会人员(委托人、赞助人、读者)才能理解为何在特定历史时间和地点会出现译作"③，译者主体的研究意义不断得到强调。

译者和规范之间并非单向的受制约与制约的关系，"译者意识到特定领域中的规范，仅仅是译者在做翻译决定的过程中需要考虑的因素之一。要找到译者行为背后的动机线索，需要考虑译者整个的个人行动轨迹。"④译者的行为和决定并非仅受规范的影响。图里的规范论注意到了主体因素，但在分析翻译规范的框架中，"译者与规范之间，个体与整体之间，行为人与结构之间，彼此之间关系的概念化尚不充分"。⑤"在规范作为拟人化的整体层面和译者作为个体层面之间(这里是一种假设结构)一直存在张力(常常是隐性的)。在方法论上，这意味着要对规范概念

① Vasso Yannakopoulou. "Norms and Translatorial Habitus in Angelos Vlahos' Greek Translation of *Hamlet*". In Pieter Boulogne, ed. *Translation and Its Others. Selected Papers of the CETRA Research Seminar inTranslation Studies* 2007. 2008. 28 June 2011. 〈http://www. kuleuven. be/cetra/papers/papers. html〉. p. 7.

② Andrew Chesterman. "Causes, Translations, Effects". *Target*. 10: 2. 1998. p. 201.

③ Anthony Pym. *Method in Translation History*. Foreign Language Teaching and Research Press, 2007. p. xxiii.

④ Vasso Yannakopoulou. "Norms and Translatorial Habitus in Angelos Vlahos' Greek Translation of *Hamlet*". In Pieter Boulogne, ed. *Translation and Its Others. Selected Papers of the CETRA Research Seminar inTranslation Studies* 2007. 2008. 28 June 2011. 〈http://www. kuleuven. be/cetra/papers/papers. html〉. p. 8.

⑤ Reine Meylaerts. "Translators and (their) norms". In Anthony Pym, Miriam Shlesinger, and Daniel Simeoni, eds. *Beyond Descriptive Translation Studies: Investigations in Homage to Gideon Toury*. John Benjamins Publishing Company, 2008. p. 91.

化、对定义整体结构概念化，就需要对译者进行概念化，将规范'背后'的主体概念化，以及将二者之间的关系概念化"。① 国外有学者提出将译者思维习惯(habitus)这一概念纳入翻译规范研究②，强调回到译者内部，探讨译者的主动性与自发性，来描述和解释译者的行为。译者的思维习惯促成了翻译规范的形成和变化，而翻译规范又促使特定文化语境中译者思维习惯的生成。"此概念与翻译规范概念相对应，并能对翻译规范概念进行补充"③，"动态及多元的思维习惯概念有助于解释在维护规范或者规范的变迁中，译者所发挥的作用"。④ 译者思维习惯和翻译规范二者之间是相互依存、相互建构的关系，"没有思维习惯将之具体化的规范，与没有规范的思维习惯一样没有意义"。⑤ 虽然译者思维习惯这一概念开启了新的研究视角，但由于思维习惯这一概念的复杂性，目前对其探讨"在很大程度上还停留于将其认作是一种宽泛意义上富于启发性的观点，而不能构成具体的、可操作的假设"。⑥ 而图里、切斯特曼和赫曼斯的翻译规范研究中虽然没有明确使用译者思维习惯这类概念，也没有充分探讨译者主体之于翻译规范的重要性，但均意识到译者与翻译规范之间存在密切关联，且他们对翻译规范的分类中，译者是隐含在其中的，此外他们还提出了描述翻译规范行之有效的方法。鉴于此，本文提出译者规范这一概念，综合运用现有翻译规范的描写方法，将译者放在描述的中心，分析在特定社会文化语境中译者的选择行为，并探讨译者与翻译规范之间的互动关系。译者规范与译者思维习惯的共同之处在于二者均专注于译者主体对翻译行为的选择和决定作用，与翻译规范之间皆为相互建构的关系；不同之处在于译者思维习惯更强调每个个体译者作为自我

① Reine Meylaerts. "Translators and (their) norms". In Anthony Pym, Miriam Shlesinger, and Daniel Simeoni, eds. *Beyond Descriptive Translation Studies: Investigations in Homage to Gideon Toury*. John Benjamins Publishing Company, 2008. p. 92.
② See Daniel Simeoni. "The Pivotal Status of the Translator's Habitus". *Target* 10: 1. 1998; Rafeket Sela-Shefy. "How to be a (recognized) translator: Rethinking habitus, norms, and the field of translation". *Target* 17: 1. 2005; Reine Meylaerts. "Translators and (their) norms". 2008; Vasso Yannakopoulou. "Norms and Translatorial Habitus in Angelos Vlahos' Greek Translation of *Hamlet*". 2008.
③ Rafeket Sela-Shefy. "How to be a (recognized) translator: Rethinking habitus, norms, and the field of translation". *Target* 17: 1. 2005. p. 2.
④ Reine Meylaerts. "Translators and (their) norms". p. 101.
⑤ Daniel Simeoni. "The Pivotal Status of the Translator's Habitus". *Target* 10: 1. 1998. p. 33.
⑥ 邢杰：《译者"思维习惯"：描述翻译学研究新视角》，《中国翻译》，2007 年第 5 期，第 13 页。

的存在，对规范的违背，而译者规范则更侧重对译者亚群体翻译选择行为的描述，既包括对规范的内化和遵循，也包括对规范的偏离甚至违背。

本书提出译者规范这一概念，旨在将翻译规范研究与译者主体研究相结合，但是虽然规范作为一种工具运用于描述翻译学研究"已经证明了它的可持续性和有效性，但规范仍然是一个难以界定的模糊概念"①，要界定"译者规范"这一概念更具挑战性。译者规范是对译者的翻译行为和翻译活动进行描述分析和阐释的一个范畴，旨在观察和描写译者对翻译规范的选择、内化、遵循或者偏离所体现出来的主体性，译者的选择在推动新规范的萌生及发展中所发挥的作用，并尝试解读译者选择背后的动因。因此，译者规范并非一个全新的概念，其实是蕴含在翻译规范之中，强调以译者主体为出发点，注重对译者作为社会化的个体的语境化分析，深入其对规范内化系统（internalized system）的探究，探讨译者对翻译规范的选择，既包括内化后的接受，也包括有意识或者潜意识的偏离甚至逾越。对译者规范的描述需要考虑多重因素：译者个体的价值观与其所在特定历史文化语境所认同的主流价值观之间的关系，二者之间的张力对译者的翻译观念、翻译行为和翻译策略如何发生影响，译者的主体参与是否符合或者打破当时的主流规范，是否加强或者削弱了某些规范的约束力，等等。译者主体性要受到翻译规范的制约，如果译者过度逾越主流翻译规范，可能导致其译作不被接受的状况，但也可能因为译者个体化选择的前瞻性，成为新翻译规范的萌芽。因此也可以说，译者规范是翻译规范中最活跃的力量，其动态的发展与变化是影响各种翻译规范竞争力的重要因素。

四、描述译者规范的途径和方法

历史上的重大翻译活动中，参与翻译活动的译者通常并非仅仅只具有译者一重身份，译者大多同时又兼具作家、评论家、哲学家、教师等多重身份。当译者兼具多重身份时，

> ……需洞察这些行为人如何内化更广大的社会、文化、政治及语言结构，这一过程具有多样性和可变的特征，这既包括对制度结构的内化，也包括对话语结构的内化。对内化过程的

---

① Theo Hermans. *Translation in Systems: Descriptive and System-oriented Approaches Explained*, Shanghai Foreign Language Education Press, 2004. p. 73.

洞察有利于充分了解行为人的实际立场、他们在影响制约形势变化的因素上可能发挥的作用，以及在微观结构和宏观结构层面上他们翻译选择的变化。这些选择是一个连续体，从受习惯制约的翻译行为的特定社会——文体层面，到个体是否愿意成为译者，均包含在其中。这些选择既非单独取决于个体喜好，也非完全受制于集体规范（collective norms），需要对结构与主体（structure and agency）之间的关系进行分析。①

站在特定的历史文化语境，观察译者对规范的动态内化和选择过程，是描述译者规范的关键。

　　研究者对翻译规范的种类已经进行了不同的划分，各有侧重。图里关注翻译过程中的规范，从翻译活动的发起，到翻译文本的生成和接受，认为翻译过程的不同阶段有不同的规范在起作用，可以分为预备规范（preliminary norms）、初始规范（initial norms）和操作规范（operational norms）。② 切斯特曼从翻译活动主体的角度出发，将规范划分为产品规范（或称期待规范，product or expectancy norms）和过程规范（或称专业规范，process or professional norms），后者又细分为责任规范（account-ability norms）、交流规范（communication norms）和关系规范（relation norms）。切斯特曼认为这两类规范涵盖了图里的操作规范和初始规范。③ 图里对规范分类的不足之处，在于对译者主体因素缺乏充分重视；而切斯特曼重视主体因素，如在期待规范中对读者因素的强调，专业规范中的责任规范、交流规范和关系规范均对译者有明确描述。虽然切斯特曼声称专业规范是描述性的，"专业规范存在于译者所属的文化中，只要译者内化了这些规范，这些规范就有助于解释译者的行为"④，但同时又强调专业规范本身的规约性，正如他所称，他更感兴趣的是"雇主在委托了

① Reine Meylaerts. "Translators and (their) norms". In Anthony Pym, Miriam Shlesinger, and Daniel Simeoni, eds. *Beyond Descriptive Translation Studies: Investigations in Homage to Gideon Toury*. John Benjamins Publishing Company, 2008. p. 95.
② Gideon Toury. *Descriptive Translation Studies and Beyond*. Shanghai Foreign Language Education Press, 2001. pp. 56-58.
③ Andrew Chesterman. *Memes of Translation: The Spread of Ideas in Translation Theory*. John Benjamins Publishing Company, 2000. pp. 63-70.
④ Andrew Chesterman. *Memes of Translation: The Spread of Ideas in Translation Theory*. John Benjamins Publishing Company, 2000. p. 68.

翻译任务之后，那些指导译者工作的规范"①，故而在责任规范、交流规范和关系规范中对译者行为的描述均采用"should"一词，带有较强的规约色彩。在阐释专业规范与期待规范的关系时，切斯特曼认为"从译者的角度而言，专业规范从属于期待规范，因为专业规范决定于期待规范：任何过程规范都决定于其试图实现的最终产品的性质"②，"专业规范解释译者考虑期待规范的倾向性。译者在遵循规范的同时，也延续和强化了这些规范。"③切斯特曼的期待规范主要强调的是目标语文化中的读者期待，专业规范描写译者的翻译行为，即在读者和译者的关系中，切斯特曼预设了译者行为受读者期待的影响与制约，译者的主体性依然是从属的。此外，切斯特曼归纳了五种翻译伦理模式：再现伦理、服务伦理、交流的伦理、基于规范的伦理和职业伦理④，并把伦理的责任加诸于译者，"是对译者行动的外在规定性"。⑤ 可见译者虽然在切斯特曼的规范中得到重视，但译者的主体性依然是作为被规约的对象来描述的，译者在翻译规范运行过程中的被动色彩较浓，虽然称"译者总是有选择"⑥，但对于译者如何选择、译者的选择如何与规范之间形成互动却缺乏条分缕析的探讨。

本文研究译者规范，重点在于探索译者主体如何内化规范，或者对规范形成偏离，译者的选择如何催生并强化某些规范，改变原有规范的格局，推动规范的变迁，尤其注重译者亚群体的差异化选择。因此在译者规范的描述中，译者是放置在翻译行为的主动地位来加以分析的。本文尝试结合图里和切斯特曼的规范分类，建立译者规范的分析框架。切斯特曼的规范分类包含了图里的操作规范和初始规范，却没有涵盖图里的预备规范，而预备规范中的翻译选材方策（translation policy）与译者主体性密切关联。因而本文借用并整合图里和切斯特曼的规范分类术语，

---

① Andrew Chesterman. *Memes of Translation：The Spread of Ideas in Translation Theory*. John Benjamins Publishing Company，2000. p. 68.

② Andrew Chesterman. *Memes of Translation：The Spread of Ideas in Translation Theory*. John Benjamins Publishing Company，2000. p. 67.

③ Andrew Chesterman. "Description, Explanation, Prediction：A Response to Gideon Toury and Theo Hermans". *Current Issues in Language and Society*. 5：1. 1998. p. 92.

④ Andrew Chesterman. "Proposal for a Hieronymic Oath". In Anthony Pym. ed. *The Return to Ethics，Special Issue of The Translator*. 7：2. 2001. pp. 139-147.

⑤ 陈志杰、吕俊：《译者的责任选择：对切斯特曼翻译伦理思想的反思》，《外语与外语教学》，2001 年第 1 期，第 62 页。

⑥ Andrew Chesterman. "Description, Explanation, Prediction：A Response to Gideon Toury and Theo Hermans". *Current Issues in Language and Society*. 5：1. 1998. p. 92.

但描写的向度以译者主体为中心，将译者规范分为三个层面来描述：译者的预备规范（translator's preliminary norms）、译者的期待规范（translator's expectancy norms）和译者的操作规范（translator's operational norms）。本文没有选择图里的初始规范，因为从译者的角度来看，对译文充分性（adequacy）和可接受性（acceptability）的考虑，可以在译者的期待规范中体现，而对译文充分性和可接受性的具体实施，将在译者的操作规范中来实现。本文也没有选择切斯特曼的专业规范概念，他对专业规范的划分，其中的责任规范是一种伦理规范，指译者要满足原文作者、翻译委托人、译者自身、预设读者及其他相关方面的忠实要求；交流规范是一种社会规范，指译者应使交际的各方获得最大程度的交流。① 这两种规范其实贯穿译者的整个翻译活动，也即在译者的预备规范、期待规范和操作规范中均有涉及，因而本文没有借用专业规范这一概念作为分析工具。

本文选择从译者预备规范到译者期待规范再到译者操作规范的顺序，来分析译者规范，在于试图从译者翻译作品这个客观事实出发，分析译作作为产品呈现出的规律，由此深入对译者主体的分析，探讨译者主体如何认同或者偏离主流翻译规范，从而成为建构翻译规范的能动力量。这三种规范基本涵盖了译者翻译行为的全过程，但该划分并非意味着在译者的翻译行为中，它们之间存在彼此泾渭分明的界限，或者它们在翻译行为的发生过程中按照严格的时间顺序来运行。在实际主体翻译行为的发生过程中，三种规范彼此相互关联，存在诸多交接重合之处。例如在译者预备规范中，译者对原语文本的选择倾向必定会受到译者期待规范的影响；而译者预备规范和期待规范将作用于译者操作规范，影响译本生成的过程及最终形态，同时通过操作规范来实现译者的预备规范和期待规范。

译者的预备规范分析译者的翻译选材方策和译者对翻译直接程度（directness of translation）的意识。翻译选材方策指"在特定时期和特定文化/语言中，影响译入文本类型的选择，或者甚至是影响对某些特定文本选择的因素"②。这是一个描述性的概念。特定历史文化语境中并非只有同一的翻译选材方策在运行，而是多元翻译选材方策共存。"或者针对

---

① Andrew Chesterman. *Memes of Translation*: *The Spread of Ideas in Translation Theory*. John Benjamins Publishing Company, 2000. pp. 68-69.

② Gideon Toury. *Descriptive Translation Studies and Beyond*. Shanghai Foreign Language Education Press, 2001. p. 58.

文本类型(比如文学与非文学文本),或者针对人主体和组织(例如不同的出版机构),不同的翻译选材方策适用于不同的亚群体(subgroups),二者之间的互动常常为翻译选材方策的角逐提供了肥沃的土壤。"①图里的翻译选材方策概念"与德国功能学派的翻译纲要(translation brief)或翻译目的(skopos)部分重合"②,可见对翻译选材方策的描述试图回答"翻译了什么"和"为何选择这些文本来翻译"这两个主要问题。本文运用图里的翻译选材方策这一术语,需要和规定性的翻译选材方策相区分:规定性的翻译选材方策通常由政府或者赞助机构来制定和提倡,是译者在翻译行为中应该遵守的规定,具有很强的规约性;而描述性的翻译选材方策是通过对特定历史时期译者对文本类型或者特定文本的选择进行研究,描述出他们选择的特征,并做出分析和解释。此外也需与翻译策略相区分:翻译策略侧重的是文本翻译过程涉及的翻译方法,而翻译选材方策与"选择什么原语文本类型、选择什么原文、哪位原作者及何种原语言"③有关。翻译选材方策的提倡和实施离不开赞助人和译者,译者主体并非单方面受制于赞助人发出的翻译选材方策,具备相似文化身份的译者可以形成一个译者群体,主张和实践具有共性的翻译选材方策,成为多元翻译选材方策中的一种。因而对翻译选材方策的研究与译者主体的研究密不可分。对译者预备规范的描写,侧重在译者面对特定历史文化语境,依据自己的翻译目的来选择原语文本过程中体现出的翻译选材方策。译者的翻译选材方策从两个维度来描写:译者对作品体裁和主题的选择。译者预备规范的另一个层面描写译者翻译的直接程度。对间接翻译的选择并非单纯反映译者掌握的外语语种状况,更揭示目标语文化对待域外文化的态度。通过统计译者间接翻译在整个翻译中所占的比重,译者主体对间接翻译的认知和认可程度,对间接翻译是否有明确的意识,哪些语言是译者选用的主要中介语,可以深入探讨译者选择间接翻译的原因。

译者的期待规范将分析译者对译作功能、接受效果及其文本特征的预期。切斯特曼的期待规范侧重目标语读者的期待,而译者在翻译活动中首先是读者,既是原文的读者,也是自己译作的一个读者,译者对于

---

① Gideon Toury. *Descriptive Translation Studies and Beyond*. Shanghai Foreign Language Education Press,2001. p. 58.

② Snell-Hornby, Mary. *The Turns of Translation Studies: New Paradigms or Shifting Viewpoints*. John Benjamins Publishing Company,2006. p. 75.

③ Mona Baker, ed. *Routledge Encyclopedia of Translation Studies*. Shanghai Foreign Language Education Press,2004. p. 164.

翻译的目的、翻译的功能以及翻译应该是何模样有自己的期待，这一期待会作用于其译作的生产。译者期待如切斯特曼的读者期待一样，会受到"目标语文化中的翻译传统"和"目标语平行文本的样式"影响，也会受到经济因素、意识形态因素以及两种文化之间权力关系的影响①，但译者对自己翻译文本的类型及语言风格均有自己的期待，而文本呈现出的样态是译者期待的具体实现。"译者头脑中对译作潜在效果/接受状况的设想，是构成译者期待的组成部分，即译者对目标语读者及其期待的期待。这一设想对译者决定发挥着一定的调节作用。"②对译者期待规范的描写可以从译者的翻译目的和译入文体意识两个变量展开。

译者的操作规范分析译者在翻译过程中如何通过文本实践，来实现自己的预备规范和期待规范。图里将操作规范分为母体规范（matricial norms）和篇章语言规范（textual-linguistic norms）。母体规范制约目标语语料的存在形态，在文本中的位置，以及文本的分割形式（segmentation）。篇章语言规范制约语料的选择，以形成目标语文本，或者用以取代原语文本及其语料。③芒迪对这两种规范进行了进一步解释："母体规范与译文的完整性有关，表现在段落的删减或重置、篇章的分割以及段落或脚注的增加上。篇章语言规范制约目标语文本语料的选择：如词汇、短语及文体特征。"④译者不是翻译活动中被动的意义传输者，译者采用的翻译策略作为操作规范的集中体现，与译者的意识形态观和诗学观密不可分。虽然在某一时代可能存在一些主流操作规范，但由于译者文化身份的差异，很难说某一操作规范可以普遍适用于所有译者。因此从译者主体出发，来描述某一个体译者或者是某一具有文化身份共性的译者群体的操作规范，发现其与主流规范之间的互动，更能接近特定历史场景中作为翻译行为主体的译者的主观能动性，在一定程度上还原具有个人情感、价值观念和审美趣味的活的译者的翻译活动。对译者操作规范的描述可以采用比较的方法，选择与描述对象具有密切相关性的译者或译者群体作为参照对象，从操作规范的共性与差异中探寻译者主体在对

①　Andrew Chesterman. *Memes of Translation：The Spread of Ideas in Translation Theory*. John Benjamins Publishing Company，2000. p. 64.

②　Andrew Chesterman. "Description，Explanation，Prediction：A Response to Gideon Toury and Theo Hermans". *Current Issues in Language and Society*. 5：1. 1998. p. 96.

③　Gideon Toury. *Descriptive Translation Studies and Beyond*. Shanghai Foreign Language Education Press，2001. pp. 58-59.

④　Jeremy Munday. *Introducing Translation Studies：Theories and Applications*. Routledge，2001. p. 114.

待诸如原文本的完整性、原语文化的表达方式、目标语言的选择等方面的规律性行为,尝试发现译者操作规范与其预备规范和期待规范之间的相互关联,以揭示译者的操作规范与译者主体性之间的内在关联。对译者操作规范的描写,重点放在译者的母体规范特征以及对译入语体和翻译策略的选择三个方面。

正如切斯特曼批评图里的规范概念过于宽泛,"称规范甚至涵盖(或者几乎涵盖)主体的个性,把规范概念过度延展了"①,为避免概念的内涵和外延过于宽泛,译者规范的探讨虽然注重对译者个性化选择的描写,但并非止步于此,而是在充分描述译者主体个性化选择的基础上,探寻个体化选择中呈现出的、作为特定译者群体的整体性特征,以及由此而形成的在特定历史文化语境中,某一译者亚群体提倡并实践的译者规范。因此译者规范的描写需要针对特定的对象,在充分的个案研究中,逐渐获得对某一历史时期特定译者群体的译者规范的整体认识。

图里认为,翻译规范的重构主要有两种资料来源:语篇内和语篇外资料。前者专指译本,因为译本的生成受到规范的制约,是描写规范最重要的基础;后者包括半理论性或评论性资料,以及译者、出版商、评论家和其他翻译活动参与者的申明。②赫曼斯对于重构规范的文献来源进行了更加细致和全面的划分,他将图里所述的语篇外资料进一步划分为副文本和元文本。根据赫曼斯的划分法,重构译者规范的文献来源包括:相关翻译文本,即翻译作品;副文本(paratexts),如译序、译跋和注释等;以及元文本(metatexts),即独立于翻译文本的文献。后二者涵盖译者、编者、出版商、读者和翻译界等的相关陈述和评论文献。③

本文借鉴图里和赫曼斯提出的翻译规范的描述方法,来描述 20 世纪初叶中国首个本土女性译者群体的译者规范,即:

文本分析的方法(text):图里提出,翻译文本是规范制约下生成的首要文献,可以看作是规范的直接体现,而文本外的申明带有片面性,

---

① Andrew Chesterman. "Description, Explanation, Prediction: A Response to Gideon Toury and Theo Hermans". *Current Issues in Language and Society*. 5:1. 1998. p. 92.

② Gideon Toury. *Descriptive Translation Studies and Beyond*. Shanghai Foreign Language Education Press, 2001. p. 65.

③ 此处的"副文本"和"元文本"概念参见 Theo Hermans. *Translation in Systems: Descriptive and System-Oriented Approaches Explained*. Shanghai Foreign Language Education Press, 2004. p. 85.

在运用时应该尽量审慎。① 可见对翻译文本的分析是描写规范最重要的依据。本文将比较原语文本和目标语文本，比较女性译者和同时期男性译者的目标语文本，考察其中的共性、差异和变化，重点放在女性译者的目标语文本分析上，探讨女性译者实际发生的翻译选择和采用的翻译策略，分析背后的动因。

副文本分析的方法（paratext）：申纳兹（Sehnaz Tahir-Gürçaĝlar）认为翻译史研究者采用的不同类型的文献中，除了实际的目标语文本和目标语文本外的文献，如评论、信件、广告、采访、日记等以外，第三种类型的文献如"副文本"，即前言、后序、题目、献词、图表等，它们协调文本和读者之间的关系，并协助介绍文本。②在译者规范的描述中，本文将分析女性译者的前言、后记、译者识、注释，以及女性译者撰写的其他相关文本等副文本中体现出的翻译观，包括对原文本的选择、翻译的目的、对读者对象和阅读效果的预设、对文学或意识形态的诉求等。

元文本分析的方法（metatext）：对当时评论家、编辑、读者的相关评论进行分析，分析翻译作品在目标语文化里的接受和引起的反响，分析女性译者译作的接受状况，从而透视译者期待与译作接受效果之间的互动。

本研究将译者的翻译活动语境化，还原到其发生的具体社会文化语境进行探讨，尝试描写出 20 世纪初叶中国第一个本土女性译者群体的翻译行为如何受到主流规范的影响，女性译者的主体参与如何内化或者偏离这些规范，推生新的翻译规范，并在其个性化的选择中推动规范发生变迁。

---

① See Gideon Toury. *Descriptive Translation Studies and Beyond*. Shanghai Foreign Language Education Press，2001. p. 65. Also see Jeremy Munday. *Introducing Translation Studies：Theories and Applications*. Routledge，2001. p. 113.

② Sehnaz Tahir-Gürçaĝlar. "What Texts Don't Tell：The Uses of Paratexts in Translation Research". In Theo Hermans，ed. *Crosscultural Transgressions—Research Models in Translation Studies II：Historical and Ideological Issues*. St. Jerome Publishing，2002. p. 44.

第二章　近代启蒙话语下中国首个女性 译者群体的生成

　　作为多民族的文明古国，中国有着悠久的翻译历史。在各民族之间，与外邦的商贸、文化交流之间，以及政府外交来往之间，翻译是不可或缺的环节。有关翻译活动的记录散见于各种历史资料，从浩瀚文献中去梳理有关翻译的记载，其困难足以让人望而却步。"如果肯认真审视存世资料，我们会发现中国翻译史学到目前为止仍是一块未开发的园地，值得我们以严谨的学术态度对整个题目重新思考。"①虽然对中国翻译史的研究目前已经取得一定成果，但在研究的深度和广度上仍有很大拓展空间，重新审视和研究中国翻译史依然是当代翻译研究者的重要课题。

　　在漫长的中国历史记载中，存留在册的译者均为男性。女性译者首次进入公众视野并进入历史书写，是在20世纪初叶，中国出现了第一个女性译者群体。但长期以来她们的翻译活动却被历史的尘埃所遮蔽，在诸多文学史、翻译史的书写中消失了痕迹，或者被简单一笔带过，她们集体陷入沉默。近年来有关中国近代以来产生的女性译者的研究逐渐开始推进，有关这些女性译者的翻译活动和成就开始浮出。但这些研究还存在不足之处。首先，因为以往翻译史及文学史中有关女性译者的记载笔墨难见，研究者须从散见在清末以来的各种报纸杂志、出版作品以及小说存目、编年或者索引当中去整理、发掘相关材料，核实译者身份，工作量巨大，目前依然还有很多史实有待进一步厘清，使得有关女性译者的研究仍难以向纵深推进；其次，鉴于上述困难，目前有关女性译者的研究多为搜集、梳理史实，而在各种翻译作品和翻译事件之间寻求意义与模式、探究彼此之间深刻关联的研究才刚刚开始；再次，有些研究比较依赖二手甚至三手资料，主要是因为一手材料难于查找并获得，但这种模式造成的直接后果是，一旦被引用者在史料梳理中存在疏漏和错误，问题便不断在其他研究中重复出现，以讹传讹，不利于不断发现和修正相关问题，并逐渐获得有关这些女性译者的完善资料，重构她们在

---

　　①　孔慧怡：《重写翻译史》，香港，香港中文大学翻译研究中心，2005，第1版，第10页。

历史中的在场。鉴于此，展开对这一个女性译者群体的专题研究，重新发掘与她们相关的史实，整理其翻译文本，并寻找文本、翻译活动、译者主体和目标语文化彼此之间的关联和意义，探寻女性译者翻译活动的模式，是建构中国翻译史学不可或缺的部分。

第一节　近代以来中国本土译者的形成

任何翻译活动的开展都离不开译者主体，翻译什么、为什么而翻译以及如何翻译虽然脱离不了特定历史文化语境中目标语文化的需求和翻译传统的影响，但译者主体的参与是将上述问题付诸实践的必要前提。在中国进入近代社会之前悠长的翻译历史中，由于华夏文化中心主义的强大力量，中国主流文化对域外语言和文化长期秉持高高在上的大国心态，缺乏主动沟通意识。译者在政府中的职位底下，传统中译者被视作"舌人"，造成中国人"从来没有学习外语的意愿"①，因而"历史上很多朝代都依赖外邦人或新迁徙到中国的人担当翻译任务"②，没有形成培养本土外语人才的传统③，从本土知识分子中产生的有影响力的译者寥寥可数。参与翻译活动的中国本土译者因外语能力的缺乏，几乎都仅承担笔述的工作，外译中述成为主要的翻译模式。这一传统受到冲击并开始发生转变，始于近代中国社会不得不与强势西方文化近距离交锋的时代。

一、近代以前翻译活动中的译者和口译笔述翻译模式

作为多民族国家，中国几千年的文明史中翻译活动极其丰富，也历经了几次翻译高潮。远在周朝便设有专职的翻译官"象胥"，1407 年明朝建立了第一所正式培养译员的学校四夷馆。古代官方的译员主要担任"蛮夷之邦"朝贡时的翻译，以口译为主。但因译员传递的是"蛮夷"、"反舌"之语，加之朝廷担心"通事与外夷一起作弊，私通往来，把机要的事情泄

---

① 王宏志：《马戛尔尼使华的翻译问题》，《近代史研究所集刊》，2009 年第 63 期，第 100 页。

② 孔慧怡：《重写翻译史》，香港，香港中文大学翻译研究中心，2005，第 1 版，第 121 页。

③ 这里所指外语是外邦语言，不包括中国内部的民族语言。在历史上的非汉族王朝中，如金、元、清王朝，统治者同时采用几种民族语言作为官方语言，也设立机构选拔及培养翻译人员，但这并没改变主流文化轻视外语的态度。详见孔慧怡：《重写翻译史》，香港，香港中文大学翻译研究中心，2005，第 1 版，第 130～133 页。

露出去"①，导致译员的地位低下，正统读书人均不屑为之。历史上第一次大规模的翻译活动——佛经翻译，历时长达 7 个多世纪，参与其中的译者数不胜数，"而站在主导地位推动这次运动的人，却多半是外来的译者。粗略计算外来译者和本土译者的比例是 10∶1"②，而本土译者中具备双语能力的人并不多，玄奘（602～664）是其中凤毛麟角的代表。多数本土译者所从事的并不是双语转换的工作，更多是以笔述者的身份参与翻译活动，口译笔述形成了古代中国的主流翻译模式。

明末的科技翻译推动者仍然是外来者。耶稣会传教士为了实现在中国传教的目的，以利玛窦（Matteo Ricci，1552～1610）为代表的外来译者采取"适应"主流文化的策略，尊重中国文化习俗，在翻译宗教文本的同时，通过科学翻译来营造正面的西方形象，从而获得中国士人的尊敬，赢得政府的许可在华传教。士大夫阶层出现了几位与西方传教士合作翻译科学著作的中国知识分子，如徐光启（1562～1633）、李之藻（1566～1630）等。作为主流文化中的知识分子，他们率先意识到西方科技的发展在某些方面已经超过中国，看到了中华文明潜在的危机，于是摒弃轻视外来文化的偏见，提出"会通"、"超胜"的观点，积极参与科学文献的翻译。以徐光启为代表的本土译者，并不具备双语能力，在翻译中延续了佛经翻译时期的口译笔述模式，西方传教士口译，中国译者笔述、润色。但这些先觉知识分子的危机意识并没有形成巨大力量，影响到主流文化对待域外文明的态度，他们的翻译活动也没有激发其他中国知识分子学习外语的意愿，使得中国错失了主动走向近代的历史机遇。

在中国近代以前的翻译活动中，因长期倚重外来译者，缺乏培养具备双语能力的本土译者的意识，形成了外来译者口译、本土译者笔述的主流翻译模式。

二、鸦片战争以来对本土译者需求的产生

促使中国主流文化被迫改变对待域外文明和语言的态度，始自近代西方的强势入侵。近代中西文化交流在鸦片战争之后不再建立在平等基础上，在西方列强的坚船利炮下，中国人从开始的"器物上感觉不足"，

---

① 王宏志：《翻译与文学之间》，南京，南京大学出版社，2011，第 1 版，第 9 页。
② 孔慧怡：《重写翻译史》，香港，香港中文大学翻译研究中心，2005，第 1 版，第 63 页。

到后来"制度上感觉不足"，再后来"从文化根本上感觉不足"①，中国知识分子精英认识到向西方学习的重要性。正如图里指出，翻译行为及其产品不仅可以、而且的确引发目标语文化（target culture）发生变化。因此只要文化间表现出差异（gap）——这种差异要么是本来就存在的，要么是比较中（常常是这种方式）呈现出来的，目标语文化有理由仰视（look up to）并尽量探索另一种相应没有差异的文化，准确翻译会被作为弥合差异（fill the gap）的主要途径。翻译实际上是由目标语文化发动的，换而言之，目标语文化的某些不足常成为翻译活动的发端。②鸦片战争以来的半个多世纪里，中国在军事上的屡战屡败，在外交上的丧权辱国，面对世界新秩序的形成，中国知识分子逐渐放弃华夏文化中心主义，开始放眼望世界。以林则徐（1785～1850）、魏源（1794～1857）等为代表的先觉知识分子认识到"欲制外夷者，必先悉夷情始。欲悉夷情者，必先立译馆、翻夷书始"③，冯桂芬（1809～1874）更是将翻译提到了"天下第一要政"④的高度。随着主流文化需求发生变化，对本土译者的需求日渐强烈。

在清廷的对外事务中，借助西洋传教士来协助翻译的情况比较普遍，然而朝廷并不完全信任这些洋人，尤其鸦片战争之后，任用自己人来做翻译更是关乎国家安全和利益的大事。其实在清廷的外交和贸易事务中，一直存在本土中介者，即"通事"，他们来自民间，替不通语言的外国人和中国人翻译，因缺乏必要的外语训练，翻译能力有限。清廷担心他们与洋夷勾结，常将之视为"奸民"，稍有不慎便大加惩罚，甚至被判处死刑。1863 年李鸿章在奏请成立外国语言文字学馆时曾评价通事道：

> ……其人不外两种：一广东、宁波商伙子弟，佻达游闲，别无转移执事之路者，辄以学习通事为逋逃薮。一英法等国设立义学，招本地贫苦童穉与以衣食而教肄之；市儿村竖，来历难知，无不染洋泾习气、亦无不传习彼教。此两种人者，类皆资性蠢愚，心术卑鄙，贷利声色之外不知其他，且其仅通洋语

① 梁启超：《五十年中国进化概论》，见夏晓虹编：《梁启超文选（下）》，北京，中国广播电视出版社，1992，第 1 版，第 532～533 页。

② Gideon Toury. *Descriptive Translation Studies and Beyond*. Shanghai Foreign Language Education Press，2001. p. 27.

③ 魏源：《海国图志》，郑州，中州古籍出版社，1999，第 1 版，第 99 页。

④ 冯桂芬：《采西学议》，见陈学恂编：《中国近代教育文选》，北京，人民教育出版社，1983，第 1 版，第 19 页。

者十之八九，兼识洋字者十之一二。所识洋字亦不过货名价目
与俚浅文理，不特于彼中兵刑食货张弛治忽之大，瞢焉无知；
即遇有交涉事宜，词气轻重缓急，往往失其本旨，惟知借洋人
势力播弄挑唆以遂其利欲，蔑视官长，欺压贫民，无所忌惮。①

　　在上层知识分子眼中，民间通事地位卑微，唯利是图，外语能力有限，
多限于口译，读写能力较差，无法承担书面翻译，缺乏对朝廷的忠诚，
根本无法担当翻译重任。然而在政府的外交活动中，若"皆凭外国翻译官
传述，亦难保无偏袒捏架情弊"②。在中国国势处于劣势的历史境遇中，
依赖外国译者也不可靠，从本土知识阶层中培养值得信赖的翻译人员已
刻不容缓。而培养译员，离不开对外国语言文字的学习，近代中国对本
土翻译人才的急迫需求，推动了外语教学在中国的发端，外语教学开始
正式进入中国历史日程。

三、近代外语教学的发展与翻译模式的变化

　　近代以来本土知识分子参与翻译活动，主要有三种翻译模式：西译
中述、中译中述和本土译者独立翻译。西译中述模式中的多数本土译者
不通外语，依赖西方传教士的口译合作翻译，但也开始出现通晓外文的
中国笔述者；中译中述的翻译模式是由通晓外文的中国口译者和不通外
文的笔述者合作；而本土译者独立翻译的模式更是以译者具备良好双语
能力为前提。这三种模式都与近代外语教学的逐步开展呈现出必然关联
的脉络。

　　（一）西译中述翻译模式中的本土译者

　　西译中述的翻译模式主要存在于教会机构和清廷的官办翻译机构中。

　　第一次鸦片战争后中国被迫开放五口通商，传教士在华翻译活动十
分活跃，其出版机构成为传播西学的重要基地，诸如墨海书馆（London
Missionary Society Mission Press）、美华书馆（The American Presbyteri-
an Mission Press）、益智书会（The Educational Association of China）以
及广学会（The Christian Literature Society for China）等。为了满足翻译
需求，他们"雇佣及训练本土读书人为合译者，由教士负责双语工作，华

---

①　李鸿章：《请设外国语言文字学馆折》，见舒新城编：《中国近代教育史资料·上册》，
　　北京，人民教育出版社，1961，第1版，第126页。

②　李鸿章：《请设外国语言文字学馆折》，见舒新城编：《中国近代教育史资料·上册》，
　　北京，人民教育出版社，1961，第1版，第126页。

人负责润色译文"①，一批热衷西学的中国知识分子参与了翻译工作，西译中述是主要的翻译模式。这种翻译模式可以看作明清之际科技翻译传统的延续。但参与明清科技翻译中的中述者为少数开明的士大夫，而晚清教会机构中的中述者身份已发生变化。这些本土译者中不通外文者绝大多数属于"非正途"出身的文人学子，往往科举不第，或只有较低功名。② 以墨海书馆为例，作为笔述者的本土译者有蒋剑人（1808～1867）、李善兰（1811～1882）、王韬（1828～1897）、张福僖（？ ～1862）和管嗣复（？ ～1860）等人。蒋剑人被誉为"江南才子"；李善兰出生于书香世家；王韬为吴中著名才子，因科举不第，其父病故，为维持家计受聘到墨海书馆做编辑和助译的工作；张福僖曾为秀才；管嗣复也曾中秀才，其父管同（1780～1831）乃桐城派重要人物。这些本土译者的文化身份与明末参与科技翻译的士大夫有所不同，他们是未进入庙堂的知识分子，虽然接受的是传统教育，却受到新学的影响，参与到翻译活动中。虽然当时参与翻译的本土译者在数量上尚微，多不通晓外文，但却显现出本土知识分子开始摒弃不愿从事翻译的传统，从事翻译成为本土读书人在科举仕途之外的另一种选择。在教会的其他机构中也译印西学著作，如美国传教士在广州开设的博济医局（Canton Hospital），除治病、传教外，也翻译出版西学著作，其中嘉约翰（John Glasgow Kerr，1824～1901）医生译有化学及医学著作三十余种，与他合作的中国笔述者主要有何瞭然、林湘东、孔庆高、尹端模等。在西译中述模式中，出现了通外文的本土译者，如毕业于总督医院附属医学校的尹端模③（1869～1927）。近代新式学堂的课程设置中均有对外文课的要求，尹端模在学堂中接受过外语教育，在与嘉约翰的合作翻译中，进一步提高了他的语言能力和翻译能力，之后尹端模独立翻译了《胎产举要》、《病理撮要》、《儿科撮要》等多种医学著作，推动了西医在中国的传播。虽然教会机构并非有明确意图培养中国的本土译者，但其组织的翻译活动在客观上为中国知识分子参与翻译提供了契机，也成为培养中国本土译者的土壤。

　　在洋务运动中，清政府成立了各种军事工业和民用企业，以图自强

---

① 孔慧怡：《重写翻译史》，香港，香港中文大学翻译研究中心，2005，第 1 版，第 159 页。
② 邹振环：《20 世纪上海翻译出版与文化变迁》，南宁，广西教育出版社，2000，第 1 版，第 29 页。
③ 尹端模毕业于李鸿章创设的北洋医学堂的前身总督医院附属医学校，该校 1881 年由伦敦传教会医生马根济（John Kenneth Mackenzie，？ ～1888）所办。尹端模办报与翻译以"端模"署名，行医以"文楷"闻名。

求富。随着制造业的发展，对西学的需求更为迫切，而翻译是了解西学最直接的途径。1867 年曾国藩上书筹建江南制造局翻译馆，指出"盖翻译一事，系制造之根本"①。1868 年翻译馆正式开馆，负责翻译和引进西方的科技类书籍，这是近代第一家由政府创办的翻译机构。翻译馆聘任的本土译者中不通外文的与西方传教士合作，采用西译中述的方法翻译，如徐寿(1818～1884)、华蘅芳(1833～1902)、赵元益(1840～1902)及徐建寅(1845～1901)等。1866 年成立的马尾船政局也设有翻译处，南洋公学于 1898 年成立译书院，此外天津机器局、北洋水师学堂、开平矿务局、金陵机器局、北京海关税务司等均都有组织中外人员译书，西译中述是其中重要的翻译模式。清廷官办翻译机构的成立为一批中国学者通过翻译致力于研究和译介西学提供了契机，也出现了一批为政府所聘用的本土职业译者。

西译中述的翻译模式是中国历史上口译笔述方式的延续，不过翻译中涉及的国家关系已不再是天朝大国与来朝贡的蛮夷之邦，其中作为笔述者的中国译者身份也有所变化，他们多为学识渊博、对西学感兴趣的知识分子，以主动的姿态参与翻译活动，有的受雇于教会机构，有的受雇于清廷的官办翻译机构，与外国口译者相配合，为近代西学的传播做出重要贡献。且笔述者中出现了接受新式教育并通晓外文者，逐渐推动西译中述翻译模式向中译中述及本土译者独立翻译模式转化。

（二）中译中述翻译模式中的本土译者

在 20 世纪之交的中国，出现了一种特殊的翻译模式，即中译中述。与西译中述有所不同的是，口译和笔述的工作由均中国译者合作承担。口译者通常是接受新学教育或者有留洋经历、具备外语能力者，而笔述者往往是接受传统儒家经典教育，不通外文的传统知识分子。这种本土译者的合作模式既出现在实学翻译中，也出现在文学翻译领域。

在实学翻译中非常有代表性的译者，是在江南制造局翻译馆任职长达 34 年的舒高第(1844～1919)，他与傅兰雅(John Fryer, 1839～1928)、金楷理(Carl T. Kreyer, 1839～1914)等传教士同为翻译馆的主要口译人员，自 1901 年后该馆只有他一人任口译，是译作最多的中国译员。舒高第幼时就读教会学校，后随传教士赴美深造，1873 年获神学博士学位后回国。教会学校开设外文课程，不少教材也是由外文编写，学生均能接

---

① 曾国藩：《新造轮船折》，见李翰章编：《曾国藩文集》，北京，九州图书出版社，1997，第 1 版，第 685 页。

受良好的外文训练。与他合作的主要笔述者有赵元益、郑昌棪和赵治琛等人。在文学翻译领域，如不通外文的林纾，其主要口译者有王寿昌、魏易、曾宗巩、陈家麟等人，再如不通外文的薛绍徽，其口译者是陈寿彭，这些口译者均无一例外有就读教会学校或本土新式学堂的教育背景，有的还有留学经历。

在中译中述的翻译模式中，口译者均在新式学堂中接受过外语教育，但双语的能力并不均衡，往往汉语水平难以达到传统文人的水平，这让中述中译的翻译模式有了发育的土壤。中译中述翻译模式的产生，与外语教学在教会学校和各式新学堂中的开展密不可分，是中国具有良好双语能力、能独立从事翻译的译者产生之前的一种过渡模式，存在的时间较短，其产生以中国外语教学的逐步开展、知识分子有机会学习外语为前提，但也因中国外语教学逐步进入学校学制，外语能力成为新式人才培养目标之一，而很快消亡。

（三）本土译者独立翻译的模式

中国近代对具备独立翻译能力译者的培养，与官方和民间对外语教学的认可和推广息息相关。这些译者通常具有在教会学校、新式学堂或海外求学的背景。

1. 教会学校中的外语教学与译者培养

西方传教士为了实现在华传教目的，在中国创办教会学校，面向华人教学，最早可追溯到 1818 年马礼逊（Robert Morrison，1782～1834）在马六甲创办的英华书院（The Anglo-Chinese College）。1836 年广州的西方人发起成立了"马礼逊教育会"（The Morrison Education Society）。1839 年底命名为"马礼逊学堂"的中国第一所西式学校在澳门正式开学，第一批共招收 6 名学生，都是贫寒子弟，我国最早的留学生容闳（1828～1912）和第一个西医黄宽（1828～1878）就在其中。英国侵占香港后，马礼逊学堂于 1842 年迁到香港，"西学课程，全部采用英文课本，用英语教学"①，这是教会在华办学的先声。鸦片战争后教会学校逐渐从开放的通商口岸向其他地区发展，教育层次也从小学、中学发展到高等教育，招生规模不断扩大。教会学校的教学内容除与宗教相关的课程外，以西学为主，中学为辅。虽然对英语教学的必要性问题长期存在争论，但至 19 世纪 80 年代，英语教学逐渐得到越来越多传教士的支持。1893 年举行的"中华教育会"第一届年会上提出，凡是有条件的学校，应在校内创造

---

① 　顾长声：《从马礼逊到司徒雷登》，上海，上海人民出版社，1985，第 1 版，第 98 页。

一种全盘英语化的气氛。1896 年的第二届年会上，对英语教学提出更高要求，除国文课外所有课程应尽量使用英语教材，用英语进行教学。①这样的教学模式让教会学校学生均重视英文，英文水平达到了较高水准。虽然教会学校不以培养译者为目的，但教学中对英语和西学的强调，客观上为具备双语及跨文化能力的译员提供了生长土壤。例如 1827 年毕业于英华书院的袁德辉，曾任北京理藩院英语通事，在林则徐南下广州查禁鸦片时任英语翻译。另一位毕业生何进善（1817～1871）曾协助英国传教士理雅各（James Legge，1815～1897）将中国《四书》、《五经》等儒家经典翻译成英语。教会女子学校中还培养出了一批女性译者，如李冠芳、袁玉英、周澈朗、郑申华、朱懿珠、薛琪瑛、刘美丽、叶柏华等，她们是 20 世纪初叶中国本土女性译者群体中的一支重要力量。

2. 本土新式学堂中的外语教学与译者培养

随着中西文化近距离碰撞的开始，清朝政府对本土外语人才的需求日渐提上议程，清朝政府中的洋务派对"语言接触"的态度至 19 世纪 60 年代起已由"被动"转向"迫切"。② 中国第一位驻外公使郭嵩焘（1818～1891）于 1859 年提出建立外语学校培养翻译人才的主张，1862 年总理衙门奏请成立京师同文馆时陈述了培养本土译员的重要性："臣等伏思欲悉各国情形，必谙其语言文字方不受人欺蒙。各国皆以重资聘请中国人讲解文艺，而中国迄无熟习外国语言文字之人，恐无以悉其底蕴。"③以往中国与外邦的往来中几乎均依靠外来译者，然而当中国丧失了沟通中的主导地位，沟通中译者对中国政府的忠诚变得尤为重要，依赖外来译者显然已经不符合新的需求。清政府于 1862 年在北京成立京师同文馆，课程开始时只设英文，后来增设法文、德文、俄文和日文，成为中国历史上第一个外国语言文字学校，也是中国教育近代化开始的标志。之后相继于 1863 年成立上海广方言馆，1864 年成立广州同文馆，专门培养英、法、俄等语种的翻译人才。同文馆章程中规定招收的学员为八旗子弟，但随着中外交涉事务日渐增多，对翻译人员的需求增大，只招收旗人已经不能满足需求，于是 1863 年提议成立上海同文馆时，提出"惟有多途

---

① 谷忠玉：《中国近代女性观的演变与女子学校教育》，合肥，安徽教育出版社，2006，第 1 版，第 81～82 页。

② 司佳：《从"通事"到"翻译官"：论近代中外语言接触史上的主、被动角色的转移》，《复旦学报》，2002 年第 3 期，第 50 页。

③ 《奏请创设京师同文馆疏》，见黎难秋编：《中国科学翻译史料》，合肥，中国科学技术大学出版社，1996，第 1 版，第 35 页。

以招之，因地以求之，取资既广，人才斯出"①的招生原则。1871 年提出除了满洲、汉军子弟和汉人世家子弟之外，"清白安分之民人愿入馆附学者，亦准一律训习"②，为普通读书人学习外语提供了机会。

为了使培养的学生成为合格的翻译人才，清政府意识到仅具备语言能力尚不足够，还需了解外国风土人情，具备相关文化知识，于是 1866 年提出"同文馆学生内有前经臣等考取奏请授为八九品官及留学者，于外国语言文字均能粗识大概，若令前往该国游历一番，亦可增广见闻，有裨学业"③，从学生中选拔部分出国游历，增强其语言及文化理解能力，以成为称职的译员。学生学成通过考核，优秀者被授予七、八、九品官职，在以后的职位中当差得力、并通过进一步考核的合格者，可以获得升迁的机会，这为读书人提供了非科举考试走入仕途的另一条路径，这在一定程度上激发了国人学习外语的兴趣。

晚清中国从政府到民间为了解决洋务问题，开始创办区别于传统私塾、以培养实学人才为目的的新式学堂。官办同文馆、广方言馆等专门培养外语人才的学校创立，显示出中国对待外语学习的态度开始发生变化。洋务派开办了一批军事学堂和科学技术学堂，多聘有外籍人员授课，学生均需学习外文，"在这类学校中外语是作为重要的科目被列入教学计划之内的"。④ 以 1895 年开办的天津中西学堂为例，在头等学堂每年的课程中均设有"作英文论，翻译英文"，二等学堂每年的课程里都设有英文课，课程多样，有英文文法、英文尺牍和翻译英文等，且每班均"须用英文正教习一名，帮教习一名"⑤，学员翻译能力的培养受到极大重视。1904 年 1 月张百熙、荣庆、张之洞修订的《奏定学堂章程》奏准颁布，即"癸卯学制"在全国推行，对外语课程有明确规定。对于小学堂提出"勿庸兼习洋文"的主张，目的是为了"养成国民忠国家尊圣教之心"，但又提出了变通的原则：

① 冯桂芬：《上海设立同文馆议》，合肥，中国科学技术大学出版社，1996，第 1 版，第 400 页。

② 《文渊阁大学士两广总督瑞麟等折》，合肥，中国科学技术大学出版社，1996，第 1 版，第 47 页。

③ 《总理各国事务奕欣等折》，见黎难秋编：《中国科学翻译史料》，合肥，中国科学技术大学出版社，1996，第 1 版，第 37 页。

④ 付克：《中国外语教育史》，上海，上海外语教育出版社，1986，第 1 版，第 22 页。

⑤ 盛宣怀：《拟设天津中西学堂章程禀》，见舒新城编：《中国近代教育史资料·上册》，北京，人民教育出版社，1961，第 1 版，第 138～141 页。

　　惟高等小学堂如设在通商口岸附近之处，或学生中亦有资敏家寒，将来意在改习农工商实业，不拟入中学堂以上各学堂者，其人系为急于谋生起见，在高等小学时自可于学堂课程时刻之外兼教洋文，应就各处地方情形斟酌办理。①

可见对于小学堂的外语学习，清政府建议采取因地制宜的策略，针对不同地区和学生的具体情况来开设外语课程。对于中学堂的课程，要求"中学堂以上各学堂必勤习洋文"，一是意识到外语能力成为当时人才的必须，二是为了改变当时"专采外国书报之大异乎中国礼法，不合乎中国政体者，截头去尾而翻译"，"摘取其单词片语，以冀欺世而惑人"②的翻译现象，这种现象不利于中国全面了解外国政治、教育等方面的现状。可见学生外语能力和翻译能力的培养是新学制希望实现的人才培养目标之一。

　　在创办各种新式学校的过程中，洋务派意识到各类学校应该发挥各自不同的人才培养功能，其中提出"译学馆，意在通晓各国语文，俾能自读外国之书，一以储交涉之才；一以备各学校教习各国语文之选，免致永远仰给外国教师。"③译学馆不仅要培养译员，同时还要培养外语教习，逐渐改变新式学堂一直依靠外籍教习的状况。根据"癸卯学制"，中等教育以上的新学堂课程设置中均有对外语的要求，作为学习西学的基础，当时各类新学堂对外语教习的需求很迫切。1905年，清廷以"时局多艰，储才为急，朝廷以提倡科学为急务"为由，宣布废除科举制度。科举的废止让读书人通过科举考试走向庙堂的梦想彻底破灭，年轻学子走进了新学堂。至民国1912年教育部公布小学校令，提出高等小学可以开设外语课程，在中学校令施行规则里，第四条对外国语课程做出规定：

　　　　外国语要旨，在通解外国普通语言文字，具运用之能力，并增进智识。
　　　　外国语首宜授以发音拼字，渐及简易文章之读法、书法、

① 张百熙、荣庆、张之洞：《学务纲要》，见舒新城编：《中国近代教育史资料·上册》，北京，人民教育出版社，1961，第1版，第203页。
② 张百熙、荣庆、张之洞：《学务纲要》，见舒新城编：《中国近代教育史资料·上册》，北京，人民教育出版社，1961，第1版，第204页。
③ 张百熙、荣庆、张之洞：《学务纲要》，见舒新城编：《中国近代教育史资料·上册》，北京，人民教育出版社，1961，第1版，第198页。

译解、默写，进授普通文章，及文法要略、会话、作文。①

对外语课的目的、内容做出了明确规定。

外语教学被纳入官方学制揭示了中国对待外语学习态度的重大转变，外语能力的培养成为新式人才培养必不可少的目标之一，在客观上为本土翻译人才的培养奠定了基础。

3. 留学生中产生的本土译者

晚清留学生的来源大致分为三种：

第一种来自传教士开办的教会学校，学生多家境贫寒。传教士归国时顺便带学生出国学习，或者由教会派送出国留学，其中诞生了近代中国的本土译者。除前文论及的舒高第，颜永京（1838～1898）也很有代表性。颜永京幼时进入文惠廉（William Jones Boone，1811～1864）主教在南市创办的学堂读书。1854 被圣公会送往美国留学，1862 年回国，担任上海英国领事馆翻译、公共租界工部局通事。颜永京是中国近代最早成为选择原本、脱离外国传教士而独立从事翻译活动的代表。② 其译作有赫伯特·斯宾塞（Herbert Spencer，1820～1903）的《教育论》（On Education）一书的第一章，译名为《肄业要览》，1882 年上海美华书馆出版。1889 年他将美国学者海文（Joseph Haven，1816～1874）的《心灵学》（Mental Philosophy：Including the Intellect，Sensibilities，and Will.）译成中文，由上海益智书会出版，被视为将西方心理学介绍到中国的第一人。

第二种是官派留学生。19 世纪 70 年代清政府开始选派学生出国学习，计划"选聪颖幼童送赴泰西各国书院学习军政、船政、步算、制造诸学，约计十余年，业成而归"。③ 1872 年清政府分四批选派 120 名幼童留学美国，计划留学 15 年，这是中国历史上第一批官派留学生。虽然因为政府内部矛盾中途夭折，1881 年全部学生被分批召回，但其中诞生出了一批杰出人才，活跃在铁路、矿冶、电报、教育、外交等领域，在晚清社会颇有建树。在清政府创办的新式学堂，如福州船政学堂，为了跟上西方发展迅猛的船政技术，选派学生留学英、法、德等国。在派学生前

---

① 《教育部公布中学校令施行规则令》，《教育杂志》，1912 年第 4 卷第 11 号，第 53 页。标点为笔者所加。

② 邹振环：《20 世纪上海翻译出版与文化变迁》，南宁，广西教育出版社，2000，第 1 版，第 25 页。

③ 曾国藩、李鸿章：《奏选派幼童赴美肄业办理章程折》，见舒新城编：《中国近代教育史资料·上册》，北京，人民教育出版社，1961，第 1 版，第 161 页。

往西方国家留学之外，日本因"讲求西学，大著成效。又与中国近在同洲，往来甚便"①，成为官派留学的又一目的地。留学生在学习其他"水陆武备"外，还有一项任务，即"如圣谕专攻语言文字"②，造就了一批具有双语能力的人才，成为本土译者的储备。而其中出现了严复（1854～1921）、陈季同（1851～1907）和王寿昌（1864—1925）等杰出的翻译家。

第三种是自费留学生。官派留学的经费不足，为了激励更多人自费留学，清政府采取奖励措施，"各省士人如有自备资斧出洋游学得有优等凭照者，回华后复试相符，亦按其等第作为进士举贡"。③ 这冲击了读书人唯有科举取士的传统观念，成为学习实学者谋求社会认同的一条新出路。至民国时期，自费留学的人数大大增加。留学生除了具备外语能力外，还具备专业知识，从中产生的口、笔译人才为近现代中国的对外交流事务做出杰出贡献。

四、本土译者的生成与翻译模式的现代转型

从中国近代以来西译中述、中译中述到本土译者独立翻译这三种翻译模式之间的演变，可以窥见中国翻译规范的现代转型，而这一转型过程的发生，与外语教学的开展推动具备双语能力的本土译者的产生直接相关。

中国近代本土译者的产生虽然呈现出多元渠道，但从其外语能力而言，大致可分为两类：一类是不通外文的本土译者，他们在翻译活动中扮演笔述者的角色，其合作者有西方传教士，也有留学归来、通晓外文的本土口译者。这在传统西译中述的翻译模式之外，增添了中译中述的新模式，而这一新模式的产生是建立在中国学子有机会接受外语教育的基础上；另一类是具备外语能力、能够独立翻译的本土译者，他们产生于教会学校、各式新学堂和留学生当中。新学教育中外语教学的开展并逐渐被纳入官方学制，成为培养具备双语能力的本土译者最主要的土壤，也让传统的西译中述翻译模式和中译中述过渡模式逐渐被本土译者独立翻译所取代。

近代以来的各种新式学堂对外语课程的设置和要求，培养出了一批

---

① 总理各国事务衙门：《奏遵议遴选生徒游学日本事宜片》，北京，人民教育出版社，1961，第 1 版，第 171 页。
② 总理各国事务衙门：《奏遵议出洋学生肄业实学章程折》，北京，人民教育出版社，1961，第 1 版，第 172 页。
③ 张之洞、刘坤一：《筹议变通政治人才为先折》，北京，人民教育出版社，1961，第 1 版，第 58 页。

具备外语能力，通晓专业知识的人才。虽然当时能接受新式教育的人数量很小，但"这标志着中国对待异质文明（至少是该文明的技术层面）的认知和政策发生新的变化"①，从中产生出了中国第一批本土翻译人员。本土译者的产生逐渐改变了中国历史上主要以外来人员为译员的传统，翻译模式也从洋务运动前中国译者的从属及辅助性角色，洋务运动时期西译中述中以西人为主导的模式，到甲午战争后，教育制度的改革推动新学堂外语教学的开展，以及各种专门翻译机构和翻译书院的建立，加之翻译理论和技巧的逐步建立和完善，中国本土译者独立承担翻译成为主流。②本土译者是中国近代社会在面临西方文化强势介入，中国主流文化被迫改变对待外来文明态度的历史背景中产生的。本土译者的产生让依靠外国译员的传统翻译模式退出历史舞台，让中国文化以主动姿态探求西方文明，寻找富国强民之路。本土译者的产生是中国社会现代转型中不可忽视的力量。

第二节　从近代女学的兴起解析本土女性译者的出现

作为译者不仅需要通晓两国语言文字，还需具备对不同文化和专门知识的了解，这都需要相当的知识积累。但在中国几千年的文明史中，接受正规学校教育是男子的特权，女性被排斥在外。而近代以降，女性作为群体在男性启蒙知识分子功利目的的救亡图存话语中，被言说成"无学者"和社会的"分利者"形象。"女人并不是生就的，而宁可说是逐渐形成的"③，社会性别制度通过无处不在的文化观念、语言和符号，参与对女性主体身份的塑造，女性是被塑造和被言说的对象，为社会性别话语所构造。强大的传统性别话语将女性规约在私领域中，女子只能在家中接受区别于男子的有限教育，而教育的最高目标则是"贞节之外无奇操，服从之外无高行，柔顺之外无美德"。④ 中国古代社会对女子德本才末的评价体系剥夺了女子发展和完善自我的可能，女性失去言说自我和探知外部世界的权利，这也意味着女性作为群体通往了解域外文明，并参与

---

① Eva Hung. "The Role of Foreign Translator in the Chinese Translation Tradition，2nd to 19th Century". *Target*. 11. 2. 1999. p. 237.

② 顾卫星：《试论近代国人英语翻译》，《外语与外语教学》，2007 年第 1 期，第 56～57 页。

③ 西蒙娜·波伏娃：《第二性》，陶铁柱译，北京，中国书籍出版社，1998，第 1 版，第 309 页。

④ 卢燕贞：《中国近代女子教育史》，北京，文史哲出版社，1989，第 1 版，第 4 页。

文化交流的路径被封闭。在中国近代之前的翻译历史中几乎未见对女性译者的记载。

随着晚清国门的打开，从官方到民间的洋务发展均急需翻译人才，洋务派意识到培养本土翻译人员的任务迫在眉睫，通过开办语言学校、兴建各种新式学堂、派遣留学生等方法，培养既精通外语又通晓实学之人才，试图找到国家自强之路。社会的震荡带来各种新思潮，女子教育在女性解放思潮中被提上日程，尽管其中体现出男性启蒙者以男性为中心的政治功利目的，但强调女子同男子一样享有同等接受教育的权利，学校之门向女子打开，为女性学习外语和获得专门知识提供了历史机遇，也成为中国本土女性译者产生的前提条件。可以说女性译者是在中国社会的现代化进程背景中，以群体的姿态出现并参与当时的翻译活动，虽然她们的数量相较于同时代的男性译者还很少，但她们的出现在中国翻译史上具有划时代的意义。

一、启蒙话语驱动女学之兴

晚清以来，随着西方文化以不可阻挡之势不断向中国社会渗透，西方女性观也输入中国，冲击着以儒家文化为架构的中国社会传统。西方女性观早期主要依靠传教士在华开设女子学校、创办报刊讨论女子问题、反对缠足及溺女婴等实践活动得以传播，同时也激发了中国启蒙知识分子对性别问题的关注。在近代中国面对强势西方文化和政治的自我保护焦虑中，男性启蒙知识分子试图通过"拯救"和"强大"女性来实现救亡图存的政治理想。女性作为一种象征性符号被有话语权的男性言说，女子既被说成是国家衰弱的原因，又被再表现为民族落后的象征。男性提出妇女问题，是为了寻找一条强国的途径，而女性是载体，是手段，强国是目标①，性别话语和国族话语紧密交错在一起。在男性启蒙家看来，造就新女性是中国走向现代的关键步骤，革新传统的贤妻良母观、"女子无才便是德"的女性观、塑造符合实现国族主义目标的新女性，成为特定历史文化语境中代表进步的社会性别话语。在这样的历史语境中，女性译者以群体的姿态首次走向中国历史的前台。

清末的"废缠足、兴女学"运动，是中国近代女性逐渐走向解放的开始。缠足在西方传教士眼中是愚昧落后的行为，他们批评缠足，并发起组织"不缠足会"、"天足会"等团体，后为中国维新知识分子所倡导。"废

---

① 王政：《越界：跨文化女权实践》，天津，天津人民出版社，2004，第 1 版，第 178 页。

缠足"是女性解放的第一步，但女性仅获得身体的解放还远远不够。传教士在创办的报刊上发表文章，讨论女子教育对女性人格完善的重要性，强调女子教育关乎国家发展，认为"妇女失教，非惟家道不成，而国亦坏其强半矣"。[1] 随着晚清中国在对外关系中的劣势成为国人不得不面对的事实，中国男性启蒙思想家认为女性文化知识的缺乏和身体的羸弱，是导致女子不能独立自养，不能养育出强健的后代，造成中国国力衰弱的一个重要原因。让女性接受一定的现代知识教育，可以改变女子在社会中作为"分利者"的依附状况，完善女子作为新型贤妻良母的功能，实现"上可相夫，下可教子，近可宜家，远可善种。妇道既昌，千室良善"[2]的女学目标。在西方教会和维新派的推动下，中国新式女子教育被提上历史日程。

中国近代女学之兴始于教会在华创办女子学校。来华传教士大多信奉男女平等，认为不让女性接受正规教育，是一种幽闭妇女的陋习。[3] 1844 年伦敦东方妇女教育促进会(The Society for Promoting Female Education in the East)委员、传教士爱尔德赛(Mary Ann Aldersey，1797～1868)在宁波建立第一所女子教会学校，课程有圣经、国文、天文、算术等，同时也学习缝纫和刺绣。教会女学刚开始创办时遇到诸多困难，其中最主要的阻力来自中国传统观念对女子求学的偏见和对洋人的恐惧与抵制心理，爱尔德赛的女校招生从"道光二十五年(1845)有十五个学生，七年后，学生数增至四十"。[4] 教会女校开初的规模很小，招生主要面向贫苦家庭的女孩，到 20 世纪初具备一定规模，赢得一定名声，"至 1902年，大约有 4000 名女性在教会学校中学习"[5]，而招生也"逐渐转向富裕的官宦或买办人家"。[6] 教会女学提倡废缠足，教学层次从小学、中学逐渐发展到女子大学，让女性首次有了接受高等教育的机会。教会女子学校的办学目标也从最开始培养虔诚的教徒、女传教士和合格的中国教会人员的妻子，逐渐提升为为传播基督教、培养在中国社会能占据一定地

---

① 韦廉臣：《治国要务论》，《万国公报》，1889 年第 16 期。

② 梁启超：《倡设女学堂启》，见舒新城编：《中国近代教育史资料·第 3 卷》，北京，人民教育出版社，1981，第 1 版，第 789 页。

③ 刘慧英：《遭遇解放：1890—1930 年代的中国女性》，北京，中央编译出版社，2005，第 1 版，第 35 页。

④ 褚季能：《女学先声》，《东方杂志》，1935 年第 31 卷第 7 号，第 24 页。

⑤ Hu Ying. *Tales of Translation*: *Composing the New Woman in China*, *1899-1918*. Stanford University Press, 2000. p. 162.

⑥ 刘慧英：《遭遇解放：1890—1930 年代的中国女性》，北京，中央编译出版社，2005，第 1 版，第 21 页。

位、具有影响力的女官员和女领袖。为配合办学目标的实现，教学内容除宗教知识外，十分重视西方科学知识的传授，英文课程在学校的发展过程中也日益受到重视，"英文这项课程在光绪九年（1883）以后加入"①，并逐渐在教会女校中普及。教会女学的创办具有开风气之先的作用，是对中国将女学排斥在学校教育之外的突破。而教会女学注重西学和英语的教学模式，对后来中国本土女学的发展造成深远影响。

教会女学的不断发展冲击了中国传统的女性观，而军事外交上的一再失利让中国启蒙知识分子意识到开启民智的重要性，强国保种的危机意识将性别问题凸显出来。"妇女不仅是民族的生物性再生产者，还是民族文化的再生产者。她们常常被赋予'文化'监护人的任务，负有把文化传递给下一代的责任"，在民族和族裔计划中，女性被建构为民族的"精粹"、统一以及解放的象征，"在民族关系中，无论是统治的一方还是反抗的一方，都把对女性（womanhood）的建构当作资源来利用"②。让女性获得现代知识和技能成为晚清以降中国民族复兴计划的重要步骤之一。"夫男女平权，美国斯盛。女学布濩，日本以强。兴国智民，靡不始此"③，在放眼看世界之后，女学被赋予了开启民智、救亡图存的重任，性别话语与国族话语形成互为建构的关系。当女性无学被视为社会的拖累，当女性被言说成救亡和民族图强的目标与手段，改变传统女学模式便迫在眉睫。

中国近代女学的兴起，在一定程度上可以说"不是传统女学的自然延伸，而是西方女学传入的结果"。④ 近代教会女学对后来的中国女学创办模式颇有影响，"国人自办女学，不知应当怎么办，就以她们为楷模，体育音乐等教员无处请，就请教会女塾毕业的学生担任"。⑤ 教会女学的课程设置为后来中国女学所效仿，其毕业生也为中国女学的持续发展提供了师资。1898 年中国人自己创办的第一所女子学校中国女学堂成立，确立了中西并重的办学方针，对教会女学的借鉴十分明显。五条学规中第一条便是对语言的要求："堂中功课，中文西文各半；皆先识字，次文

---

① 褚季能：《女学先声》，《东方杂志》，1935 年第 31 卷第 7 号，第 26 页。
② 伊瓦-戴维斯：《妇女、族裔身份和赋权：走向横向政治》，见陈顺馨、戴锦华选编：《妇女、民族与女性主义》，北京，中央编译出版社，2004，第 1 版，第 42 页。
③ 梁启超：《倡设女学堂启》，见舒新城编：《中国近代教育史资料·第 3 卷》，北京，人民教育出版社，1981，第 1 版，第 790 页。
④ 阎广芬：《简论西方女学对中国近代女子教育的影响》，《河北大学学报》，2000 年第 3 期，第 13 页。
⑤ 褚季能：《女学先声》，《东方杂志》，1935 年第 31 卷第 7 号，第 27 页。

法，次读各门学问启蒙粗浅之书，次读史志艺术治法性理之书"①，将外文放在与中文同等重要的地位。虽然该校存在时间只有短短两年，但其确立的中西并重的办学方针，在以后如雨后春笋般建立起的女子学校中得到更完善的体现。

1907年清政府颁布女子学堂章程，将女子学校教育纳入官方学制系统。虽然总体上仍然未能摆脱传统对女性的偏见，仍将女德作为首要的办学要旨，但规定各学校一律禁止缠足，在教学科目中设有国文、历史、地理、格致、算学、体操等课程，已然与传统女学在内容上有很大不同。章程中没有提及外文课程，这与癸卯学制中对外文课的强调形成反差。章程中确定"女子性质及将来之生计，多与男子殊异；凡教女子者，务注重辨别，施以适当之教育"②，区别了男学与女学培养的差异，对外语和翻译能力培养的不同形成了男学和女学的一个分水岭。清廷没有培养女学生外语能力的意图，女性译者的产生较之男性译者受到更多历史条件的制约。但女学正式得到官方承认，让更多女性可以走出封闭的闺阁获得求学的机会。

1912年南京临时政府教育部颁布了《中学校令施行规则》，规定男女学生均要修习外文课程，"外国语以英语为主，但遇地方特别情形，得任择法、德、俄语一种"。③ 在课时数上，男校从第一学年至第四学年外文课每周分别为7、8、8、8，女子中学因增加了专门针对女性的课程（如家事、园艺和缝纫等），其他课程学时相应减少，而课时数减少最多的是外国语，每学年外语课程每周课时均为6。④ 即便如此，政府在学校教育中确立了女学生习得外语的权益，让她们有机会突破原有阅读视野和生活空间的局限，获得通往异域文明的途径，为女学生成为不同文化的沟通者提供了必要的前提条件。

近代以来从教会女学到中国本土女学的兴办，让中国女性第一次有了接受系统学校教育的机会。新知识体系在学堂的传授，突破了传统"妇学"把三从四德作为女性教育的唯一目标，许多女校注重向学生灌输自立

①　梁启超：《女学堂试办略章》，见舒新城编：《中国近代教育史资料·第3卷》，北京，人民教育出版社，1981，第1版，第791页。
②　《学部奏定女子小学堂章程》，见舒新城编：《中国近代教育史资料·第3卷》，北京，人民教育出版社，1981，第1版，第794页。
③　《教育部公布中学校令施行规则》，《教育杂志》，1912年第4卷第11号，第53页。标点为笔者所加。
④　《教育部公布中学校令施行规则》，《教育杂志》，1912年第4卷第11号，第56～57页。

自强、自敬自重的新意识①，使传统妇德教育受到极大挑战，从中酝酿着新的女性价值观和审美标准。女学对西学和外语学习的开放打开了中国女性的视野，她们的阅读从中国传统经典拓展到各种西学专业领域，语言的学习也从汉语延伸到各种外语。可以说女学之兴，为中国第一批本土女性译者的诞生，在语言上和文化知识储备上做好了必要的准备。

二、从教育背景看本土女性译者的文化身份

20世纪之前的近代中国，科技翻译是大宗，文学翻译活动寥寥。1899年林纾与王寿昌合译《巴黎茶花女遗事》的印行，迅速揭开了20世纪初叶中国翻译文学、尤其是翻译小说的恢宏序幕。在翻译文学前所未有的繁荣时代，中国第一个本土女性译者群体悄然从文学翻译的参与开始浮出历史地表，并在非文学翻译领域中各展所长。

中国本土女译者最早正式署名发表的翻译作品是文学作品。1898年《无锡白话报》第1期上刊发裘毓芳（1871～1902）用白话翻译的伊索寓言《海国妙喻》，署名"金匮梅侣女史演"，之后该报上陆续连载《海国妙喻》中的其他寓言。同年上海商务印书馆发行了《海国妙喻》的单行本，收录25则寓言，比林译《巴黎茶花女遗事》1899年在福州刊行还早一年。而1900年陈寿彭（1855～?）、薛绍徽（1866～1911）合译法国凡尔纳的《八十日环游记》在经世文社刊行，受到读者极大欢迎，多次再版。从时间上看，女性译者的文学翻译活动几乎与男译者没有差异，她们对新书写形式的敏感与积极参与，并不逊色于男性翻译大家。

中国本土女性译者的诞生与本土男性译者产生的历史文化大背景相同，与新式学堂的建立、对新知识和外语能力的强调密切相关。但相对于男性译者来源的多渠道和身份的复杂性，女性译者相对而言来源更少，身份也更单一。且她们所接受的新式学堂教育并无将其培养成为译员的明确意图，而与同时代洋务派兴办各种新式学堂对男学生的培养强调外语能力和翻译能力相比，其中表现出的差异很具典型意味。但新式教育让女性获得成为译者应该具备的基本语言能力和文化素质，女性译者中的大部分人都曾就读于各式女子学校，有的还出洋留学，为她们参与翻译活动奠定了基础。作为本土和异域、传统和现代之间的穿行者，本土女性译者面对不同于传统的教育理念和文化实践，开始了新的身份建构，

① 刘慧英：《遭遇解放：1890—1930年代的中国女性》，北京，中央编译出版社，2005，第1版，第41页。

参与到对女性现代身份认同的历史进程中。

（一）教会女学中培养的本土女性译者

中国近代女学由教会女学始，让中国女性作为群体逐渐开始获得走出私人空间，接受学校教育的机会。教会女学培养的女学生里出现的本土女性译者，是 20 世纪初叶中国首个本土女性译者群体中的重要成员，如李冠芳、袁玉英、周澈朗、郑申华、朱懿珠、薛琪瑛等女译者均曾就读于教会女校。传教士创办的出版机构成为赞助具有教会女校教育背景的女性译者翻译作品出版的重要力量，如广学会一直是其中最活跃的赞助人。"广学会创自英人。李提摩太以欧美名人著述。迻译中文。以饷中国人。"① 翻译是广学会向中国传播西方文化和价值观的重要手段，教会女校的女学生因有学习外语的便利条件，部分人参与了其中的翻译活动。广学会主办的《女铎》，每一期上都有"征译"栏目，投稿的多为教会女校的女学生。虽然教会女校和相关赞助机构发表、出版女性译者作品的目的主要在于配合传教，教化中国女性，并非旨在支持和培养中国的本土女性译者，但在客观上却为教会女校的女学生发表和出版翻译作品提供了支持，让一部分具有相关教育背景的女学生获得机遇，参与翻译书写活动，发表出版自己的译作，成长为 20 世纪初叶中国本土女性译者群体中的一支重要力量。

有着教会女学背景的女性译者，她们的翻译作品并非仅限于宗教主题，在体裁上也呈现出多样性。文学作品的体裁以小说和戏剧为主，兼有传记，翻译诗歌数量很少，非文学作品涉及宗教、家政、卫生健康、婚姻指导、科技等领域。翻译方式主要有两种：一种是与西方女传教士合作，采用传教士口译，中国女性译者译述或者演话的模式。在这种西译中述的合作翻译模式中，西方传教士在原文选择上享有更多主动权；另一种是由中国女性译者独立翻译或者编译的模式。具有教会女学背景的中国本土女性译者与传教士合作翻译的模式，与中国本土男性译者与传教士的翻译合作模式有所不同，即合作中的本土女性译者多通晓外语，而类似翻译模式中的男性译者却多不具备跨语际交际能力。因此与传教士合作的本土女性译者中不乏独立发表翻译作品者。

（二）留学生中产生的女性译者

中国女性留学海外是伴随着男性出洋和兴女学而产生的。中国女性留学通常有几种途径：一种是教会女校中的女学生被教会派送留学，她

---

① 陈荣广、伯熙：《老上海》（中册），上海，泰东图书局，1919，第 1 版，第 102 页。

们学成后在各自专业领域颇有建树，成为中国近代最早的职业女性。为了探求专业上的精深，有些女留学生翻译了专业文献，如石美玉（1873～1954）精通英、日、德等多门外语，翻译了多种西方医学教材，介绍妇幼保健知识；一种是因丈夫、父兄出洋公务或者留学一同前往，如单士厘（1858～1945）因丈夫钱恂（1853～1927）出任外交官出洋而随行，习得外语，胜任口译和笔译，所著《归潜记》把古希腊、古罗马神话最早译介到中国，介绍了"金苹果"、"特洛伊木马"、"阿波罗射蛇"、"黄金雨"等经典神话故事，并概括介绍了希腊罗马神话的源流。此外单士厘还翻译了日本女子教育的著作《家政学》及《女子教育论》等。其家中的儿媳也随同出国，成为中国第一个有女学生留学日本的家庭①；一种是官派留学，官派留学最初选拔的均为男性，至 1905 年官费女子留学日本的政策开始出台，该年湖南省派 20 名女学生赴日就读速成师范，"光绪三十三年江苏考试出洋学生，女子亦得应试，录取女生三人为始。三十四年浙江举行同样考试，美国退还庚子赔款，亦规定女生名额，女生在留学史始有正式地位"②，1914 年至 1922 年具备中学程度、通过清华学校遣往美国的女生共计 43 人。③ 女性出洋留学得到官方认可，但官派女留学生的规模较之男性而言甚小；另一种是女性自费出国留学，1904 年秋瑾（1875～1907）和唐群英（1871～1937）只身赴日留学，开启了中国女性自费留学的先河。1905 年有 19 名中国女子自费在美国中等学校学习④，可见女性自费留学风气渐开，自费女留学生的数量超过官派。女子出洋留学，从最初的贫家女子，逐渐发展为家世良好人家的女子，其中不乏名门闺秀。女子走出国门，远涉重洋，学习新知识，领略现代文明，培养独立人格，积极参与社会活动，可以说女子留学在中国教育史及妇女解放史中具有划时代的重大意义。留学生中诞生出中国 20 世纪初叶一批杰出的女性译者，如凤仙女史、张默君、汤红绂、吴弱男、陈信芳、刘韵琴、沈性仁、高君珊、林徽因、袁昌英、杨润馀等。

（三）传统才女转身中产生的女性译者

在新式女学堂创办之前，中国仅有少数女子可以获得受教育的机会，但其学习的内容与后来新式女学有很大差别，即习读妇典闺范，学习吟诗作赋，精于琴棋书画。官宦世家女子的才学成为家学渊源的标榜符号，

---

① 孙石月：《中国近代女子留学史》，北京，中国和平出版社，1995，第 1 版，第 32 页。
② 舒新城：《近代教育史稿选存》，北京，中华书局，1936，第 1 版，第 163 页。
③ 舒新城：《近代教育史稿选存》，北京，中华书局，1936，第 1 版，第 155 页。
④ 孙石月：《中国近代女子留学史》，北京，中国和平出版社，1995，第 1 版，第 65 页。

身陷欢场的有才女子成为士人才子们钦慕和愉悦的"才女"，女子之才沦陷为男性文化观赏把玩的客体和陪衬。传统女子之才是作为对妇德的补充，精通琴棋书画、诗词歌赋的才女充当文人士子在礼教约束之外憧憬的红颜知己，大体上认同既存社会性别秩序，并不与公共领域发生密切联系。然而随着近代维新知识分子在强国保种危机意识中衍生出的对西学的推崇，传统才女之"才"因与实现强国政治目标的实学相去甚远，被贬为"批风抹月，拈花弄草，能为伤春惜别之语，成诗词集数卷，斯为至矣"①，沦落为"无用"之学，彻底消解了传统女子才学的价值。

随着中国近代社会文化的剧烈变迁，在西风日盛、女学兴起的境况下，一些传统教育模式下产生的才女受到社会巨变和新思想的影响，开始关注家庭私人空间以外的社会事务，关注民族的存亡和女性的生存状况，并撰文发表自己的观点，而不再仅仅只是以诗词歌赋为载体，抒发自己的个人情感以排遣离恨别愁。站在传统与现代之间，她们不同于男性启蒙知识分子的价值观，展现了社会转型时期各种观念冲突与调和的另一个历史侧影，体现出女性身处变革时代的个体体验和生命关怀。才女的转身让女性书写发生巨大变化，她们逾越了传统上女性书写局限于诗词曲赋的体裁，除了撰写评论文章发表自己对时局的观点外，翻译活动是其参与社会活动、进入公共空间的重要途径之一。这些传统才女由于家庭比较开明，并且家学渊源，从小可以博览群书、赋诗作文，随着时局的变化，有机会了解社会生活和西方文明，甚至学习外语，为其翻译活动奠定了基础。这类女性译者除了极少数如薛绍徽、凤仙女史不通外文，采用口译笔述的翻译模式外，大多数女性译者均可以独立翻译。

（四）本土女学中培养的女性译者

中国本土女学的创办始于1898年，所确立的中西并重的办学方针对后来女学办学模式产生了深远影响。至1907年，中国的女子学校已经遍及全国。1907年清朝政府颁布《女子小学堂章程》和《女子师范学堂章程》，女子接受正规学校教育得到官方认可。虽然清廷的女子办学章程里语言学习仅设有国文课程，外语尚未纳入其中，但在女校中开设外语课程并不鲜见。至1912年南京临时政府教育部颁布《中学校令施行规则》，外语课程正式进入官方认可的女学课程之中。随着学制和课程的不断完善，新的教育模式给女学生提供了了解新知识和新思潮的平台，而由民

---

① 梁启超著，何光宇评注：《论女学》，见《变法通议》，北京，华夏出版社，2002，第1版，第89～90页。

国政府确定的女学方针中对外语课程的要求，让女学生有更多机会习得外语，掌握一定的翻译技能，在客观上为女性译者的产生提供了条件。

本土女性译者与男性译者虽然在同一个历史文化语境中出现，但其间存在差异性。男性译者的产生，更多是在清政府被迫对外交往过程中，在对值得信赖的、具备良好知识素养的本土翻译人员的迫切需求中催生的。清廷对男性译员的培养、录用、提拔均制定了明确的方案，为男性译者提供了职业发展的路径。可以说官方力量在男性译者的产生过程中占据很重要的地位。而女性译者是在启蒙知识分子兴女学、塑造新女性，以实现强国强种目标的过程中出现的。她们原本并未被作为译者来培养（在教会女学亦如此），不过在中西并重的女学办学方针中，对外语能力和西学知识的要求，客观上为女性译者的产生提供了条件。因此中国第一批本土女性译者的产生，更多是女性文化上的自觉选择。她们作为译者的职业空间，鲜有官方力量支持，更多是随着现代报刊及传媒业的发展，在民间得以实现。

三、女性译者文化身份的流动性

晚清以降，中国传统文化的稳定性在西方强大的现代文明冲击下开始被撼动。随之而来的是，中国知识分子在救亡启蒙的政治和文化实践中，原有文化身份也逐渐发生变化。"身份并不像我们所认为的那样透明或毫无问题。也许，我们先不要把身份看作已经完成的、然后由新的文化实践加以再现的事实，而应该把身份视作一种'生产'，它永不完结，永远处于过程之中"。① 中国男性知识分子精英在面对强大西方他者的压力下，失落了曾经的文化优越感，开始探寻自我身份新的建构。与此同时，男性知识精英发起的女权话语也开始塑造新女性身份。作为一种手段，中国女性传统文化身份的改造和新文化身份的生产，被纳入强国强种的政治目标。

在男性启蒙知识分子发起的女性解放思潮中，原本居于文化边缘的女性成为国族复兴计划的手段，在历史的瞬间，女性作为一个性别和群体被推向历史前台。虽然解放女性的初衷是缘自男性启蒙思想家强国保种的政治远谋，其中不乏根据新的时代语境要求，打造男权社会所需的新女性的意图，但在客观上却让中国女性第一次有机会作为群体为男权

---

① 斯图亚特·霍尔：《文化身份与族裔散居》，见罗钢、刘象愚编：《文化研究读本》，北京，中国社会科学出版社，2000，第1版，第208页。

文化所关注，也让她们获得走出家庭、进入公共领域的历史机遇。女性有机会突破传统性别秩序的规约，拓展生活空间和视野，书写本土和异域文化，女性在儒家礼教中被规定的文化身份的稳定性被打破，开始走向一个新文化身份建构的过程。虽然笔者追溯了本土女性译者产生的几个主要来源，不同来源可能带来女性译者有差异的文化身份，但在女性译者浮出历史地表的过程中，她们经历了建构"存在"又不断"变化"的文化身份。在中国从传统走向现代的巨大裂变时代，女性译者的文化身份定位绝非泾渭分明的框架，而是开放的、变化的和多元间杂的，具有流动性特征。

近代女学的兴起令女性获得知识的途径日益多元化，教会女学生、女留学生、本土女校学生、才女等身份具有流动性特征。在女性求知的历程中，这些身份往往发生更替、交叉与重合。文化身份既是"存在"(being)又是"变化"(becoming)的，它属于过去也同样属于未来。[1] 在近代中国社会迈向现代的进程中，随着不同文化空间和地域空间不断向女性打开，其原有的、由男权文化所规约的传统性别身份开始被撼动。女性进入不同空间都会带来价值观念的冲击，其原有身份中杂糅进异质元素，驱动她们探寻新的文化身份认同。文化身份的流动性在赋予这些女性更丰富的文化体验的同时，也更加动摇了传统女性文化身份的稳定性。在传统性别秩序中，对女性德本才末的评价体系剥夺了绝大多数女子受教育的机会。即便少数女性可以习得文化知识，传统才女的生活空间和人生体验也极其有限，书写方式以诗词歌赋为主，主题和体裁都较为单一，其书写也很难进入公共领域为广大读者所阅读，她们的声音被男性文化权利中心所驱逐，要么消弭在历史中，要么沦落为男性书写的花边。而女性译者却是不同文化空间和地域空间的穿行者，她们逾越了礼教规约的男女两性"外"与"内"空间的界限，不仅亲历地域空间穿越带来的文化冲击，其书写也突破"内言"的规范，进入了一直以来专属男性的写作领域，在文学书写中除了诗词歌赋外，还涉猎寓言、小说、戏剧等新文学样式，在非文学书写中历史、政治、宗教、科学、社会学、教育学、经济学、医学等领域均有涉及。她们的翻译书写作为文化产品进入公共流通领域，成为大众所能听到的声音。"身份不是先在的和固定不变的，而是特定的历史和文化的产物，是话语建构的结果，是随着社会的变化

---

[1]　斯图亚特·霍尔：《文化身份与族裔散居》，见罗钢、刘象愚编：《文化研究读本》，北京，中国社会科学出版社，2001，第1版，第211页。

而变化的"。① 当近代中国男性知识分子精英在面对强大的西方他者不得不重新探寻自我文化身份时，女性译者也从传统文化身份中游离，在变化的历史语境中寻找自我身份的重新定位。其中虽然男性话语依然占据主导，言说并塑造着符合男性启蒙知识分子现代性想象的新女性身份，但新女性的文化身份并非仅仅是男性话语生产的客体。从女性译者的角度看，她们接受新式教育，展开翻译书写，传播不同于传统的价值观，参与话语实践，在新型性别话语秩序形成的过程中，消解了男性启蒙话语对女性身份塑造的统一性和权威性，更是女性主体对传统性别秩序的主动越界，是她们自觉探索、塑造和实践新文化身份的历程。

在女性译者的产生过程中，她们身处多元文化空间，穿越在私领域与公共领域之间，传统与现代之间，本土与异域之间。不同文化和地域空间的穿行过程中，女性译者的文化身份处于不断变化与生成的状态，在与传统既相连续又断裂的关系中，原有文化身份的某些要素在其间被消解，新元素的吸纳促成新文化身份的建构。文化身份的流动带来不同视域的融合及文化价值观的碰撞，让 20 世纪初叶的女性译者获得审视自我与他者的可能，激发了她们对自我性别身份和文化身份的探寻与重建。

第三节　启蒙与文学消费的双重需求：女性译者身份的凸显

中国近代翻译文学的兴起一般以林纾、王寿昌合译《巴黎茶花女遗事》为起点，之后林译小说的风行引领了一个时代翻译文学的潮流。清末戊戌变法失败，知识分子试图通过主流政治意识形态的改良来实现强国的理想破灭，"知识分子被逐出庙堂后痛切地感受到思想启蒙的重要性，于是梁启超等人发起了'小说界革命'运动"②，文学成为启蒙的手段。清末大力倡导文学翻译的男性译者，多为失去通往庙堂中心权利的知识分子，他们试图通过革新传统书写来建立一个新的文化权利中心，找到知识分子新的安身立命场所，在庙堂之外实现救亡和启蒙的政治理想，文学翻译成为其中重要的手段。而另一方面，随着中国社会殖民程度的加深、商品经济的发展和学校教育的进一步普及，读者消费群体的产生带来对翻译文学的需求，翻译作品作为商品进入文化消费市场。女性译者

---

① 项蕴华：《身份建构研究综述》，《社会科学研究》，2009 年第 5 期，第 188 页。
② 陈思和：《中国新文学整体观》，上海，上海文艺出版社，2001，第 1 版，第 40 页。

在启蒙和消费的双重需求中，其身份在公共领域得以彰显。

一、中国近代出版业与文学消费兴起中的女性译者

随着近代印刷技术传入中国，出版业、报纸副刊与文学期刊发展迅速，商品和消费经济的发展带来文学市场的形成和繁荣。20世纪伊始创办的几大小说期刊均推重翻译文学作品的刊行，如《新小说》创刊时宣布"本报所登载各篇，著、译各半"①，《绣像小说》称"远摭泰西之良规，近挹海东之余韵"②，《新新小说》拟定"本报每期所刊，译著参半"③，《月月小说》称"本志小说之大体有二：一曰译，二曰撰。他山之玉，可以攻错，则译之不可缓者也"④，现代报刊传媒的迅猛发展虽有启蒙大众的意图，但更是民族资本发展的实体，离不开市场的需求。当林纾所译《巴黎茶花女遗事》1899年出版后，"不胫走万本"，风行一时，再版多达二十余次，得到读者市场的追捧，让出版机构看到翻译文学潜在的巨大市场和利益前景。当图书报刊市场日益壮大，稿费制度开始推行。1902年《新小说》在创刊之际阐发了办刊宗旨："小说为文学之上乘，于社会之风气关系最巨。本社为提倡新学，开发国民起见，除社员自著自译外，兹特广征海内名流杰作绍介于世"⑤，并对创作小说和翻译小说的稿酬做了相关规定，而对其他文类则"恕不能遍奉酬金，惟若录入本报某号，则将该号之报奉赠一册，聊答雅意"。虽然《新小说》出于对小说启蒙大众、开化社会风气功能的推崇，制定了稿酬制度，但刊行小说受到大众读者喜爱而赢得市场的功效，却引来其他报刊的效仿，纷纷在征稿启事中说明小说的稿酬。"当时报纸，除小说以外，别无稿酬"⑥的现象颇具代表性，可见

---

① 新小说报社：《中国唯一之文学报〈新小说〉》，见陈平原、夏晓虹编：《二十世纪中国小说理论资料·第一卷（1897—1916）》，北京，北京大学出版社，1997，第1版，第59页。

② 商务印书馆主人：《本馆编印〈绣像小说〉缘起》，北京，北京大学出版社，1997，第1版，第69页。

③ 侠民：《〈新新小说〉叙例》，见陈平原、夏晓虹编：《二十世纪中国小说理论资料·第一卷（1897—1916）》，北京，北京大学出版社，1997，第1版，第141页。

④ 陆绍明：《〈月月小说〉发刊词》，北京，北京大学出版社，1997，第1版，第195页。

⑤ 《本社征文启》，《新小说》1902年第1号，见刘永文编：《晚清小说目录》，上海，上海古籍出版社，2008，第1版，第400页。

⑥ 包天笑：《时报的编制》，见《钏影楼回忆录》，香港，香港大华出版社，1971，第1版，第349页。

稿酬制度的推行，在体裁上主要限于可以为出版商带来丰厚收益的小说①，也从侧面反映出翻译小说庞大的读者市场。"对翻译小说的巨大需求令一个数量巨大、具有双语能力、能独立翻译的中国译者群迅速出现。小说译者并非仅仅为参与民族自强的事业，他们的翻译也以经济上的收益为目的。"②巨大翻译文学市场的出现，以及近代稿费制度的推行，让从政治权利中心失落的知识分子和科举制度废除后被放逐到民间的文人，不仅重新找到话语权力的场域，同时也得到一种新的谋生手段。

　　女性译者能够走向公共空间的书写，除了兴女学、塑造新女性的女权启蒙思潮外，也得益于近代出版业和翻译文学市场的迅速发展，为女性译者提供了职业空间。她们中不少人担任过报刊的主编、编辑、主笔或记者，在办报和写作的同时参与翻译活动。康同薇（1879～1974）在维新派1897年2月22日创办的《知新报》中担任该报的日文翻译并参与撰稿，在该报第32册的"本馆告白"中道："近刊之日本报大半为南海先生之女公子康同薇所译，揭之于此以免掠美"③，至第43册申明"本馆去年所聘之日文翻译山本正义、英文翻译陈君焯如皆已因故自行辞去。嗣后所译日文拟请南海康文僴女史任之，其英文翻译则添聘香山容君廉臣与旧聘之新会周君灵生总其事。"④康同薇不但为该报的撰稿人，后来还成为专职日文翻译，这是笔者所见中国历史上第一份对女性译者的正式聘任文献，中国第一位女性专职翻译人员由此诞生。中国最早有翻译文学作品刊行问世的女性译者裘毓芳，其叔父裘廷梁（1857～1943）在创办《无锡白话报》时道："令再从侄女梅侣，以白话演格致启蒙……观者称善"⑤，裘毓芳的白话翻译颇受读者好评，于是安排裘毓芳负责该报的编务，开创了中国女性办报的先河。该报内容分为三类，其中"二演今，取中外名人撰述之已译已刻者，取泰西小说之有隽理者"⑥，翻译占据其一。裘毓芳的《海国妙喻》最早便发表在该报上。之后各种报刊林立，女

---

① 《小说林》第1期上刊登的《募集小说》明确规定了著译小说的稿酬，而在第4期刊《募集文艺杂著》的启事中，声明对诗文稿件"以图书代价券酌量分赠"。《新小说》第8期刊《搜集诗词杂记奇闻笑谈》启事，连图书代价券也没有了。

② Eva Hung. "Translation and English in Twentieth-century China". *World Englishes*. 21：2. 2002. p. 327.

③ 《知新报》，1897年9月26日，第32册，第26版。标点为笔者所加。

④ 《知新报》，1898年2月11日，第43册，第24版。标点为笔者所加。

⑤ 裘廷梁：《无锡官话报序》，《时务报》，1898年5月20日，第61册第4页。标点为笔者所加。

⑥ 裘廷梁：《无锡官话报序》，《时务报》，1898年5月20日，第61册第4页。标点为笔者所加。

性报刊也纷纷出现，女性作为报人、主编、编辑，记者、撰稿人、译者或者多重身份兼具一身，进入社会公共空间。

　　进入 20 世纪的中国社会，在城市的扩张中出现了一个新兴的市民阶层，他们接受过一定的教育，成为翻译文学作品潜在的消费者。在翻译小说被知识精英视作教诲和启蒙工具的主流意识之下，20 世纪初叶的广大中国读者并没有成为对"严肃"西方文学充满渴望的消费者，小说要吸引大众读者，流行是第一目标，在新城市经济的驱动下，比如上海，出版业繁荣发展，产生了对小说娱乐价值的明确需求。① 虽然各类新小说形式中，政治小说得到梁启超的极力推崇，但因其说教色彩浓厚，故事语境又远离中国现实，未能在读者市场中占据重要份额。清末民初时期比较流行的是侦探小说和言情小说，在数量上，这两种翻译小说类型的出版位居前列。

　　20 世纪的第一个 10 年中，一批小说期刊纷纷创立，如《绣像小说》、《月月小说》、《小说林》、《小说月报》等，见证了小说消费市场、尤其是翻译小说市场的极大繁荣。"'小说林'之于新小说，既已译著并刊，二十余月，成书者四五十册，购者纷至，重印至四五版"②，巨大读者市场带来的经济利益成为出版赞助机构积极推行翻译小说的动力。读者市场对翻译小说的极大需求让各赞助机构开始向女性译者约稿，如陈鸿璧曾提及"小说林社。发行社报。屡以笔墨见询。余性疏放。不喜拘拘于绳墨。即举簏以畀之。而谢吾责。"③赞助机构屡屡向女性译者求稿，一方面当然出于对其译作品质的肯定，另一方面也显现出翻译文学作品的市场需求旺盛。稿酬制度的推行让翻译成为女性译者的经济来源之一，清末民初小说家兼翻译家张其切在 13 岁发表第一篇作品时写道："余为一最穷苦之小学生也。弱而失怙。赖母抚育。教以读书。近年复兼习西学。膳学之资。悉赖寡母著书供给。"④其母为黄翠凝女士，创作、翻译小说多部，翻译成为其主要的经济来源之一。翻译文学消费的增长需要更多译者进入翻译市场，译作品质良好的译者会在读者群中博得声名，凸显译者身份成为出版机构吸引读者、刺激购买力的砝码，这为女性译者署名的作品在文化市场上流通提供了契机。从事翻译成为女性译者进入公共

---

① See Eva Hung. "Translation and English in Twentieth-century China". *World Englishes*. 21: 2. 2002. p. 327.

② 觉我:《〈小说林〉缘起》,《小说林》,见陈平原、夏晓虹编:《二十世纪中国小说理论资料·第一卷(1897—1916)》,北京,北京大学出版社,1997,第 1 版,第 257 页。

③ 陈鸿璧:《印雪簃籚屑·识》,《小说林》,1907 年第 2 期,第 1 页。

④ 张其切:《两头蛇·自记》,《月月小说》,1908 年第 22 号,第 1 页。

空间进行书写的合法途径，稿酬制让女性译者可以凭借翻译书写获得一定的经济自立能力，也让女性译者的身份成为公开信息，进入公共文化场域之中。

二、中西历史上的女性译者比较

在父权文化机制中，虽然由于所属阶层、生活地域、宗教信仰以及经济状况的不同，女性的生活形态千差万别，但无论中国还是西方历史上，女性均作为依附的第二性存在，绝大多数女性长期以来不能获得受教育的平等机会，她们的书写活动一直都受到诸多规范的压抑和约束。进入翻译场域对女性而言，是进入知识领域的重要方式。近代中国出现的本土女性译者，与西方历史上的女性译者在历史际遇上既有差异，又有共性。

文艺复兴时期，欧洲贫穷的妇女不可能受到任何正规教育，但"一种独特的女性文化被初步介绍给中产阶级和上层妇女，其中，她们要学习承担家庭职能和遵从一种强调针线活和纺线、缄默和顺从的规范"，读书仅限于"宗教书籍和但丁、彼特拉克和薄伽丘的健康著作"，接受这样的教育目的是"指导年轻女子培养最适合父权制婚姻的性格特点"，"训练她们掌握在家庭经济中最有益的技能"。①女性学习的范围和目的受到严格控制，对女性的教育旨在为父权机制的顺利运行服务，培养符合男权文化价值观的女性美德，与女性自我心智的完善和提高无关。女性被屏蔽在知识领域之外，被视为缺乏创造力的群体。女性写作更是受到世俗伦理的严格限制，虽然有少数女性通过一些渠道获得了知识，成为书写者，她们的作品也往往得不到主流文字世界的认同，如有作品发表，常常以匿名或者伪装成男性作者的方式。"提笔从事著述，就会被宣布不像女人；如果她们写得很好，更会被贴上亚马逊人的标签，被看作可怕和变态的动物。"②书写一直以来被视为男性的特权，女性从事写作被视作是女性逾越性别等级秩序的表现。

中世纪的欧洲，翻译是女性可以进入文字世界的合法途径。长期以来女性都被剥夺了写作的权利，于是女性利用翻译作为被许可的公共表达形式。在英国文艺复兴时期，文字世界对于女性来说是禁地，翻译成

---

① 马格丽特·金：《文艺复兴时期的妇女》，刘耀春、杨美艳译，北京，东方出版社，2008，第1版，第213页。
② 马格丽特·金：《文艺复兴时期的妇女》，刘耀春、杨美艳译，北京，东方出版社，2008，第1版，第313页。

为女性甚少的表达途径之一。当时女性被禁止从事其他任何形式的公开写作活动，却鼓励她们翻译宗教文本。至 19、20 世纪，对于女性而言，其翻译继续作为作家的学徒，如乔治·艾略特在获得小说家声名之前，只作为"斯特劳斯的女译者"而为人所知。此外，翻译也是女性参与社会运动的重要组成部分，例如废奴运动。女性参与翻译旨在为进步的政治议程和文学传统创新建立沟通网络。女性翻译 19、20 世纪法国、俄国和德国现代主义的伟大作品，部分原因是出于女性把翻译作为表达她们政治观点的方式，她们认为文学交流活动对与任何国家的民主生活都极为重要。①可见在西方历史中，写作的特权一直把持在男性手中，女性的书写活动受到极大限制。翻译为西方女性提供了进入文字世界的合法路径，她们在翻译中表达自己的观点，以一种隐性的方式参与社会文化及政治活动。

　　中国女性的写作也因受到"内言不出于阃"和"妇道无文"的规范限制，被排斥在正统之外。女性的作品仅能在家族中传阅，甚少在大众读者中流传，导致女性作品大量失散，让诸多才女消隐在历史的书写中。女性生活空间的窄小以及写作关乎女德的训诫，让传统女性书写在主题、体裁和风格上都表现出相当的局限性。但与西方历史不同，由于中国汉文化长期占据主流地位，对域外文明持俯视的态度，造成对外语学习的淡漠，翻译多以外族人承担，本土男性知识分子甚少参与翻译，对于受制于"闺阁"的女性而言，就更是绝少有机会从事翻译活动。而晚清以降，中国和西方之间的力量对比发生了巨大转变，克罗地亚女性学者克内则威克(Djurdija Knezevic)指出，"在历史上，无论什么时候，当深刻的社会变化发生时，当整个社会似乎受到威胁时，女人就会被'邀请'去积极参加公共生活，这几乎是一条规律"②，当救亡启蒙逐渐成为时代的主流思潮，启蒙和解放中国女性被赋予了救国强种的历史重任，中国女性作为群体成为公共领域关注的焦点，女性译者及其书写在历史的瞬间从私领域跨入社会公共领域。中国的女性译者在进入翻译活动之初就享有作品的署名权，署上她们名字的译作通过正式出版进入文化市场，正式出版物上在译者名之后往往特别注明"女士"或者"女史"的字样，让译者的性别身份毫不避讳地在公共领域彰显。随着她们译作的发行和传播，女

---

① Sherry Simon. *Gender in Translation*：*Cultural Identity and the Politics of Transmission*. Routledge, 1996. pp. 2-3.

② 克内则威克：《情感的民族主义》，见陈顺馨、戴锦华选编：《妇女、民族与女性主义》，北京，中央编译出版社，2004，第 1 版，第 145 页。

性译者的身份为知识界和大众读者所认识并接受，甚至出现男性译者采用女性笔名来发表译作，以吸引读者的现象。而西方女性虽然被允许进入翻译领域，从事宗教文献的翻译，但"她们的作品在发表时通常是匿名的；如果得知是女性作品，就只能以手稿的形式在家族中传阅"①，这与中国 20 世纪初出现的女性译者群的状况有很大差别。

　　但与西方历史上的女性译者相同之处在于，虽然中国历史上第一个女性译者群体是 20 世纪初叶活跃的翻译力量，但仅有极少数女性译者的翻译活动在翻译史的书写中有寥寥记录，多数译者的作品和翻译贡献鲜有提及，长期以来处于文学史和翻译史研究的边缘，只在历史书写中留下模糊的记忆。自 20 世纪 50 年代以来，西方女性主义学者致力于探寻女性写作的传统，80 年代翻译研究的文化转向之后，女性主义翻译理论更是呼吁并反抗把翻译与女性联系在一起，将二者视作"次等性"的观念，抵制对翻译和女性的歧视，力图发掘为男权文化遮蔽的女性翻译史和女性创作史；中国 20 世纪初叶出现的第一批女性译者，她们对译介外国文学和西方文化做出了卓越贡献，是中国现代性发生不可或缺的部分，理应在中国翻译文化史的书写中还原她们的在场。

三、女性译者身份凸显的意义

　　20 世纪初叶的中国出现了历史上第一个本土女性译者群体，她们不是以个体的形象在某一历史图景中独自绽放，而是以群体的姿态伴随着中国社会现代化进程而走进历史的书写。

　　在欧洲历史上的很长时期，对女性参与书写有严格限制，女性只被鼓励从事翻译，这与西方传统对翻译和女性的认识相关：翻译长期以来被视作缺乏创造性的从属活动，而译者只是原作者忠诚的"奴仆"和"侍女"，身份低微，这同父权文化对女性屈从地位的规约相仿；翻译标准将忠实与优雅作为评价译作优劣的标准，而以男性为中心的伦理观也单方面地要求女性的忠贞，将恭顺、缄默、奉献视作女性美德。允许女性从事翻译实际上意味着"将女性限制在次等写作角色内"②，不能成为创作者。但翻译却成为西方女性进入文字世界、追求知识、在公共领域发出声音的合法途径。

---

① Sherry Simon. *Gender in Translation：Cultural Identity and the Politics of Transmission*. Routledge，1996. p. 47.

② Sherry Simon. *Gender in Translation：Cultural Identity and the Politics of Transmission*. Routledge，1996. p. 39.

与西方女性参与翻译活动的历史因缘不同，20世纪初叶的中国，女性能够进入翻译领域有着别样的历史文化内涵，这与翻译在近代中国被赋予启蒙色彩相关，也与启蒙知识分子试图通过塑造"新女性"来实现强国强种的国族话语相关。自晚清由清廷发起赞助的翻译活动开始，至20世纪初叶这一历史时期，翻译承载着中国知识分子学习西方以抵御外辱的强国梦。翻译成为输入西方现代文明、革新目标语文化的重要手段，故而译者不再是传统文化中被知识分子拒斥在边缘的低微角色。在某种程度上，译者是放眼看世界，能够从他者视角来审视并尝试重塑自我的文化先行者。对于等待启蒙的大众而言，译者扮演着先觉者和引导者的角色。当时的重要作家几乎都参与或者关注过翻译活动。译者是20世纪初叶中国文化转型中不可或缺的重要力量。

当西学东渐成为不可逆转的历史潮流，启蒙民众、启蒙女性成为时代的共识，中国女性开始逐步获得走出私领域、进入学堂接受学校教育的机会。女学的目标主张用新知识重塑中国女性，改变她们"无学"和为社会"食利者"的状态。在启蒙图强思潮的推动中，被塑造的"新女性"僭越了传统性别制度的隔离，走进公共知识领域。女学目标并无培养女性译者的明确意图，但新式女学堂中新知识的系统传授和外语课程的开展，客观上为女性成为译者提供了机遇。而女性对了解和输入外国文化的主观需求，推动了她们介入翻译活动，翻译在很大程度上是她们自觉的文化选择。在参与多种体裁、风格的翻译书写的同时，女性译者还多有其他颇有影响力的著述，她们发表对时事的关注和评论，尝试新文学形式的创作。这是有史以来中国女性首次以公共知识分子的姿态，出现在公共领域，以独立写作主体的身份，参与到启蒙话语和现代性的建构之中。署上女性译者姓名的翻译作品，在近代出版业和文学消费市场迅猛发展的推动下，经过文化产品的生产和流通程序，通过报纸杂志进入到公众视野。中国近代以来女性译者群体的出现以及翻译活动的发生，与当时的启蒙话语和女性解放语境息息相关。女性参与翻译书写，颠覆了传统性别制度对女性的隔离和压制，消解了以男性为中心的文化权威对女性书写的边缘化和种种贬抑，全方位拓展了女性书写的内容、体裁和风格，启发了现代女性书写范式的生成，成为时代主流话语不可或缺的部分。

中国第一个本土女性译者群体性别身份在公共领域的彰显具有多重重大意义：其一，女性译者是中国近代社会与西方现代文明激烈遭遇下，中国文化开始转型的产物，是近代女权启蒙运动的成果。女性译者多博古通今，接受过西学和新思想的启迪，她们作为独立的主体，挣脱了传

统规约的附属和次等身份，以自身的成就得到公共领域的认可，成为新
女性的突出代表；其二，女性译者的翻译话语，打破了男性对启蒙修辞
的主导和垄断，在话语的间隙中插入了女性主体的生命体验和表达。20
世纪初叶的女性译者并非均具有现代意义上的女权思想，有些还因自幼
接受传统儒家伦理的教化，在一定程度上内化并认同了女性的从属角色。
但作为男权文化机制中被言说和被规约的"她者"，女性的性别身份赋予
了她们不同于男性的生命体验和情感感受。在她们的翻译中，女性译者
或保留原文所包含的新价值元素，或暗中削弱原文中的男权思想，增添
女性的体验和认知方式。她们在翻译文本中嵌入女性的声音，是译者主
体性的显现；其三，女性译者积极参与各类新文学形式的翻译，帮助催
化了中国文学传统的演进，为现代女性文学的兴起奠定了基础，推动了
中国文学的现代转型；最后，20 世纪初叶的中国，翻译被视作输入现代
文化和思想的重要手段，担负着启蒙大众与推动目标语文化革新的重任。
女性译者群体的出现，标志着女性不是被动的被启蒙者和被言说者。她
们以独立主体的身份，走出传统的私领域，探索和重建自我的现代文化
身份，积极参与社会公共生活的方方面面，以主动的姿态担负起民族复
兴的历史使命，是中国文化现代化进程中的一支活跃力量。

第三章 女性书写规范从传统到现代的嬗变

20 世纪 70 年代，法国女性主义学者倡导"女性书写"理论①，强调女性的创作从身体开始，女性语言和真正的女性写作将呈现包括肉体在内的女性的全部体验。本文中的女性书写并非指现代女性主义写作的实践，侧重指女性为观察主体、思维主体和话语主体，是书写行为的发出者，以女性的视角、价值观和思想情感进行叙事，即书写行为的主体为女性。女性书写是女性自我探索和表达的场域。在历史中，书写的场域长期为男性中心文化所占据，女性书写一直被限制、贬抑和驱逐，但是发现女性在书写场域中的在场意义重大：

> 在某种意义上，女性的出现、女性的自我命名所显露的惟一真实，不是她获得与男人一样的平等，而是在她主体成长中的一个结构性缺损，一个女性自身的反神秘化过程，一个使女性的隐秘经验，包括历史经验、心理和生理经验，从一片话语的涂盖之下，从一片话语真空中发掘和昭示于世的过程。②

女性书写在男性中心文化中被看作僭越性别定义边界的不恰当行为，但历史中一直有知识女性在坚持书写实践，对女性书写历史的探寻成为建构书写场域中女性主体历史在场的必经之途。

对于中国女性而言，在传统性别秩序的规约下，女性书写长期仅限于私领域内，难以进入公共领域成为知识生产的推动力，沦落为男性书写的附庸和花边。至清末，在社会的剧烈动荡和近代出版业的发展中，女性书写才成为公共文化资本并进入大众阅读视野，参与知识的生产与传播，推动中国文化的现代转型。其中女性的翻译书写卓然立于其间，对于女性突破传统书写规范，引进并实践新书写形式发挥了重要作用。

---

① "女性书写"法文为 écriture féminine，英文常译作 female writing 或 feminine writing。
② 孟悦、戴锦华：《浮出历史地表》，北京，中国人民大学出版社，2004，第 1 版，第 33 页。

第一节　中国传统女性书写规范中的性别机制

人类有文字记载的历史有六千多年，在文字书写出现之前的漫长岁月里，记述历史依靠的是口传方式，口传文学和历史甚至至今在某些民族文化中还发挥着作用。但整体而言，当人类社会步入书写文明时代后，口传文化逐渐让位于书写文化。"书写文化的核心是话语制造，最高成就体现为书籍。书籍不仅使某些话语得到了永久性保存，而且，书籍的形式本身就包含了一种权威。"①书写的主体是话语的生产者，其话语折射着书写主体生存时代的风尚和个人境遇。虽然人类社会进入书写文明时代后，男女两性均参与书写，但"书写文化不是并且从来不是一种个体属性或意识形态上中立的'技巧'，仅仅为单独的个人所'拥有'。它也不仅仅只是一种技术"②，书写总是和权力发生着密切关系。书写制造着话语，书写的传播和接受建构出话语的秩序，深刻影响着人类的精神世界。因此书写的场域从来就不平静，是各种文化力量对话语权的争夺之场。

在以男性为中心的等级社会中，书写是男性的特权。在西方进入近代社会之前，能有机会接受教育，学习识文断字的女性很少，而知识女性能够参与的书写活动也极其有限。英国文艺复兴时期，"女性被禁止参与除宗教文本翻译之外的任何其他公开书写活动"③，而在古代中国，虽然《诗经》中已出现若干女性的作品，但在对女性德本才末行为评价体系的不断强化之下，绝大多数女性很少能获得受教育的机会，能进入文字世界进行书写的女性更是凤毛麟角，造成女性书写无论从数量还是丰富性上都难以和男性书写相比。在男性文化中心的社会机制里，两性所能介入的生活空间迥异，由此导致两性书写所生产的话语在主题、体裁和表达方式等方面均表现出不同的传统。

一、中国传统女性书写的主体

中国传统儒家伦理将女性的社会角色规约在家庭之内，"妇者，服也；服于家事，事人者也"（《白虎通·嫁娶》），约定了女性狭小的生活空

---

① 南帆：《话语与影象：书写文化与视觉文化的冲突》，《花城》，1995 年第 2 期，第 192页。

② 约翰·费斯克等编撰：《关键概念传播与文化研究辞典》，李彬译注，北京，新华出版社，2004，第 1 版，第 156 页。

③ Sherry Simon. *Gender in Translation*: *Cultural Identity and the Politics of Transmission*. Routledge，1996. p. 3.

间和附属地位。"女子无才便是德"的训诫消解了女性获得才学的积极意义，令绝大多数女性被剥夺了接受与男子同等教育的机会。对女子的教育多围绕女德的宣扬和教化，其目的指向培养合乎礼教的贤妻良母，完善女子相夫教子的辅助功能。在男性书写的历史中，女性这一性别作为静默的存在，成为被规约和被塑造的对象，失去言说自我的可能。

在男权文化对女性的贬抑中，古代中国能有机会接受教育并掌握一定文化知识的女性数量十分有限。对于女性而言，"'书写'这样奢侈的享受，只有极少数人能用来当作丰富点缀生活的游戏"。① 能有机会从事写作的女性有后妃宫人、贵族妇女、名媛闺秀、青楼女子以及道姑女尼等，虽然她们所属的社会阶层迥异，个体的人生境遇可能千差万别，但由于同一的性别身份，她们同其他普通女性一样，均无法逃离儒家伦理及宗法制度把女性作为男性中心文化中的客体对象来塑造的命运，她们的生命内涵在根本上存在相似性。"女正位乎内，男正位乎外。男女正，天地之大义也。"（《周易·家人》）内外之分不仅是社会分工的不同，更多带有强烈的道德评判色彩，居于"内"是女德的要求。传统的妇道闺范规定了女性生活空间须在"内"的私人空间，她们被排斥在社会公共领域之外。女性的生命价值只有通过对家庭、对所依附的男性的忠贞和无私奉献来体现，其主体性和独立人格在这样的生存环境中被扭曲。有机会参与书写活动的女性虽然具备一定的文化知识，人生的视野较之普通女性更为开阔，但她们同样无法摆脱依附和从属的地位，这给女性书写带来种种不可超越的限制。明末才女梁孟昭在《寄弟》中的描述很有代表性，揭示出传统女性写作的困境和背后潜在的规范：

> 我辈闺阁诗，较风人墨客为难。诗人肆意山水，阅历既多，指斥事情，诵言无忌，故其发之声歌，多奇杰浩博之气；至闺阁则不然。足不逾阃阈，见不出乡邦，纵有所得，亦须有体，辞章放达，则伤大雅。朱淑真未免以此蒙讥，况下此者乎？即讽咏性情，亦不得恣意直言，必以绵缓蕴藉出之，然此又易流于弱。诗家以李、杜为极，李之轻脱奔放，杜之奇郁悲壮，是岂闺阁所宜耶？②

---

① 赵淑敏：《跨越，女性书写的往世今生》，《海南师范大学学报》，2008 年第 6 期，第 1 页。
② 乔以钢：《中国女性与文学》，天津，南开大学出版社，2004，第 1 版，第 53～54 页。

女性的生活空间被限制在"阃阈"之内，能够见识体验的不过"乡邦"之间的生活，极大制约了女性见识的拓展，不可能如男性文人墨客纵情山水，获得丰富的社会和人生阅历。男性作者在表达方式上可以自由不羁，他们或直抒胸臆、或奔放洒脱、或悲壮豪迈的风格为世人称颂，但女性的写作却受到"妇言"的严格限制，必须克制自己情绪的表达，须以"绵缓"的委婉、内敛文体才可以做到"有体"，符合礼教伦理对女性品行的要求，极大限制了女性书写从内容到风格的多元发展。儒家伦理妇道闺范对女性的束缚，虽然可能对不同阶层、不同地域的知识女性在程度上存在某些差异，但她们的社会角色和人生体验均受制于男性中心的文化架构，因此存在相似的局限性，这导致中国传统女性书写呈现出一些共性特征，形成疏离于男性书写传统的女性书写规范。

二、人伦情感为主的艺术母题

书写是权威的某种表征，对书写的控制是对话语权的掌控，在任何历史时期都从未间断过。古代中国对两性话语的范围早有明确区分，"男不言内，女不言外"（《礼记·内则》），当"内"与"外"这一组空间概念与性别相关联，并作为两性生命价值和权力界限的划分时，其内在运行的性别文化机制呈现出来。哈贝马斯（Jürgen Habermas）把人类活动的领域划分为公共领域和私领域，"公共领域本身就带有父权特征"①，公共领域是男性的活动领域，女性则被限定在私领域之中。在社会评价体系中，公共领域的价值高高凌驾在私领域的价值之上，使得领域的划分成为性别政治和性压制的基础。公共领域是女性的禁区，女性这一性别角色被逐出社会生活的中心，徘徊在边缘。"内言"与"外言"的划分规定了两性话语的范畴，确立了两性话语的秩序。"内"与"外"话语体系的建立，成为巩固传统性别秩序的手段。

作为一个性别，女性被限定在"内"的空间，其精神世界也受到极大束缚。"在宗法制度下，知识妇女的处境与构成男性文学创作队伍主体的士大夫文人有明显差别"②，她们没有机会体验金榜题名、宦海沉浮、入世出世的跌宕，也绝少能走出"内"的世界去感悟游历山川、驰骋沙场的豪迈，更少能领略放情纵乐或超然物外的心境。因而中国传统女性书写很少涉及历史、政治和家、国、民族之类的宏大叙事主题，"内言"的规

① 哈贝马斯：《1990 版序言》，见《公共领域的结构转型》，曹卫东等译，上海，学林出版社，1999，第 1 版，第 7 页。
② 乔以钢：《中国女性与文学》，天津，南开大学出版社，2004，第 1 版，第 6 页。

约将女性书写逐入一个狭小范围，封闭在深闺高宅之内，对私领域中人伦情感的抒发成为传统女性书写最显性的艺术母题。

女性书写作为言说女性体验的场域，记录着女性独特的生命体验和价值诉求。中国传统女性书写虽然历史悠久，但任时代变迁，传统女性书写中凸显的仍是一些共同的主题，如感物伤怀、闺怨情思、弃妇愁苦等，"伤情"是历代女性作者无休无止的咏叹调。女性作为私领域的活动者，其作为主体的体验多与家庭生活与个人情感相关，喜乐悲欢与价值诉求往往与情爱的实现形成密不可分的关联。而传统伦理在赋予男性身体更自由的活动空间时，也让他们在性和情感上享有更多样化的选择；而当女性的身体被限定在狭小空间，她们的精神也牢牢被锁定在贞洁、顺从的道德尺度之内，为情等待、为情所伤成为女性难以改变的历史命运。"千里长安名利客，轻离轻散寻常"（刘彤《临江仙》），"从此不归成万古，空留贱妾怨黄昏"（裴羽仙《哭夫》），"莫做商人妇，金钗当卜钱"（刘采春《啰唝曲》），"相思无晓夕，相望经年月"（李冶《寄朱放》），丈夫因为仕途、名利、征战等种种原因离弃妻子家人，而女性只有在等待中发出声声无助的哀叹与期盼。

在明清之前，女性作品很少能进入公共文字世界流传，通常仅限于在家族内部或个别文人之间阅读。女性书写更多是女性自娱自遣的活动，较少功利目的，因而更能折射出女性内心的真实声音。中国古代女性书写的主体，从贵族妇女到佛门道观女子，无论属于哪种社会阶层，其社会角色的单一性和依附性将她们从社会公共领域剥离，捆绑在以婚姻、家庭和情感为核心的伦理关系中，倾向于向自我精神情感世界的内部探索，抒发对两性真挚情感与幸福家庭生活的向往，在主题上显现出私人性和封闭性。在礼教的苛责与内在生命的欲求之间，女性内心的挣扎困顿，让人伦情感构成女性书写最显性的主题，以悲情与伤感的旋律穿越时空，在历代女性作品中不断奏响。

传统礼教从"内言"与"外言"划分了两性话语的等级和权限，将女性话语贬低驱逐到话语系统的边缘。由于女性被定格在"内"的空间，"内言不出于阃"的传统让女性书写的流传受到极大限制，"古代名媛之集，镌印不多，红香小册，绿窗零帙，流传极少，蒐求非易"①，揭示出女性作品传播与存留的历史困境，同时也折射出女性书写面临的艰难处境。在

---

① 胡文楷：《历代妇女著作考·自序》（增订本），上海，上海古籍出版社，1985，第1版，第6页。

传统性别等级秩序里，"内言"被认为是低于"外言"的话语系统，而这些充满人伦情感的"边缘之音"，体现出女性对自我精神世界的内向诉求。在对亲情和爱情的向往中所蕴含的关怀、同情、怜悯、伤感等情感，补充了男性"外言"话语的宏大，同时也书写着女性独特的文化心理和体验，将女性的自我意识蕴藏其间，发出女性对自身生存境遇和男性为中心的价值体系的审视与质疑之声。

三、诗词为主要书写体裁

纵观中国传统女性书写，虽历时弥久，在体裁选择上却呈现出高度一致的取向，即诗词的创作在女性书写中占据绝对优势比例。以中国女性文学史的书写为例，陶秋英认为："历史上中国妇女的作品，以新体诗（包含各种绝律）和长短句（指词）为大部分"[1]；《中国古代女作家集》[2]搜集了从春秋时代到晚清共 1418 位女作家的作品，体裁上只有诗词曲文，戏剧和小说没有包括在内，虽有编者对作品体裁选择的考虑，但也可看出诗词曲赋乃传统女性书写成就最突出的部分；《历代妇女著作考》[3]共著录从汉魏至清末共 4000 余名女作家 5000 余种作品，体裁包括诗词、散文、笔记、弹词、杂著、谱录等，但诗词仍然在作品中占绝大多数。故而有评论家言："女性作家所专长的是诗，是词，是曲，是弹词，她们对于散文的小说几乎绝对无缘"[4]，"绝对无缘"一说言之太过，在明清时期出现了女作家尝试小说这种非韵文体裁的书写，但诗词曲赋无疑是女性书写体裁的主流。薛海燕认为古代女性缺少小说创作原因有三：其一，小说文本中的民间趣味和价值取向与上层文化相异，其中包含的所谓"妖妄荧听"、"猥鄙荒诞"的通俗文学成分与女性文学的美学定位相抵牾；其二，女性作品的传播受到女性活动范围狭窄和缺乏独立经济能力等因素的限制；其三，受到社会性别话语的制约，小说创作很难进入女性文学体裁选择的视野。[5]可见诗词曲赋成为女性书写体裁的主流，这一规范的形成与女性作家写作能力之间并不构成天然的逻辑关系，而更多与历史文化语境为女性提供的可能的书写空间存在关联。

中国传统女性书写呈现出的对诗词体裁的一致取向，既有中国传统

---

① 陶秋英：《中国妇女与文学》，上海，北新书局，1933，第 1 版，第 89 页。
② 王延梯辑：《中国古代女作家集》，济南，山东大学出版社，1999，第 1 版。
③ 胡文楷：《历代妇女著作考》（增订本），上海，上海古籍出版社，1985，第 1 版。
④ 谭正璧：《中国女性文学史话》，天津，百花文艺出版社，1984，第 1 版，第 20 页。
⑤ 薛海燕：《近代女性文学研究》，北京，中国社会科学出版社，2004，第 1 版，第 194～197 页。

诗学因素的影响，又与女性作者的文化身份和社会角色定位密切相关。从诗歌在传统诗学中的地位来看，诗歌一直居于中国传统文学的主流，被视为文学正统，并赋予其高雅文学的地位，吟诗作赋被文人视为才学的重要表现。古代能从事写作的女性多有或者曾有良好的家庭背景，其诗作往往成为男性权威标榜家族"一门风雅"的附属品和男性文学的花边，学习吟诗作赋是家学渊源、书香门第的家庭文化传统赋予女性的文学选择。女性受到家庭文化的熏陶，成长为女诗人、女词人。而出身青楼的才女为了取悦文人雅士，更是会注重诗文才情的培养，以满足男性对"才女"的审美想象。尽管女性书写的主体文化身份各异，在主流诗学崇尚诗歌的文化语境里，驱动了女性作者对诗词体裁的选择取向。

从女性社会角色的局限性而言，由于女性生活的空间狭小，多围于家庭生活，人际关系多与家庭成员或所恋男子而发生，社会阅历相对单一，对于需要以社会生活为背景展开文学叙事的小说和戏剧难以介入和把握，"戏曲、弹词作为叙事体文学，需反映广阔的社会和人生，而有文化的妇女皆被传统性别话语隔离于丰富多彩的政治、社会生活之外，裹足于幽阁深闺之内，缺乏深入生活、观察社会和了解人生的条件"。[1] 加之在传统诗学中小说居于"小道"和"末流"的地位，并不为文人墨客所青睐，对于女性作者而言甚少涉足就不足为怪了。

从文学体裁表现文学主题来看，"两千年间，女作者所运用的主要文学体裁始终是体制较为短小的抒情诗词"[2]，这与中国传统女性书写千年不衰的人伦情感主题相关联。《尚书·舜典》中说："诗言志"，《毛诗大序》中说："诗者，志之所之也，在心为志，发言为诗。情动于中而形于言"，确立了诗作为文学体裁，其主要功能在于表现作者的自我情感特征，而不是再现和模仿生活现实。中国古代女性因其生存空间的狭小和社会角色的单一性，在书写中倾向于对自我内心情感的探索，而诗词体裁在表现内心细腻情感方面的抒情功能突出，自然成为女性作者偏好选择的文学样式。

四、委婉含蓄的表达风格

婉转曲达是中国传统文学艺术表现的特征之一，但对于女性作者而言，虽然豪放铿锵之音并非绝无仅有，但"婉约温柔的文学又最适宜于女

---

① 谭正璧：《中国女性文学史话》，天津，百花文艺出版社，1984，第1版，第21页。
② 乔以钢：《中国女性与文学》，天津，南开大学出版社，2004，第1版，第71页。

性的着笔"①，委婉含蓄的风格几乎成了传统女性书写的主流规范。这并非单纯因女性天性含蓄、情感细腻敏感所致，导致这一风格成为女性书写主流的原因是多元的。

就中国传统审美观念而言，推崇艺术的委婉含蓄之美是中国传统审美文化的主流之一。"中国审美意识史上的含蓄观念，可以追溯到'周礼'的委婉性和《周易》的尚象性，并又成为儒、道、禅、美学共同推崇的审美理想"②，含蓄美作为中国美学的重要范畴有着悠久的历史，并逐渐形成强大的传统。延伸到文学领域，含蓄美也成为古典文论的重要概念和品评文学作品的标准之一。刘勰在《文心雕龙·隐秀》篇中道："文之英蕤，有秀有隐。隐也者，文外之重旨者也"，"隐"要求诗文具有含蓄的内涵，含蓄之美可以令文学作品塑造的艺术境界产生强烈而耐人寻味的艺术感染力，给读者留下想象和体味的空间，从而启发读者去领会"文外之重旨"。传统女性书写总体呈现出委婉含蓄的表达风格，可以说与中国传统美学崇尚含蓄一脉相承。

但作为审美追求，委婉含蓄与洒脱豪放在中国传统审美中并存，在文学创作中均留下经典之作。"假定中国文学可以简单地分为'豪放'与'婉约'两派，那末，女性底文学，实在是婉约文学的核心"③，而女性书写形成以委婉含蓄为主流风格，少有铿锵之音，与儒家伦理对女性柔弱、谦卑为美的话语塑造密切相关。儒家伦理强调人的自抑自制，尤其对贤良女性的塑造中，"三从四德"的不断教化令柔顺、卑弱的审美标准在女性日常行为中潜移默化，极大压抑了女子天性的自然成长。对于出身官宦或文人家庭、有机会成为才女的女性而言，妇道闺范对她们的熏染较之市井平民女子尤甚，这必然对她们的书写带来影响。陶秋英指出：

　　……不能写一首气概磅礴的古风，或如苏东坡《大江东去》辛弃疾的《八声甘州》的激昂慷慨的声调悲壮的词。这是原于女子一向受种种的压迫，使她们思想上拘束惯了，承袭着历史的遗传，养成她们都是很脆弱的心灵，加以环境的束缚，叫她们如何产生得出雄厚浑朴的作品呢？④

①　胡云翼：《女性词选·小序》，上海，上海教育书店，1947，第1版，第2页。
②　陈文忠：《含蓄美探源》，《安徽师大学报》，1998年第1期，第66页。
③　胡云翼：《女性词选·小序》，上海，上海教育书店，1947，第1版，第1页。
④　陶秋英：《中国妇女与文学》，上海，北新书局，1933，第1版，第89～90页。

传统女性书写所呈现出的委婉含蓄之风，与女性长久以来的生存境遇息息相关，背后隐藏着男权文化对女性创造力的抑制，而并非仅仅女性天性使然，或者能力所限。

此外，委婉含蓄的风格也与女性书写的主题相关。"在表现艺术中，风格常与题材联系起来……风格是表达题材的客观工具，是交际的手段"，经过艺术家的各种尝试，"最成功的表现手法会重复应用，并成为规范"。①中国传统女性书写主要围绕女性内心情感而抒发，"她们的作品都是出于情不能自已才抒写出来——妓女略有应酬之作"②，委婉含蓄的风格能更恰切地表达受制于"阃内"的女性的私密情感，并在文字之间留下畅想或感伤回味的空间，增强其文学表现力。直抒胸臆的铿锵之音一方面不利于再现女性欲说又隐的细腻内心体验，另一方面这种表现方式显然也不属于传统伦理期许的女性话语方式。言虽尽而意无穷，曲达心意的表达方式便成为女性书写的选择，并逐渐形成强大的传统。在男性审美目光的注视下，驱动并定格了女性书写尚柔、尚委婉的审美倾向。

五、书写与性别

中国传统女性书写绝大多数是出于作者自我情感的抒发，较少功利色彩。然而"在某种意义上，绝大多数的书写都带有政治意味，要么与书写产生的语境保持一致，要么有意超越它，反映它"③，中国传统女性书写规范的形成，正是性别政治的产物。

传统性别话语界定了两性的等级秩序，"内"与"外"的划分不仅规定了两性作为生命存在的价值空间，更是对女性主体在场的抑制和剥夺。男性操纵书写的权利，将女性贬为被写和被读的客体，女性在男性文化中被确立为文本的肌质，女性作为主体成为空缺。"内言不出于阃"的女性言行规范约束了女性书写，将其囿于以血缘为基础的家庭等级关系和两性情感，放逐在社会公共生活领域之外。虽然女性书写的主体身份与阶层存在差异，但女性书写被规约为"内言"的一部分，在主题、体裁和风格的选择上呈现出相当的趋同性，揭示出女性书写样式有限的选择，以及逾越书写规范的艰难，其中折射出女性书写与两性之间统治与从属

---

① 胡壮麟：《理论文体学》，北京，外语教育与研究出版社，2000，第1版，第8页。

② 胡云翼：《女性词选·小序》，上海，上海教育书店，1947，第1版，第6页。

③ Luise von Flotow. "Translation in the Politics of Culture". In Renate Blumenfeld-Kosinski, Luise von Flotow and Daniel Russell, eds. *The Politics of Translation in the Middle Ages and the Renaissance*. University of Ottawa Press, 2001. p. 9.

的权力关系。文学样式选择的背后，是性别政治无处不在的操纵。然而女性书写千年延续形成的规范，令其疏离于男性书写传统，形成了相对独立的话语系统。女性书写虽然受到各种性别话语的隔离和挤压，却成为女性主体能够闪烁"在场"的场域，在一定程度上形成对男性中心性别权利的反动。

第二节　女性译者对现代女性书写的拓荒

　　20 世纪初叶中国女性译者群体的出现并非历史的偶然。在西学东渐风潮日盛的历史语境中，救亡启蒙修辞的不断强化下，伴随着近代新式教育的兴起、女学的发展和女留学生日渐增多，一些知识女性逾越了传统书写的规范，跨入公共领域的知识生产和传播，参与到当时被梁启超称之为"强国第一要义"的翻译活动中。和传统女性书写的主体相比较，女性译者的文化身份发生了重大变化，她们从传统才女身份转身，吸纳新的知识和观点，积极参与翻译活动，与其他男性译者一起，成为中国现代新书写形式的拓荒者。她们的翻译作品在引进新的文学样式、传播现代观念、促进中西文化交流等方面，发挥了重要作用，成就了 20 世纪初叶中国女性书写的崭新景观。

　　1898 年至 1930 年间，目前可以确定身份并有署名译作发表的本土女性译者共计 49 人。[①] 本土女性译者虽然文化身份多元，有饱受儒家思想浸淫、后又受到一定新学影响的才女，有接受新式女学堂教育的女学生，有出国留学的女留学生，她们秉持的文化立场存在差异，但作为中国第一代接受新知识的女性，她们积极参与时代叙事，其书写包括撰文评论时事，翻译国外文学作品和非文学作品，从事文学创作，可以说全方位突破了中国传统女性书写形式。女性译者的翻译活动活跃，涉猎的领域甚广。在文学领域，她们积极参与各类新文学形式的译介，为后来中国新文学样式的建立提供了参照摹本。她们翻译的小说种类多样，有政治小说、科学小说、侦探小说、言情小说、传记小说及学校小说等类型；翻译戏剧有历史剧、社会喜剧、悲剧和儿童剧等；此外还有寓言、

---

　　① 发掘这一时期本土女性译者的工作存在诸多困难，一方面记录女性译者及其翻译活动的专门文字甚少，只言片语散见于各种文献之中，实难穷尽；另一方面当时也有男性以女性身份署名发表译作，给女性译者身份的确定带来许多不确定因素。这里提到的是明确为女性的本土译者，因未见康同薇的署名译作，固该数据未将她列入在内。详细资料请参见附录1《1898～1930 年中国本土女性译者翻译作品目》。

童话、诗歌等文学形式。在非文学翻译中涉及的题材相当广泛，有宗教、政治、历史、婚姻、家庭伦理、教育、健康、科学等，几乎无所不包。

中国本土女性译者最早有作品发表的，应该算是康同薇了。前一章论及维新派 1897 年 2 月 22 日创办的《知新报》，康同薇担任了该报的日文翻译，在 1897 年 9 月 26 日该报第 32 册的"本馆告白"中有正式申明："近刊之日本报大半为南海先生之女公子康同薇所译，揭之于此以免掠美"①，至 1898 年 2 月 11 日第 43 册上的"本报告白"中，正式聘任康同薇为日文翻译，可见该报上应有不少翻译文章出自康同薇的译笔。但该报上只见有署名"南海康同薇撰"的文章，却不见署名"康同薇译"的文章，这和该报上时时注明"新会周灵生译"形成反差。最早译作正式出现署名的女性译者应该算是裘毓芳了。1898 年裘毓芳的白话译本《海国妙喻》在《无锡白话报》上连载，目前可以大致论断，女性译者署名作品是从翻译文学作品开始的。中国在 20 世纪之前翻译的文学作品很少，由中国人翻译的外国文学作品更是寥寥可数，而女性译者的翻译文学作品在世纪之交便开始见诸报刊。进入 20 世纪初叶，更多本土女性译者进入文学翻译场域，尝试翻译域外文学作品。她们的翻译实践将多种域外文学的新文学样式译介到中国，成为推动中国本土文学创新的重要力量。

一、寓言的翻译

中国古代文学中寓言所指范围很广，指"有所寄托或比喻之言"，与现代寓言指"带劝谕或讽刺的故事"的概念有所差异。郑振铎曾论道：

> 中国的寓言，自周、秦诸子之后，作者绝少……后来印度的寓言，虽在六朝时输入，却亦不复能燃着中国寓言的美丽光辉……到了明时，寓言的作者，突然的有好几个出现，一时寓言颇有复兴的气象。可惜只是一时，不久，他们却又销声匿影了。②

可见中国寓言作为一种文学形式，其创作在先秦之后虽有延续，却辉煌不再。中国寓言文学创新的推动力来自翻译外国寓言，"因为外国寓言在中国的翻译而触动了中国寓言文学的'神经'，打开了人们对这一文学样

---

① 《知新报》，1897 年 9 月 26 日，第 32 册，第 26 版。标点为笔者所加。
② 郑振铎：《寓言的复兴》，《郑振铎文集·第 6 卷》，北京，人民文学出版社，1988，第 1 版，第 338 页。

式认识的文学眼界，使人们依托于此再结合中国丰厚的寓言文学传统创建了自己的新的寓言文学。"①其中以《伊索寓言》影响最广。《伊索寓言》的翻译对中国寓言文学的创新起到了积极作用。《伊索寓言》从明末由西方传教士传入中国，也是最早译介到中国的西方文学作品，其间产生了不同的汉译本，然而作为一种文学体裁引起中国学者注意却是在 20 世纪初叶。可以说"伊索寓言的翻译刺激了中国的译者和学者从文体的角度对中国自己的寓言作品进行整理和研究"②，促使中国寓言文学的创新。在19 世纪末 20 世纪初，伊索寓言的翻译出现了多个汉译本，学者关注较多的是 1888 年天津时报馆印行的张赤山译《海国妙喻》和 1903 年商务印书馆出版的林纾和严培南、严璩合译的《伊索寓言》，其中还有一个独具特色的译本，即裘毓芳的白话译本《海国妙喻》。

作为中国最早署名发表译作的女性译者，裘毓芳更多是以中国最早的女报人而名留青史，其翻译成就反而少有提及。裘毓芳，字梅侣，江苏无锡人。少时读经书，习新学，国学基础深厚，文笔优美，熟知中外历史和现状，有"才女"之称。1897 年 7 月，她用白话演绎《格致启蒙》一文，并印订成册分赠亲友，颇受好评。1898 年在其叔父裘廷梁创办的中国最早的白话报之一《无锡白话报》，主持编务工作。该报刊载了大量译作，其中不少出自裘毓芳的译笔。同年 7 月，中国女学会在上海创办中国第一份妇女报纸《女学报》，裘毓芳是主笔之一。从《无锡白话报》第 1期开始，陆续刊登了裘毓芳《海国妙喻》的白话译本，署名"金匮梅侣女史演"；同年商务印书馆发行了该译本的单行本；1901 年《京话报》开始连载《海国妙喻》，署"金匮梅侣女史原演"。裘译本因采用白话翻译，更有利于伊索寓言在中国普通大众中的传播，而其富有文采的语言为后来中国白话文创作寓言提供了实践的参考。

① 吴秋林：《新时期寓言文学的发展》，见王泉根编：《中国新时期儿童文学研究》，石家庄，河北少年儿童出版社，2004，第 1 版，第 278 页。
② 杜慧敏：《中国传统"寓言"观念的现代转换考论》，《东方丛刊》，2005 年第 1 期，第236 页。

图 3-1　《无锡白话报》1898 年第 1 期　　　图 3-2　梅侣女史演《苍蝇上学墨吃汁》

二、新小说类型的翻译

中国传统文学中小说一直被视为"小道"，无法和诗文的高雅地位相提并论，文人墨客不屑为之。1902 年梁启超在《新小说》上发表《论小说与群治之关系》，在批判中国传统小说"海盗海淫"的基础上，提出了"小说界革命"：

> 欲新一国之民，不可不先新一国之小说。故欲新道德，必新小说；欲新宗教，必新小说；欲新政治，必新小说；欲新风俗，必新小说；欲新学艺，必新小说；乃至欲新人心、欲新人格，必新小说。①

维新知识分子把小说改革看作新民强国的必然途径。而要实现中国小说的改良，补救方法是"必自输入政治小说、侦探小说、科学小说始。盖中国小说中，全无此三者性质，而此三者，尤为小说全体之关键也。"② 翻译中国传统小说中没有的新类型，被视作革新中国小说的重要方法，"翻

---

① 饮冰：《论小说与群治之关系》，见陈平原、夏晓虹编：《二十世纪中国小说理论资料·第一卷(1897—1916)》，北京，北京大学出版社，1997，第 1 版，第 50 页。

② 定一：《小说丛话》，见阿英编：《晚清文学丛钞·小说戏曲研究卷》，北京，中华书局，1960，第 1 版，第 343 页。

译者如前锋，自著者如后劲"①，翻译可以激发本土小说的创新。小说翻译在维新知识分子的话语推动下获得合法地位，并被赋予强烈的政治色彩。在各类新小说类型的翻译中，女性译者均是筚路蓝缕的开拓者。

（一）政治小说的翻译

1898 年梁启超在《清议报》上发表《译印政治小说序》，称"彼美、英、德、法、奥、意、日本各国政界之日进，则政治小说，为功最高焉。"对域外政治小说的社会功能大加赞扬，决定"今特采外国名儒所撰述，而有关切于今日中国时局者，次第译之"。② 在梁启超的推动下，20 世纪头十年政治小说的翻译十分盛行。

当政治小说翻译在清末成为热点时，女性译者也纷纷参与，如凤仙女史 1903 年在《新民丛报》连载译作《美人手》，广智书局于 1906 年发行单行本，至 1924 年上海世界书局仍再版；1906 年广智书局出版听荷女士译作《假铁面》；陈鸿璧（1884～1966）译英国佚名撰的《苏格兰独立记》，1907～1908 年在《小说林》1～12 期上连载，小说林社 1906 年出版该译作第 1 册，1908 年出第 2 册；汤红绂译日本龙水齐贞一著《女露兵》，后收入王瀛州编《爱国英雄小史》（交通图书馆 1918 出版），后又收入波罗奢馆主人编的《中国女子小说》中（广益书局 1919 年出版，1923 年再版）；杨季威译《黄奴碧血录》1913 年在《神州女报》第 3 期发表；黄静英译《最后之授课》1915 年在《礼拜六》第 42 期发表。在中国历史上"女子不干政"的强大话语规约以及"女不言外"的书写传统中，女子参与政治相关的书写，是对传统性别秩序的极大突破。

图 3-3　《新民丛报》1903 年第 36 号

①　世：《小说风尚之进步以翻译说部为风气之先》，见陈平原、夏晓虹编：《二十世纪中国小说理论资料·第一卷（1897—1916）》，北京，北京大学出版社，1997，第 1 版，第 321 页。

②　任公：《译印政治小说序》，见陈平原、夏晓虹编：《二十世纪中国小说理论资料·第一卷（1897—1916）》，北京，北京大学出版社，1997，第 1 版，第 38 页。

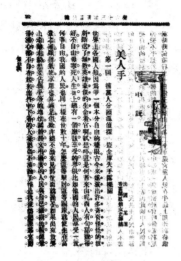

图 3-4　1903 年凤仙女史译述《美人手》　　图 3-5　1924 年上海世界书局版《美人手》

（二）科学小说的翻译

在清末救亡图强的历史语境里，科学救国是时代的主要思潮之一。西方科学输入中国主要有两种途径：一方面是西方现代器物进入国人的日常生活，声光电化逐渐成为大众熟悉之物，现代器物的日常化悄然推动了现代化的发生；另一方面是翻译。翻译分为两个层面，一是科技文献和科普读物的翻译，"西方有关科学的普及读物早于 19 世纪中叶大量译成中文，到了 19 世纪末，西方科学各个基本领域的著作都有了中译本"[1]，但科普读物毕竟受众群体有限，包含科学因子的科学小说在发挥科学启蒙功效的同时，以其新奇和娱乐的特性，很快赢得大众读者的喜爱。

翻译科学小说的第一人，是闽中才女薛绍徽，她与丈夫陈寿彭[2]合作翻译，由陈寿彭口译，薛绍徽笔述。1900 年二人合作翻译了法国儒勒·凡尔纳（Jules Verne, 1828～1905）的《八十日环游记》（*Around the World in 80 Days*），经世文社刊，采用章回体形式，共三十七回，用文言文翻译；1906 年小说林社再刊，署陈绎如译，改名为《寰球旅行记》，实为《八十日环游记》的翻刻本；同年有正书局刊本改三十七回为三十七

---

① 卜立德：《凡尔纳、科幻小说及其他》，见王宏志编：《翻译与创作：中国近代翻译小说论》，北京，北京大学出版社，2000，第 1 版，第 119 页。

② 陈寿彭，字逸儒，一作绎如，陈季同之弟。

节，书名为《环球旅行记》，署名雨泽译①，此外 1906 年还有务本书局出版的《环球旅行记》，署陈绎如译。短短几年时间，该作多次再版，这既是凡尔纳作品的第一个汉译本，也是我国翻译的第一部西洋科学小说，刊行后"购者辐辏"②，引起读者极大兴趣。该作的出版开创了中国 20 世纪初科学小说翻译的热潮。女性译者翻译的科学小说还有陈鸿璧译英国佳汉著《电冠》，1907 年在《小说林》上连载，1908 年小说林社发单行本；张默君（1884～1965）译美国沈威廉著《尸光记》，1909 年广智书局出版，1911 年群益书社再版。作为中国传统文学中"向无此种"的科学小说，启蒙知识分子将之作为启蒙工具加以倡导，科学小说的翻译启迪了本土科学小说的创作。女性译者在科学小说的翻译方面走在时代大潮的前列。

（三）侦探小说的翻译

侦探小说最早于 19 世纪末介绍到中国，1896 年《时务报》首次刊登了柯南·道尔的福尔摩斯侦探案之《英包探勘盗密约案》（"The Naval Treaty"），署名张坤德译，之后又连载了三个故事：《记伛者复仇事》（"The Crooked Man"）、《继父诳女破案》（"A Case of Identity"）和《呵尔唔斯辑案被戕》（"The Final Problem"）。这四个福尔摩斯故事的汉译本"标志着以小说作为普及教育这个运动的开端"，可以说是"新小说运动的先锋"。③ 进入 20 世纪的头十年，随着翻译小说的蓬勃发展，侦探小说的翻译进入繁盛期，"当时译家，与侦探小说不发生关系的，到后来简直可以说是没有。如果说当时翻译小说有千种，翻译侦探要占五百部上"。④ 这种新型的小说，除了题材"陌生化"带给读者强烈的新奇感受以外，也得益于中国近代以降的科学启蒙和西方法律观念、民主思想的引进。这些小说情节惊险，想象力丰富，有科学的推理和严密的逻辑分析，对中国读者产生了强烈的吸引力。在叙事方式和艺术手法上它们打破了传统小说的固有模式，向中国读者展现了一个广阔的神奇天地。女性译者在众多的男性译者中，凭借自己高水平的翻译脱颖而出。

女性译者中侦探小说翻译以陈鸿璧为最杰出的代表。陈鸿璧，原名

---

① 阿英编：《晚清小说戏剧目》，上海，上海文艺联合出版社，1954，第 1 版，第 110 页；郭延礼：《中国近代翻译文学概论》，武汉，湖北教育出版社，1998，第 1 版，第 169 页。

② 蔡冠洛：《清代七百名人传》，北京，中国书店，1984，第 1 版，第 1827 页。

③ 孔慧怡：《还以背景，还以公道：论清末民初英语侦探小说中译》，见王宏志编：《翻译与创作：中国近代翻译小说论》，北京，北京大学出版社，2000，第 1 版，第 94～95 页。

④ 阿英：《晚清小说史》，北京，人民文学出版社，1980，第 1 版，第 186 页。

陈碧珍，广东新会人。少年时就读于上海圣约瑟西童女校。1907 年在上海女子中学和育贤女学校任教。辛亥革命时期任《神州日报》主编，后任《大汉报》编辑。后创办旅沪广东幼稚园，自任校长兼授英语课。这所学校后来扩建为小学、中学，影响甚大。陈鸿璧独立翻译了多种侦探小说，从陈鸿璧翻译小说不断被刊行的情况看，她应该是当时颇受欢迎的译者。1906 年小说林社出版陈鸿璧译英国维多夫人著侦探小说《印雪簃译丛》；1907 年《小说林》创刊号上推出她翻译的长篇侦探小说，法国加宝尔奥（Emile Gaboriau，1832～1873，今译加博里奥）的《第一百十三案》(*Le-dossier No*. 113)，1909 年广智书局以《一百十三案》为题发行了单行本；1909 年广智书局出版她所译美国葛德耳著《薛蕙霞》，1911 年上海广智书局、群益书局、千倾堂书局又同时再版；1911 年广智书局出版张默君、陈鸿璧合译的英国查克所著《斐迺杰奇案之一》；1912 年上海国光印刷部出版《捕鬼奇案》等。陈鸿璧是翻译侦探小说数量最多的女性译者。此外翻译侦探小说的女性译者还有罗季芳，译有英国葛威廉（William Tufnel Le Queux，1864～1927）著《三玻璃眼》(*The Three Glass Eyes*：*A Story of To-day*)，1906～1908 年在《月月小说》上连载；毛秀英译英国尼古拉著《邂逅缘》，载《礼拜六》1915 年第 82 期；黄静英译《五万元》，载《礼拜六》1915 年第 41 期，等等。

图 3-6　1906 年陈鸿璧译《印雪簃译丛》　　图 3-7　1906 年罗季芳译《三玻璃眼》

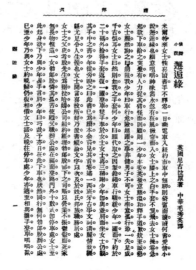

图 3-8　　1915 年毛秀英译《邂逅缘》

三、戏剧的翻译

外国戏剧作为一种全新的文学形式引进中国是在 20 世纪初叶，1908 年李石曾（1881～1973）翻译波兰剧作家廖抗夫（Leopold Kampf，1881～?）的《夜未央》（*Am Vorabend*），万国美术研究社和广州革新书局出版，该剧可以算是中国翻译外国戏剧的开端。中国传统戏剧历史悠久，但发展到晚清无论是内容还是艺术表现形式均渐渐缺乏创造性，难以表现新的生活图景，改良戏剧的需要日渐迫切。"戏剧改良，首先是作为一个口号在晚清被提出来的，并贯穿于戏剧改良的诸阶段"[①]，对传统戏剧的改良虽然有戏剧文学系统自身演变的需求，但外国戏剧的输入是促成中国戏剧文学从传统走向现代的催化剂，并由此催生了中国现代戏剧的诞生。本着创造本国新剧、实现"新民"的目的，中国知识分子开始有意识地翻译和介绍外国戏剧。换句话说，"就翻译剧本身而言，是被赋予了重大使命走进中国的"。[②] 翻译剧本不仅作为可读的文本出版，有些剧目也被搬上舞台，以形象的表演、生动的语言、绚丽的服饰传播着不同的价值观和生活方式，进一步扩大了西方现代思想在中国民众中的传播范围。戏剧翻译中有代表性的女性译者有薛琪瑛、沈性仁、吴弱男及袁昌英等人。

[①]　张福海：《中国近代戏剧改良导论：1902—1919》，《戏剧艺术》，2004 年第 1 期，第 50 页。

[②]　夏岚：《中国三十年代舞台翻译剧现象之我见》，《戏剧艺术》，1999 年第 6 期，第 61 页。

　　第一个翻译戏剧的女性译者是薛琪瑛(生卒年代待考)，江苏无锡人。其祖父是清末改良派思想家、外交家薛福成(1838~1894)，母亲是清末改良派思想家、桐城派大师吴汝纶(1840~1903)的女儿。薛琪瑛毕业于苏州景海女学英文高等科，陈独秀称赞她"幼承家学，蜚声乡里"。① 她不但精通英语，还兼通拉丁语、法语。1915 年她翻译了英国唯美派戏剧家奥斯卡·王尔德(Oscar Wilde, 1854~1900)著《意中人》(*An Ideal Husband*，今译《理想丈夫》)，刊《新青年》第 1 卷第 2、3、4、6 号和第 2 卷第 2 号，这是中国首次译介王尔德的戏剧作品，薛琪瑛有开创之功，该作也是最早用白话翻译戏剧的尝试之一。薛琪瑛还译有法国剧作家 Eugène Brieux(1858~1932)创作、英国萧伯纳夫人英译的剧作《产妇》(*Maternity*)，1925 年在《京报副刊》上连载。

　　翻译戏剧作品最多的女性译者是沈性仁(1896~1943)，浙江嘉兴栅口人，曾赴日本长崎活水女学读书，后进北京女高师②，曾为《努力周报》编辑。沈性仁翻译的文本类型多种多样，戏剧翻译在其翻译作品中占大多数，共有 9 种。沈性仁所译戏剧均为西方著名剧作家的作品，如在 1918~1919 年《新青年》第 5 卷第 6 号、第 6 卷第 1、3 号发表的王尔德著《遗扇记》(*Lady Windermere's Fan*)；1919 年《新潮》第 2 卷第 2 号上发表法朗士(Anatole France, 1844~1924)的剧作《哑妻》(*The Man Who Married A Dumb Wife*)，1924 年《小说月报》第 15 卷号外的"法国文学研究"中收录了该译作，1925 年商务印书馆出版的《法朗士集》中再次收录该译作；1920 年《新青年》第 7 卷第 5 号、第 8 卷第 1 号、1921 年第 9 卷第 2 号上发表挪威卞尔生(Björnstjerne Björnson, 1832~1910)的剧作《新闻记者》(*The Editor*)；1921 年上海商务印书馆出版的由德林瓦脱(John Drinkwater, 1882~1937)所著六幕历史剧《林肯》(*Abraham Lincoln*)，至 1935 年共发行了六版；1922 年《小说月报》第 13 卷第 10 号上发表英国汉更(St. John Hankin, 1869~1909)的剧作《常恋》(*The Constant Lover*)；《小说月报》第 13 卷第 12 号上发表美国淮尔特(Percival Wilde, 1887~1953)的剧作《上帝的手指》(*The Finger of God*)；1923 年《太平洋》第 4 卷第 2 号上发表契柯夫(Anton Tchekoff, 1860~1904)的剧作《蠢货》；1924 年《太平洋》第 4 卷第 6 期上发表英国詹姆斯·巴里(James M. Barrie, 1860~1937)的剧作《十二镑钱的神气》(*The Twelve-*

　　①　陈独秀：《意中人·记者识》，《青年杂志》，1915 年第 1 卷第 2 号，第 1 页。
　　②　沈亦云：《亦云回忆》，台北，传记文学出版社，1980，第 1 版，第 25 页。

pound Look），并于 1925 年 5 月 23 日在南开演出；1927 年《小说月报》第 18 卷第 1 号上发表英国 George Caldron 的《小坟屋》（*The Little Stone House*）。

易卜生戏剧的译介在中国五四时期形成一个高潮，并引起极大震撼，吴弱男（1886～1973）是《新青年》"易卜生专号"中唯一的女性译者。吴弱男，安徽庐江人，吴保初（1869～1913）之女，章士钊（1881～1973）的第一位夫人，中国最早一代妇女运动的先驱。1902 年赴日本东京，在青山女子学院攻读英语。1905 年加入同盟会，任孙中山英文秘书，1908 年去英国，后长期旅居欧洲。在当时，除了少数女眷随同王公大臣去欧洲之外，吴弱男算是最早去欧洲的东方女子。吴弱男精通英语，"中国女子在东京者百许人，而其中最著名者共三十人。就中长于英文者有吴弱男及陈撷芬女士一流"①，此外还通晓日文、德文、意大利文和拉丁文。在《新青年》第 4 卷第 6 号的"易卜生专号"上，发表了吴弱男翻译的《小爱友夫》（*Little Eyolf*）的第一幕，她是中国最早译介易卜生戏剧的译者之一。

袁昌英（1894～1973），字兰子、兰紫，湖南醴陵人，著名的女学者、教授、作家。早年在上海中西女塾学习，1916 年至 1921 年赴英国留学，获爱丁堡大学文学硕士学位，1921 年回国在北平女子高等师范学院任教。1926 年赴法国巴黎大学留学，学习文学戏剧。1928 年回国，在中国公学任教。翌年任武汉大学教授，教授外语和外国文学，并从事文学戏剧创作和理论研究。早年袁昌英的戏剧创作已经达到很高成就，正如王哲甫言及她的《孔雀东南飞及其他》："她的戏剧虽然就只有这一集，已经使她在文坛上占了一个相当的地位"。② 袁昌英还是中国最早研究和介绍莎剧的女学者，此外译有诸多外国戏剧：《最后的假面孔》，署奥国显尼志劳（Arthur Schnitzler，1862～1931）著，杨袁昌英译，载《东方杂志》1925 年第 22 卷第 24 号；《生存的时间》，署奥国显尼志劳著，杨袁昌英译，载《东方杂志》1925 年第 22 卷第 13 号；《寂寥似的》（*Lonesome-like*），署英国勃拉得霍士（Harold Brighouse，1882～1958）著，杨袁昌英译，载《东方杂志》1926 年第 23 卷第 9 号；《时间是梦幻》（*Le Temps est un Songe*），署 H. R. Lenormand 著，袁昌英译，分五期连载于《现代评论》1928 年第 8 卷第 199～203 期上；《玛婷；痛苦的灵魂》（*Martine；L'ame en peine*），署法国班拿（Jean-Jacques Bernard，1888～1972）著，袁昌英

---

① 《争约警闻特别调查外国记事》，《女子世界》，1905 年第 3 期。
② 王哲甫：《中国新文学运动史》，上海，杰成印书局，1933，第 1 版，第 252 页。

译，1930 年作为现代文艺丛书在上海商务印书馆出版。

图 3-9　《青年杂志》1915 年第 1 卷第 2 号　　图 3-10　1915 年薛琪瑛译《意中人》

图 3-11　1925 年薛琪瑛译《产妇》

四、其他新文学形式的翻译

女性译者尝试翻译的新文学形式还有诗歌和儿童文学。从译作数量上看，诗歌翻译相对而言是女性译者参与最少的文学类型，只有 4 位女性译者发表独立的翻译诗歌 9 种，其中 1915 年高剑华在《眉语》上连载发表《美人百咏》，署名为"日本晚红园和久光德厚辑，中国俪华馆主高剑华重选"，从严格意义上不属于翻译，而是带有译介性质。杨润馀（1899～?)1921 年在《太平洋》第 3 卷第 1 号上发表译诗《不断的努力》（"The Girl Reserves"）；1924 年在《学艺杂志》第 5 卷第 9 号上发表法国拉马丁（Alphonse de Lamartine，1790～1869）作《湖》（"Le Lac"）。沈性仁于 1922 年《小说月报》第 13 卷第 5 号上发表屠格涅夫的散文诗《门槛》。张近芬（即 CF 女士）是翻译诗歌数量最多的女性译者，1922 年在《诗》第 2 卷第 1 号上发表 Longfellow（1807～1882）作《多雨之日》，Wordsworth（1770～1850）作《虹》，英国勃莱克著《鸟儿》；1922 年《晨报附刊》2 月 26 日上发表费伯理作《归家》；1922 年《晨报附刊》11 月 13 日上发表英国王尔德作《行善的人》；1923 年新潮社出版诗集《浪花》，该书分为三辑，第一辑和第三辑都是翻译作品，第一辑收译诗 76 首，第三辑收 18 篇翻译散文诗，1927 年上海北新书局再版时，第一辑收 69 首译诗，第三辑收 14 篇翻译散文诗。

　　儿童文学作为一种文学类型在中国的诞生，与晚清以来国外儿童文学译介密切相关，译介的文本种类包括寓言、科学小说、冒险小说、童话、儿童小说和儿童剧等。女性译者翻译的儿童文学作品时有发表，但却很少在儿童文学译介的研究中被提及。①。女性译者翻译的儿童文学除了前文已经提及的寓言、科学小说之外，还有《小公主》（*Sara Crewe*），美国步奈特（Frances H. Burnett，1849～1924）著、亮乐月译意、周澂朗演话，广学会 1914 年出版，称为学堂小说；绿筠女史译《金缕衣》，载《女子世界》1915 年第 4 期，原文为安徒生《皇帝的新衣》，却错题为"埃及童话"。虽然绿筠女史译本标注的原作国别有误，但明确注明原文文本的体裁为"童话"，将这一新的文学体裁概念引入中国；郑申华译有两种儿童剧，一为丹麦安徒生著《圣诞夜之烛》（"The Christmas Candle"），载《女铎》1916 年第 5 卷第 9 号，一为《施德拉》（"Cinderella"），载《女铎》1917 年第 6 卷第 1 号；李冠芳、朱懿珠译韦思德（Jean Webster，1876～

---

①　如孙永丽著《中国现代儿童文学的萌芽期研究：从晚清到"五四"》（《中国现代文学研究丛刊》，1997 年第 1 期），胡从经著《晚清儿童文学钩沉》（少年儿童出版社，1982），丘铸昌《20 世纪初中国儿童文学园地里的译作》（《外国文学研究》，2000 年第 3 期），张建青《晚清儿童文学翻译与中国儿童文学之诞生》（复旦大学博士论文，2008）等，这些研究对女性译者对域外儿童文学的翻译要么一笔带过，要么根本没有论及。

1916)著《长脚蜘蛛爹爹》(*Daddy-Long-Legs*)，1923 年广学会出版，称
为学校小说。林徽因译奥司克魏尔德(即王尔德)神话《夜莺与玫瑰》
("The Nightingale and The Rose")，发表在 1923 年 12 月 1 日《晨报五周
年纪念增刊号》上。此外张近芬和高君箴除有多篇翻译童话在报刊上发表
外，还出版多部童话集，其中翻译最多的有王尔德、安徒生、孟代等著
名童话作家。

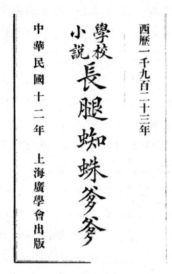
图 3-12　1923 年广学会版《长腿蜘蛛爹爹》

图 3-13　1926 年版《天鹅》

图 3-14　1927 年北新书局版《浪花》

五、其他文本类型的翻译

在积极从事小说、戏剧的翻译之外，女性译者对其他文本类型的翻译也不少，涉猎面相当广泛。如传记有陈寿彭译、薛绍徽编的《外国列女传》，1906 年金陵江楚编译官书总局刊；高君珊译《泰西列女传》(Girls Who Become Famous)，美国波尔敦夫人著(Sarah Knowles Bolton，1841～1916)，《妇女杂志》1917 年第 3 卷第 5～12 号上连载；1918 年以《近世泰西列女传》为题，商务印书馆发行单行本，共三册；高君韦(? ～1928)译美国海伦克勒(Helen Keller)著《盲聋女子克勒氏自传》(The Story of My Life)，1920 年商务印书馆出版，1927 年至 1928 年在《妇女杂志》上连载，商务印书馆 1930 年再版，1933 年收入万有文库出版；薛琪瑛译美国清洁理女士(K. R. Green)编著《女教育家蓝梅侣小传》(Biography of Mary Lyon)，1929 年上海广学会出版。教育类的文本有陈鸿璧译《儿童之训练》(Training of Children)，英国细拉(G. Shiller)所著，1923 年上海商务印书馆出版，至 1928 年就再版四次之多；薛琪瑛译《青年须知》(The American Boy and the Social Evil：From a Physician's Standpoint)，美国威尔逊(Robert Newton Willson)著，1924 年上海译者刊发行，等等。经济类文本有沈性仁与陶孟和合译《欧洲和议后之经济》，坎斯(John Maynard Keynes，1883～1946)著，1920 年上海新青年社出版。历史类有沈性仁译房龙(Hendrik Willem van Loon，1882～1944)著《人类的故事》(The Story of Mankind)，1925 年上海商务印书馆出版，在中国引起"房龙热"；高君韦译波尔克尔(J. Balkle)著《希腊小史》(Ancient Greece)，商务印书馆 1925 年出版。家庭伦理类的如《改良家政小史》(The Home Makers)，美国亮乐月(Laura M. White，1867～?)著、袁玉英译，1918 年广学会出版。医疗健康类的如秋瑾编译《看护学教程》，1907 年载于《中国女报》1～2 期，署名鉴湖女侠秋瑾。文学评论类如《创作与批评》，法国莫泊三(Guy de Maupassant，1850～1893)著，杨袁昌英译，1922 年载《太平洋》第 3 卷第 6 号；《灵魂之探险》，法郎士著，杨袁昌英译，1923 年载《太平洋》第 4 卷第 4 号。科学类的有高君韦译《当代化学之进步》，1927 年载《科学》第 11 卷第 12 期；高君韦译《新原质之发见》，1927 年载《东方杂志》第 24 卷第 20 号，等等。

图 3-15　1906 年金陵江楚编译官书　　　　图 3-16　1925 年商务印书馆
　　　　总局《外国列女传》　　　　　　　　　　　　《希腊小史》

图 3-17　1927 年商务印书馆《人类的故事》

　　在中国 20 世纪初叶译介的所有新文学样式中，几乎各种类型都有女性译者的参与，在某些新文学样式的翻译中，女性译者甚至走在最前列，彻底打破了"古代女性文学拘泥于韵文，无缘涉足散文的格局"①，揭开了中国女性文学史新的一页。同时在文学书写之外，女性译者广泛涉猎其他各种文本类型的翻译，极大拓展了女性书写的疆域。她们以自己卓越的才识，在以男性为主导的启蒙和新文学运动中，引进新的文学形式，

①　盛英：《20 世纪中国女性文学特征》，《妇女研究论丛》，1994 年第 2 期，第 42 页。

传播新的观念，尝试新的书写形式，她们的翻译活动见证了女性主动参与社会文化变革的历史真实，是名副其实新书写形式的拓荒者。

第三节　20世纪初叶女性译者对传统书写规范的突破

中国传统礼教对女性言行的严格约束，对女子德本才末的评价话语，令女性书写长期处于艰难的境遇。对此，周作人曾做过论述：

> 中国古来的意见，大抵以为女子与文学是没有关系的。文学是载道的用具，然而吟风弄月也是一种文人的风流：在这里边含着极正大与极危险的两方面。女子呢，即使照最宽大的看法，也是附属于男子的，伊们的活动只限于阃以内，既然不必要伊们去代圣贤立言，更不希望伊们去吟风弄月，以免发生危险……①

无论文学作为载道还是作为吟风弄月的功能，都属于男性文人的特权，于女性均为不恰当的行为。即使有女性从事文学书写，结果是"妇女做诗，只落得收到总集里去的时候，被排列在僧道之后，倡伎之前"②，女性文学被贬抑和放逐在文学系统的底层和边缘。但即便如此，女性书写从未停止过。

中国传统女性书写规范延绵上千年，形成了独特的女性书写文化，其中产生了不少杰出的作品，但在主题、体裁和表达方式上却缺少多样性。女性作者也逐渐意识到既定性别话语系统对女性书写造成种种限制，导致女性书写难于超越其内在的局限性。尤其在明清之际，女性作者试图超越性别身份羁绊的声音日渐高扬，在弹词作品中出现女扮男装、以超人智慧与才能进入庙堂的女性人物。但女性书写开始实现对传统规范的全面突破，是在清末对新女性的话语建构中出现的，女性译者的翻译活动是推动女性书写从传统走向现代的重要力量，也是女性书写现代转型不可分割的组成部分。

一、书写样式的多元化

晚清之后的中国社会积弱积贫，内忧外患交迫，中国进步知识分子

---

① 周作人：《女子与文学》，《妇女杂志》，1922年第8卷第8号，第6页。
② 周作人：《女子与文学》，《妇女杂志》，1922年第8卷第8号，第6页。

意识到中国文化的不足，把眼光投向西方，希望通过借鉴西方获得富国强民的途径，翻译便成为认识西方必不可少的手段之一。

文以载道作为文学理论在中国有着悠久的传统，戊戌变法失败后，维新知识分子意识到启蒙大众的重要性，而传统文学已经不能满足时代的需求。20世纪初梁启超发起的"诗界革命"、"文界革命"和"小说界革命"，将文学的载道功能和国族话语相结合，文学在改进社会中的重要作用得到进一步强调。"这三个口号互相关联，其共同主旨是师法域外文学，改造乃至重建中国文学"。① 要革新传统文学，借鉴域外文学成为一种必然的历史选择。随着中国文化多元系统从强势变为弱势，从地区大系统的中心走到世界大系统的边缘，翻译系统从中国文化多元系统的边缘走到了中心，成为推动中国社会制度、意识形态、生产方式、文学艺术、语言文字等各个方面变革的一股原动力。②中国知识分子改变了不屑于学习外语的传统，参与翻译活动以输入域外文学与文化，成为知识分子在庙堂之外实现政治理想的方式之一。

中国古典文学系统中，诗文巩固的高雅地位将小说逐入"末流"，但这一文学系统的稳定性在晚清社会的激变中被改变，域外文学的大量译介输入了新的文学元素，并被融入中国文学。这一系列的变化"不再只是中国文学内部各种文体的嬗变，而是中国文学在域外文学冲击下所做的结构性调整。这种调整，不只涉及诗歌、散文，而且牵涉到戏剧、小说"。③ 女性文学自身也发出了变革的呼声："夫海内淑秀，知书识字者非无其人也，然其上者，则沈溺于词赋，研悦于笔札，叹老嗟悲之字，充斥乎闺房，春花秋月之辞，缤纷于楮墨。其尤下者，且以小说弹词之事，陆沉于其间"④，传统女性文学主题的狭隘和文学形式的单一已经不能满足女性书写者表达心声和新体验的要求，女性书写者对"内言"和"外言"界限的逾越，实现了对传统女性书写规约的突围。女性书写从传统到现代的嬗变，是在女性书写规范内在的求变和域外文学输入的冲击下发生的。各种新文学样式和新文本类型通过翻译输入中国，在这一过程中，女性译者是积极的实践者和开拓者，极大突破了传统女性书写囿于诗词歌赋的规范。

---

① 陈平原：《20世纪中国小说史·第一卷（1897～1916）》，北京，北京大学出版社，1989，第1版，第3页。

② 张南峰：《中西译学批评》，北京，清华大学出版社，2004，第1版，第56～57页。

③ 陈平原：《20世纪中国小说史·第一卷（1897～1916）》，北京，北京大学出版社，1989，第1版，第3页。

④ 康同薇：《女学利弊说》，见《知新报》，1898年5月11日，第52册第2版。

在输入域外文学的过程中，女性译者对其中的新元素一直保持敏锐的触觉，站在各种新文学形式引进的前沿。从寓言到各类新小说，从戏剧、新诗到儿童文学，各类新文学形式的引进无一例外都见证了女性译者的积极参与。许多女性译者在翻译的同时也从事文学创作，创作中艺术手法的创新明显流露出域外文学的影响，如黄翠凝 1908 年在《月月小说》第 21 号上发表的侦探小说《猴刺客》，"这篇小说明显受到侦探小说鼻祖、美国作家埃德加·爱伦·坡（Edgar Allan Poe，1809～1849）的《莫格街血案》的影响"①；1917 年黄翠凝在《小说画报》第 7 号上发表的短篇小说《离雏记》采用了第一人称写作，是对"第一人称自传式人物化和非自传式人物化的尝试"②，显现出女性译者在翻译文学的启迪下，对新艺术手法的探索和尝试。

在艺术形式的创新之外，书写主题也发生了很大变化，在以伦理情爱为主题的言情小说之外，女性译者的视野开始关注时代焦点问题。民国小说家吴绮缘（1899～1949）曾对尝试超越传统女性书写体裁和主题的女性译者汤红绂女士表达钦佩之情：

> 清才博学。在吾国女子中亦复不鲜。然所习者多词章藻缋之学耳。问治说部。亦多言情之作。徒令人荡气回肠。于世了无裨益。乃红绂女士所译述者。率为爱国之作。差能力反前弊……以当钦佩。③

女性译者翻译中所涉猎的主题，与同时代男性启蒙知识分子关注的热点问题一致，如女子教育、女性解放、爱国、革命、法律、科学、军事等主题均在女性译者的翻译文学作品中展现出来。

女性译者的文学翻译作品，改变了传统女性文学的依附性，让女性文学具备了独立的品格，成为新文学整体不可分割部分。她们的翻译活动不仅实现了女性文学书写从主题、体裁和表现方式的多元化发展，也成就了 20 世纪初叶中国女性文学的新景观。在文学之外，女性译者的翻译广泛涉猎"外言"的各个领域，如医学、历史、科学、政治、经济等不一而足，使得女性书写不再被放逐在社会公共领域之外，揭开了女性书

---

① 郭延礼：《文学经典的翻译与解读：西方先哲的文化之旅》，济南，山东教育出版社，2007，第 1 版，第 195 页。
② 薛海燕：《近代女性文学研究》，北京，中国社会科学出版，2004，第 1 版，第 234 页。
③ 王瀛州编：《爱国英雄小史》，上海，交通图书馆，1918，第 1 版，第 70 页。

写历史新的一页。

二、书写语言的变迁

中国历史中形成了文言为雅、白话为俗的语言观，言文长期分离。随着晚清社会的巨大变化，语言也生发出求变的需求。黄遵宪（1848～1905）认为："盖语言与文字离，则通文者少；语言与文字合，则通文者多，其势然也……欲令天下之农工商贾、妇女幼稚皆能通文字之用，其不得不于此求一简易之法哉？"①"言文合一"的主张得到提倡。随着晚清知识分子求变图强的呼声日渐高涨，开启民智被提上议事日程，而"我国民之不进化，文字障其亦一大原因也"②，言文的分离被视作导致中国"愚民"的原因。要启蒙受教育程度低的大众，如农工商贾和妇女儿童，书写语言从文言到白话的转变势在必行。

近代女学的兴起为本土女性译者的产生提供了历史条件，女子学堂中较早开始采用白话教育。教会女学中除了国文课程之外，其他教本"材料自然是以西籍为根据。或是逐字翻译，或是加以改编"③，这让女学生可以更直接地了解西学，"其他各课编译的教本，在先都是语体的。光绪十六年（1890）后，渐有文言的"④，教本语言的白话语体，让女学生更早接受到白话教育，推动了作为白话文书写主体的女性作者和女性读者群体的产生。而女性先觉者也从启迪女子觉醒的角度，提倡使用白话书写。如秋瑾在创作弹词《精卫石》中，选择俗语为书写语言：

> 吾女子中何地无女英雄及慈善家及特别之人物乎？学界中，余不具论，因彼已受文明之薰陶也，仅就黑暗界中言之，岂遂无英杰乎？苦于智识毫无，见闻未广，虽有各种书籍，苦文字不能索解者多。故余也谱以弹词，写以俗语，欲使人人能解，由黑暗而登文明；……以为我女界之普放光明也。⑤

书写语言从文言转为白话可以打开普通女性读者通往智识的窗口，清末女性书写者开始出现对俗语的自觉尝试。在翻译方面，清末民初的女性

---

① 陈铮编：《黄遵宪全集》（下），北京，中华书局，2005，第1版，第1420页。
② 杨度：《"游学译编"叙》，见张枬，王忍之编：《辛亥革命前十年间时论选集·第1卷》，北京，生活·读书·新知三联书店，1960，第1版，第260页。
③ 褚季能：《女学先声》，《东方杂志》，1935年第31卷第7号，第27页。
④ 褚季能：《女学先声》，《东方杂志》，1935年第31卷第7号，第27页。
⑤ 秋瑾：《〈精卫石〉序》，见《秋瑾集》，北京，中华书局，1960，第1版，第122页。

译者在译入语的运用上，文言和白话两种语体同时存在。1898年至1922年之间，女性译者发表白话译作49部，约占其译作的48%①，而在女性译者的非翻译作品中，文言仍然是主流，可见翻译成为女性译者白话书写最重要的实践方式之一。

女性译者中最早尝试白话翻译的是裘毓芳。1897年7月，她应裘廷梁之邀用白话演绎《格致启蒙》一文，是语内翻译，"观者称善"。②1898年从《无锡白话报》第1期开始，陆续刊登裘毓芳《海国妙喻》的白话译本。裘廷梁在给其从姪孙裘维裕的信中，对裘毓芳的文笔称赞不已：

> 曩于戊戌年创行《无锡官音白话报》(即指《无锡白话报》)时，汝父及汝姑母(指裘毓芳)皆为吾报一分子，所译中西书籍，逐字逐句，不失丝毫真相，盖皆忠于译事，又皆白话高手，视近人以白话译成之西书，比《盘庚》、《汤诰》尤为难读，判若天渊矣。③

可见裘毓芳的白话翻译已经达到很高水平。凤仙女史所译《美人手》是清末为数不多采用白话进行翻译的长篇小说之一，语言浅显易懂，呈现出鲜明的口语体特征。薛琪瑛1915年翻译英国王尔德的戏剧《意中人》也是最早用白话翻译外国戏剧的尝试之一。随着五四白话文运动的展开，女性译者的翻译语言除极少数作品，均采用白话，并在表达上日臻达到纯熟的境界。在文言到白话书写的历史变迁过程中，女性译者表现出对白话文体的自觉探索精神，是白话积极的实践者和示范者。

三、表现风格的多样性

传统女性书写由于在主题和体裁选择方面受到诸多局限，在艺术风格上总体呈现出委婉含蓄的表达风格，"女性底文学，实在是婉约文学的核心"④，豪放铿锵之音较少。但随着女性参与翻译活动，因原语文本主题和体裁多样性的引入，翻译文学协助女性书写者开始实现对传统禁忌的全方位突围，从对内向型个人情感的抒发，扩展为对外向型各类事物

---

① 朱静：《清末民初外国文学翻译中的女译者研究》，博士论文，北京大学，2007，第28页。

② 裘廷梁：《无锡官话报序》，《时务报》，1898年5月20日，第61册第4页。

③ 裘可桴：《与从姪孙维裕书》，见《可桴文存》，无锡，无锡裘翼经堂，1946，第1版。

④ 胡云翼：《女性词选·小序》，上海，上海教育书店，1947，第1版，第1页。

的再现与重塑，女性书写在艺术表现风格上呈现出多元发展趋势。

薛绍徽在翻译《八十日环游记》时，谈及"是记文脉开合起伏，辞旨曲折变化，与中文实相表里。且不务纤巧，不病空疏，吾不敢以说部视之"①，译者对原文本的写作特点和文体特征评价颇高，虽然陈寿彭指出"是记，说部也"②，薛绍徽却"不敢以说部视之"，在翻译时尽量显现原文的精要和文体特征。例如男主人公福格设计营救即将被陪葬的阿黛时的场景：

> ……乃福格竟如疯癫，冲至尸架之前，将两旁之人推开，而景象突然大变，喧哗一声，大众愕然自伏；再喊一声，众皆扑地不敢动。讵意毋拉查老王子独未死，倏然起立，有如活妖，抱持其妇于臂上，从烟焰中，直下木架。其高壮俨若鬼形，印度之大小和尚，与卫兵等，更为惶悚，倒服于地，莫敢仰视，一听怪物恣所欲为。③

作为笔述者的薛绍徽，其译文笔锋简洁利落，颇显力道，一气呵成，译者所道原文"不务纤巧，不病空疏"的文风在译文中得以再现，实现了对传统女性书写柔弱纤细风格的突破。

陈鸿璧的翻译文学作品涉及科学小说、历史小说及侦探小说等多种类型，在其译作《苏格兰独立记》中，清末著名编辑出版家、小说家和翻译家徐念慈（1875～1908）在点评中道"善作小说者。当令读者愤"、"当令读者喜"、"当令读者不可测"④，可见陈鸿璧作为译者，善于运用各种不同表达方式，激发读者丰富的心理感受，制造作品的悬念，这已经不是单纯的委婉风格可以完全实现的表达效果。徐念慈评价陈鸿璧的译作《电冠》为"低徊吟味。笔力之健。章法之密。可媲美盲左腐史"⑤，将该作译笔文风的刚健与篇章结构的严密与《左氏春秋》和《史记》这两部中国文学史上的经典相提并论，足见陈鸿璧文章风格的成就。此外，译作《第一百

① 陈寿彭：《八十日环游记·序一》，见施蛰存编：《中国近代文学大系·翻译文学集二》（1840～1919），上海，上海书店，1990，第1版，第5页。

② 陈寿彭：《八十日环游记·序一》，上海，上海书店，1990，第1版，第5页。

③ 陈绎如译：《八十日环游记》，上海，上海书店，1990，第1版，第51页。本文选用的译本是施蛰存编：《中国近代文学大系·翻译文学集二》（1840～1919）中收录的1906年发行的《八十日环游记》，署名房朱力士著、陈绎如译。

④ 《觉我赘语》，见《苏格兰独立记》，《小说林》，1907年第1期，第29页。

⑤ 《觉我赘语》，见《电冠》，《小说林》，1907年第5期，第123页。

十三案》也得到徐念慈"神龙出没。奇峰飞来，令人叫绝"①，"语语神来"②的评价。陈鸿璧文笔被称道为"明白爽利"，其译作"颇能保存原有的句法和风格，而又曲折委婉，善能达意，于林译之外别树一帜"。③ 作为译者，陈鸿璧将传统女性书写的委婉风格与原语文本的语言特征和表现风格相结合，形成了新的表达风格。其译作颇受评论家的赞赏，而出版社的求稿和读者市场对其译作的良好接受说明，陈鸿璧在翻译作品中运用的表达风格得到目标语文化的高度认同。

凤仙女史译日本江见忠功所著侦探小说《地中秘》，于 1906 年由广智书局出版，译作"每叙一事，无不奕奕如生，笔情恣肆，不可捉摸"④，译者善于再现原作的悬念，文笔豪放洒脱，已全然不受传统女性书写委婉风格的羁绊。其翻译法国作品《美人手》，得到"曲折离奇，动人心目，亦新小说中一杰构也"⑤的高度评价。汤红绂 1909 年翻译的日本龙水齐贞一著《女露兵》，作品充满朝气和豪迈，已然远离了委婉含蓄的文风。而郑申华 1917 年所译《薏波》风格幽默风趣，充满灵动。

女性译者的译作表现风格呈现出多元化的趋势，有的雄浑深沉，有的委婉曲折，有的幽默生动，有的典雅畅达，有的豪放洒脱，她们的翻译书写实现了对传统女性书写风格趋于单一的突破。女性译者表现风格的丰富是她们对各种体裁文风驾驭能力不断提高的最好体现，对中国 20 世纪初叶以来文学及语言风格的转型和变迁起到了积极推动作用。

---

① 《觉我赘语》，见《第一百十三案》，《小说林》，1907 年第 2 期，第 43 页。
② 《觉我赘语》，见《第一百十三案》，《小说林》，1907 年第 3 期，第 49 页。
③ 春雷女士：《几个女教育家的速写像》，《生活》，1930 年第 5 卷第 15 号，第 227～228 页。
④ 寅半生：《小说闲评》，见阿英编：《晚清文学丛钞·小说戏曲研究卷》，北京，中华书局，1960，第 1 版，第 491 页。
⑤ 蒋瑞藻编：《小说考证》，上海，商务印书馆，1935，第 1 版，第 455 页。

第四章　女性译者的预备规范

图里指出，"规范不仅在各种翻译中运行，而且在翻译事件的各个阶段均在发生作用，因而在翻译产品的各个层面均有体现。"①规范贯穿整个翻译活动的发生。就译者而言，参与翻译活动最初涉及的便是预备规范，其中包括翻译选材方策和翻译直接程度这两个关键问题。翻译活动伊始，译者首先要做出的选择，便是对原语文本的选择，其中涉及文本的类型和主题，以及是否采用间接翻译的方式等。对于翻译选材方策，"图里并没有在他的个案研究中进行探讨"②，对译者翻译选材方策的描写，本章将从两个维度展开：译者对作品体裁和主题的选择。对翻译直接程度的分析，重点探讨译者对待间接翻译的认知和认可程度，译者对间接翻译是否有自觉意识，哪些语言是译者选用的主要中介语，以及在翻译实践中翻译直接程度的变化趋势等。

第一节　译作体裁类型的选择

20 世纪初叶中国的本土女性译者介入翻译活动，并不是历史的偶然。在中国历史上长期存在天朝大国的优势文化心理，导致"中国主流知识分子从未将学习他族语言和文化作为己任，因而主要翻译活动在语言和文化技能上都倚重外来译者并不奇怪"③，这逐渐形成了并不注重本土译者培养的传统。这一传统受到冲击并开始发生转变，始于近代中国社会不得不与强势西方文化的近距离交锋。"19 世纪末年，所有与翻译活动相关的规范——以及中国文化自身内的翻译活动的地位——都经历剧变，这见证了现代中国翻译传统的开始。"④进入近代社会，当中国在西

---

① Gideon Toury. *Descriptive Translation Studies and Beyond*. Shanghai Foreign Language Education Press. 2001. p. 58.

② Jeremy Munday. *Introducing Translation Studies*：*Theories and Applications*. Routledge，2001. p. 114.

③ Eva Hung. "The Role of Foreign Translator in the Chinese Translation Tradition，2nd to 19th Century". *Target*. 11：2. 1999. p. 224.

④ Eva Hung. "The Role of Foreign Translator in the Chinese Translation Tradition，2nd to 19th Century". *Target*. 11：2. 1999. pp. 223-224.

方的军事入侵中屡屡失败，学习西学逐渐成为精英知识分子实现求强保国政治目标的共识。戊戌变法的失败，让维新知识分子试图通过庙堂变革来实现现代化的政治理想落空，转而把目标投向社会文化的变革和民众启蒙，创办报纸杂志，宣传维新思想和西方现代文化，而翻译是他们必须诉诸的途径。

翻译在 20 世纪之交内忧外患的中国社会，开始改变曾经边缘的地位，在主流知识分子的参与和推动下，背负着启蒙强国的历史使命，逐步走向中国文化系统的中心。中国知识分子中开始出现一个通晓外文的本土译者群体，而译者的文化地位也由此发生改变，成为进步文化的引领者。女性译者便是在这样的历史语境中，开始介入翻译活动。

一、女性译者介入翻译活动

近代中国社会的动荡中，"清政府失去了对国家的政治掌控，中国文化规范经历着全面的剧变"①，传统性别规范也不例外，在时代新思潮的冲击下开始发生裂变，为新型性别规范的产生提供了温床。"1911 年之前的教育话语将中国衰弱的责任推给了女性"②，传统中"女子无才便是德"的贤良女性已经难以满足启蒙知识分子对现代性的想象，具备新知识、体魄强健的"新女性"塑造被提上议程。启蒙女性的必经之途是让女子接受教育，改变女性的知识结构，让其成为既能"宜家"的贤妻良母，同时又是"善种"强国的"国民之母"。1898 年中国人开始创办自己的新式女学堂，虽然启蒙知识分子对女学的培养目标存在争议和分歧，但女学的兴起却成为历史的必然趋势，使得少数女子开始有机会接受较为系统的学校教育。女学堂"中西并重"的办学方针让女学生可以了解西学，学习外语，女学生逐渐成为时代新女性的代表，从中逐渐生成了中国历史上第一个本土女性译者群体。

在 20 世纪初叶的中国，女性以译者的身份出现，本身就标志着对传统性别秩序的僭越，让女性在女儿、妻子、母亲等以家族关系来定位的传统身份之外，实现了女性在公共领域新身份的认同。女性译者的身份有别于传统的"才女"，她们超越了传统女性的生存空间，接受了新学的

---

① Eva Hung. "The Role of Foreign Translator in the Chinese Translation Tradition，2ⁿᵈ to 19ᵗʰ Century". *Target*. 11：2. 1999. p. 237.

② Paul J. Bailey. "'Modernising Conservatism' in Early Twentieth-century China: the Discourse and Practice of Women's Education". *European Journal of East Asian Studies*. 3：2. 2004. p. 237.

影响，不少人还曾走出国门留学海外，其中还有部分女性参与了政治话语的书写，甚至直接参与当时的革命活动，成为中国的"苏菲亚"和"罗兰夫人"。她们对传统性别规范的逾越还体现在书写活动上，在体裁、主题及表现风格方面突破了传统女性的书写规范。更重要的在于，随着近代出版业的发展，女性译者的文字书写成为公众阅读和消费的文化产品，在公共领域流通。而近代稿酬制度的推行，让翻译成为一份可以在经济上获得收益的职业，成为早期知识女性现代职业的一种选择。

作为多民族国家，翻译活动一直是中国历史进程中的重要组成部分，但近代以前的中国历史鲜有文献记载过女性的翻译活动，也没有留下女性译者的翻译作品。清末以来有记载的中国本土女性译者的翻译活动，目前笔者发现最早的文献，是 1897 年维新派创办的《知新报》。在其第 32 册的"本馆告白"中道："近刊之日本报大半为南海先生之女公子康同薇所译，揭之于此以免掠美"①，可见康同薇在《知新报》中担任该报的日文翻译工作，其翻译职务的正式任命是在 1898 年《知新报》43 册中发布的②，康同薇可以看作中国历史上第一位女性专职翻译人员。虽然该报认同了康同薇的翻译工作，但在该报的文章中，却没有找到以"康同薇"署名的译文，而该报的其他男性译者，如"新会周灵生译"的署名却频频出现，可见在女性译者介入翻译活动之初，其作为翻译主体身份的"显身"程度还远远低于男性译者。1898 年出现了女性译者的翻译文学作品，裘毓芳在《无锡白话报》上连载伊索寓言的白话译本《海国妙喻》。同年该报第 13～14 期上连载"李提摩太著，金匮裘毓芳演"《俄皇彼得变法记》。从女性译者介入翻译活动伊始，对文本类型的选择并不仅局限于文学，虽然在 20 世纪初叶的翻译活动中，翻译文学占据女性译者作品的多数，但无论是文学翻译还是非文学翻译活动，女性译者的翻译书写在多个方面实现了对传统女性书写的重大突破。

对 20 世纪初叶女性译者翻译活动的相关研究中，朱静将 1898 年至 1922 年女性译者的文学翻译活动划分为三个阶段：1898 年至 1905 年为发生和缓慢发展期；1906 年至 1920 年为逐渐发展和繁荣期，女性译者的数量增多，作品的题材广泛；之后女性译者的翻译作品逐渐减少，进

---

① 《知新报》，1897 年 9 月 26 日，第 32 册，第 26 版。标点为笔者所加。
② 参见本文第二章第三节中的论述。

入衰落期。[①] 这一结论并不足够准确，原因在于对女性译者作品数量的统计存在诸多困难，数据的不准确容易导致判断失误。朱静认为1922年女性译者的译作只有2种[②]，即朱懿珠翻译丁玲女士（Miss C. I. Tinling）著《经上说》，广学会出版，杨润馀译法国 A. Daudet 著《两老》（*Les Vieux*），载《太平洋》第3卷第8号。据笔者统计，1922年除了上述两种译作外，还有沈性仁的3种译作（2篇戏剧，1首散文诗）、张近芬的4篇/部翻译诗作、1篇翻译小说和1篇评论、高君箴的1篇童话译作和袁昌英的1篇文学理论译作，1922年发表的翻译文学作品11种，非文学翻译作品2种，共计13种。

笔者搜集了1898年至1930年期间49位本土女性译者的翻译作品共200种，图4-1呈现了这一历史时期本土女性译者整体翻译活动的发展趋势[③]：

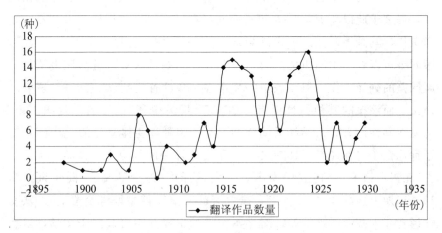

图4-1　1898～1930年中国本土女性译者翻译作品数量统计

从图4-1可见，20世纪初叶本土女性译者的翻译活动大致可以分为4个阶段，1898年至1905年为始发期，出现少量翻译作品；1906年至1914年为发展期，参与翻译的女性译者增多，发表的译作数量也比第一期增多；1915年至1925年为繁荣期，近代以来新式女学堂不断发展，

①　参见朱静：《清末民初外国文学翻译中的女译者研究》，博士论文，北京大学，2007，第23～25页。虽然朱静的统计包括了西方女传教士的翻译作品，但也基本反映了1922年以前本土女性译者文学翻译活动的主要发展趋势。

②　朱静：《清末民初外国文学翻译中的女译者研究》，博士论文，北京大学，2007，第25页。

③　该图实际反映的翻译作品数为198种，因有两种译作出版具体年代不详，一为光绪年间由南清河王氏出木活字本的《家学新法》，美国贝德礼撰、裴毓芳演；一为陈寿彭、薛绍徽合译的《格致正轨》。

1907 年清政府颁布《女子小学堂章程》和《女子师范学堂章程》，女子接受正规学校教育得到官方认可。1912 年南京临时政府教育部颁布《中学校令施行规则》，外语课程正式进入官方认可的女学课程之中，这让更多女性有机会接受新式教育，获得双语能力，从教会女学和本土女学堂中培育出更多的本土女性译者。这一阶段有译作发表的女性译者在 30 人以上，翻译作品发表的数量也达到高峰，译作体裁更多元化，出现了翻译戏剧和翻译诗歌；1925 年之后虽然翻译作品发表的数量有所降低，但笔者并不认为是女性译者的翻译活动进入衰弱期，而应该是进入持续发展期。20 世纪的 30 和 40 年代女性译者的翻译活动并未停滞，而是依然不断发展，这一方面表现在她们不断发表和出版各类翻译作品，另一方面表现在有新的女性译者介入翻译活动，如冰心、罗淑、刘美丽、叶柏华等。

虽然 20 世纪初叶本土女性译者无论在人数上还是译作数量上都远远无法和同时期的男性译者相比肩，但她们却是当时翻译系统中不可或缺的组成部分，更是中国女性主动参与新书写实践的见证。

二、译作体裁的统计与分析

中国古代形成的传统女性书写中，文学书写占据绝对优势，诗词又是其中的主流。在 20 世纪的头 30 年中，本土女性译者的翻译活动在整体上也呈现出重文学翻译的特征，其翻译作品中，文学作品共计 170 种，非文学作品共计 30 种①，参见图 4-2。

20 世纪初叶女性译者对文学翻译的青睐，可以看作是女性书写重文学的传统的延续。然而，虽然女性译者显现出在原文选择中重文学体裁的倾向，却与传统女性书写规范已然发生偏离。在传统女性文学系统中，诗词歌赋无论在数量上还是文学观念上都居于绝对中心地位。而女性译者的文学翻译书写中，诗歌从文学系统的中心走向了边缘，在 170 种翻

---

① 这是迄今为止笔者整理获得的数据，但本土女性译者的翻译作品总数量仍应高于此数据，因为这一数据只包括了目前能够确定为女性，并有署名译作发表的本土译者。她们的译品散见于各种报纸杂志，因而对她们译作的整理极有可能存在疏漏之处。在赵景深的《文坛忆旧》(北新书局，1948)中提到张近芬的妹妹张近澂也译过一些诗歌，但笔者尚未找到她发表的译作。此外，1930 年出现新的女性译者，如刘美丽的翻译作品开始发表，但本数据只涵盖在 1930 年之前有翻译作品发表的译者，因此本数据中 1930 年的本土女性译者的翻译作品并没包括刘美丽的译作，本书中对 1930 年女性译者作品的统计并不代表 1930 年所有女性译者的作品总数量。但就目前笔者能够获得的数据而言，本统计数据应该能在一定程度上反映这一历史时期本土女性译者翻译活动的趋势。

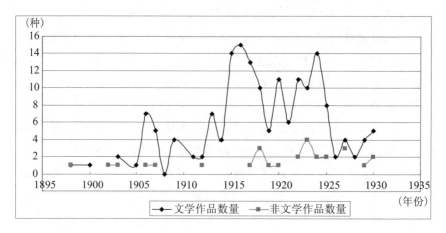

图 4-2　1898～1930 年中国本土女性译者翻译文学作品与非文学翻译作品数量统计

译文学作品中，翻译诗歌只有 9 种：1915 年高剑华的《美人百咏》，署
"日本晚红园和久光德厚辑，中国俪华馆主高剑华重选"，在《眉语》上连
载；1921 年杨润馀译《不断的努力》（"The Girl Reserves"），载《太平洋》
第 3 卷第 1 号；1922 年 C F 女士（即张近芬）译 Longfellow 作《多雨之
日》，Wordsworth 作《虹》，英国勃莱克作《鸟儿》，三首译诗均载《诗》第
2 卷第 1 号。同年 C F 女士还译有王尔德的《行善的人》，载《晨报附刊》
11 月 13 日；1922 年沈性仁译俄国屠格涅甫作《门槛》，载《小说月报》第
13 卷第 5 号；1923 年 C F 女士的《浪花》在新潮社出版，该书分为三辑，
第一辑和第三辑为译诗，这是 20 世纪初叶女性译者出版的唯一一部译诗
集；1924 年杨润馀译法国拉马丁的诗歌《湖》（"Le Lac"），发表于《学艺
杂志》第 5 卷第 9 号。这一时期女性译者的翻译文学作品中，翻译小说为
最大宗，其次是翻译戏剧，各种文学体裁的分布数据参见图 4-3。①

　　在女性译者的翻译文学作品中，翻译小说的比例约为 80%，翻译戏
剧的比例约为 15%，而翻译诗歌在整个翻译文学作品中仅占约 5% 的比
例。一反中国传统女性书写以诗歌为主流的规范，诗歌体裁退居到女性
翻译文学系统的边缘。在翻译文学系统中，女性译者的选择全然颠覆了
传统女性文学的体裁选择取向。女性译者的诗歌翻译活动参见图 4-4。

　　女性译者从 1898 年开始便有署名的翻译作品发表，可见她们并非从
翻译活动之初就介入诗歌翻译。她们的诗歌翻译作品发表集中在 1915 年

---

　　①　该图中戏剧的数据仅包括保留了戏剧形式的译本，将剧本译成故事的译作归入了翻译
　　　　小说当中。

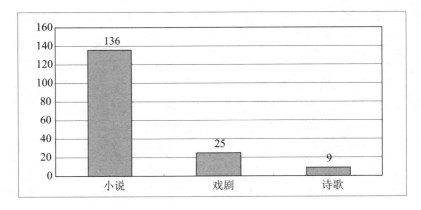

图 4-3　1898～1930 年中国本土女性译者翻译文学作品体裁分布数据统计

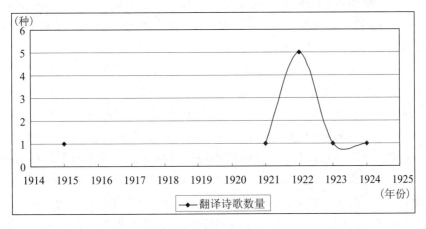

图 4-4　1898～1930 年中国本土女性译者诗歌翻译数量统计

至 1924 年，而 1915 年至 1927 年是中国新诗的尝试与确立期①，即女性译者是在新文化运动前期才开始尝试诗歌翻译，且参与诗歌翻译者仅 4人，即高剑华、张近芬、杨润馀和沈性仁，共计 9 种。

以色列学者佐哈尔(Itamar Even-Zohar)认为，主体文学的发展状况决定了翻译文学在多元系统中或边缘或中心的地位，在三种情况下翻译文学会占据文学多元系统的中心位置：第一，当文学还处于"幼嫩期"或处于建立过程中时；第二，当文学处于"边缘"或处于"弱小"状态，或兼而有之时；第三，当文学正经历某种"危机"或转折点，或出现文学真空时。当翻译文学处在文学多元系统的中心位置时，翻译文学就成为革新力量(innovatory forces)的组成部分，因而常常与文学史上的重大文学事

---

① 邓庆周：《外国诗歌译介对中国新诗发生的影响研究》，博士论文，首都师范大学，2007，第 8 页。

件联系在一起,"原作"和"译作"之间没有明确的界限,最令人注目和最受人欣赏的翻译作品常常是由这一时期的主要作家(leading writers)翻译的。①在中国传统文学系统中,诗歌无疑占据系统的中心地位,而小说为末流,居于边缘地位。至清末,文学成为维新知识分子启蒙大众的手段,传统文学已不能完成这一历史使命,革新旧文学的呼声日渐强烈。梁启超于 1899 年提出"诗界革命",1902 年提出"小说界革命",这"已不是在中国文学的旧有传统内的封闭式的调整,或者说不是传统文学的自然的新陈代谢;而是指用传统之外的标准对中国文学进行一次新的重建"。②20 世纪初叶的中国文学正在经历着巨大转折,出现了"真空",而推介域外文学是重建中国文学的重要途径。中国文学在其自身发展的内在动力和翻译文学的启迪与刺激下发生变化,新小说、新诗、改良戏剧、话剧等新文学样式在 20 世纪初叶纷纷进入文学场。翻译文学从中国文学系统的边缘迅速走向了中心地位。

在翻译文学的子系统中,翻译小说成为主流。康有为与梁启超等人大力提倡小说,把小说作为开启民智、实现"新民"的工具,积极推动对域外小说的翻译。据日本汉学家樽本照雄(1948~　　)的统计,1902 年至 1918 年间,翻译小说的数量高达 4362 种,1902 年至 1907 年翻译的数量甚至超过创作。③ 在翻译小说蔚然成风的境况下,不少主流男性作家也参与了诗歌翻译,如梁启超、马君武、苏曼殊、陈独秀、胡适、鲁迅、周作人、郑振铎、刘半农、郭沫若等。在 1898 年之前,已出现几首由中国译者所译的诗歌,但当时的诗歌翻译尚未进入有意识的翻译阶段,数量很小,多出现在近代走出国门的官员、文人的游记和传记里,而不是作为独立的诗作发表。1902 年之后,中国译者开始"自觉地向西方诗歌靠拢","译诗的主体意识"④开始增强,参与诗歌翻译的译者增多,译诗数量也大增。至新文化运动时期,"诗在整个译介中,受重视的程度仅次于小说"。⑤ 就数量而言,19 世纪 70 年代至五四时期,"据粗略统计,这

---

① See Itamar Even-Zohar. "The Position of Translated Literature within the Literary Polysystem". *Poetics Today*. 11: 1. 1990. pp. 46-47.

② 汤惟杰:《"小说界革命"与文类格局的重构:梁启超与中国近代文学观念中比较意识的兴起》,《同济大学学报》,1998 年第 3 期,第 39 页。

③ 参见樽本照雄:《清末民初的翻译小说:经日本传到中国的翻译小说》,见王宏志编:《翻译与创作:中国近代翻译小说论》,北京,北京大学出版社,2000,第 1 版,第 157、163 页。

④ 郭长海:《试论中国近代的译诗》,《社会科学战线》,1996 年第 3 期,第 182 页。

⑤ 邓庆周:《外国诗歌译介对中国新诗发生的影响研究》,博士论文,首都师范大学,2007,第 87 页。

时期出现的翻译家 250 人左右，共翻译小说 2569 种，翻译诗歌近百篇，翻译戏剧 20 余部"①，翻译诗歌的数量远高于翻译戏剧。而至 1919 年女性译者翻译诗歌独立发表的仅为 2 种，翻译戏剧却达到 8 种，这显现出女性译者在体裁选择上并未尊崇当时小说为重、诗歌次之、戏剧更次之的主流规范，而是在翻译小说之外，将翻译戏剧放在了重于诗歌的位置。

在女性译者中不乏著名的女诗人，如薛绍徽、秋瑾、陈翠娜、刘韵琴、张默君等，她们均创作发表了大量的诗歌，有些还出版了诗集，即她们具备了成为"诗人兼诗歌翻译家"的客观条件。有女性译者在翻译小说时因原语文本中有诗歌也涉足过诗歌翻译，如《八十日环游记》在描写女主人公阿黛（Aouda）②的美貌时，原文引用了一首诗王侑加符狎打尔（Ucaf Uddaul）赞美亚麦那加毋拉皇后（Ahmehnagara）的诗，来比拟阿黛之美：

　　"Her shining tresses, divided in two parts, encircle the harmonious contour of her white and delicate cheeks, brilliant in their glow and freshness. Her ebony brows have the form and charm of the bow of Kama, the god of love, and beneath her long silken lashes the purest reflections and a celestial light swim, as in the sacred lakes of Himalaya, in the black pupils of her great clear eyes. Her teeth, fine, equal and white, glitter between her smiling lips like dew-drops in a passion-flower's half-enveloped breast. Her delicately formed ears, her vermillion hands, her little feet, curved and tender as the lotus-bud, glitter with the brilliancy of the loveliest pearls of Ceylon, the most dazzling diamonds of Golconda. Her narrow and supple waist, which a hand may clasp around, sets forth the outline of her rounded figure and the beauty of her bosom, where youth in its flower displays the wealth of its treasures; and beneath the silken folds of her tunic she seems to have been modelled in pure silver by the godlike hand of Vicvarcarma, the immortal sculptor."

　　It is enough to say, without applying this poetical rhapsody to Aouda, that she was a charming woman, in all the European accep-

① 郭延礼：《中国近代翻译文学概论》，武汉，湖北教育出版社，1998，第 1 版，第 15 页。

② 在陈寿彭、薛绍徽的译本中，人名多采用归化的翻译方式，带有明显的中国色彩，将 Aouda 译为阿黛，今多译为阿乌达。

tation of the phrase. ①

　　罗衣两部披蝉翼，衬着梨窝好装饰。烂漫光彩映肌肉，白云笼出桃花色。华鬘覆额黑于漆，嘉么（蒲拉么之孙女，专司情爱之职，似即释氏所谓天女也）神情遗法则。丝丝飘飏迎春风，鬐鬐来下梵王宫。明眸双剪瞳人活，如游鹫岭圣湖中。瓠犀编贝唇含笑，欲花（即旱莲也）滴露生光耀。耳容聪颖手渥丹，纤趺菡萏尤妍妙（西国妇女虽不裹足，而贵家妆束亦鞋底高跷鞋头束削以为轻雅。此诗竟以菡萏为比，则印度之俗亦复尔尔然。钿尺裁量之习，奚怪于中国哉）。锡兰（印度南一大岛）如意珍珠灿，哥尔康打（印度一邑名。此地亦产宝石诸矿）金刚钻。荧煌炫转森精芒，雅缀酥胸与皓腕。一掬细腰弱不禁，鸡头新剥当胸襟。年华富比花含萼，画裳百褶牢芳心。非华加马（古印度之善雕刻者）神乎技，合将丽质范白金。

　　此诗摹绘已工，其余拙句皆不足为阿黛赋也。②

　　与中国男性译者最初翻译域外诗歌的方式相类似，薛绍徽将原文的无韵体诗歌用七言诗体的形式翻译出，韵律优美，具有中国古典诗歌的风味，但此译诗中的格律更为松散。译文虽然其中不少地方采用了归化的翻译方式，让印度美人带上了传统中国美人的某些特征，但也保留了诸多异域色彩，并用注释的方式向目标语读者传递异域文化信息，较为完整地保留了原诗的内容。引用诗歌后，原文评价道，即使不用这首诗来比喻阿黛，阿黛也完全符合欧洲标准的美人特征。在薛译文中译者对原文的理解有偏差，但就其对原诗的评价而言，认为该诗"摹绘已工"，细致精巧，其他诗歌无法描摹出阿黛之美。摹绘是诗歌的一种表现手法，但在诗歌的构思和创作中，摹绘本身不是目的，而是为了具象、传神和抒情。③ 汉译本中的"此诗摹绘已工，其余拙句皆不足为阿黛赋也"与原文内容并不完全相符，是译者插入文本的声音，把该诗摹绘的传神效果在与其他诗歌的比较中加以突出强调，这也从侧面反映出早期女性译者对外国诗歌尚为模糊的认知态度。在 1915 年之前，女性译者并没独立发表的诗歌翻译作品，这在一定程度上说明虽然女性译者有翻译诗歌的体

----

① Jules Verne. *Around the World in Eighty Days*. Trans. George Makepeace Towle. Bantam Books，1984. p. 53.

② 陈绎如译：《八十日环游记》，见施蛰存编：《中国近代文学大系·翻译文学集二》（1840～1919），上海，上海书店，1990，第 1 版，第 53～54 页。

③ 参见朱徽：《中英比较诗艺》，成都，四川大学出版社，1996，第 1 版，第 101～102 页。

验，但域外诗歌作为一种艺术形式，尚未唤起女性译者的自觉和主动意识，中国诗歌的艺术价值仍然在女性译者心里占据绝对强势地位。在 20 世纪的头 30 年之间，女性译者发表的独立翻译诗歌作品仅 9 种，且集中在 1915 年至 1924 年间，说明对于 20 世纪初叶的中国女性译者而言，翻译诗歌始终停留在翻译文学系统的边缘。

翻译文学系统并非一个整体，其中包含着多个子系统，翻译小说、翻译戏剧及翻译诗歌等不同体裁形成的翻译子系统，因其各自在不同译者群体中的认同度存在差异，并非会同时成为各个特定译者群体的主要翻译选择对象。20 世纪初叶的中国女性译者在选择原语文本时，显示出对小说和戏剧体裁的偏好，对诗歌体裁的相对疏离，这既有当时主流翻译规范的影响，但其中女性译者对主流翻译规范的偏离之处，显现出女性译者主体对待域外文学的态度并非完全受主流翻译规范的制约，其中存在对原语文本的主动认同和自觉选择，是女性译者主体性的彰显。

第二节　女性译者的小说翻译选材方策

在 20 世纪初叶的中国，维新知识分子对域外小说的推崇和读者对于小说娱乐功能的需求，催化并推动了域外小说的大量翻译。女性译者作为接受新学的知识分子，也积极参与了域外小说的译介。

一、女性译者主要翻译小说类型

自晚清，文学期刊和作家们都热衷于从理论到实践对新小说进行分类，以与"海盗海淫"的传统小说相区分，同时也作为引进域外小说的理据。1898 年梁启超发表《译印政治小说序》，阐述了政治小说对国家所起的重要作用："往往每书一出，而全国之议论为之一变。"[1] 梁启超把政治小说作为新的小说体裁，通过翻译引入中国。定一认为要补救中国传统小说的弊病，"必自输入政治小说、侦探小说、科学小说始"[2]，将政治小说、侦探小说和科学小说视为应该首先引进的类型，作为翻译选材方策来倡导。1902 年《新小说》杂志第 1 期的小说栏目主要有历史小说、政治小说、科学小说、冒险小说、侦探小说及写情小说等类型。1906 年

---

[1]　任公：《译印政治小说序》，见陈平原、夏晓虹编：《二十世纪中国小说理论资料·第一卷(1897—1916)》，北京，北京大学出版社，1997，第 1 版，第 38 页。

[2]　定一：《小说丛话》，见阿英编：《晚清小说丛钞·小说戏曲研究卷》，北京，中华书局，1960，第 1 版，第 99 页。

《新世界小说报社》的《发刊辞》中阐释小说的价值道：

> 文化日进，思潮日高，群知小说之效果，捷于演说报章，不视为遣情之具，而视为开通民智之津梁，涵养民德之要素；故政治也，科学也，实业也，写情也，侦探也，分门别派，实为新小说之创例，此其所以绝有价值也。①

作为"新小说之创例"的新文本类型，是从翻译域外小说开始的，被赋予了"开通民智"和"涵养民德"的功效。

虽然知识分子强调译介域外小说的政治目的，将小说翻译纳入其政治话语体系，赋予译介域外小说的合法性和崇高地位，并重点推崇其中某些文本类型的翻译，但作为普通大众读者而言，小说的趣味性和娱乐性无疑更具有吸引力。"这一倾向的最好明证就是侦探小说、探险小说和言情小说成为翻译小说体裁的主流。"②近代翻译侦探小说的数量约占全部翻译小说的五分之一，1907年之后保守的估计也在400种以上，而近代翻译的科学小说有80余种。③可见主流知识分子极力倡导的翻译选材方策以期实现的目标，和读者期待之间存在差异，即"应然"（ought）之翻译规范与"实然"（is）之翻译规范并不完全一致。

女性译者的翻译小说类型多样，从译作发表时明确标注的类型来看，有历史小说、侦探小说、言情小说、科学小说、家庭小说、社会小说、伦理小说、教育小说、实事小说、学堂小说、童话等不一而足。这些分类标准主要依据的是小说的题材，但并不统一，如陈鸿璧所译《苏格兰独立记》和汤红绂译《旅顺双杰传》被阿英归为"政治小说"④，与发表时标注的小说类型不一致。笔者对女性译者翻译数量较多的小说按类型进行了作品数量和发表时间分布的统计，参见图4-5。

以译作的题材为主要依据，笔者对女性译者主要翻译小说类型的划分进行了一定调整：将标注为爱情小说、奇情小说、言情小说、写情小说以及没有标注、但主题为言情的小说统一归为言情小说；将标注为历

① 《〈新世界小说报社〉发刊辞》，见陈平原、夏晓虹编：《二十世纪中国小说理论资料·第一卷（1897—1916）》，北京，北京大学出版社，1997，第1版，第201页。
② Eva Hung. "Translation and English in Twentieth-century China", *World Englishes*. 21：2. 2002. p. 327.
③ 参见郭延礼：《中国近代翻译文学概论》，武汉，湖北教育出版社，1998，第1版，第159、183页。
④ 参见阿英：《晚清小说史》，北京，人民文学出版社，1980，第1版，第185页。

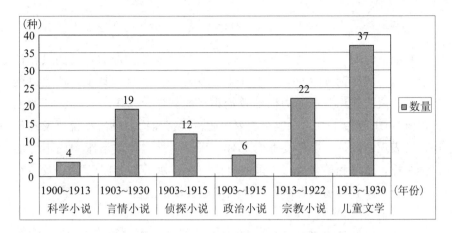

图 4-5　1898～1930 年中国本土女性译者主要翻译小说类型数量及时间分布

史小说、军事小说以及相关题材作品归为政治小说；将童话、学堂小说、学校小说以及以儿童为主要人物和读者对象的作品归为儿童文学①；凡与宗教题材相关的小说归入宗教小说。从翻译活动发生的时间先后顺序看，最早发表的是科学小说，之后依次为言情、侦探、政治、宗教小说和儿童文学。各类翻译小说出版发表的主要时间段为：科学小说集中在 1900 年至 1913 年；言情小说从 1903 年开始发表，并一直持续至 1930 年；侦探小说集中在 1903 年至 1915 年；政治小说集中在 1903 年至 1915 年；宗教小说集中在 1913 年至 1922 年；儿童文学的翻译从 1913 年持续至 1930 年。

　　在前文中，笔者将 20 世纪初叶本土女性译者的翻译活动大致分为 4 个阶段：1898 年至 1905 年为始发期，1906 年至 1914 年为发展期，1915 年至 1925 年为繁荣期，1926 年之后为持续发展期。从上图的统计可以发现，女性译者的小说选材倾向具有阶段性特征，若以 1915 年作为女性译者翻译活动发展的重要分界线，可以发现从女性译者翻译作品正式发表的 1898 年开始，至 1915 年，女性译者翻译最多的小说类型依次为侦探小说(共计 12 种)、言情小说(共 6 种)、政治小说(共 6 种)、科学小说(共计 4 种)、宗教小说(共计 4 种)、儿童文学(共计 3 种)。1915 年之后，侦探、科学、政治此三类小说再鲜有新译作发表，翻译数量最多的为宗教小说②和儿童文学类。

————————————

① 　其中不包括儿童戏剧。

② 　宗教小说的译者多为有教会女学堂教育背景的女性，作品多由《女铎》和广学会发表出版。1912 年《女铎》的创刊为这一女性译者群体提供了发表译作的园地，1912 年开始陆续刊载她们的译作，让她们成为 20 世纪初叶中国本土女性译者中的一支重要力量。

二、政治小说

在晚清时期，翻译文学开始发轫，"在翻译小说初起时，目的只在作政治宣传，故所谓'政治小说'之风甚盛"①在翻译选材方策上，虽然以梁启超为代表的知识分子竭力倡导政治小说的翻译，以作为其"载道"的工具，但"由于政治小说的内容跟国家的政治紧密挂钩，政治小说要发挥作用，所表现的政治问题便要非常具体，可是，外国的政治跟中国不可能完全一样，透过翻译来探讨本国的政治问题，效果不会理想"②，政治小说并不受到读者市场的青睐，翻译热潮也就很快消退：

> ……坊间出版小说，大都趋重言情。关于国家社会之作，百无一见。即有之类者，摭拾旧说郛之唾余，内容陈腐，读之令人昏昏欲睡，反不如言情小说满纸情爱之有味。此不受一般人欢迎之一大原因也。③

对于大众读者而言，政治小说在阅读趣味上远逊于言情小说，导致逐渐失去读者群。虽然女性译者翻译政治小说的数量不多，但涉猎政治小说的翻译可算是对传统女性书写题材局限的极大突破，是对"女子不能干政"、"女不言外"传统性别规范的僭越。女性译者对政治小说的选择比较明显地受到当时主流翻译选材方策的影响。

第一位翻译政治小说的凤仙女史在 1903 年发表的《美人手》中，译者开篇指出："世界上各国人类。因为争一个本分自由的权限。古今来遂演出许多奇奇怪怪的活剧。断送了无数英雄豪杰的生命。"④并介绍该作中"希利尼党"（即虚无党）行刺俄王致使其殒命后的故事。陈平原认为该作名为虚无党小说，实为侦探小说⑤。应该说该作同时兼具虚无党小说和侦探小说的特征，在 20 世纪的头十年，虚无党小说和侦探小说的翻译成

---

① 阿英：《晚清小说史》，北京，人民文学出版社，1980，第 1 版，第 185 页。
② 王宏志：《"专欲发表区区政见"：梁启超和晚清政治小说的翻译及创作》，见王宏志编：《翻译与创作：中国近代翻译小说论》，北京，北京大学出版社，2000，第 1 版，第 187 页。
③ 王瀛洲：《爱国英雄小史自序》，见《爱国英雄小史》，上海，交通图书馆，1918，第 1 版，第 1 页。标点符号为笔者所加。
④ 香叶阁凤仙女史译述：《美人手》，《新民丛报》，1903 年第 36 号，第 1 页。
⑤ 陈平原：《20 世纪中国小说史·第一卷（1897—1916）》，北京，北京大学出版社，1989，第 1 版，第 202 页。

为翻译文学的"两个主流"①，但凤仙女史开篇把介绍重点放在政治主题上，突出虚无党人对"自由的权利"的追求，和"想着把强权的魁首掀他落地来"②的政治主张，这揭示了译者本人在原文本选择时的价值向度。比较凤仙女史 1906 年所译侦探小说《地中秘》，译者便没有了这样的开篇，这体现了凤仙女史在选择翻译政治小说的过程中，对原文本性质的确定上有着明确的选择意识和价值取向。

1906 年听荷女士所译《铁假面》讲述路易十四时代，晏守雄领导一个秘密党，和妻子苹花一起，从事推翻专制政府的活动。后来晏守雄被捕，苹花四处奔走，设法营救，历时 30 年，终于营救成功。作品题材带有明显的政治色彩。译者开篇介绍故事的背景，称路易十四为"专制君主"，"穷兵黩武、厚敛横征"，称那些试图推翻专制政府者为"志士"③，充分表达了译者的政治立场，可见译者对原文题材的选择是有意识的行为。

汤红绂所译短篇小说《女露兵》，选择原文主题上具备一个共性，即是译介英雄豪杰，推崇尚武精神，以改变国人文弱的面貌。这与维新知识分子"批判国民性"的思潮相一致，梁启超在《新民说》中，用了两章的篇幅（《论进取冒险》和《论尚武》）来讨论中国人"鬼脉阴阴，病质奄奄，女性纤纤，暮色沉沉"④国民气质的由来与危机，提出"新民"主张。作为译者，汤红绂对原文的选择吻合了这一时代需求。

女性译者翻译的政治小说，以争取自由民主、反抗专制制度和宣扬爱国为主题，体现出女性译者对时代政治话语书写的积极参与。清末译介的政治小说大多因为过度注重政治主张的言说，而将作品的文学性放在次要位置，导致作品缺乏艺术上的生命力，而迅速失去读者。虽然女性译者翻译的政治小说数量不多，但她们的译作却均得到评论家的称道，如陈鸿璧所译《苏格兰独立记》"如枫叶霜红，停车爱玩"⑤，凤仙女史所译《美人手》"曲折离奇，动人心目，亦新小说中一杰构也"。⑥这些评论认可了女性译者所译政治小说的阅读趣味和审美价值。1918 年王瀛洲编辑的《爱国英雄小史》中，收录了汤红绂的《女露兵》这篇小说。编者称该

---

① 阿英：《小说四谈》，上海，上海古籍出版社，1981，第 1 版，第 238 页。
② 香叶阁凤仙女史译述：《美人手》，《新民丛报》，1903 年第 36 号，第 1 页。
③ 听荷女士译：《铁假面》（上卷），上海，广智书局，1906，第 1 版，第 1 页。
④ 梁启超：《论进取冒险》，见《梁启超全集》，北京，北京出版社，1999，第 1 版，第 670页。
⑤ 邱炜蒬：《客云庐小说话》，见阿英编：《晚清小说丛钞·小说戏曲研究卷》，北京，中华书局，1960，第 1 版，第 417 页。
⑥ 蒋瑞藻编：《小说考证》，上海，商务印书馆，1935，第 1 版，第 455 页。

小说集作品的选择原则为"搜辑务求其广，选取胜求其精，力拯腐俗之弊"①，在政治小说已然开始退出市场之际，这两篇译作仍得到编者重视，从侧面见证了女性译者选择原文"精"而不流于"腐俗"的独到眼光。在清末译介政治小说过度关注政治诉求、强调小说的教化功能，而忽视作品的文学审美价值之际，女性译者并不盲目追随主流翻译选材方策，从她们所译政治小说的接受情况来看，女性译者在选择原作时不仅注重其中的政治元素，同时也关注了作品的文学艺术价值。

三、侦探小说

域外侦探小说最早译介到中国是在 19 世纪末，1896 年《时务报》首次刊登了 4 篇柯南·道尔的福尔摩斯侦探案故事。定一在《小说丛话》中评论道：

> 吾喜读泰西小说，吾尤喜泰西之侦探小说。千变万化，骇人听闻，皆出人意外者。且侦探之资格，亦颇难造成。有作侦探之学问，有作侦探之性质，有作侦探之能力，三者具始完全，缺一不可也。故泰西人靡不重视之。俄国侦探最著名于世界，然吾甚惜中国罕有此种人、此种书。②

中国本土文学中缺乏侦探小说的类型，也缺乏具备各种学问和能力的侦探形象，引进这类文学形式得到评论家和作家们的支持。这种新型小说在题材和形式上的"陌生化"，带给中国读者强烈的新奇感受。除了故事情节惊险、悬念迭起、想象力丰富、推理严密的吸引力外，作品中呈现的各种现代科学技术对于中国读者而言不啻为一种新奇的现代性体验，向中国读者展现了一个广阔的神奇天地。而作品中的主人翁通常具有强健的体魄、广博的知识和超人的智能，这些品质赋予了他们伸张正义、最终战胜邪恶的能力，这与倡导"新民"的时代话语相契合。西洋侦探小说中呈现出的西方法制文明，当时中国司法的腐败形成极大反差，得到译者们的推崇，如林纾曾高度评价"海上诸君子所译包探诸案"，认为"果使此书风行，俾朝之司刑谳者，知变计而用律师包探，且广立学堂以毓

① 王瀛洲编：《爱国英雄小史自序》，见《爱国英雄小史》，上海，交通图书馆，1918，第 1 版，第 1 页。标点符号为笔者所加。
② 定一：《小说丛话》，见阿英编：《晚清小说丛钞·小说戏曲研究卷》，北京，中华书局，1960，第 1 版，第 334 页。

律师包探之材……下民既免讼师及隶役之患，或重睹清明之天日"①，赋予侦探小说启迪并变革中国法制现状的功能。进入 20 世纪的头十年，侦探小说的翻译进入繁盛期。域外侦探小说所具备的教育启蒙功能和娱乐消闲功能，奠定了其在目标语文化中广泛的接受基础。

侦探小说既受到启蒙知识分子和评论家的推崇，也得到读者市场的青睐，在这特定的接受语境中，有 8 位女性译者参与了侦探小说的翻译，她们是罗季芳、凤仙女史、陈鸿璧、张默君、黄静英、毛秀英、陈守黎及查孟词。其侦探译作发表的时间集中在 1906 年至 1915 年，共译有侦探小说 12 种，1915 年之后便鲜有此类小说的翻译发表了。其中以陈鸿璧发表的侦探译作在数量上为最多，独立译有 4 种，与张默君合译有 1 种。自 1896 年《时务报》首次刊登福尔摩斯侦探案，众多译者加入到译介福尔摩斯的行列，让福尔摩斯成为 20 世纪初叶中国读者最熟悉的文学人物形象之一。据陈平原统计，"在 1896—1916 年出版的翻译小说中，数量第一的是柯南·道尔，32 种"②，1907 年之后一本多译的各种汉译本多达 80 余种。③ 8 位翻译侦探小说的女性译者选择的原文来自英、法、美、日等国，却没有一位翻译福尔摩斯，显现出女性译者主体在选择原文本上对主流规范的偏离。

1906 年是女性译者翻译侦探小说的开端，当年有 3 位译者发表了 3 部侦探小说译作：罗季芳于 1906 年开始在《月月小说》上连载英国葛威廉著《三玻璃眼》，直至 1908 年；陈鸿璧译英国维多夫人著《印雪簃译丛》，由小说林社出版；凤仙女史译江见忠功著《地中秘》，由广智书局出版。此三种侦探小说，译者均采用文言长篇的体例，带有传统章回体小说的某些特征，但又存在诸多创新因素，如章节的标题形式很自由，不再是传统的对偶句，如《三玻璃眼》中的"第一章、赁屋起雾"、"第二章、婚书伪造"、"第三章、名媛失德"等，《地中秘》中的"第一章、白藤茶屋"、"第二章、隐雷壳"、"第三章、发冢"等。或者如《印雪簃译丛》中只出现"第一回"、"第二回"，而没有标题。较之同时期女性译者所译政治小说，侦探小说的译文文体在选择上要多样化一些，如有章回白话体、章回文言体、文言短篇等。对侦探小说翻译初期的尝试中，相对于同时期女性

① 林纾：《神枢鬼藏录·序》，见阿英编：《晚清小说丛钞·小说戏曲研究卷》，北京，中华书局，1960，第 1 版，第 237～238 页。

② 陈平原：《20 世纪中国小说史·第一卷 (1897—1916)》，北京，北京大学出版社，1989，第 1 版，第 43～44 页。

③ 郭延礼：《中国近代翻译文学概论》，武汉，湖北教育出版社，1998，第 1 版，第 159 页。

译者的政治小说，女性译者在侦探小说的开篇选择了"隐形"，没有白话小说"说话人"的痕迹，也没有文言翻译小说的"译者识"。译者没有通过这些手段来插入译者的声音，表达选择翻译该作的原因和目的，以彰显其"启蒙"和"教育"的目的。这在一定程度上还原了作品的文学性，让读者接受相对而言脱离译者的直接指引而更加走向开放。

虽然女性译者对侦探小说这一文学样式的选择，是在中国对此类小说的译介热潮中展开的，但在选择具体原语文本时，并未受制于当时译界对福尔摩斯的高度追捧，而选择翻译其他作家的侦探小说，其中不乏当时在西方知名度很高的作家，如法国现代侦探小说先驱 Émile Gaboriau，英国的 William Tufnell Le Queux 等。参与侦探小说翻译的女性译者具备外语能力，这赋予了她们更自主地阅读和选择原语文本的能力。具备了广阔视野的女性译者，可以领略不同作家的创作风格，她们选择原文并不盲目追求潮流，显现出其独立的文学审美意识。

四、言情小说

传统女性文学中不乏写情的题材，但女性作者以小说为载体的言情书写却是在 20 世纪之初，以翻译小说开始的。林纾《巴黎茶花女遗事》和《迦因小传》的风行，既引起广泛称颂，也招来严厉批评，传统伦理与现代爱情观和性别观围绕着言情小说的译介发生着剧烈冲突。现代爱情观昭示着对中国传统以家族利益为核心的伦理观的挑战，在一定程度上渲染上了启蒙的意味，推动了言情小说从翻译到创作的繁盛。"20 世纪第一个十年初期出现的第一个爱情小说浪潮，把婚姻自由作为它们的共同主题，因为妇女解放和妇女教育这些问题在晚清改良运动中曾受到极大注意。"①作为中国历史上第一个女性译者群体，处在传统与现代之间，其性别身份赋予了她们审视言情主题的独特视角。在自我和他者的间隙中，女性译者对域外言情小说的选择和翻译，他们所秉持的翻译选材方策，体现了女性译者主体对传统性别秩序的逐渐离析，这是中国具有新知识的新女性现代性体验生发的过程。

从 1903 年至 1930 年，女性译者共翻译发表言情小说 19 种，其主题除了两性恋情之外，还包括婚姻关系和家庭伦理等。维新派知识分子批判传统小说"诲盗诲淫"，担心译者"取无数高领、窄袖、花冠、长裙之新

---

① 李欧梵：《现代性的追求》，北京，生活·读书·新知三联书店，2001，第 1 版，第 191 页。

人物，相与歌泣于情天泪海之世界，此其价值，必为青年社会所欢迎，
而其效果则不忍言矣"①，会对青年人造成不良影响。中国传统伦理贬斥
男女之情，而鸦片战争后，救亡启蒙成为时代的主旋律，言情题材的作
品并不受推崇，"两性私生活描写的小说，在此时期不为社会所重，甚至
出版商人，也不肯印行。"②作为当时主流知识分子的林纾也需要为自己
选择翻译言情小说正名。1901 年林纾在论及翻译《巴黎茶花女遗事》的过
程中，谈及原本想翻译《拿破仑传》，但因该作涉及历史，林纾的口译合
作者均"不敢任译书"，最终"其经余渲染成书者，只《茶花女遗事》二卷而
已"，并表明自己"大涧垂枯，而泉眼未涸，吾不敢不导之；燎原垂灭，
而星火犹爝，吾不得不然之"。③ 林纾尝试在"启蒙"话语中为言情小说的
翻译获得合法身份。

　　女性译者发表的第一部言情小说是 1903 年薛绍徽及其丈夫陈寿彭合
译的《双线记》(*A Double Thread*)，一题为《淡红金刚钻》，英儒厄泠(El-
len Thorneycroft Fowler，1860～1929)著，署名"逸儒口译，秀玉笔述"，
上海中外日报馆发行。该作共 24 回，标注为"爱情小说"。在选择翻译该
作时，薛绍徽夫妇对是否应该翻译该作发生分歧。陈寿彭认为该作"神光
离合，无非儿女私情；云雨荒唐，别出温柔佳话。虽其新来海外，只宜
弃置箧中。"④但薛绍徽却对此持不同态度：

　　　　不然。维摩法喜，内典犹存；伽女阿难，佛经具在。君能
　　讲学，侬喜言情。不搜汉苑稗官，安见《国风》好色乎？倘蒙出
　　口成章，谨自濡毫待润。⑤

陈寿彭表现出对描写男女之情作品的轻视，全无翻译该作的愿望。而薛
绍徽却并不赞同丈夫对待言情主题的贬斥观点，坦然声称自己喜欢言情
小说，并以佛典和《国风》为证来辩驳，借典籍中的言情传统，肯定了"言

① 松岑：《论写情小说于新社会之关系》，见阿英编：《晚清文学丛钞·小说戏剧研究卷》，
　　北京，中华书局，1960，第 1 版，第 33 页。
② 阿英：《晚清小说史》，北京，人民文学出版社，1980，第 1 版，第 5 页。
③ 林纾：《〈译林〉序》，见陈平原、夏晓虹编：《二十世纪中国小说理论资料·第一卷
　　(1897—1916)》，北京，北京大学出版社，1997，第 1 版，第 42 页。
④ 薛绍徽：《〈双线记〉序》，见薛绍徽著、林怡点校：《薛绍徽集》，北京，方志出版社，
　　2003，第 1 版，第 123 页。
⑤ 薛绍徽：《〈双线记〉序》，见薛绍徽著、林怡点校：《薛绍徽集》，北京，方志出版社，
　　2003，第 1 版，第 123 页。

情"主题本身的合理合法性，并请求陈寿彭为其口译，自己将《双线记》译出。作为第一个翻译言情小说的女性译者薛绍徽，并未像林纾那样借用启蒙话语来诠释言情的正统性，而是对言情主题毫不讳言。她没有因为丈夫的看法便放弃对言情小说的翻译，还为言情正名。与林纾借助启蒙话语不同，薛绍徽对言情的正名是从追溯典籍中的言情传统开始，说明自古皆有言情传统，言情本身并无可鄙之处。在男女私情不为正统礼法所容的传统中，薛绍徽却积极参与"言情"的书写，作为深受传统儒家伦理浸染的女性，这无疑与薛绍徽坚守的传统道德有所背离①，但却更清晰地呈现了在礼法约束之下女性对"情"的渴求，更接近女性真实的内心感触。

域外言情小说的译介，输入了新的性别观和爱情观，对传统男尊女卑的性别秩序和包办婚姻形成了冲击。但随着言情小说的流行，在巨大市场利润的诱惑下，译者和出版商对原文本的选择良莠不齐，不乏滥竽充数之作。薛琪瑛作为女性译者中的杰出代表，明确提出了谨慎选择原语文本、以帮助中国青年树立正确婚恋观的翻译选材方策。1930 年薛琪瑛在为译作《蓝窗》所撰写的序言中道：

> 现今青年男女都喜讲爱情，读爱情小说，看爱情影片，视爱情若生命。一般投机的书局为牟利起见，便层出不穷的印行此类书籍以供阅者的要求。然所出的大概提倡浪漫主义，偏重物质，而不能节之以礼；血气未定的青年读之，往往陷入迷途，贻害身心，实在不浅。②

薛琪瑛批评当时出版商利用青年对爱情的热烈向往，不加选择地翻译出版爱情小说，这样会让年轻人迷失自己，危害其身心健康。薛琪瑛倡导一种建立在精神相通、不以物质为目的基础上的爱情观：

> 因人类为万物之灵，宜具专一纯洁的感情。不过人生欲求一情侣，倒还容易；所最难得的，乃是重在道义的精神之交。自古士为知己者死，皆因情有独钟，不是偶然能发生的。所以

---

① 参见罗列：《女翻译家薛绍徽与〈八十日环游记〉中女性形象的重构》，《外国语言文学》，2008 年第 4 期，第 262～263 页。

② 朱薛琪瑛：《序》，见田贝立著：《蓝窗》（第三版），朱薛琪瑛译，上海，广学会，1941，第 1 版，第 1 页。

夫妇之爱，亦必重在精神，而后有价值，无中途易辙之患。①

她希望通过翻译此书让青年男女"明晓爱情的妙谛，感悟人生的真乐"②，劝告"青年不要轻于用情，自贻伊戚。若不得志同道合，诚意相孚的真爱，宁可缓谈婚姻问题，而寄情于其他有价值之事业，因为感情断不能出于勉强的"③，她希望青年们读了该书，"可知自由恋爱之真价值"。④译者翻译该作，正是因为该作中的男女主人公二人：

> ……情谊相投，全凭信义作合，不慕荣利，所以形迹的疏阔，物质的引诱，外界的阻力，都不能离间他们。终至水到渠成，良缘克缔，他们心里的美满非可言喻，不禁自称乐如登仙了。⑤

薛琪瑛希望通过精选原语文本，翻译内容健康的作品，让中国青年男女认识到何为真正的自由恋爱，其价值在于把爱情建立在双方志同道合的基础上，强调恋爱双方的精神交流和相互的忠贞，才能实现爱情的长久。作为译者的薛琪瑛，她对原文本的选择是基于自己的翻译目的出发的。

　　20世纪初叶第一位翻译言情小说的女性译者薛绍徽，不避"诲盗诲淫"的嫌疑，坦然正面为"言情"正名，为女性参与言情小说的翻译争取了话语权。而中后期的薛琪瑛始终关注两性情感问题，呼吁并坚持践行译介有利于中国青年树立健康爱情观和婚姻观的作品，坚持言情小说应具备一定的教育功能，这在言情小说逐渐沦落为消遣读物和出版商经济利益来源的境况下，弥足珍贵。女性译者对言情小说作品的选择既不因主流知识分子的贬斥而放弃，也不因市场的泛滥而降低对原文选择的品位，她们的翻译选材方策体现了女性译者独立的人格和高雅的文学品位，为20世纪初叶的言情小说不断注入新的活力。

---

① 朱薛琪瑛：《序》，见田贝立著：《蓝窗》（第三版），朱薛琪瑛译，上海，广学会，1941，第1版，第1页。

② 朱薛琪瑛：《序》，见田贝立著：《蓝窗》（第三版），朱薛琪瑛译，上海，广学会，1941，第1版，第1页。

③ 朱薛琪瑛：《序》，见田贝立著：《蓝窗》（第三版），朱薛琪瑛译，上海，广学会，1941，第1版，第2～3页。

④ 朱薛琪瑛：《序》，见田贝立著：《蓝窗》（第三版），朱薛琪瑛译，上海，广学会，1941，第1版，第3页。

⑤ 朱薛琪瑛：《序》，见田贝立著：《蓝窗》（第三版），朱薛琪瑛译，上海，广学会，1941，第1版，第3页。

五、儿童文学

从数量而言，20世纪初叶女性译者翻译得最多的是儿童文学作品，从1913年第一篇翻译儿童文学作品发表至1930年期间，共计有37种。①除去两种儿童戏剧，其他35种翻译儿童文学作品发表的时间和数量统计，参见图4-6：。

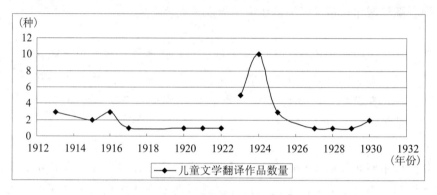

图4-6　1898～1930年中国本土女性译者翻译儿童文学作品数量统计

从时间段上可以看到，女性译者对儿童文学的翻译兴起于她们对政治小说和侦探小说的译介逐渐落潮之际。从上图可见，1913年至1922年是女性译者翻译儿童文学的始发期，作品数量不多，但一直持续有作品发表；1923年至1925年间进入一个高潮期，儿童文学作品翻译在数量上出现明显增长，比较集中翻译了丹麦安徒生（Hans Christian Andersen，1805～1875）、英国王尔德和法国孟代（Catulle Mendès，1841～1909）等作家的童话；1926年之后相关翻译作品的发表减少，但依然持续。这一统计数据可以和李丽对1911年至1949年儿童文学翻译作品数量的统计②做个对比，参见表4-1。

---

① 此处所统计的儿童文学作品包括童话、学堂小说、儿童小说和儿童剧等类型，这一时期女性译者译有儿童剧2部。这些作品有较为明确的儿童文学体裁意识，或者具有对儿童读者对象的预设。这一统计数据里不包括科学小说，因为女性译者翻译的科学小说均采用文言，读者对象是中国的知识分子，并未考虑儿童读者的阅读习惯和审美视角。

② 李丽：《生成与接受：中国儿童文学翻译研究1898—1949》，博士论文，香港中文大学，2006，第34页。

表 4-1　不同时间段儿童文学翻译作品数量

时段	1911～1949 年不同时间段儿童文学翻译作品数量			
	1911～1919 年	1920～1929 年	1930～1939 年	1940～1949 年
数量	5	62	258	210
总计	535			

李丽对儿童文学的定义比本书中的更为宽泛，"凡是在原语文学中被当作是儿童文学的，或是译语文化中的译者、读者及出版商等任何一方明确表示某一作品是儿童文学的"①均被该文纳入了儿童文学的范畴。因工作定义的差异，对翻译作品数量统计的具体数据会存在差异，但这两组数据均体现了儿童文学翻译在整体发展趋势上存在共性。即 20 世纪 20 年代儿童文学翻译作品的数量较之前 10 年开始出现大幅增长，但女性译者 20 年代儿童文学翻译活动的高峰期集中在 1923 年至 1925 年，这 3 年期间共发表译作 17 种，占据 20 世纪前 30 年女性译者儿童翻译作品的 49％左右。

参与儿童文学翻译的女性译者共有 10 位，依其文化背景大致可分为 3 类：教会女学背景的，如周澈朗、李冠芳、徐珠宝、朱懿珠和薛琪瑛；接受新学影响的传统才女，如绿筠女史；接受新学教育和五四新文学熏陶的知识女性，如尺棰（林徽因）、高君箴、ＣＦ女士（张近芬）、杨润馀等。可见无论何种文化背景的女性译者，均对儿童文学翻译给予了相当关注，而其中以接受新学教育和参与五四新文学运动背景的女性译者翻译数量最多，推动了 1923 年至 1925 年儿童文学翻译的高潮。

从女性译者儿童文学翻译作品发表的情况看，单行本除外，期刊分为三类：一类是女性期刊，如《女子世界》和《女铎》；一类是儿童期刊，如《儿童文学》、《儿童世界》和《少年》；第三类是文学期刊《小说月报》。女性杂志以女性读者为对象，如创刊于 1912 年的《女铎》主要介绍与妇女生活有关的知识，其中包括育儿知识和儿童教育的家教方法等，通过对女性的教育来完善对儿童的教育。翻译儿童文学作品是其中的一种手段，其中蕴含了对儿童读者的预设，这与同时期男性译者的儿童文学翻译作品发表在女性杂志上有共同之处。儿童期刊的创刊更是确立了把儿童作为读者对象的明确目标，儿童文学已经成为独立的文学类型。《小说月

---

① 李丽：《生成与接受：中国儿童文学翻译研究 1898—1949》，博士论文，香港中文大学，2006，第 16 页。

报》上女性译者的儿童文学翻译作品集中发表于 1923 年至 1924 年，这与五四时期对"儿童的发现"和文学中重视"儿童本位"的思想相关，改版后的《小说月报》积极译介儿童文学也是这一思想的体现。这三类期刊成为女性译者翻译儿童文学作品的主要赞助力量，可以说在一定程度上体现出女性译者在选择原语文本和翻译的过程中，存在对儿童读者对象的预设。

儿童文学对于近代中国是一个新兴的文学概念，在中国本土译者早期的翻译活动中，并未有自觉的儿童文学意识。"就是有一些在原语文化中是儿童文学的作品或者具有儿童文学性质的作品，译者在翻译的过程中并没有自觉，在翻译成中文后成为晚清大量的成人翻译文学的一员"。[1] 对于儿童文学作为一种文学类型的认识也存在误区，如孙毓修 1916 年发表的《欧美小说丛谈》一书中，将安徒生童话、格林童话、霍桑（Nanthaniel Hawthorne，1804～1864）的 *Wonder Book* 等均放在"神怪小说"（Fairy Tales）中介绍[2]，将"神怪小说"小说描述为：

> ……虽无益于事实，而有裨于词章，遂于小说界中独树一帜。古时真理未明，处处以神道设教，狐鬼之谈，感人尤易。故恒以语小儿，为蒙养之基。小儿亦乐其诞而爱听之。近世之作者，所以不废也。[3]

虽然其中也提到该类作品用于对儿童读者的教育，儿童读者也对此类文本有浓厚的阅读兴趣，但作者将之视为"神怪小说"，如"安徒生之书，时而花妖木魅，时而天魔山魈"[4]，论者将这一新文学形式误读为中国传统的"神怪小说"，说明当时对于儿童文学和成人读物之间的界限，认识依然相当模糊。

而女性译者相对而言，在 1923 年之前的儿童文学翻译中，具有更为明确的儿童文学意识。1913 年《女铎》第 2 卷第 9 号上发表周澈朗的译作《骨肉重逢》（"Das Gestohlene Kind"），译者在文后附加了一段文字："此

---

① 李丽：《生成与接受：中国儿童文学翻译研究 1898—1949》，博士论文，香港中文大学，2006，第 51 页。

② 参见孙毓修：《欧美小说丛谈》，上海，商务印书馆，1916，第 1 版，第 38～40 页。

③ 参见孙毓修：《欧美小说丛谈》，上海，商务印书馆，1916，第 1 版，第 37 页。标点为笔者所加。

④ 参见孙毓修：《欧美小说丛谈》，上海，商务印书馆，1916，第 1 版，第 65 页。标点为笔者所加。

故事德国小孩大人传观，很是喜欢的。后翻译为法文，虽法之太子公主，亦皆传诵。今翻为中文，想一般中国幼童亦比先睹为快。"① 译者选择翻译该作，是因原语文本无论在德国还是法国都受到儿童读者的喜爱，因此引介进中国，希望中国儿童可以同样享受到阅读的乐趣。周澈朗的另一译作、美国步奈特（Frances H. Burnett）著《小公主》（*Sara Crewe*）1913年在《女铎》第 1 卷第 11 号至第 2 卷第 2 号上连载，开篇译者插入一段引言：

> 此篇内容说一女孩在学堂，始而骄傲，继则事事忍耐，终复全其幸福，余喜其性情能因镜转移，随时变化，尤喜其立志高尚，始终不渝，因特译登报端，以供女生课暇披览。②

作为译者，周澈朗在选择原语文本时有明确的标准，即该作内容健康，可以激励儿童培养良好品性，而且在翻译时就预设了女学生为读者对象，把译作作为女学生的课外读物。1914 年广学会发行《小公主》的单行本，标注为"学堂小说"，这显现了译者不但认识到原语文本是儿童文学，也尝试在译作中保持这一文学类型的性质。可见译者在选择翻译时具有明确的儿童文学和儿童读者意识。

从 1923 年之前女性译者儿童文学翻译作品发表的期刊来看，有《女子世界》、《女铎》和《儿童世界》等几种，而 1915 年《女子世界》第 4 期上发表的、作者署名为"绿筠女史"的《金缕衣》，标注文本类型为"埃及童话"，原文实际为安徒生所著《皇帝的新衣》。虽然译者对原作者国别标注有误，但在文本类型上却明确了"童话"这一体裁。该作的另一汉译本是刘半农 1914 年在《中华小说界》第 7 期上发表的《洋迷小影》，标注为"滑稽小说"。刘半农没有介绍原作的文本类型，也未将该作视为儿童文学来翻译。其翻译目的是为了借该作针砭中国崇洋的时弊，把原作中的主人公皇帝换成了海外游学归来的某公子，"简直是洋货的奴隶"。③ 可见译者并未将儿童作为其译作的读者对象。绿筠女史的译本采用文言书写，并在文末插入译者声音："外史氏曰。天下事之相蒙者。类此正多。岂独一查理却得斯之金缕衣为然。"④ 译者以此阐发自己的观点，告诫读者需

---

① 周澈朗译：《骨肉重逢》，《女铎》，1913 年第 2 卷第 9 号，第 54 页。
② 亮乐月译意、周澈朗演话：《小公主》，《女铎》，1913 年第 1 卷第 11 号，第 29 页。
③ 半农：《洋迷小影》，《中华小说界》，1914 年第 7 期，第 1 页。
④ 绿筠女史：《金缕衣》，《女子世界》，1915 年第 4 期，第 27 页。

以此作为鉴。从绿筠女史采用文言作为目标语,及其相关阐发的观点来分析,她也没有将儿童作为译作的读者对象。但相较于刘半农,绿筠女史明确了原文是童话体裁,对原文是儿童文学文本有更强的意识,但尚未意识到译作在体裁上应该保持与原文本一致。这一现象展现出从清末至五四儿童文学观念逐渐萌生的过渡期特征:译者虽然认识到原文是一种新的文学类型,可在翻译策略上尚未形成自觉的调整和转变,但对原语文本文学类型的认知是引入儿童文学的重要步骤。

相对于同时期的男性译者而言,女性译者具有更为明确的儿童文学体裁意识。这也在一定程度上反映出女性译者对儿童文学作品的选择和翻译,考虑了原文的文本类型、功能和读者对象,并尝试将这些元素在目标语文本中再现,为国人了解儿童文学,并在中国逐渐形成作为一种新型文学类型的儿童文学,起到了积极的推进作用。进入五四时期,从事儿童文学翻译的女性译者主要有 C F 女士和高君箴两位,她们在选择翻译儿童文学作品时,不仅有了鲜明的文学体裁意识,而且非常注重选择译介艺术造诣精妙的作品。如 C F 女士 1924 年在所译法国孟代《纺轮的故事》一作的序言中,概括了原作者"阴柔之美的艺术",并总结了这本童话的两个特点,即"充满爱的空气"和"想象的精美"①,可见译者对原作者及其作品有相当的研究,译者是基于对原作艺术的推崇,而选择翻译该作,对儿童文学的译介更加注重其文学性,使得儿童文学的翻译进入了更高的艺术境界。同年商务印书馆出版了高君箴、郑振铎译述的童话集《天鹅》,叶绍钧在序言中称:

> 安徒生老有童心,人称他为"老孩子"。因联此想,振铎的适当的别称更无过于"大孩子"了……两个"大孩子"(君箴女士当然也是一个大孩子)从此将愈益快乐,因为他们自己既有这赏心的天鹅,又可用来娱悦他们的同伴——小孩子。于是,他们将永远做一对"大孩子"。②

郑振铎和高君箴是一对充满童趣的夫妻,他们热爱儿童,以儿童的视角和审美来选择翻译原文本,注重作品对儿童的吸引力。可见进入五四时期后,女性译者对儿童文学的翻译已经进入自觉阶段,不但在选择原作

---

① C F 女士:《译者序》,见《纺轮的故事》,上海,北新书局,1924,第 1 版,第 10～12 页。
② 叶绍钧:《天鹅序》,《文学》,1924 年第 150 期,第 2 页。

时具有清晰的文学类型意识，并充分考虑了目标语文化中的儿童读者，廓清了读者对象，且非常注重作品的文学性和艺术价值。她们的翻译选材方策让儿童文学的译介摆脱了早期与成人读物混淆的状况，也改变了说教的翻译目的，注重童趣的传达，更多体现了对儿童读者的关怀，推动了儿童文学翻译选材方策的变迁。

第三节　女性译者的戏剧翻译选材方策

话剧是中国传统文学系统中没有的文学形式，清末中国开始出现一些话剧表演，如春柳社的《茶花女》和《黑奴吁天录》等，但大多根据小说汉译本改编，而且重表演，轻视戏剧文学，与原剧作的面貌相去甚远。在五四之前，虽然话剧表演以各种形式活跃在舞台上，但戏剧文学翻译仍是凤毛麟角。田禽认为："中国翻译剧本之拓荒者，首推李石曾先生，他于 1908 年出版了《夜未央》。"[①]该剧可算是"正式的戏剧译本，不用那种文言的意译法，并且很早就有人排演过的"。[②] 作为一种全新的文学形式，中国读者认为该作"'似小说而非小说，且不如小说好看'的奇书"。[③]由于全然陌生的审美体验，读者对剧本文学的接受度有限，但也在一定程度上激起了读者的好奇心。1911 年包天笑编译的《女律师》[④]发表，虽说是根据兰姆姐弟（Charles and Mary Lamb）《莎士比亚戏剧故事集》（*Tales from Shakespeare*）改编，为上海城东女学每年一次的游艺会上表演所编译的，也算得上是剧本。该剧上演时全部由女子反串男角，是首次用汉语演出莎剧。虽然改良戏剧的声音一直存在，但作为一种新的文学形式，话剧依然居于中国文学系统的边缘位置。"旧戏在社会上的势力还是很大，不独流行于普通群众间，就是所谓学者文士们，也沉溺其中。在我们这畸形的社会里，既有了念 ABC 的洋捧角家，又有为旧剧护法的新学者"。[⑤] 不仅旧文人，就是接受过新学的知识分子也有不少站在维护传统戏剧的立场上，在新、旧诗学之间的较量中，新诗学仍然处于弱势地位。根据田禽的统计[⑥]，笔者绘制了从有正式翻译戏剧发表的 1908 年至 1930 年间，中国翻译戏剧单行本的发行数量，参见图 4-7。

---

① 田禽：《中国戏剧运动》，上海，商务印书馆，1944，第 1 版，第 105 页。
② 培良：《中国戏剧概评》，上海，泰东书局，1929，第 1 版，第 21 页。
③ 田禽：《中国戏剧运动》，上海，商务印书馆，1944，第 1 版，第 105 页。
④ 包天笑译：《女律师》，《女学生杂志》，1911 年第 2 期。
⑤ 培良：《中国戏剧概评》，上海，泰东书局，1929，第 1 版，第 7 页。
⑥ 参见田禽：《中国戏剧运动》，上海，商务印书馆，1944，第 1 版，第 105～106 页。

图 4-7　1908～1930 年中国翻译戏剧单行本的发行数量统计

从图 4-7 可见，翻译戏剧单行本的发行数量在 1920 年（包含该年份）之前甚少，仅有 6 种，1921 开始出现突增，并持续增多，1921～1930 年间共发行 216 种。当一种文学处于边缘或者"弱势"地位时，翻译文学会占据文学多元系统的中心位置，翻译文本不仅是可以输入新观念的介质，其文学形式也往往为译入语文化中的本土文学创作所模仿[①]。五四文学革命在面对中国千年巩固的文学传统时，新文学无疑处在边缘和弱势地位，在新诗学开始萌生之际，译介外国文学遂成为实现文学革命的重要手段。五四前夕，陈独秀在介绍欧洲文学时称"现代欧洲文坛第一推重者。厥唯剧本。诗与小说。退居第二流。以其实现于剧场。感触人生愈切也。至若散文。素不居文学重要地位。"[②]认为戏剧创作的地位远重于其他文类，而戏剧在舞台上表演更能感染观众，取得更佳的艺术效果。五四新文化知识分子要对抗将诗文放在"高雅"中心地位的中国文学传统，引进新文学形式成为必经之途。胡适强调道：

> 创造新文学的第一步是工具，第二步是方法……如今且问，怎样预备方才可得着一些高明的文学方法？我仔细想来，只有一条法子：就是赶紧多多的翻译西洋的文学名著做我们的模范。[③]

① Edwin Gentzler. *Contemporary Translation Theories*. Rev. 2nd ed. Shanghai Foreign Language Education Press，2004. pp. 116-117.
② 陈独秀：《现代欧洲文艺史谭》，《青年杂志》，1915 年第 1 卷第 3 号，第 2 页。
③ 胡适：《建设的文学革命论》，《新青年》，1918 年第 4 卷第 4 号，第 303 页。

胡适在新文学运动掀起之初，第一个发出大量翻译外国文学名著的号召，并将这作为"创造新文学"的唯一的"预备"和"模范"，建议选出一流的文学名著，"约数如一百种长篇小说，五百篇短篇小说，三百种戏剧，五十家散文，为第一部西洋文学丛书"。① 这在一定程度上代表了当时新文化知识分子的主流翻译选材方策。从数量上看，戏剧翻译的需求量仅次于短篇小说，说明新文化知识分子认为戏剧翻译是新、旧诗学较量中的重要革新力量，可以推动当时中国文学系统的演进。1918年《新青年》第5卷第4号发表宋春舫的《近世名戏百种目》，胡适指出"这一百种已狠可代表世界新戏的精华，狠可够我们几年的翻译了"②，该文推荐了13个国家58位作家的100个剧本。翻译西方戏剧成为实践戏剧改良和创造新文学的重要途径，新文化知识分子在译介西方戏剧的翻译选材方策上有了更明确的要求，推动了1921年之后出现翻译戏剧单行本发行的突增。女性译者没有发行单行本的翻译剧作，故而可将田禽统计的数据作为男性译者参与戏剧翻译实践的参考。

一、女性译者戏剧翻译概况

在20世纪的头30年间，参与戏剧翻译的女性译者共有6位，译有戏剧共25种。从1914年至1930年间，除了1929年之外，每年都有翻译剧作发表，其中既有外国小说改译的剧本，也有外国剧作的汉译本。本文中统计的是译作以戏剧形式出现的作品，统计数据见图4-8：

图 4-8　1898～1930 年中国本土女性译者翻译戏剧数量统计

① 胡适：《建设的文学革命论》，《新青年》，1918年第4卷第4号，第305页。
② 胡适：《近世名戏百种目·记》，见宋春舫：《近世名戏百种目》，《新青年》，1918年第5卷第4号，第361页。

从图 4-8 可见，女性译者对戏剧体裁的选择具有相当的持续性。戏剧翻译从 1914 年开始就一直得到女性译者的关注，在 1915～1918 年和 1922～1925 年间分别出现了两个翻译高峰，说明在男性译者在重视选择戏剧翻译之前，女性译者已经开始关注戏剧翻译。她们中除高剑华一人采用合作翻译和笔述者的身份之外，其余女性译者均独立翻译。从翻译戏剧的数量上看，高剑华译有 1 种，薛琪瑛译有 2 种，郑申华译有 7 种，吴弱男译有 1 种，沈性仁译有 9 种，袁昌英译有 5 种。从这些女性译者的文化身份来看，均为接受新式教育的新知识女性。在李叔同（1880～1942）的《高剑华女士书例》中，谈到高剑华的教育背景："女士西子湖畔产，前夏自北京师范校归，适婚许君则华"①，可见高剑华曾就读于北京师范学校；有的女性译者接受过教会学校的教育，如郑申华、薛琪瑛和袁昌英；有的有出洋留学的经历，如沈性仁曾赴日本长崎活水女学读书，之后进北京女高师，吴弱男曾就读于日本青山女子学校，薛琪瑛也曾有留学的经历，袁昌英毕业于英国爱丁堡大学，并获得文学硕士学位，是 20 世纪初叶留学海外、并获得学位的为数不多的女性之一，被称为"吾国女生在苏格兰大学中得学位者女士为第一人"。② 而她们的成长中也不乏来自家学渊源的影响，如薛琪瑛的祖父是清末改良派思想家、外交家薛福成，其母是清末改良派思想家、桐城派大师吴汝纶的女儿；吴弱男之父吴保初以文章气节闻于世，与谭嗣同、陈三立、丁惠康并称为"清末四公子"。女性译者多元的文化身份为其奠定了广阔的文化视野，这体现在她们戏剧翻译中对原剧作的选择上。

二、选择原作的名家名著意识

20 世纪初叶的中国，西方戏剧在绝大多数中国读者的期待视野中尚属于全然陌生的审美体验。五四主流知识分子推崇西方戏剧作品的翻译，目的在于建立中国的新文学，以塑造新的国民性。因为传统的贵族文学、古典文学、山林文学"盖与吾阿谀夸张虚伪迂阔之国民性，互为因果"③，通过文学的革命，才能实现国民性的现代重塑。而翻译是滋生新文学的重要手段，1917 年陈独秀呼吁：

① 转引自张静庐：《〈秋瑾史迹〉辨异》，见中国社会科学院文学研究所近代文学研究组编：《中国近代文学论文集 1949—1979·诗文卷》，北京，中国社会科学院出版社，1984，第 1 版，第 636 页。
② 《袁昌英女士》，《今代妇女》，1928 年第 2 期，第 6 页。袁昌英获得学位时，路透社和中国报纸刊载了该消息。
③ 陈独秀：《文学革命论》，《新青年》，1917 年第 2 卷第 6 号，第 4 页。标点为笔者所加。

　　吾国文学界豪杰之士，有自负为中国之虞哥、左喇、桂特
郝、卜特曼、狄铿士、王尔德者乎？有不顾迂儒之毁誉，明目
张胆以与十八妖魔宣战者乎？予愿拖四十二生的大炮，为之
前驱。[1]

西方文学界的著名作家成为新文化知识分子推崇学习的对象，并将之作
为与传统文学争夺中心地位的武器。1918 年胡适提出"只译名家著作，
不译第二流以下的著作"[2]，确立了五四新文化知识分子在译介外国文学
中，选择名家名作的翻译选材方策。

　　女性译者发表的翻译戏剧作品中，虽然撰有专门"译者识"或者译序
跋语来说明选择翻译原剧作原因的并不多，但凡有这一类文字，女性译
者多倾向于着力介绍原作者的文学成就，以及选择翻译的剧作在西方戏
剧界的重要地位。在新文化运动前夕，女性译者第一部正式的而非从小
说改译的翻译戏剧，是 1915 年薛琪瑛在《青年杂志》第 1 卷第 2、3、4、6
号和第 2 卷第 2 号上发表的王尔德作《意中人》。在"译者识"中，薛琪瑛
指出"作者王尔德。晚近欧洲著名之自然派文学大家也。此篇为其生平得
意之作。"[3]译者指出该剧作者在欧洲享有盛誉，并称该作为王尔德"生平
得意之作"。由此推测，译者对王尔德及其剧作在欧洲的影响有相当了
解，并选了王尔德的代表性作品译介给中国读者，可见薛琪瑛在新文化
运动发生之前，便在翻译实践中开始有意识地选择名家名作，是实践翻
译名家名作翻译选材方策的先驱。1924 年沈性仁在重译法朗士所著戏剧
《哑妻》时[4]，在剧本末的跋中，介绍了该剧的来由，称"这出戏的曲折，
构造，辞句都非常之好"[5]，"使法国文学上增加许多光彩"，称该剧是法
郎士"世人公认"的杰作。[6] 1926 年袁昌英所译英国勃拉得霍士著《寂寥似
的》，在"译者识"中称该作为"杰作"、"珍品"、"文艺上是有优越的永远
价值的"，称原作者为"兰开夏戏剧维新运动的一个有力分子"。[7] 这些副

<hr>

① 陈独秀：《文学革命论》，《新青年》，1917 年第 2 卷第 6 号，第 4 页。标点为笔者所加。
② 胡适：《建设的文学革命论》，《新青年》，1918 年第 4 卷第 4 号，第 305 页。
③ 薛琪瑛：《意中人·译者识》，《青年杂志》，1915 年第 1 卷第 2 号，第 1 页。
④ 该译作最早于 1919 年在《新潮》第 2 卷第 2 号上发表，但当时译者没有留下任何副文本
　材料。
⑤ 沈性仁译：《哑妻》，《小说月报》，1924 年第 15 卷号外《法国文学研究》，第 133 页。
⑥ 沈性仁译：《哑妻》，《小说月报》，1924 年第 15 卷号外《法国文学研究》，第 134 页。
⑦ 杨袁昌英：《寂寥似的·译者识》，《东方杂志》，1926 年第 23 卷第 9 号，第 125 页。

文本中，女性译者对原作者和原剧作的影响和贡献进行了介绍，并且说明选择翻译的这部作品在文学上的价值和代表性，即女性译者选择翻译原作是建立在对该作的艺术鉴赏基础上，是有意识的选择行为。虽然这类副文本材料并不多，但女性译者的翻译实践充分体现了选择名家名作的翻译选材方策，名家名作占据了主流，参见表 4-2①。

表 4-2　1898～1930 年中国本土女性译者翻译的名家剧作

国别	原剧作者	原剧作名	汉译本	汉译本发行年份	译者	汉译本发表刊物或出版社
英国	Oscar Wilde 王尔德	An Ideal Husband	《意中人》	1915	薛琪瑛	《青年杂志》第 1 卷第 2、3、4、6 号和第 2 卷第 2 号
		Lady Windermere's Fan	《遗扇记》	1918～1919	沈性仁	《新青年》年第 5 卷第 6 号、第 6 卷第 1、3 号
	John Drinkwater 德林瓦脱	Abraham Lincoln	《林肯》	1921	沈性仁	商务印书馆
	St. John Hankin 汉更		《常恋》	1922	沈性仁	《小说月报》第 13 卷第 10 号
	James M. Barrie	The Twelve-pound Look	《十二镑钱的神气》	1924	沈性仁	《太平洋》第 4 卷第 6 期
	Harold Brighouse 勃拉得霍士	Lonesome-like	《寂寥似的》	1926	袁昌英	《东方杂志》第 23 卷第 9 号
	George Caldron	The Little Stone House	《小坟屋》	1927	沈性仁	《小说月报》第 18 卷第 1 号
挪威	Henrik Ibsen 易卜生	Little Eyolf	《小爱友夫》	1918	吴弱男	《新青年》第 4 卷第 6 号
	Björnstjerne Björnson 卜尔生	The Editor	《新闻记者》	1920～1921	沈性仁	《新青年》第 7 卷第 5 号、第 8 卷第 1 号、第 9 卷第 2 号

---

① 表格中原剧作者的汉译名采用的是当时女性译者汉译本中的译名，汉译本中没有原作者汉译名的就只标注了原名。原剧作名空缺处是汉译本中没有注释出原剧作名。

续表

国别	原剧作者	原剧作名	汉译本	汉译本发行年份	译者	汉译本发表刊物或出版社
法国	Anatole France 法郎士	The Man Who Married A Dumb Wife	《哑妻》	1919	沈性仁	《新潮》第 2 卷第 2 号
	Eugène Brieux 白立阿	Maternity	《产妇》	1925	薛琪瑛	《京报副刊》第 225、227、228、231、232、246、248 期
	H. R. Lenormand	Le Temps est un Songe	《时间是梦幻》	1928	袁昌英	《现代评论》第 8 卷第 199～203 期
	J. J. Bernard 班拿	Martine；L'ame en peine	《玛婷；痛苦的灵魂》	1930	袁昌英	商务印书馆
美国	Percival Wilde 淮尔特		《上帝的手指》	1922	沈性仁	《小说月报》第 13 卷第 12 号
俄国	Anton Tchekoff		《蠹货》	1923	沈性仁	《太平洋》第 4 卷第 2 号
奥地利	Arthur Schnitzler 显尼志劳		《生存的时间》	1925	袁昌英	《东方杂志》第 22 卷第 13 号
			《最后的假面孔》	1925	袁昌英	《东方杂志》第 22 卷第 24 号

在 20 世纪的头 30 年间，女性译者共译有 25 种戏剧作品，其中名家名作就有 17 种，另外还有安徒生的《圣诞夜之烛》(The Christmas Candle)，郑申华将之译为戏剧，1916 年发表于《女铎》第 5 卷第 9 号，以及 1917 年郑申华译的儿童剧《施德拉》(Cinderella)，发表于《女铎》第 6 卷第 1 号。这 19 种占女性译者翻译戏剧数量的 76%，可见女性译者的戏剧翻译，在原作选择中名家名作意识非常强烈。

三、翻译选材方策中性别意识的彰显

整体而言，女性译者在戏剧翻译中实践的翻译选材方策秉承了五四时期的翻译名家名作的原则，但其中也出现了女性译者个性化的选择。每个文化/跨文化的行为者是多种社会化过程的复杂产物，社会化发生在各种机构中（如家庭、学校、朋友圈、职场、邻里，等等）①，女性译者

① Reine Meylaerts. "Translators and (their) norms". In Anthony Pym，Miriam Shlesinger, and Daniel Simeoni, eds. *Beyond Descriptive Translation Studies*：*Investigations in Homage to Gideon Toury*. John Benjamins Publishing Company. 2008. p. 94.

虽然与男性知识分子所处共同的社会时代大语境，但因其作为女性和个人不同的文化处境，在对原作的选择中并不完全与主流翻译选材方策保持同一。

胡适提出了只译名家著作的翻译选材方策，但应当先译哪些名家的哪些著作，在这一点上女性译者的翻译选材方策表现出与主流翻译选材方策的相对偏离。王尔德以四部社会喜剧《温德米尔夫人的扇子》(*Lady Windermere's Fan*，1893)、《一个不重要的妇人》(*A Woman of No Importance*，1893)、《理想丈夫》(*An Ideal Husband*，1895)、《认真的重要》(*The Importance of Being Earnest*，1895)和独幕诗剧《莎乐美》(*Salomé*，1893)奠定了他在戏剧史上的地位。这几部戏剧为经典名作，但却在五四前后遭遇了先冷后热的译介状况。王尔德戏剧的第一个汉译本是1915年《青年杂志》上刊行的由薛琪瑛女士翻译的《意中人》(即《理想丈夫》)，但1916年胡适却对该翻译选材提出批评意见，认为：

> 译事正未易言。倘不经意为之，将令奇文瑰宝化为粪壤，岂徒唐突西施而已乎？与其译而失真，不如不译。此适所以自律，而亦颇欲以律人者也。……
>
> 译书须择其与国人心理接近者先译之，未容躐等也。贵报(《青年杂志》)所载王尔德之《意中人》(Oscar Wilde's "The Ideal Husband")虽佳，然似非吾国今日士夫所能领会也。以适观之，即译此书者尚未能领会是书佳处，况其他乎？而遽译之，岂非冤枉王尔德耶？[①]

胡适把翻译作为"造新文学"的手段，认为选择翻译何种作品需慎重，主张循序渐进地译介西方名著，把"国人心理"作为选择先翻译何种作品的重要原则，并指出薛琪瑛译王尔德《意中人》虽然是名家之作，但并不适合于目标语文化当前的需求，翻译没有达到理想的接受效果。胡适的观点得到陈独秀的赞同。而作为译者的薛琪瑛有自己的翻译目的，在《意中人》所作的"译者识"中，译者道：

> 曲中之义。乃指陈吾人对于他人德行的缺点。谓吾人须存

---

① 胡适：《论译书寄陈独秀》，见姜义华编：《胡适学术文集·新文学运动》，北京，中华书局，1993，第1版，第474页。

仁爱宽恕之心。不可只知憎恶他人之过。尤当因人过失而生怜
爱心。谋扶掖之。夫妇之间。亦应尔也。特译之以饷吾青年男
女同胞。①

薛琪瑛接受了新学教育，对于夫妻关系的解读，她提出了不同于传统"夫
为妻纲"的视角，强调夫妻之间相互的宽容，主张两性平等的新型婚姻秩
序。作为译者，薛琪瑛十分关注该剧中展现的两性关系，并希望借此把
两性之间相互的"仁爱宽恕"传达给译入语读者，并且设定了译作的目标
读者为"青年男女"，可见翻译王尔德是译者有目的、主动的选择行为。
在以后的文学翻译活动中，薛琪瑛持续关注性别问题，她一直贯彻向中
国男女青年传递正确爱情观和婚姻观的翻译选材方策。薛琪瑛希望通过
选择精良的文本来翻译，让中国青年男女认识到自由恋爱的可贵之处，
在于把爱情建立在双方志同道合的基础上，强调恋爱双方的精神交流和
相互的忠贞。作为译者的薛琪瑛，她对自己的翻译目的有非常清楚的界
定，她对性别问题的关注始终贯穿在她的翻译行为中，与她努力启发中
国读者的现代性爱观念是分不开的，她的翻译选材方策体现出强烈的性
别意识。对比胡适对易卜生的推崇，认为"易卜生把家庭社会的实在情形
都写了出来，叫人看了动心，叫人看了觉得我们的家庭社会原来是如此
黑暗腐败，叫人看了觉得家庭社会真正不得不维新革命——这就是'易卜
生主义'"。② 胡适推崇易卜生戏剧，将其视作革新中国传统文化和社会
的手段，娜拉决然离家的姿态激发了五四知识分子对反抗传统的想象，
将娜拉"放在一个自我解放的架构之中，以为此例将可引导他们将个人之
人格从传统社会的镣铐及价值观中解放出来"③，性别问题更多的是作为
一种象征性符号被言说。薛琪瑛翻译王尔德《意中人》的目的显然与此存
在很大差异，虽然薛琪瑛也尝试通过翻译建立新型家庭关系，但并没有
把夫妇之间、传统与现代之间视作压迫与反抗、落后与进步之间的对立
关系，这自然并不吻合激进知识分子急于与传统决裂的姿态。胡适所言
"译此书者尚未能领会是书佳处"，显现出薛琪瑛作为译者选择翻译该作
不同的文化态度。

　　1925 年薛琪瑛译《产妇》(Maternity)，在《京报副刊》上连载，原作者

---

① 薛琪瑛：《意中人·译者识》，《青年杂志》，1915 年第 1 卷第 2 号，第 1 页。
② 胡适：《易卜生主义》，见《易卜生集》，上海，商务印书馆，1921，第 1 版，第 18～19 页。
③ 李欧梵：《现代性的追求》，北京，生活·读书·新知三联书店，2001，第 1 版，第 49 页。

为法国剧作家白立阿①（Eugène Brieux，1858～1932），经萧伯纳夫人的英译转译。该剧支持女性节育，在该剧的最后一个场景，展现了"已经没有足够食物喂养第一个孩子的贫困女性，愤怒反抗生育更多的孩子"。②生儿育女被视作女性的天职和美德，而在传统中国社会，这更是女性价值最重要的体现。五四时期，传统的生育观在西方现代人口论和生育观念的冲击下开始发生变迁。《妇女杂志》1920年开始发表文章探讨节育与女性生理健康与自由之间的关系③。1922年4月美国山格夫人（Mrs. Sanger Margaret，1879～1966）在北大做了一场题为《生育制限的什么与怎样》的演讲，胡适做翻译，张竞生陪同，引发了对节制生育与人口数量、人口素质、妇女解放以及社会道德等问题的广泛讨论。薛琪瑛所译《产妇》就是在此文化语境中发表的。《产妇》一剧中，女主人公露仙（Lucie）在结婚的四年里已经生育三个女儿，希望能够节制生育。而其丈夫白利那（Brignac）却想生个儿子，并在妻子怀孕生子期间与其他女性有染。露仙对女性在生育问题上得不到尊重、不能自主而发出抵抗的声音，称"这是奴隶的事"，"你到底不顾我的身体，与所受的种种痛苦，使我一年不得安居。我的生活由你擅自处分。"④女性因为没有生育的自主权，沦为生育的工具，身心遭受创痛，丧失女性的独立人格。虽然薛琪瑛没有撰写相关的副文本阐释选择翻译该剧的原因，但对这一主题剧作的翻译实践，展现了译者对女性最深刻的关怀，反驳了将女性作为欲望对象和生育工具的传统观念，体现着译者翻译选材方策中鲜明的性别意识和女性关怀意识。

1917年郑申华译新剧《薏波》刊发在《妇女杂志》第3卷第8号上。该剧围绕女子是应该勤于纺织，还是应该读书具备学识的争论展开。剧中的三位姑母"长唇姑"、"阔指姑"和"扁足姑"和妈妈都勤于纺织，认为"纺织是女子当做的事"，而喜欢读书的薏波"真羞辱亲友"，薏波反驳道：

---

① 现常译作尤金·百里欧。

② George Bernard Shaw. "Preface". In Eugène Brieux. *Three Plays by Brieux*：*Maternity*；*The Three Daughters of M. Dupont*；*Damaged Goods*. Kessinger Publishing，2005. p. Liii.

③ 1920年《妇女杂志》第1号上刊登读者黄秀芬的来信《生育的机器要做到几时为止呢》，信中讲述了自己不断生育带来的生理和精神上的痛苦，希望能了解节育方面的信息。同年《妇女杂志》第9号上刊登金仲华的《节制生育与妇人生理的解放》一文，指出女性生理上的不解放将妨碍女性在其他方面的解放。

④ 薛琪瑛译：《产妇》，《京报副刊》，1925年第228期，第3页。

　　　我虽然不敢轻视纺织。这诗词是文学上的一种美术。也是
　　我最喜欢的。纺织是一种生计。叫女子练习勤劳的方法。文学
　　是有调节勤劳的作用。可以陶淑性情。增进智识。你们只会纺
　　织。不懂文学。难道就算尽女子的能事么。①

薏波认为对于女子而言，纺织与读书并不矛盾，都应是女子的职责。她
们的争论引起了街上王后的注意，王后让薏波进宫，在三日内若纺完三
房间的麻，即可聘薏波为太子妃。在三位姑母的帮助下，三房间的麻在
规定时间内纺完。但太子的择妃要求却是"纺织固是妇女所当为的。然更
不能不知书识字"②，虽然薏波告诉太子纱并非是她纺的，"我虽然也会
纺纱。却最喜欢文学"③，最后得到太子的青睐，聘为太子妃。该剧宣扬
了一种新的女性审美观和价值观，即勤于劳作与知书识字都是女子应当
具备的品行，与传统贬低女子才学的性别观相背离。虽然这一价值标准
合法性的获得，是通过"太子"这位居于权力结构顶端的男性的认可。郑
申华选择翻译该作，借用男性权威的影响力，实现了对新型女性价值观
的宣扬，其性别的立场十分鲜明。

　　沈性仁作为中国 20 世纪初叶最杰出的女性译者之一，1930 年前发
表的翻译作品数量多达 15 种，其中翻译戏剧作品 9 种，其翻译生涯是从
戏剧翻译开始的。沈性仁的第一部译作，是 1918 年《新青年》上开始连载
的王尔德戏剧《遗扇记》。该译作前附有其丈夫陶履恭（1888～1960）所作
的《序言》，提及"新青年登过薛女士所译的《意中人》*An Ideal Husband*
可惜没有登完。此外再没有提及过王尔德的名字了"。④ 可见薛琪瑛所译
《意中人》招致胡适的批评后，对王尔德戏剧的译介陷入了暂时沉寂。"如
果译者冒风险将会得到回报（经济的、象征性的或者社会的），那么译者
将可能采取冒险的方式，而不是转移风险"⑤，作为译者的沈性仁，在目
标语文化对王尔德知之甚少，并且在薛琪瑛翻译王尔德戏剧受到负面评
价的情况下，依然选择打破主流翻译选材方策，翻译王尔德戏剧。陶履
恭介绍了沈性仁翻译《遗扇记》的起由："今年九月性仁在病院里，闷极无

①　郑申华译：《薏波》，《妇女杂志》，1917 年第 3 卷第 8 号，第 6 页。
②　郑申华译：《薏波》，《妇女杂志》，1917 年第 3 卷第 8 号，第 8 页。
③　郑申华译：《薏波》，《妇女杂志》，1917 年第 3 卷第 8 号，第 9 页。
④　陶履恭：《序言》，见沈性仁译：《遗扇记》，《新青年》，1918 年第 5 卷第 6 号，第 596 页。
⑤　Anthony Pym. "On Toury's laws of how translators translate". In Anthony Pym, Miri-
　　am Shlesinger, and Daniel Simeoni, eds. *Beyond Descriptive Translation Studies*：*In-
　　vestigations in Homage to Gideon Toury*. John Benjamins Publishing Company. p. 325.

聊，我又没有工夫去陪伴他，乃请王尔德的《遗扇记》给他解闷。性仁喜欢这出戏里的故事，出院后就把他译出来。"①沈性仁虽然在丈夫的推荐下接触到该剧作，但她对该剧的翻译缘自对该剧的喜欢，对原作的选择冒着被评论家批评和否定的风险。沈性仁对王尔德戏剧的冒险选择是其作为译者自主的选择行为，对当时主流翻译选材方策的偏离，更加彰显了女性译者的独立审美精神和文化态度。该剧 1923 年由洪深（1894～1955）改译为《少奶奶的扇子》，1924 年搬上舞台演出，引发了关于女性解放是应该模仿娜拉出走，还是应该像少奶奶一样回到婚姻家庭秩序之中的争论。②沈性仁对该剧故事的喜欢，与男性译者对易卜生娜拉的热衷相映成趣，体现出译者翻译选材方策中的不同视角。

1922 年沈性仁翻译英国剧作家汉更的《常恋》（*The Constant Lover*），发表在《小说月报》第 13 卷第 10 号。该剧中的男主人公西西尔·哈勃顿（Cecil Harburton）以问路为由认识了姑娘爱维连·利福思（Evelyn Rivers），两人在树林中约会相见。西西尔宣扬恋爱的快乐，"一个人要是不爱人，活着有什么趣味？我是不断的与人家有恋爱的"③，认为结婚并养育子女是"十分愚笨的人"④，他推崇"不受束缚，不负责任，也没有可怕的小房子，没有小鸟在巢里叫吵"⑤的生活，以享受爱情的名义，推脱所有生活的责任。在西西尔的爱情观里，把女性看作恋爱和享受乐趣的工具，是制造"雅韵的事"的对象，却不愿意承担任何职责。这与爱维连的价值观发生冲突，爱维连没有因对方的甜言蜜语和亲吻而失去判断力，她认为"一个男子如果不跟这个女子订婚，就不应该与她发生恋爱"⑥，爱应该是认真的、永久的。经过痛苦地抉择，她拒绝了西西尔，去车站等候认真做事、一直爱着她并向她求婚的黎吉（Reggie）。在五四时期对追求婚恋自由的呐喊声中，一些男性以"爱情"和做"新女性"的名义鼓动女性，让女性失去冷静的洞察，容易陷入危险的人生境遇。《常恋》一剧中，女主人公以严肃的态度对待恋爱，拒绝不负责任的两性关系，反对游戏人生，无疑是对滥用自由和爱情名义误导女性的反驳。沈性仁选择翻译这样主题的剧作，体现着译者对作为时代呼声的"婚恋自由"口号的

---

① 陶履恭：《序言》，见沈性仁译：《遗扇记》，《新青年》，1918 年第 5 卷第 6 号，第 597 页。
② 参见罗列：《出走与归来：从易卜生与王尔德戏剧中出走女性的译介看"五四"女权话语的多样性》，《妇女研究论丛》，2008 年第 4 期，第 42～51 页。
③ 沈性仁译：《常恋》，《小说月报》，1922 年第 13 卷第 10 号，第 16 页。
④ 沈性仁译：《常恋》，《小说月报》，1922 年第 13 卷第 10 号，第 16 页。
⑤ 沈性仁译：《常恋》，《小说月报》，1922 年第 13 卷第 10 号，第 17 页。
⑥ 沈性仁译：《常恋》，《小说月报》，1922 年第 13 卷第 10 号，第 16 页。

犀利审视。剧中女主人公最终的选择，无疑是译者希图传达给读者，尤其是女性读者的告诫之声。

1923 年，沈性仁译俄国 Anton Tchekoff 著《蠢货》，发表于《太平洋》第 4 卷第 2 号。该剧的女主角褒白夫人丈夫去世，虽然其丈夫并不忠实于婚姻，但褒白夫人依然立志守节，足不出户，不见任何外人。直至一位退伍军人史密诺夫闯入，来讨要褒白夫人的丈夫所欠债款，两人在冲突中产生感情，褒白夫人最终接受了新的感情。该剧表达了对女子贞节观的不同看法，剧中仆人路加劝告褒白夫人"一个人不能永远悲哀哭泣的！"、"想起来你的丈夫也不配你这样哭他！"[①]，希望她在年轻美丽时，及时选择新的生活。这一主题鼓励女性放弃夫死守节的观念，珍惜生活，与五四新文化知识分子对贞操的讨论和对"节妇"、"烈女"观的抨击相呼应，参与建构着新的性别话语。

1924 年，沈性仁译英国 James M. Barrie 著《十二镑钱的神气》(*The Twelve-pound Look*)，发表于《太平洋》第 4 卷第 6 号。该剧中海理的前妻喀德在 14 年前留下一纸书信弃他而去，海理一直认为前妻是跟某个男子私奔，他自认为是一个好丈夫，把妻子"打扮得很阔"[②]，妻子在他那里享受着"种种幸福"。[③]14 年后二人意外见面，喀德成为了一名打字员，而海理即将受封为爵士。在海理的追问下，喀德告诉了离开他的真实原因，她厌倦打扮得珠光宝气宴请客人的生活，也反感海理不断追逐成功的价值观，她眼中的海理"无情"、"粗暴"、"轻看弱者"、"看不起女子"。[④]于是她决定"如果我一旦有了可以赚十二镑钱的能力；我便能一个人投身到社会上去；所以一等我赚到了便与你脱离了"。[⑤]喀德放弃锦衣玉食的生活，选择了在海理眼中"可怜孤独的穷鬼"[⑥]的日子，却获得自信和自由。这一主题跟娜拉出走极为相似，妻子不甘成为丈夫炫耀的物品，希望获得独立的精神和做人的尊严。娜拉在与丈夫的冲突中突然下定决心放弃做妻子和母亲的职责，去追求做人的生活。喀德与此不同，她经历了一年的思考，并租了打字机自学，在 6 个月里赚到了十二镑钱，偿清了打字机的账目，在充分思考和准备的条件下，喀德才"自由走

---

① 沈性仁译：《蠢货》，《太平洋》，1923 年第 4 卷第 2 号，第 2 页。
② 沈性仁译：《十二镑钱的神气》，《太平洋》，1924 年第 4 卷第 6 号，第 21 页。
③ 沈性仁译：《十二镑钱的神气》，《太平洋》，1924 年第 4 卷第 6 号，第 19 页。
④ 沈性仁译：《十二镑钱的神气》，《太平洋》，1924 年第 4 卷第 6 号，第 24 页。
⑤ 沈性仁译：《十二镑钱的神气》，《太平洋》，1924 年第 4 卷第 6 号，第 23 页。
⑥ 沈性仁译：《十二镑钱的神气》，《太平洋》，1924 年第 4 卷第 6 号，第 31 页。

了"。① 在后来的 14 年中，喀德靠打字获得独立的生活。女性的独立不是靠一时的意气和冲动，需要具备精神上和经济上的充分准备，这对于五四时期"娜拉走后怎样"，以及女性获得独立意志是应该出走还是归来的激烈讨论，提供了一种解答。

在沈性仁的 9 种翻译戏剧中，有 4 种剧作的主题均涉及女性在恋爱和婚姻中的各种境遇与选择。剧中女主人公均尊重自己的意愿，经过思考，选择了适合自己的生活。从中可以窥见作为译者的沈性仁，在翻译选材方策中体现出对女性命运的关注。她选择翻译的作品主题，既反映女性突破传统性别秩序桎梏的勇气，也表现出对新潮思想中潜在的危险所具有的洞察和冷静判断，译者翻译选材方策中的女性生命关怀立场非常突出。

图 4-9　1917 年郑申华译新剧《薏波》

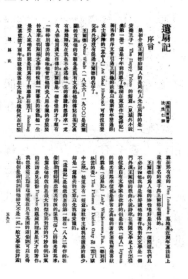

图 4-10　1918 年沈性仁译《遗扇记》　　图 4-11　1924 年沈性仁译《十二镑钱的神气》

<hr>

① 沈性仁译：《十二镑钱的神气》，《太平洋》，1924 年第 4 卷第 6 号，第 25 页。

四、女性译者对主流翻译选材方策的偏离

西方戏剧作为全新的文学形式进入中国，激发了中国戏剧文学的革新和发展，女性译者以自己的翻译书写，见证并参与了这一过程。女性译者的翻译选材方策既与主流规范相吻合，秉持选择名家名作翻译的原则，显现出女性译者不俗的艺术审美视角和文学品位，但又显现出对主流规范一定程度的偏离，保持女性译者独立的主体性。如在遭遇胡适的批评后，对王尔德的译介出现冷落的局面，女性译者却再次主动选择翻译了他的剧作。

翻译是一种文化现象，是由具有个性和某种翻译目的（agenda）的个体译者来实施的，因此翻译与译者身处的政治、经济或个人境况有密切联系。译者是翻译行为的实施者（agent），总在特定的政治语境中发挥积极、施动的作用（performative role）。①作为第一个走向公共空间的女性知识分子群体，20 世纪初叶的女性译者站在传统与现代之间，她们有着区别于男性知识分子的历史际遇和生命体验，对西方戏剧的翻译是她们现代性体验的一部分。其戏剧翻译选材方策中对女性问题的关注，如新型夫妻关系的建立、女性生育与自由、女性对婚恋对象的选择以及女性对自我价值实现的思考等主题，不以慷慨激情的反抗为主导，而是更加关注女性切身的生命体验，揭示以现代性话语掩盖的把女性作为欲望对象的企图，展示着女性译者审视现代性更为冷静的独特视角。

第四节 女性译者的间接翻译及自觉意识

间接翻译（indirect translation），也称二手翻译（second-hand translation），属于"重译的一种。以一种外语（媒介语）的译本为原本，将之翻译成另一种语言"。② 间接翻译不是从原文直接翻译，而是根据原文的某种外文译本翻译成最终的目标语文本。间接翻译的发生从语言层面上看，是受到译者习得外语语种局限的影响。然而正如图里研究希伯来文学中的间接翻译时道："间接翻译采用的方式和范围，及其中可能发生的变化，可以看作希伯来文学整体上的症候；因二手翻译常常会涉及不仅两

---

① Luise von Flotow. "Translation in the Politics of Culture". Renate Blumenfeld-Kosinski, Luise von Flotow, and Daniel Russell, eds. *The Politics of Translation in the Middle Ages and the Renaissance*. University of Ottawa Press, 2001. p. 13.

② 方梦之编：《译学辞典》，上海，上海外语教育出版社，2004，第 1 版，第 132 页。

个系统，这至少也可以作为一种线索，揭示一种文学相对于其他语言/文学所处的地位"。① 间接翻译的发生，除了与译者掌握语种数量相关，还与目标语文化与其他文化之间的相互关系不无关联。

一、中国历史上的间接翻译

中国翻译历史上间接翻译现象十分普遍，也称重译或转译。如早期的佛经翻译很多是通过西域的各种语言转译，而非从梵语直接翻译。在政府的事务翻译活动中，间接翻译更是频繁发生。"在历史记载中，从周朝初期（公元前 10 世纪）至帝国终结（1911），重译是十分突出的现象"②，重译甚至成为"中国政府声望和文化优势的一种象征"。③ 古代中国文化的强势心理，导致"主流知识分子对于了解外国和学习外语没有兴趣"④，造成在翻译活动中大量依靠外来译者的现象。可见中国历史上大量存在的间接翻译，并非单纯的语言现象，在很大程度上体现出中华帝国在面对域外文明时所持有的强势文化心态。

至近代鸦片战争，中国在军事和外交上不断失利，警醒了部分先觉知识分子，他们面对外邦文明的态度逐渐开始发生变化。甲午战争的失败更促使中国进步知识分子重新认识中华文明在世界新秩序中的地位，他们将向西方学习看作救亡启蒙的重要手段。在这特定历史语境中产生了对具备独立翻译能力的中国本土译者的迫切需求。然而译者的培养是一个渐进过程，在一段时间内译者所掌握的语种有限，对西学的急迫诉求让康有为、梁启超和鲁迅等人都曾主张从日语转译，以便更快引进西学，间接翻译成为一种广为本土译者和目标语文化所接受的翻译模式。从表面上看，清末对间接翻译方式不加质疑的接受，是传统翻译规范的延续，但实际上与古代中国的间接翻译已然存在很大差异：首先，清末以来的间接翻译是在对西学的急切需求中产生的，目标语文化的心态已经发生变化，原有的大国上邦心理渐行消解，弱势文化的体认逐渐增强；其次，参与间接翻译的主体发生变化，本土译者在较短时间内取代了外

---

① Gideon Toury. *Descriptive Translation Studies and Beyond*. Shanghai Foreign Language Education Press. 2001. p. 134.

② Eva Hung. "Translation in China — An Analytical Survey". In Eva Hung, and Judy Wakabayashi, eds. *Asian Translation Traditions*. St. Jerome Publishing. 2005. p. 74

③ Eva Hung. "Translation in China — An Analytical Survey". In Eva Hung, and Judy Wakabayashi, eds. *Asian Translation Traditions*. St. Jerome Publishing. 2005. p. 75.

④ Eva Hung. "Translation in China — An Analytical Survey". In Eva Hung, and Judy Wakabayashi, eds. *Asian Translation Traditions*. St. Jerome Publishing. 2005. p. 72

来译者，本土译者独立翻译的模式也很快取代中外译者合作的口译笔述翻译模式，成为主流。可以说清末以来，以中国本土译者为翻译活动主体的间接翻译的发生，是中国知识分子在逐渐正视中华国力衰弱这一事实的挣扎中激发的，是中国知识阶层对中西文明认识的一次调整，从以往对域外文明的漠视，转为对西方文明的主动诉求。

　　20 世纪初叶的中国见证了翻译文学的兴起与繁荣，间接翻译是中国译者采用频率很高的翻译方式。1921 年郑振铎曾这样描述当时的间接翻译状况："如此的辗转翻译的方法，无论那一国都是极少看见的，但在我们中国的现在文学界里却是非常盛行。"①这一时期中国读者所获得的世界文学的概念，与间接翻译密不可分。然而至五四时期，"新文化运动所提出重估中国文化的判断大抵以西方为本位，原著所获得的权威性便最终凌驾于一切之上"。②译者原文观念的增强，引发了 20 世纪 20 年代对间接翻译的理论争鸣，参与者均为当时有影响力的译者和作家，如郑振铎、穆木天、梁实秋、鲁迅和茅盾等。论争涉及间接翻译的必要性、其存在的弊端和对中介文本的选择标准等方面，显现出对间接翻译理论认识的自觉。对于间接翻译的弊端学界基本达成共识，即通过中介译本间接翻译会造成与原文的偏离度加大，可能造成较多信息的失落。而其必要性在于，让当时的中国读者能够较为及时地阅读到域外不同语言创作的文学作品。正如鲁迅曾正面评价过间接翻译的价值：

　　　　中国人所懂的外国文，恐怕是英文最多，日文次之，倘不重译，我们将只能看见许多英美和日本的文学作品，不但没有伊卜生，没有伊本涅支，连极通行的安徒生的童话，西万提司的《吉诃德先生》，也无从看见了。这是何等可怜的眼界。③

可见在不具备直接翻译的客观条件下，间接翻译可以及时译介各国优秀作品，起到开启和拓展读者眼界的作用，这也是晚清以降中国翻译历史的真实。既然间接翻译有其存在的必要性，于是郑振铎提出三条原则：

---

①　郑振铎：《译文学书的三个问题》，《小说月报》，1921 年第 12 卷第 3 号，第 22 页。
②　关诗珮：《从林纾看文学翻译规范由晚清中国到五四的转变：西化、现代化和以原著为中心的观念》，《中国文化研究所学报》，2008 年总第 48 期，第 369 页。
③　鲁迅：《论重译》，见《花边文学》，上海，联华书局，1936，第 1 版，第 71～72 页。该文鲁迅使用"史贲"为笔名。

（一）择译本里最可信的一本来做根据，来重译；（二）如译本有二本以上时，应该都把他们搜罗来，细细的对照一过。（三）译完后，应该叫通原本的文字的人，来把他与原本校对一下。①

要保证翻译的质量，译者须具备对间接翻译弊端的充分认识，才能避免出现重大翻译错误和质量问题。郑振铎还建议译者在译作中标注出中介译本的译者名和中介译本的出版信息，把译者对间接翻译的自觉认识，作为译者的责任来强调。

从清末对间接翻译不加质疑的接受，译者对中介文本及其译者的忽视，到 20 世纪 20 年代相关的理论争鸣，提出直接翻译的主张，以及在翻译实践中译者开始重视中介文本及其译者，让他们从隐身的状态在汉译本中显现，反映出译者对自身翻译活动中的"原文"有了更为准确的认识。从注重"译笔"到强调原文及原作者，20 世纪初叶见证了中国翻译规范的重大变迁。而对西方文化的积极诉求，希望忠实地再现西方，是推动这一变迁的重要原动力。女性译者对原文选择的倾向及间接翻译的意识，也受到主流翻译规范的影响，但她们并非是规范被动的接受者，而是建构和推行这一规范的先行者。

二、女性译者间接翻译译作统计分析

20 世纪初叶中国的本土女性译者除了极个别不通外文者，大都接受了近代女学教育，具备了外语能力和独立翻译的能力。本文统计了 1898 年至 1930 年女性译者的翻译文学作品共计 170 种，非文学翻译作品共计 30 种。因翻译文学作品所占的优势比例，本文以翻译文学作品为统计分析对象，能够在一定程度呈现这一历史阶段女性译者间接翻译的基本状况。

这一历史时期的女性译者中，有间接翻译作品发表者共计 20 位，间接翻译作品共计 38 种②，占整个女性译者翻译文学作品数量的 21％ 左

---

① 郑振铎：《译文学书的三个问题》，《小说月报》，1921 年第 12 卷第 3 号，第 24 页。

② 本文统计的间接翻译分为以下三种情况：第一种为译作中译者明确标注了原作者的国别，并注明是"重译"，或者标注、说明是通过何种中介文本翻译；第二种为译者没有注明是间接翻译，但注明了原作者的国别，且译者并不通晓原作的语言；第三种为译者没有标注原作及原作者名，但可以从作品故事发生的地点来判断国别，且译者并不通晓该国语言。这种统计可能并不完全精确，但也可以在一定程度上体现出女性译者间接翻译的基本轮廓。

右。作品的体裁多样，包括寓言、小说、童话、戏剧、诗歌等，几乎翻译文学的各种体裁均有涉及。其中寓言 1 种，童话 12 种，戏剧 7 种，诗歌 1 种，其他各类小说 17 种。小说的种类有科学小说、侦探小说、政治小说、言情小说及宗教小说等，时下流行的各种小说类型均有涉及。女性译者整个文学翻译活动与间接翻译作品发表情况统计参见图 4-12。

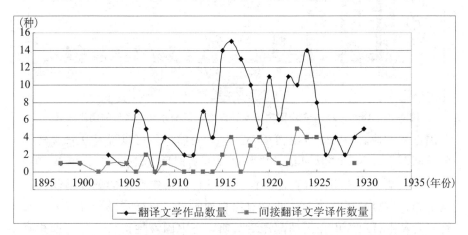

图 4-12　1898～1930 年中国本土女性译者翻译文学作品及间接翻译文学译作数量统计

从图 4-12 可见，自 1898 年女性译者介入文学翻译后，间接翻译就一直伴随着她们的翻译活动。女性译者间接翻译作品数量的变化，与她们整个翻译文学作品数量的变化趋势保持基本一致。1915 年至 1925 年，随着女学堂的不断发展，更多女性有机会接受新式教育，从教会女学和本土女学堂中培育出更多具备外语能力的本土女性译者，女性译者的翻译活动进入繁荣期①，翻译作品发表的数量也达到最高峰。图 4-12 展现出女性译者的间接翻译发展趋势与此保持趋同，自 1915 年开始，女性译者的间接翻译呈现出明显的上升趋势，并一直持续至 1926 年，与女性译者翻译活动的繁荣时期几乎同步。这一时期的女性译者具备了独立翻译的能力，文化视野的不断打开赋予女性译者更多了解域外文学的机会，通过间接翻译，女性译者译介了不同国别的文学作品，参见图 4-13。

女性译者间接翻译的文学作品涉及 10 个国家，其中最多的是法国作品，达 14 种；其次为俄国作品，共计 7 种；丹麦作品共计 7 种。在这 38 种间接翻译的作品中，中介语言主要为英语和日语。

通过日语转译的作品有 4 种，其中法国作品 2 种、美国作品 1 种、

---

① 参见本章第一节。

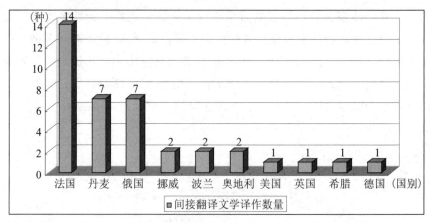

图 4-13　1898～1930 年中国本土女性译者间接翻译文学译作的国别统计

英国作品 1 种。"从 20 世纪初至'五四'运动前后，可以说是从日文转译的高潮"①，女性译者从日语转译的译作刊行时间集中在 1903 年至 1909 年期间，基本与之相吻合，但女性译者以日语为中介语的翻译活动在时间上相对更短。1909 年后，再没有出现通过经日语转译的作品发表。女性译者经由日语为中介语的翻译活跃期，与中国女性留日的高峰期相吻合。而"1912 年前后，留学运动发生了新的变化，留学潮头趋向美国"②，女子留学美国的数量开始逐年增加。此外 1912 年南京临时政府教育部颁布了《中学校令施行规则》，规定男女学生均要修习外文课程，"外国语以英语为主，但遇地方特别情形，得任择法、德、俄语一种"③，英语作为主要的外语语种被纳入学制，使得修习英语的女学生增多，客观上令英语成为更多女性的第一外语选择。在间接翻译活动中，女性译者以英语为中介语言发表的译作达 34 种。可见在 20 世纪初叶，女性译者通晓的外语主要为英语和日语，而能够通过法文直接翻译的女性译者目前笔者发现的有竞雄女史、黄静英、袁昌英和杨润馀 4 人。

三、女性译者的间接翻译意识

在清末中国译者接触域外文学之初，间接翻译十分普遍。以林纾为例，林译小说中有英国、美国、法国、俄国、比利时、西班牙、挪威、希腊、瑞士、日本等国的作品，很多都通过间接翻译的方法引进中国，

① 余协斌、陈静：《我国历史上的转译及其弊得失》，《上海科技翻译》，2004 年第 1 期，第 49 页。
② 孙石月：《中国近代女子留学史》，北京，中国和平出版社，1995，第 1 版，第 131 页。
③ 《教育部公布中学校令施行规则》，《教育杂志》，1912 年第 4 卷第 11 号，第 53 页。标点为笔者所加。

让中国读者开始初尝域外文学的各种风格，领略各国不同的风土人情，通过翻译文学，中国读者勾勒出一副世界地域和文化的图景。然而"早期的译作，颇有人名、地名、故事情节全都中国化，甚至连原作者都一笔抹杀"。① 陈平原统计了1899年至1916年间翻译外国各国小说的数据。②，参见表4-3。

表4-3　1899～1916年翻译各国小说统计

国别	英国	法国	日本	美国	俄国	德国	未标注国别者
数量（种）	293	113	80	78	21	8	203

在这一时段中共译有小说796种，而未标注国籍者占25.5％左右，其中标明国籍的译作中尚有相当部分没有标注原作者名和原作名，可见当时中国译者的原作观念淡薄。评论家（很多并不通晓外文）亦多以"译笔"是否优美雅驯作为评价译作的首要标准，"译笔好就已经是构成好的翻译的充分条件"③，至于译作是否忠实于原作，并非评价译作质量和成功与否的重要标准。清末的文学翻译实践中，译作发表时没有注明原作和原作者、国别，只标注译者名的情况很常见，至于间接翻译所经由的中介文本及其译者，更是处于隐身或被忽视的状态。

女性译者通过间接翻译发表的作品主要存在以下五种情况：第一种，既没标注原文及原作者，也没有原文的国别，更没注明转译的中介文本和译者，只标注了汉译本的译者名，作品共计2种；第二种，没有标注原文及原作者，也没有注明转译的中介文本和译者，但标注了原文的国别，作品共计2种；第三种，标注了中介译者，却没注明原文或原作者，作品共计2种；第四种，标注了原作者，有些还用英文注出原作者的名字，却没有注明转译的中介文本及其译者，共计27种；第五种，标注了原文或原作者，也注明转译的中介文本译者，共计5种。根据以上数据分析发现，整体而言在间接翻译实践中，女性译者大都具有一定的原文及原作者意识。女性译者关注间接翻译的中介文本及其译者的情况居于第二位，为数最多的是第四种情况，即标注了原作者，却没有注明转译

① 陈平原：《前言》，见陈平原、夏晓虹编：《二十世纪中国小说理论资料·第一卷（1897—1916）》，北京，北京大学出版社，1997，第1版，第9页。
② 参见陈平原：《20世纪中国小说史·第一卷（1897—1916）》，北京，北京大学出版社，1989，第1版，第42页。
③ 关诗珮：《从林纾看文学翻译规范由晚清中国到五四的转变：西化、现代化和以原著为中心的观念》，《中国文化研究所学报》，2008年总第48期，第351页。

的中介文本和译者，但大多数译者标注了原作者的国别，或者还用英文标注原作者名，说明在整体上相较于当时的翻译界，女性译者的原文观较强，对间接翻译具备了较强的认知。

四、重视中介文本及其译者的女性译者

在女性译者的间接翻译实践中，明确汉译本是通过何种中介文本转译的有薛绍徽、薛琪瑛、沈性仁和张近芬四位。

在陈寿彭口译、薛绍徽笔述的《八十日环游记》中，两位译者均作有序言，对该作品是通过间接翻译而成有所说明。陈寿彭介绍道：

> 是记，说部也，本法人朱力士（名）房（姓）所著。……英人舆地家桃尔、邓浮士二人，又合译之，他国亦有译之者，愈传愈广，……①

陈寿彭指出该作本为法国作品，而桃尔、邓浮士二人的英译本传播极广。在薛绍徽的序中，谈到翻译该作时道："变六书之妙法，会意谐音；烦重译之苦心，勾元索要"②，其中提到该作是"重译"，即汉译本《八十日环游记》是从流传最广的 George M. Towle 和 N. D'Anvers 的英译本转译而来。薛绍徽虽然不通外文，但口译者陈寿彭通晓多门外语，他对中介译者的认识显然影响到了作为笔述者的薛绍徽，让她切身感受到外文文本"旁行斜上，格礫钩輈"③的不同书写方式和读音。1914 年商务印书馆出版的署名为"译述者叔子"翻译的《八十日》，仅注明原著者为"法国裘尔俾奴"，对是否是间接翻译没有任何说明。1914 年《小说月报》第 5 卷第 9 号上刊载孙毓修的《欧美小说丛谈》，其中较长篇幅介绍了法兰西柔罗（即凡尔纳）的《八十日环游世界记》，标注的书名为英文 *Around the World in 80 Days*，孙毓修将之译为《二万镑之奇赌》，文中涉及的人名、地名也附有英文标注，可见孙毓修是通过英文译本转译的，但没有说明英译本的译者。相较而言，薛绍徽对待间接翻译的意识比后来的两位译介者都更为明确。

---

① 陈寿彭：《八十日环游记·序一》，见施蛰存编：《中国近代文学大系·翻译文学集二》（1840—1919），上海，上海书店，1990，第 1 版，第 5 页。

② 薛绍徽：《八十日环游记·序二》，见施蛰存编：《中国近代文学大系·翻译文学集二》（1840—1919），上海，上海书店，1990，第 1 版，第 7 页。

③ 薛绍徽：《八十日环游记·序二》，见施蛰存编：《中国近代文学大系·翻译文学集二》（1840—1919），上海，上海书店，1990，第 1 版，第 7 页。

沈性仁翻译作品的数量在女性译者中居于前列，至 1930 年共有 15 种译作发表，采用间接翻译的译作共有 6 种，其中 4 种标注了原作者名及国别，即 1919 年《新潮》第 1 卷第 3 号上发表的《一个病的城里》（"From a Sick Town"），署名"俄国 Maxim Gorky 著"，同刊发表的《私刑》（"Lynch Law"），署名"俄国 Maxim Gorky 著"；1920～1921 年《新青年》第 7 卷第 5 号、第 8 卷第 1 号、第 9 卷第 2 号上连载《新闻记者》，署名"那威 Byornson 卜尔生著"，并标注了该剧名 The Editor；1923 年《太平洋》第 4 卷第 2 号上发表《蠢货》，署名"俄国 Anton Tchekoff 著"。以上四种间接翻译作品虽然没有标注转译的中介译者，但都或者用英文标注了作品名，或者标明原作者国籍，原作者的名字均用英文书写，标示出这些汉译本是通过英文转译而来。另外 2 种，即法国法郎士的剧作《哑妻》和 1922 年《小说月报》第 15 卷第 5 号上刊载的俄国屠格涅甫著《门槛》，译者均有专门文字说明转译的具体情况。例如《门槛》一作文后附有"译者附识"："此篇从一九二二，二，八日的《美国新共和报》上 Leon Saunders 的英文译文转译来的。"[1]译者附上专门文字说明转译的中介文本及其译者，体现了沈性仁对间接翻译的充分认识，原作及原作者的观念更为准确清晰。而《哑妻》一作可以说是沈性仁作为译者对间接翻译环节日渐重视的见证。沈译《哑妻》的汉译本最早发表在 1919 年《新潮》第 2 卷第 2 号上，标注了作品的英文名 The Man Who Married A Dumb Wife 和原作者名 Anatole France，但没有对转译做任何说明。但在 1924 年《小说月报》第 15 卷号外的"法国文学研究"上再次发表该作汉译本时，译者详细补充了原作者和中介译者的信息，标注为"法朗士（Anatole France，1844～?）原著，英国 Curtis Hidden Page 原译，沈性仁重译"。对比这两个版本，可以看到 1924 年的版本中，沈性仁不但标注了转译的英文本译者名，而且明确以"重译"来标识自己的汉译本，此外文末附上的"译者"言末，对英译本专门有所说明：

> 英文译本是英人 Curtis Hidden Page 译的，这人还译过毛利尔的剧集与 Ronsard 的诗集，他不但于法国文学上很有研究，而他的译笔既很流畅，又不失原文的意义，也是翻译家的能手。上文所述《哑妻》的来源与批评亦是从 Page 的译本上的叙文中择出来的。此剧曾在《新潮》上登过。这次校正，修改之处甚多，

几与重译一遍无异。①

　　沈性仁对英译者进行了介绍，说明该译者不但很有文学修养，而且是很出色的翻译家，以此说明沈性仁对转译中介文本选择的严谨标准和慎重态度，从而来确保汉译本也能做到"不失原文的意义"。正如译者所言，从《新潮》版到《小说月报》的"法国文学研究"专号版，《哑妻》汉译本经历了认真的修订，译者对间接翻译的认识进一步明晰，并且形成了对转译中介文本选择的一个重要标准，即选择优秀译者的优秀译本。这一观点最早由郑振铎于 1921 年提出，而沈性仁将之付诸于间接翻译的实践，对新翻译规范的生成起到了积极推动作用。

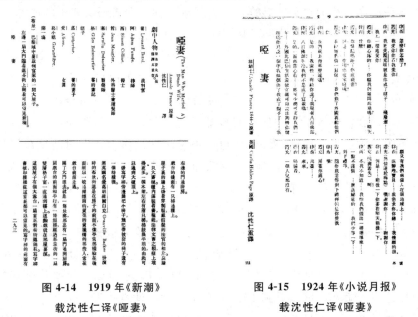

图 4-14　1919 年《新潮》
载沈性仁译《哑妻》　　　　　　　　图 4-15　1924 年《小说月报》
载沈性仁译《哑妻》

　　张近芬，以"ＣＦ女士"为笔名在 20 世纪 20 年代翻译了不少诗歌和童话，是女性译者中翻译诗歌数量最多的一位，其中"译得最多的是王尔德的诗"②。张近芬转译的作品据笔者统计有 8 种：1921 年载《文学》第 109 期、110 期的《夜莺之巢》（"The Nightingale's Nest"），署名"法国 Théophile Gautier 著"；1923 年新潮社出版《纺轮的故事》，署名"Catulle Mendés 作，Thomas J. Vivian 英译"；1923 年《小说月报》第 14 卷第 4 号上发表《初恋》（"The First Love"），署"巴比塞 Barbusse 著"；1923 年《小

---

①　沈性仁：《哑妻·译者》，《小说月报》，1924 年第 15 卷"法国文学研究"，第 134 页。

②　赵景深：《ＣＦ女士》，见《文坛忆旧》，上海，北新书局，1948，第一版，第 43 页。

说月报》第 14 卷第 8 号上的《拇指林娜》，署"丹麦安徒生（Hans Ander-son)著"；1923 年 10 月 5 日《晨报附刊》上的《麻的一生》，署"丹麦安徒生（Hans Anderson)著"；1924 年北京新潮社出版林兰、C F 女士合译《旅伴》①，署"丹麦安徒生著"。1924 年《小说月报》第 15 卷号外"法国文学研究"的《三个播种者》②，署"孟代（Catulle Mendés，1941～1909）原著"，《四个人的故事》署"巴比塞（Henri Barbusse，1874～?)原著"。其中所译《纺轮的故事》不仅在作品扉页上标注出英译者名，而且以"C F 女士重译"来标注汉译本。此外将英译者所作之序言也译成汉语，在张近芬自己的《译者序》还特意说明："这本童话集的英译本，承周作人先生借我，使我有翻译的机会"③，汉译者让中介文本的译者充分保留了其声音。

　　薛琪瑛的译作中只有一部间接翻译的作品，即 1925 年在《京报副刊》上连载的剧作《产妇》（Maternity)，署名为"法国白立阿（Brieux）原著，萧伯纳夫人英译"，译者对中介译者的尊重显而易见。

　　虽然女性译者中只有四位明确标注了中介文本及其译者，但可以看到在女性译者介入翻译活动伊始，薛绍徽便注意到了间接翻译的现象，"重译"的概念已经在其序言中出现，译者从主观上意识到间接翻译里中介文本的存在。活跃于 20 世纪 20 年代的女性译者均在新学的浸润中成长，她们的外语能力使得她们对原文语言更为敏感，沈性仁、张近芬、薛琪瑛三位译者具备了更清晰的间接翻译认识，让转译中介文本及其译者在间接翻译的汉译本中"现身"，体现出女性译者"原文"观念的廓清。

　　从译者的角度看，20 世纪初叶的女性译者有近半者都参与过间接翻译的实践，英语和日语是主要的中介语言。总体而言，女性译者对待间接翻译的认识与主流翻译规范相吻合，即从介入翻译活动之初对间接翻译的无意识，到 20 世纪 20 年代开始让中介文本及其译者现身，体现出女性译者对间接翻译的认识是一个逐步增强的过程。但在整体上女性译者的原文观念较同时期的男性译者更强，她们中的部分译者对间接翻译的认识，显现出超乎时代的先觉意识。此外，她们间接翻译的作品，多为名家名作，这种意识的体现，在时间上早于新文化运动时期提出的翻译名家名作的翻译选材方策，即女性译者在选择需要间接翻译的作品时，

①　新潮版收录林兰译的《旅伴》、《丑小鸭》、《牧豕郎》、《小人鱼》、《打火匣》，C F 女士译的《幸福家庭》、《缝针》、《小尼雪》、《雏菊》、《拇指林娜》和《真公主》；1925 年以《旅伴及其他》为名，上海北新书局出版，1927 年再版，收录 12 篇，前 11 篇与《旅伴》相同，增加了一篇林兰译《克鲁特霍潘》。
②　该作在 1923 年《纺轮的故事》中出版过。
③　C F 女士：《译者序》，见《纺轮的故事》，上海，北新书局，1924，第 1 版，第 13 页。

较早形成了选择名家名作的翻译选材方策；同时，从陈寿彭、薛绍徽翻译《八十日环游记》开始，树立了在间接翻译中选择高质量、接受度广的中介文本的模式，打破了当时译者对间接翻译的无意识状态，可以视作新预备规范孕生的最早萌芽。至沈性仁重新翻译《哑妻》，译者已然在翻译实践中确立了选择中介文本的标准，即选择名家名译为中介文本，进一步强化了新预备规范的确立。

第五章 女性译者的期待规范

第一节 译者期待规范的提出

一、切斯特曼期待规范中的译者期待

期待规范(expectancy norms)这一概念由切斯特曼提出,认为期待规范"是由翻译的受众来确立的,受众对于(某一类型的)译作应该是何种样态,以及目标语中(某一类型的)本族文本应该是何种样态的期待,确立了期待规范"①,切斯特曼认为"职业译者会根据与之相关的期待规范来设计目标语文本"。② 可见切斯特曼的期待规范侧重的是读者期待规范,并强调该规范对译者的制约作用。但作为翻译行为的主体和翻译文本的生产者,译者对译作形态和功能的期待,并非被动受制于读者期待。在特定的历史文化语境中,不同文化身份的译者群体文化目的存在差异,他们通过自己的翻译活动,尝试建构不同的"好的翻译"的样本。译者期待与读者期待形成相互磨合的互动关系,译者期待可以超前于读者期待,成为萌生新期待规范的温床,推动期待规范发生变迁。同时读者期待可以为译者期待设定一个范围,过度超前或者已然落后的译者期待将很难在目标语文化中实现其相应的目标。译者期待规范与读者期待规范之间可谓生生不息。

毋庸置疑,读者期待对译者的翻译活动具备引导和制约力量,毕竟译作要通过读者的接受才能实现译者经济、意识形态和文化等各方面的目的。但译者并非被动受读者期待规范的影响和制约,译者对自己的译作将对读者产生何种影响会有自己的预设,对翻译文本的形态及语言风格也有自己的期待。正如切斯特曼后来提出:"译者头脑中对译作潜在效果/接受状况的设想,是构成译者期待的组成部分,即译者对目标语读者

---

① Andrew Chesterman. "From 'Is' to 'Ought': Laws, Norms and Strategies in Translation Studies". *Target* 5:1. 1993. p. 9.

② Andrew Chesterman. "From 'Is' to 'Ought': Laws, Norms and Strategies in Translation Studies". *Target* 5:1. 1993. p. 10.

及其期待的期待。这一设想影响着译者的决定。"①在对期待规范的阐释
中，切斯特曼提及了一种情况，及译者出于其他考虑，有意识打破期待
规范，例如为了实现对原语文本形式某些方面的忠实，或者出于如何以
最好方式再现原语文化的某一特定意识形态方面的考虑，或者希望生产
出更具说服力的文本。②这说明译者作为翻译活动的主体，有着自身对最
终翻译产品形态与功能的期待。译者期待是影响译者翻译活动以及译本
最终形态的重要因素，译者期待和读者期待之间是一种双向的互动关系。
但切斯特曼在对期待规范的描述中，仅仅把译者打破期待规范的现象，
作为"被打破的规范存在的最好证据"③，译者的主体期待对既有规范的
打破仅仅作为证明期待规范存在的佐证。虽然切斯特曼也指出"当人们开
始期待，规范在某些类型的文本或翻译中被打破，这种期待本身也成为
一种规范：对那种特定文本的期待规范"④，他强调的依然是读者期待规
范的范畴。而实际上，译者对打破规范的期待，是其中最为活跃的能动
力，因为对打破规范的期待，需要译者的主体自觉，在其翻译实践中得
以实现。因此，译者期待应该是期待规范的重要内涵之一，对于译者期
待如何巩固既有期待规范，或者推动既有期待规范发生变迁，需要做进
一步的探讨。

二、译者期待与读者期待

从历时的角度看，翻译活动中首先具备读者身份的并非是译作的读
者，而是译者自身。译者首先是原文的读者，同时也是自己译作的第一
个读者。译者对于译作应该是何模样虽然会受到读者期待的影响，但译
者作为译作的生产者，作为翻译活动的能动主体，对译作的形态有自己
的期待，这一期待会在其译作中呈现出相应的特征，并和读者期待形成
互动关系。

如果译者期待与读者期待相吻合，译作在目标语文化中的接受就会
比较顺利，并进一步巩固既有的期待规范。如果译者期待与读者期待之

---

① Andrew Chesterman. "Description, Explanation, Prediction: A Response to Gideon
Toury and Theo Hermans". *Current Issues in Language and Society.* 5: 1. 1998. p. 96.

② Andrew Chesterman. *Memes of Translation: The Spread of Ideas in Translation Theo-
ry.* John Benjamins. 2000. p. 66.

③ Andrew Chesterman. *Memes of Translation: The Spread of Ideas in Translation Theo-
ry.* John Benjamins. 2000. p. 67.

④ Andrew Chesterman. *Memes of Translation: The Spread of Ideas in Translation Theo-
ry.* John Benjamins. 2000. p. 67.

间存在较大差异，会导致译作的接受受到不同程度的阻碍，这其中可能存在两种情况：一种是译者期待超前于读者期待，一种是译者期待滞后于读者期待。若译者期待超前于读者期待，译作可能不被读者接受，并招致评论家的批评。但超前的译者期待中所蕴含的革新因子，将在适时的文化语境中植根发芽，成为挑战既有期待规范的资源，并逐渐促成现有期待规范的变迁，让新的译作形态被接受。1909 年鲁迅和周作人翻译的《域外小说集》是译者期待过度超前于读者期待的典型，译者对于"词致朴讷"和着意于译介"异域文术新宗"①的期待过度背离了清末的期待规范，无法唤起读者的共鸣，导致该作在当时的读者接受中遭到失败。但其价值到五四时期得到"比林译的小说确是高的多"②的评价，因为直译的翻译策略能更好输入相异于本族语文本的特征，成为本族语文本获取创新灵感的一种途径，这吻合了五四新文化知识分子对翻译功能的新期待。曾经超前的译者期待在五四语境中被整合，用以挑战清末以来形成的期待规范。另外一种情况是译者期待滞后于读者期待，即当期待规范已经发生演变，而译者却依然如故地坚持原有规范，招致评论家和读者的批评，导致其译作的接受效果不理想。如林纾的翻译小说在清末盛行一时，但到五四时期，读者期待已经发生重大变化，而作为译者的林纾却依然坚持自己原有的期待，其译作自然难以再如清末时期那般风行，不得不逐渐退出历史舞台。

　　虽然在中国历史上，佛经翻译中存在着文学翻译的因素，但总体而言，在 20 世纪之前中国并没有形成强大的文学翻译传统。20 世纪初叶翻译文学的繁荣，才让中国读者开始意识到翻译文学作为一种文学类型的存在。这一历史时期中的译者作为最早接触域外文学的读者，他们之所以改变以往知识分子不愿涉足翻译的传统，选择参与翻译活动这一行为本身，就体现了译者期待规范的形成。对于域外文学一无所知的普通中国读者，他们翻译文学观念的形成主要受到两方面的影响，一是中国传统文学观念，另一个是译者对翻译文学的认识和实践方式。如果译者选择实践翻译文学的方式，契合了读者从传统文学出发来审视翻译文学的阅读趣味，译者期待便激发读者期待的形成和巩固，成为影响读者期待生成的重要基础之一。例如在林纾翻译《巴黎茶花女遗事》之前，可说是对域外文学毫无概念，更无从谈起对读者期待的自觉意识。他采用带

---

① 鲁迅：《域外小说集·序言》，见《鲁迅全集·第 11 卷》，北京，人民文学出版社，1973，第 1 版，第 185 页。
② 胡适：《五十年来之中国文学》，上海，申报馆，1924，第 1 版，第 24 页。

有古风的笔法来翻译，基本是从自己秉持的文学传统出发所做出的决定。在《巴黎茶花女遗事》发表之前，中国已有少量翻译文学作品发表，而就在林译小说风行的同时，不乏其他众多通晓外文译者译作的发表，但依然是不懂外文的林纾最受青睐。究其原因，作为译者的林纾对翻译文学的期待，吻合了当时仅具备中国文学经验的读者的期待。林译小说无疑成为切斯特曼所说的"规范模本"(norm-models)①，是清末期待规范的体现，而其中译者期待对读者期待生成的激发，很具典型意味，基本奠定了清末读者对翻译文学的认识和接受方式，也让对"译笔"的重视成为主流的期待规范。

在译本的生产和作为文化商品的流通过程中，译者期待与读者期待之间发生着千丝万缕的联系。若将译者期待从期待规范中剥离，仅仅把译者期待作为受制于期待规范的客体，或者作为期待规范存在的证据，将导致对期待规范的描述研究缺少一个重要维度。

三、译者期待规范的分析维度

译者期待规范反映作为翻译活动主体的译者如何看待翻译，以及何为好的翻译的认识，包括译者对翻译和译作功能的预设，以及对翻译文本特征的预期。译者期待规范不是一个统一的、静止不变的概念，因为译者主体文化身份和文化目的千差万别，形成特定历史时期多元的译者期待规范。它们之间既相互争夺中心位置，又形成彼此间的相互补充。译者在实现自己期待的同时，也满足着目标语文化中不同读者群体的需求。由于译者期待规范的动态及多元特性，对译者期待规范的描述，既需要充分关注译者期待规范的时代共性，也应该探索其中译者群体之间期待规范的差异性。译者期待规范的共性特征将加强某一规范的形成，并使之得以巩固。而差异性成为既有规范产生变化的间隙，是促成规范演变的活跃因子。

译者可以是来自目标文化，作为域外作品的译入者，也可以是来自原语文化，作为原语作品的译出者。本文探讨的是前一种情况。作为成长于目标语文化的译者，本身也是目标语文化受众中的一分子，因此译者期待如切斯特曼的读者期待一样，会受到"目标语文化中的翻译传统"和"目标语平行文本的样式"影响，也会受到经济因素、意识形态因素以

---

①　Andrew Chesterman. *Memes of Translation: The Spread of Ideas in Translation Theory*. John Benjamins. 2000. p. 65.

及两种文化之间权力关系的影响。① 但由于译者作为原文和目标语读者的中介，译者期待还会受到原语文本及原语文化的影响。因此，构成译者期待规范的变量应该包含译者的翻译目的和译者的译入文体意识两个层面。本章对女性译者期待规范的描写，将从上述两个维度展开。

第二节　女性译者的翻译目的

中国 20 世纪初叶出现的本土女性译者，大多受过中国传统文化熏陶，在近代女权启蒙运动推动的女学发展中，又接受了新学的影响和教育，更有不少女性译者拥有留学海外的经历。穿越在不同的文化和地域空间，女性译者不断实现对原有性别身份禁锢的越界，成长为近代第一批先觉女性知识分子。女性译者对翻译活动的参与是她们积极介入公共空间，参与时代文化书写的重要组成部分。女性译者群体虽然在整体上受到时代风尚和主流意识形态的影响，但作为长久传统形成的第二性的文化身份，决定了她们作为译者群体中的亚群体可能存在的特性。"性别差异不仅是一直作为描述翻译的隐喻，也一直存在于真实的翻译实践中，影响着女性在特定社会和历史形态中如何理解并进行她们的书写活动"。② 对于中国 20 世纪初叶的女性译者，她们跨越千年性别隔离的文化之旅，势必在其翻译活动中留下深深浅浅的性别差异的痕迹。

20 世纪初叶中国本土第一个女性译者群体的期待规范生成于特定的历史文化语境，是经过主体内化后的选择，既打上了深刻的时代烙印，也保留着作为个体的个性化特征，同时也体现了中国近代知识女性生存状况的一个侧影。作为翻译行为的实践者，译者主体的翻译活动背后都存在各自的翻译目的。本节分析女性译者期待规范中的一个重要范畴，即翻译目的，将从多层面观照女性译者言说出的和未曾言说的翻译目的，以揭示 20 世纪初叶女性译者的文化态度和经济生存状态。其中既包括意识形态的、美学的和文化方面的预期，也包括女性译者通过翻译实现的经济目的。

① Andrew Chesterman. *Memes of Translation*: *The Spread of Ideas in Translation Theory*. John Benjamins. 2000. p. 64.

② Sherry Simon. *Gender in Translation*: *Cultural Identity and the Politics of Transmission*. Routledge，1996. p. 2.

一、政治意识形态的诉求

20 世纪初叶见证了中国政治制度的巨大变迁，1911 年辛亥革命推翻了延续千年的帝王制度，共和制建立。在新旧政治制度交替的激烈动荡与冲击中，翻译无可避免也成为政治话语建构的场所。言说政治，是传统性别秩序中女性行为的禁忌，也是历史中女性书写甚少涉猎的主题。然而在近代以降的内忧外患中，男性启蒙家们在寻求救国之路的民族国家话语中，开始建构"新女性"的蓝图，其根本目的是为了实现救国、强国的理想，"女子救国"便成为顺理成章的政治口号，让女性参与政治话语的建构和参与政治活动获得了合法性。而随着女权启蒙运动的日益发展，女性的独立意识和抗争意识逐渐得以加强，关心国家民族命运不再是男性知识分子的特权，不少女性也加入其中，而翻译是她们表达政治诉求的渠道之一。共有 6 位女性译者翻译了政治小说。

第一位翻译政治小说的凤仙女史曾留学日本，1903 年在梁启超创办的《新民丛报》上发表译作《美人手》，连载达 34 期之久。《新民丛报》在创办早期比较激进，抨击清王朝的腐朽没落，介绍西方资产阶级的新学说及新思想。在《美人手》的开篇，译者以说话人的身份插入译者的声音：

> 世界上各国人类。因为争一个本分自由的权限。古今来遂演出许多奇奇怪怪的活剧。断送了无数英雄豪杰的生命。看官啊。试想吓。这是何苦来由呢。西人有句话说得好。不自由。毋宁死。人生世上总有一个应该享受的界限。比如他国的人民。享受一世。何等自由。我国的人民。也同一样在世数十年。怎么这等掣肘。这等踌躇。就使生在富贵之家。颐指气使。享用也算满足。但除非总不出来见那世面就罢了。如果出来世界上走动走动。想要占个平等的地位。试将那文明国度的人民与自己细细比较。便觉得满心都不自在起来。此外中下等的人家就更自不消说了。惟是我徒然艳羡那文明国度的自由。亦曾知到他们的自由。是怎么样挣得来的呢。平白白地。由这个享受惯了的专制政府自己送回来。谅看官也知到无此便宜的事。如此就要拿出强硬的手段。问他讨这个顽账。那是一定的道理了。但是他既然占了专制的势力。一向可以把我们本分的自由。圈禁得住。到如今一旦想跳出他这个圈限。那是极不容易的。此何以故。因为世界上有许多的阻力。不独对家占着势力的地步。

不容易把这个九九八十一路的梅花庄打得过。就说自己一个人带来的根性。也常被一种急功近名。见小利无远虑的魔障牵引出许多阻力来。即如作者所译这部故事。其中人才智慧不可谓不周全。手段布置不可谓不巧密。而从中阻力竟生。出种种波折。卒至无法可解。看官啊。试想一想。阻力二字是容易轻心掉得过的么。①

凤仙女史作为译者并非隐匿在原文作者和原语文本背后的隐形者，而是在开篇"现身说法"，发出译者的声音。这是晚清章回体翻译小说中常常采用的叙述手段，"译者'篡夺'了作品中虚拟'说话人'的位置，'说话人'叙述的全知全能或第三人称的叙事视角、夹叙夹议等就随之成为译者的'特权'"。② 凤仙女史利用并发挥了这一特权，在小说开篇引入自己的翻译目的，即向国人传递新的政治观念。"自由"、"平等"作为"文明国度"的象征，是国人应争取实现的目标。并指出想要获得平等，不可能等着"专制政府自己送回来"，需要"拿出强硬的手段"。译者显然不是纯粹在介绍译作，而是在阐发自己的政治观点和立场，自由的获取只有通过暴力革命的手段，推翻专制政府才能得以实现。翻译成为译者言说自己政治理想与目标的场域。同时译者指出实现自由平等的目标需要面对很多阻力，除了来自专制政府的阻力，还有来自个人的劣根性。译者说明之所以选择翻译这部作品，在于告诫读者不可轻视各种阻力。译者利用"说话人"的身份，表达了反对专制制度和推崇暴力革命的政治主张，直接引导读者的接受倾向。

1906 年听荷女士的《铁假面》中亦采用译者代替"说话人"的叙述，引导读者了解该作品的主题：

……那路易十四世。威名赫赫。慑服四邻。原是一个历史上极有名的专制君主。看官当是知道的。只因穷兵黩武。厚敛横征。外则结怨于邻封。内则失欢于百姓。致令国内不平之士。无赖之徒。莫不积怨发愤。狨焉思逞。或欲借外援以倒政府。或欲结皇亲以谋废立。人怀不轨之心。士有擒王之志。乱党蠡起。前仆后继。……举事不成。那落魄志士。往往逃往邻国普

---

① 香叶阁凤仙女史译述：《美人手》，《新民丛报》，1903 年第 36 号，第 1~2 页。
② 杜慧敏：《晚清主要小说期刊译作研究(1901—1911)》，上海，上海书店出版社，2007，第 1 版，第 121 页。

鲁士府。①

　　译者在介绍故事背景的叙述中，表达了自己理解原文的出发点。译者把
"穷兵黩武。厚敛横征"的路易十四称为"专制君主"，举事不成者称为"落
魄志士"，反映出译者将该作视为描写志士反抗专制君主之作的政治立
场，同时也预设了读者的接受视角。

　　陈鸿璧虽然在其所译政治小说《苏格兰独立记》中没有留下译者识或
跋语之类的副文本资料来表达自己的翻译目的，但她从来都是积极投入
社会进步的洪流：

> ……女士以她如火如荼的热忱，明白爽利的文笔，鼓舞老
> 大民族的热血，催促汉族觉悟和从事革命的决心。霹雳一声，
> 武昌举义，三百年的满洲政府土崩瓦解，空前的共和竟以成立，
> 这虽是无量数革命志士眼泪和鲜血的代价，然而女士一枝笔确
> 也曾贡献过不少的力量。"三千毛瑟枪不如三寸管城子"，女士
> 殆可谓中国的罗兰夫人了。②

　　陈鸿璧是一位有着政治自觉的知识女性，她曾投身宣传革命的《大汉报》，
从事编辑及撰稿工作，被称为"中国的罗兰夫人"，可见其书写传播的进
步政治思想，对读者产生了很大影响。翻译《苏格兰独立记》这样一部描
述苏格兰人在英雄和耳士的领导下，抗击英军争取民族独立的作品，可
以看到译者选择翻译该作的政治诉求。此外在 1913 年杨季威所译《黄奴
碧血录》和 1915 年黄静英所译《最后之授课》中，虽然译者并无文字说明
选材的缘由，但二作均为弱民族饱受外辱的主题，译者的爱国之情流露
其间。

　　政治作为公共领域中的事务，在历史上一直是传统性别话语规约的
女性禁地。而晚清以来的政治动荡和危机中，接受新学的第一代女性知
识分子加入了救亡启蒙运动。参与政治小说翻译的女性译者，在作品选
择主题上均与时代大潮相呼应，旨在传播资产阶级的自由民主观念，宣
扬爱国理念，激发大众反抗专制，塑造新国民精神，引导读者树立新的
政治价值观。翻译政治小说成为她们表达政治意识形态诉求、建构时代

---

① 听荷女士译：《铁假面》（上卷），上海，广智书局，1906，第 1 版，第 1 页。
② 春雷女士：《几个女教育家的速写像》，《生活》，1930 年第 5 卷第 15 号，第 227 页。

政治话语的重要载体。

二、性别政治的诉求

建构主义者认为，"女性身份（feminine identity）是一种历史建构，因此'女性'作为一个类别，是复杂话语过程的产物"。[①] 美国女性主义学者 Kate Millete 于 1970 年出版 *Sexual Politics* 一作，揭露父权文化不但在社会政治法律上，并且还通过神话、宗教及文学等无处不在的话语对女性进行殖民。在中国传统社会，女性作为一个性别，其身份一直被有话语权的男性言说和规约，男主女从的社会性别规范让女性言说自身诉求的可能空间十分狭小。传统女性书写在"内言不出于阃"的限制下，体裁和主题均很单一。虽然文学话语侧重于委婉表达女性的内心情感，但却多限于哀怨而缺乏对男权文化的犀利审视。中国 20 世纪初叶的女性译者群体在近代女权启蒙的背景中出现，翻译中对各种新文本类型和主题的尝试，赋予她们打破性别禁忌、跨越文化疆界的权力，从私领域到公共领域，从本土到异域，从沉默者到言说者，在从原有身份的一次次蜕变中，翻译极大拓展了女性译者的话语空间。不少女性译者表现出性别意识的自觉，面对域外文学文本中呈现的不同的性别秩序，女性译者以翻译为载体，直接或间接地审视和剖析中国现有的性别权力机制，追问何为"新女性"，以尊重女性自身体验为出发点，对新女性身份的内涵进行剖析和解读，在男性知识分子的新女性话语中插入了女性自己的诉求。翻译文学成为她们言说心目中理想性别关系、构想新型性别制度的场域。

女性译者的性别政治议程是构成女性译者期待规范的重要组成部分。Luise von Flotow 提出女性主义翻译实践的三种常用策略：增补（supplementing）、加写前言和脚注（prefacing and footnoting）以及劫持（hijacking）。[②] 这三种策略是女性主义译者干预文本，实现其性别政治目的之重要手段。西方女性主义翻译理论认为，"在受女性主义影响的文化语境里出版的译作，元文本（metatext）都带有显著的'译者影响'特征，这是译者作为有性别意识的个体留在文本里的印记"。[③] 对于中国 20 世纪初

---

① Pilar Godayol. "Frontera Spaces：Translation as/like a Woman". In José Santaemilia, ed. *Gender, Sex and Translation：The Manipulation of Identities*. St. Jerome Publishing. 2005. p. 12.

② Luise von Flotow. "Feminist Translation：Context, Practices and Theories". *TTR： Traduction, Terminologie, Rédaction*. 4：2. 1991. p. 74.

③ Luise von Flotow. *Translation and Gender：Translating in the 'Era of Feminism'*. Shanghai Foreign Language Education Press, 2004, p. 35.

叶的女性译者而言，她们是近代中国女权启蒙思潮的时代产物，虽然对性别秩序的认识仍处于新道德与旧伦理的间隙之中，还不是当代意义上的、带有强烈政治目的的女性主义译者，但她们中的不少人具备了一定的性别意识自觉，通过运用写"前言"或"译者识"的方式，或者通过对译作主题的选择，来表达自己的性别政治诉求，并期待读者通过阅读来建立新的两性观念和婚恋观念。

（一）为言情正名

传统女性文学中不乏写情的题材，但以诗词为大宗，表现方式均委婉含蓄，女性作者以小说为体裁的言情书写是在 20 世纪之初，以翻译小说开始的。林纾所译《巴黎茶花女遗事》和《迦因小传》的风行，既引起时人广泛称颂，也招来严厉批评，传统伦理与现代爱情观和性别观围绕着言情小说的译介发生着剧烈冲突。

薛绍徽是第一个运用译者序来表达自己翻译目的和性别观念的女性译者。薛绍徽出身于书香世家，自幼修习儒家传统经典和"女学"规范，深受传统儒家伦理浸染，后在丈夫陈寿彭的影响下了解新学。相较于同时期的维新知识分子，薛绍徽坚持更为保守的女性观，"以自己的独特视角来审视维新派的女性观，其中不乏从女性体验出发的洞见，形成了她思想中活跃、积极并带有某些叛逆色彩的因子"。[①] 在薛绍徽和陈寿彭合译的"爱情小说"《双线记》（A Double Thread）及《外国列女传》中，两位译者都作有序言来阐释各自不同的翻译目的和立场。《双线记》出版于 1903 年，在选择翻译该作时，薛绍徽夫妇对该作的题材发生分歧。[②] 陈寿彭认为"儿女私情"之作对于中国没有益处，不宜翻译，这十分吻合当时以梁启超为代表的维新知识分子倡导的文学翻译规范。薛绍徽却在其译者序中坦言自己喜欢言情小说，并借典籍中的言情传统，肯定"言情"主题本身的合法性。并指出"故准风俗于礼经，观乐无讥郐下；通人情以王道，删诗何碍郑音哉"[③]，情与礼法并非势不两立，王道本乎人之常情，重人情之义，行礼仪之事。薛绍徽引经据典，重新阐释了情与礼之间的关系，人情与王道原本一体，消解了将二者对立起来的观点，尝试在当时苛严的儒家礼制中，为言情正名。此外薛绍徽还提出："贵易交而富易

---

① 罗列：《女翻译家薛绍徽与〈八十日环游记〉中女性形象的重构》，《外国语言文学》，2008 年第 4 期，第 263 页。
② 参见第四章第二节。
③ 薛绍徽：《〈双线记〉序》，见薛绍徽著、林怡点校：《薛绍徽集》，北京，方志出版社，2003，第 1 版，第 124 页。

妻，岂得心心相印?"①提倡男女之间须彼此忠贞，才能获得心心相印的感情。

（二）女学观

20世纪初叶，女学之兴带来了不同教育宗旨的争论，主要焦点为女子应当成为具备新知的贤妻良母，还是成为"女国民"和女豪杰。报纸杂志上出现了很多介绍西方女性的传记作品，启蒙知识分子尝试借鉴西方女性典范，来重塑中国女性，并将之作为女学的重要内容，以实现强国保种的政治目标。《外国列女传》算得上是第一部系统译介外国女性事迹的作品。薛绍徽在序言中阐述了选择译介该作的缘由：

> 迩来吾国士大夫，慨念时艰，振兴新学。本夫妇敌体之说，演男女平权之文，绍徽闻而疑焉。夫退荒远服，道不相侔；闺范阃仪，事尤难见。登泰山而迷白马，奚翅摸槃；游赤水而失玄珠，有如买椟。适绎如夫子载搜秘笈，博考史书，因嘱凡涉女史记载，递及里巷传闻，代为罗织，以备辑录。②

译介《外国列女传》为薛绍徽主动所倡议，但却不同于男性启蒙知识分子推崇西方女杰来塑造中国新女性的主流性别话语，薛绍徽译介外国女性事迹的缘由，在于她对提倡西学的"士大夫"所介绍的西方性别观念持怀疑态度。薛绍徽对男性知识分子宣扬的"夫妇敌体"和"男女平权"不是盲目接受，而是以审慎的态度，要求陈寿彭搜集相关资料，并仔细考察和研究，旨在全面了解西方的"闺范阃仪"，经过甄别才能作为中国女性的借鉴。在男性知识分子强大的启蒙话语面前，薛绍徽保持冷静求真的态度，体现了知识女性在面对女学目标的思考中，不盲目趋附主流话语的独立创见。针对外国不同于中国的风俗和婚恋观应该采用何种翻译策略，薛绍徽提出可以"据事直书，适从其类；钩玄索要，悉如所言"，目的是为了"借其镜烛，显我文明"。③ 薛绍徽的翻译策略是为了实现其翻译目的，她主张原原本本地介绍西方女性的事迹，"镜与烛的隐喻包含了双重

---

① 薛绍徽：《〈双线记〉序》，见薛绍徽著、林怡点校：《薛绍徽集》，北京，方志出版社，2003，第1版，第123页。
② 薛绍徽：《〈外国列女传〉序》，北京，方志出版社，2003，第1版，122页。
③ 薛绍徽：《〈外国列女传〉序》，北京，方志出版社，2003，第1版，122页。

的审视。一方面镜与烛凸显出被映照者的价值，另一方面也为之正名"①，薛绍徽译介国外女性事迹，不是试图全然否定中国女性，以西方女性作为中国女性模仿的楷模，而意在以西方女性为"镜烛"，彰显中国女性美德，在维护中国传统、批判性地接受西方性别价值观的基础上，建立新型的性别关系。薛绍徽的翻译目的揭示出译者作为知识女性，不是西方价值体系和中国男性启蒙家的盲目追随者，她站在女性的立场，注重对女性价值的肯定，以在世界新秩序中重建中国女性的现代身份。

　　教会女校学生郑申华所译新剧《薏波》1917 年刊发在《妇女杂志》第 3 卷第 8 号上，该剧肯定了女子学识的价值②，实现了对新女性观的宣扬。

　　(三)现代婚恋观

　　中国传统社会规约了女子的三从四德，在婚姻中确立了"夫为妻纲"的准则，婚姻中女子没有自主和平等的权利。而随着现代性别观的启蒙，如何在婚恋中建立新型的两性关系也受到女性译者的关注。

　　薛琪瑛在她发表的第一部翻译作品、王尔德的《意中人》里，作有"译者识"来阐明译者的期待：

　　　　曲中之义。乃指陈吾人对于他人德行的缺点，谓吾人须存仁爱宽恕之心。不可只知憎恶他人之过。尤当因人过失而生怜爱心。谋扶掖之。夫妇之间。亦应尔也。特译之以饷吾青年男女同胞③

作为译者，薛琪瑛十分关注该剧中展现的两性关系，把婚姻中的男女两性放在平等的地位上，提倡夫妇之间相互宽容，以怜爱之心对待对方的过失，并希望借此作品向目标语读者传递两性之间应当相互"仁爱宽恕"的观念，以建构和谐、互助、平等的新型婚姻关系，这无疑是对传统伦理中规约的男尊女卑价值体系的反叛。在以后的翻译活动中，性别问题一直是薛琪瑛关注的重点。作为译者，她期待通过翻译，向中国男女青年传递正确的婚恋观念。在《蓝窗》的序言中，薛琪瑛希望通过翻译此书让青年读者认识到自由恋爱的真实内涵。④

---

① Qian Nanxiu. " 'Borrowing Foreign Mirrors and Candles to Illuminate Chinese Civilization'：Xue Shaohui's Moral Vision in the *Biographies of Foreign Women.*" NAN NU. 6：1. 2004. p. 74.

② 参见本文第四章第三节。

③ 薛琪瑛：《意中人·译者识》，《青年杂志》，1915 年第 1 卷第 2 号，第 1 页。

④ 参见第四章第二节。

有些女性译者的性别政治诉求不是通过译者序的方式来表达，但却在其对作品主题的选择中呈现出来，如郑申华、沈性仁等。[①] 五四时期，自由恋爱被新青年们视为反抗传统父权制度、追求独立自由的重要途径，但在激越的实践中隐藏着对自由恋爱的误读和滥用的危险。薛琪瑛和沈性仁在翻译中尝试解释爱情的真实内涵，启发中国读者建立健康的现代性爱观念。

（四）贞节观

传统中国家庭允许一夫多妻制，妻妾共事一夫，要求这些女子彼此和谐相处，不可相互妒忌，夫死之后妻子为其终生守节被作为女德典范来颂扬。1918 年 5 月，《新青年》发表了周作人翻译日本诗人兼批评家与谢野晶子(1878～1924)的《贞操论》，由此开启了五四贞操讨论热潮，之后胡适的《贞操问题》、鲁迅的《我之节烈观》等文章，抨击了当局的"节妇"、"烈女"观，揭露了传统儒家伦理对性别角色定位中采用的不平等的双重标准。

1923 年，沈性仁译俄国契柯夫著《蠢货》发表于《太平洋》第 4 卷第 2 号，该剧鼓励女性放弃夫死守节的观念[②]，珍惜生命和生活，与五四新文化知识分子对贞操的讨论相呼应。

（五）生育观

中国传统社会倡导多子多福的生育观，而女子在婚姻中为家族孕育后代，尤其是男性子嗣尤为重要。婚姻中女子的地位往往跟生育密切相关，生儿育女被视作女性的天职和美德。五四时期西方现代人口论和生育观念传入中国，引发了对节制生育与人口数量、人口素质、妇女解放以及社会道德等问题的广泛讨论。1925 年薛琪瑛所译《产妇》便呈现了女性对生育自主权的渴望[③]。该作的女主人公认为，女性没有生育的自主权，便沦为生育的工具，身心将遭受创痛，最终丧失独立人格。对这一主题剧作的翻译实践，展现了译者对女性最深刻的关怀，反驳了将女性作为欲望对象和生育工具的传统观念，体现着译者鲜明的性别意识和女性关怀意识。

（六）追求女子独立人格：出走还是归来

五四运动高扬个性和尊重个人意志的思潮中，将女性建立独立人格提上了历史日程。在《新青年》译介易卜生的戏剧《娜拉》后，离家出走

①　参见第四章第三节。
②　参见本文第四章第三节。
③　参见本文第四章第三节。

去追求做人尊严的娜拉成为女性觉醒的最高标志，备受推崇。然而娜拉
走后怎样也引发了新文化先驱们的争议。这一时期的翻译中，沈性仁所
译《遗扇记》和《十二镑钱的神气》分别塑造了归来和出走的两个女性形象，
但无论哪种选择，都经历了女性痛苦的思考和对内心真实自我的探索，
并在付诸实施前做好了精神上和物质上的准备，均是出自女性尊重自我
感受的决定，充分表达了作为女性的冷静思考。①

女性译者站在女性的立场，冷静审视所处时代的主流性别话语，注
重女性的自我建构，尊重女性自身的体验，期待在目标语社会中建立新
型的两性关系，她们对性别政治的诉求，形成了 20 世纪初叶女性译者期
待规范中的鲜亮色彩。

三、诗学的目的

翻译行为的发生一般基于两个动因：意识形态的和诗学的动因。②
女性译者的翻译活动除了基于她们的政治诉求之外，诗学的目的也一直
贯穿她们的翻译活动。勒菲弗尔认为"诗学由两个因素组成：一是文学手
段、文学样式、主题、原形人物、情境和象征等文学要素；另一个是观
念，即在社会系统中，文学起着什么作用，或者应该起什么作用"。③。
在与异质文化诗学系统的近距离接触中，不少女性译者有意识地尝试在
原语文化和目标语文化不同的诗学差异和冲突中，寻求协调和借鉴的途
径，实现她们的诗学目的。在 20 世纪的头 30 年中，女性译者诗学目的
的表现方式，大致可以以五四分为两个阶段，前后呈现出继承与发展的
历史脉络。

活跃在五四之前的女性译者，或者从家人处接受了西学的影响，或
者在教会学校或早期的女学堂中获得学习外语和了解西方文学的机会，
或者在留学海外的经历中较多地接触了外国文学，但相对于她们深厚的
中国古典文学造诣，她们对外国文学的认识和修养还无法与之相提并论。
在和域外文学的接触中，她们多从中国文学传统出发，来捕捉中西文学
在内容、人物和结构等方面的异同。薛绍徽在翻译《八十日环游记》时，
评论原文道："是记文脉开合起伏，辞旨曲折变幻，与中文实相表里。且

---

① 参见本文第四章第三节。

② See André Lefevere. *Translation, Rewriting and the Manipulation of Literary Fame.* Shanghai Foreign Language Education Press，2004. p. 7.

③ See André Lefevere. *Translation, Rewriting and the Manipulation of Literary Fame.* Shanghai Foreign Language Education Press，2004. p. 26.

不务纤巧，不病空疏，吾不敢以说部视之。"①薛绍徽以中国古典诗学为标准，从文章的结构、语言和内容等角度来评判西方文学作品，并认为该作的艺术造诣可以与中文作品相媲美。在译者心目中，"说部"依然为小道，对待原作，译者"不敢以说部视之"，说明译者甚为尊重该作所达到的艺术成就。虽然从中国古典诗学来审视和肯定西方文学作品容易导致对西方文学的误读，但在翻译文学发展的初期，薛绍徽就关注到西方文学的文学性，对异质诗学采取了较为宽容的接纳态度，相比于同时代激进的男性文学家和翻译家一味强调外国文学的政治功用，无疑更为中肯。又如毛秀英1915年发表的翻译侦探小说《邂逅缘》，译者在跋语中道："栽赃诬陷为中国侦探之惯技。改装易面。为泰西侦探之绝能。读此小说。令人无限感慨。无限钦羡。"②译者从比较的视角，甚为感叹小说中西方侦探与中国侦探的不同之处，这种人物塑造的差异对译者产生了强烈的陌生化审美效应。译者在跋语中把这种差异和阅读感受描述出来，传递给目标语读者，让他们在阅读中也能充分体味到同样的审美冲击。

　　活跃在五四时期的女性译者与之前的女性译者相比，文化身份呈现出变化。她们不仅深受中国古典文学浸润，更是在新学培养中成长起来的新知识女性。其中不少人在留学海外的经历中深受西方文学熏陶，或者对西方文学进行了专门研究，她们在翻译中体现出对域外诗学的高度推崇和接纳。这一阶段中的女性译者审视西方文学的视点发生转移，不再以中国传统诗学为标尺来衡量或者评价西方文学，而是着重于原作者的生平、语言特点、风格特征、文学效果、文学流派等方面的内容，对西方文学进行介绍和分析。有的译者还以西方文学来考量中国文学的不足之处，推崇借鉴西方诗学元素，来实现中国文学系统的演进。如张近芬所译法国童话《纺轮的故事》，译者在序言中介绍了法国唯美主义作家孟代的生平，称其文艺创作是"阴柔之美的艺术"，并分析了这部童话集最显著的两个特征，即"充满爱的空气"和"想象的精美"③，每个特征译者都附有详细的个案加以分析。可见"伊于著者底艺术有真实的欣赏，非随手拿来翻译者可比"。④ 译者对原作者及其文学成就有清楚的了解，并对其作品中的诗学元素有自己独到的见解和研究，作品的文学性是译者

---

① 陈寿彭：《八十日环游记·序一》，见施蛰存编：《中国近代文学大系·翻译文学集二》(1840—1919)，上海，上海书店，1990，第1版，第5页。

② 毛秀英译：《邂逅缘》，《礼拜六》，1915年第28期，第7页。

③ ＣＦ女士：《译者序》，见《纺轮的故事》，上海，北新书局，1924，第1版，第9～12页。

④ 力子：《纺轮的故事》，《民国日报·觉悟》，1924年7月2日，第5页。

关注的首要问题。又如袁昌英在翻译英国勃拉得霍士所著《寂寥似的》这一剧作时，作有"译者识"，其中介绍了该剧作的艺术成就在"文艺上是有优越的永远价值的"①，该作强烈的艺术感染力"动荡我们的情感，使我们又不是快乐又不是忧愁的眼泪，由心弦上直热恋恋地流到眼眶来"。②译者认为该剧作在很多方面值得中国作家学习借鉴：

> ……Brighthouse 能够从兰开夏那种工业集中的灰色地点与灰色生活中，找出戏剧材料，可见无处无人不是文艺的材料。现在欧美的工业组织，也正方兴未艾的在我国盛行起来了。五卅惨案就是由纱厂发生的。因此，我们间接的皮相的知道一点我们同胞所受的苦楚。这篇是描写兰开夏纱厂工人生活的片面。我国文艺上与这篇性质相似的剧本，只有田汉先生的《午饭之前》（以外或者还有，不过我没有见到）。田汉先生的是纯粹的悲剧，写得十分动人，十分出色。这篇是眼泪与微笑杂然毕露的，读下去，令人特别心酸，然而又特别愉畅。我希望我们新进的文艺家，读了此篇之后，也会被感动越发去实地研究我国下层社会的悲苦或慰安的情形，来多多创造维新戏剧，有生命的戏剧。因之可以影响及于改良社会，改良生活。③

袁昌英本人的西方文学修养甚高，她在英国爱丁堡大学获得文学硕士学位，也是我国 20 世纪初叶成就卓越的女性戏剧家，留下不少经典剧作。她认为《寂寥似的》一剧中，有诸多方面值得中国作家借鉴。首先在戏剧的选材上，任何生活层面都可以成为艺术创作的源泉。中国的工业化进程已经开始，与西方国家呈现出一些共性，这让中国社会阶层的构成发生变化，也出现了新的生活场域，值得中国戏剧家多加关注；其次在戏剧艺术的表现方式上，可以更加多元，打破纯粹悲剧或者喜剧的单一模式，才能在作品中体现生活原本的多滋多味，让作品的内涵更加深厚；再次，中国作家应该深入社会去体验生活，才能实现艺术的创新，使作品充满生命力；最后袁昌英表达了自己的文艺观，即好的作品可以起到改良社会和生活的作用。译者以西方戏剧作为参照，提出中国戏剧创作

---

① 杨袁昌英：《寂寥似的·译者识》，《东方杂志》，1926 年第 23 卷第 9 号，第 125 页。
② 杨袁昌英：《寂寥似的·译者识》，《东方杂志》，1926 年第 23 卷第 9 号，第 125 页。
③ 杨袁昌英：《寂寥似的·译者识》，《东方杂志》，1926 年第 23 卷第 9 号，第 125～126 页。该剧作者为 Harold Brighouse，引文中的 Brighthouse 应该是出版时的笔误。

需要提高的方面，译者希望通过借鉴西方戏剧的长处，来实现中国戏剧的精进。

在杨润馀翻译的法国作品《两老》(Les Vieux)前，附有袁昌英所著"引论"，介绍多德(Alphonse Daudet)"著述风雅可爱。富于同情"，"诙谐之致"，"趣味油然"，"字句丰富，杂以土语、方言。而其意义仍昭然若揭"，"音韵特著精彩"，"全文则异常和美"。在详细描述了多德的创作特点后，袁昌英指出："欲知多德工作的方法及其在法兰西文学之地位，非从历史上讨论之不可。"[①]译者接着介绍了各文学流派的特点和发展状况，最后指明"以上所陈，不过梗概，欲研究现代法兰西文学，非多读名人之著作不可"。[②] 这篇"引论"虽非译者杨润馀所作，但却清晰说明了翻译该作的目的。翻译该作一个很重要的目的是为了帮助读者了解和研究法兰西文学，再现原作的文学审美价值是译者第一位考虑要实现的目标。袁昌英与杨润馀[③]是中国最早在西方国家获得文学硕士的女性，她们对西方文学颇有研究，从研究者的身份翻译法国文学作品，她们希望能让中国读者领会名家名作的艺术魅力，同时也能吸引更多读者参与文学研究。这样的翻译目的在杨润馀1924年发表的译诗《湖》("Le Lac")中也有体现，该诗为法国著名诗人拉马丁(A. Lamartine，1790～1869)作品。杨润馀作有"译者附志"附在译作前，介绍了翻译该诗作的缘由：

　　……词旨极为凄丽，读之不忍释手，归来固试用语体译之。溯此诗之源，系拉马丁为查理夫人(Madame Charles)所作；盖当其遴爱克司时，始与夫人相识，后竟成为密友，情感至深；然不幸良时易逝，越二年而夫人即死矣！是以诗中抚今追昔，哀怨不胜，一种绵密深厚之情，以高雅歌咏之词出之。惜余笔拙，未克达其佳妙于万一也，尚望读者谅之。[④]

杨润馀介绍了自己作为读者首次读到该诗时的强烈感受，由此激发她对该作的翻译。译者为了让读者能更好地领略该诗的艺术魅力，还介绍了该诗的创作背景，并感叹自己的译笔不能传神地将原诗的艺术感染力表现出来。译者对原作和译作之间文学效果差异的强调，其实实现了译者

①　杨袁昌英：《引论》，见杨润馀译：《两老》，《太平洋》，1922年第3卷第8号，第1页。
②　杨袁昌英：《引论》，见杨润馀译：《两老》，《太平洋》，1922年第3卷第8号，第2页。
③　杨润馀于1928年在法国获得文学硕士学位。
④　杨润馀：《湖·译者附志》，《学艺杂志》，1924年第5卷第9号。

对读者期待的一个悬置，给读者对原作艺术成就的想象留下了巨大空间，让读者的文学审美期待在强大的张力中得到最大实现。

勒菲弗尔认为，文学系统一旦形成，就会力图维持"稳定状态"（steady state），改写的文学（rewritten literature）在推动文学的发展和变迁中发挥着重大作用，"不同诗学的斗争常常是由作家发动，但斗争本身及其成败，往往取决于改写者"，"改写，主要是翻译，极大地影响了不同文学系统之间的相互渗透，这不仅体现在是否能把一个作家或一部作品的形象成功地引进另一文学系统，而且还在于把新的文学手段引入某一诗学理念的固有成分（inventory component），并为改变其功能成分（functional component）铺平道路"。① 20 世纪初叶的女性译者，其翻译的诗学目的一直贯穿她们的文学翻译活动。虽然在前后两个阶段，女性译者强调的问题存在差异，但总体而言体现出对西方诗学从包容到全面接纳和推崇的过程，比较清晰地呈现出由表及里、从中国诗学中心到西方诗学中心的发展路径。女性译者有意识地将新的诗学元素引进目标语文学系统，逐渐改变中国既有诗学的成分，成为推动中国文学系统革新的重要力量。

四、经济的目的

20 世纪初叶的中国出现了大量民间赞助机构，如民间书局、民营报纸杂志、民办学堂及民间社团学会等，女性译者的翻译作品大多是通过民间赞助而出版发表的。勒菲弗尔认为赞助包含三个相互作用的基本要素，即意识形态（ideological component）、经济（economic component）及社会地位（element of status），并将赞助分为不可分型（undifferentiated）和可分型（differentiated）。不可分型指三要素全部由赞助人实施；可分型指经济成功相对独立于意识形态，作家未必因经济的成功而获得社会地位。② 20 世纪初叶中国"民间赞助机构的赞译关系多属商业关系，较少指令性条件，若有条件，亦多为建议性；因此译者享有较大的自由度"③，这些民间赞助机构均属于可分型的赞助。民间赞助机构的发展与迅速繁荣促成了公共知识的产生，让知识不再只是少数人的特权，而是

---

① André Lefevere. *Translation*，*Rewriting and the Manipulation of Literary Fame*. Shanghai Foreign Language Education Press，2004. p. 38.

② André Lefevere. *Translation*，*Rewriting and the Manipulation of Literary Fame*. Shanghai Foreign Language Education Press，2004. pp. 16-17.

③ 王友贵：《中国翻译的赞助问题》，《中国翻译》，2006 年第 3 期，第 19 页。

可以成为公共空间流通的文化商品，为大众所分享。一些曾经边缘的知识分子，可以通过作品的发表出版，进入公共空间，并在近代稿酬制度的不断完善中，在获得文学声名的同时，也获得独立的经济地位。女性译者翻译作品通过民间赞助出版发表，其译作成为公共知识的同时，也成为女性译者谋求经济能力的重要手段。

传统中国社会的经济结构中，女性因被隔离在社会公共生活之外，无法获得就业机会和经济上的独立。对于知识女性而言，她们拥有的才艺更多的是沦为抒发私人情感和愉悦男性的工具，而无法为她们赢得经济上的能力。近代中国的衰落让男性知识分子在他们的启蒙话语中将女性视为"分利者"，认为女性的"缺教"、"无业"①是导致国家贫弱的重要原因，女子就业成为一项重要议题。20世纪初叶民间赞助机构的大量出现和稿酬制度的发展，为知识女性提供了一条取得经济能力的重要途径。20世纪初叶的女性译者中，其中不少通过翻译获得经济收入，用以改善家庭经济状况，甚至独立承担抚养子女的责任。经济的目的，是女性译者翻译期待中一个隐而不言的目的。

薛绍徽与陈寿彭家境不宽裕，陈寿彭前往参加科举考试的费用都十分困难。薛绍徽"劝孝廉再与乡试。寿彭译书，恭人卖画，并与孝廉合译《格致正轨》十卷、《八十日环游记》四卷，得赍斧成行"。② 通过翻译，薛绍徽帮助丈夫筹措到经费，前去参加科考。薛绍徽用自己的实际行动，驳斥了二万万中国女性均为"分利者"的指控。黄翠凝(1875～?)，广东番禺人，丈夫早逝，其子张毅汉③(?～1950)是清末民初重要的小说家和翻译家。黄翠凝独自支撑家计，抚养幼子。在张毅汉发表的短篇小说《两头蛇》前，附有作者"自记"道：

> 余为一最穷苦之小学生也。弱而失怙。赖母抚育。教以读书。近年复兼习西学。膳学之资。悉赖寡母著书供给。兹因暑假暇暑。乃作此小说。以预备补下学期所费之不足。④

① 梁启超：《论女学》，见《变法通议》，北京，华夏出版社，2002，第1版，第88～89页。
② 闽侯林德育：《福建女著作家薛绍徽传》，见鲁云奇辑：《古今名人家庭小史》，中华图书集成公司，1918年，第19页。标点符号为笔者所加。
③ 又名张其劬，先后翻译和创作小说130多种，发表小说理论文章多篇。有关张毅汉的研究，参见郭浩帆：《清末民初小说家张毅汉生平创作考》，《齐鲁学刊》，2009年第3期。
④ 张其劬：《两头蛇·自记》，《月月小说》，1908年第22号，第1页。

上述文字记录了虽然经济拮据，黄翠凝依靠著书获得经济能力，送幼子接受良好教育。这一境况得到编者证实。在《两头蛇》后面，附有署名"原"的编者后记：

> 长风扇暑，茂树连阴。余方启北窗，手一编，消此永昼。阍者入，告有童子请谒。出名刺为张其讱。即令延入。骨相端凝，语言纯谨，一望而知为曾受家庭教育者。询之，悉为黄翠凝女史之公子也。幼失父，赖女士十指供学费。得暑假间晷，自撰小说，求鬻于社，言预备下学期之需。余嘉其志而悯其苦，出五星贻之，就原稿修润刊于《月报》，并志其美以勖其讱。①

此外包天笑在黄翠凝发表的小说《离雏记》中作有附记，称黄翠凝"苦志抚孤，以卖文自给，善作家庭小说，情文并茂"。② 黄翠凝依靠写作获得经济独立，支撑家庭的开支和孩子的教育费用。与黄翠凝情况类似的还有薛琪瑛，其丈夫朱文长（1891～1914）英年早逝，留下一女由薛琪瑛独自抚养，薛琪瑛终生未再嫁，靠著译为生。另一位女性译者沈性仁，其姐沈亦云在回忆录中描述了这样的境况：沈性仁的丈夫陶孟和是北大教授，随着家庭人口增长，"于是举债出重利购屋。正在五四运动之际，北京政府已屡屡欠薪，教育部所属各大学尤苦，常久候得半月之薪。性仁以多产而病，且欲译书售稿，助家计而偿屋债"。③ 译书售稿，获取经济收益，是沈性仁为助家庭偿清债务的重要手段。

　　近代出版的商业化使书写成为可以流通的文化商品，这是写作能够成为谋生手段的前提。面对家庭不良的经济状况，女性译者通过自己的翻译劳动和译作发表，谋求经济来源，或者用以补贴家用，或者独立承担生活的重负。经济目的隐含在女性译者的翻译期待中。但从女性译者译作的质量来看，她们并未因经济的目的而忽视翻译在当时历史语境中的文化使命，她们注重选择名家名作来翻译，在翻译质量上也极为认真，较之于当时不少将翻译的经济目的凌驾于质量之上的译者，更加显现出女性译者对待翻译的严谨负责态度和历史使命感。

---

① 张其讱：《两头蛇》，《月月小说》，1908 年第 22 号，第 14 页。标点为笔者所加。
② 转引自郭延礼：《文学经典的翻译与解读》，济南，山东教育出版社，2007，第 1 版，第 197 页。
③ 沈亦云：《亦云回忆》，台北，传记文学出版社，1980，第 1 版，第 25 页。

五、时代话语的主动建构者

20世纪初叶急剧变化的社会语境中，中国女性的生存样态也随之发生着前所未有的变迁。知识女性作为时代的先觉者，敏锐地感受并主动参与着从传统到现代裂变的历史进程。启蒙知识分子赋予翻译特殊的历史使命，将翻译作为引进西学、启蒙大众和变革传统的工具与手段，翻译目的带有强烈的功用色彩。女性译者的翻译目的并不脱离时代主潮，但其中也彰显着知识女性审视自我与他者的独特眼光。在某种意义上，绝大多数的书写都带有政治意味，要么与书写产生的语境保持一致，要么有意识地逾越、反映它，或者针对特定的读者群，以达到劝告、诱导或施加其他影响的目的。①女性译者的翻译目的中，政治的目的十分突出，既有对政治意识形态的诉求，更有从女性立场出发的性别政治的考量，在宏大的历史主流叙事中插入了女性的声音。当翻译的政治功用目的被大力渲染时，女性译者对翻译诗学的追求一直未有间断。当翻译成为谋求经济利益的手段，辅助女性译者获得经济能力、改变她们的经济状况时，翻译的经济目的从未凌驾于她们的文化使命之上。女性译者期待实现的翻译目的多元而丰富，在审视他者、建构自我的过程中，体现出她们作为译者的主体能动性和自主的选择。她们积极参与时代主流话语的建构，同时又表现出冷静审视的态度，并不盲目趋附于主流话语的言说，展现了中国历史上第一代女性知识分子的独立思考和卓越见识。

第三节 女性译者的译入文体意识

图里在对初始规范(initial norms)的界定中指出，译者既可以遵循原文及其体现出的规范，也可以遵循目标语文化的规范，或者说遵循目标语文化中将决定目标语文本最终形态的规范。如果译者选择偏向原语文化规范，那么相对原文而言，译文就具有充分性(adequacy)；如果译者选择偏向目标语文化，那么译文则具有可接受性(acceptability)。实际的翻译决定必然是在充分性和可接受性二者之间机动地调和或者妥协。②就

---

① See Luise von Flotow. "Translation in the Politics of Culture". In Renate Blumenfeld-Kosinski，Luise von Flotow and Daniel Russell，eds. *The Politics of Translation in the Middle Ages and the Renaissance*. University of Ottawa Press，2001. p. 9.

② Gideon Toury. *Descriptive Translation Studies and Beyond*. Shanghai Foreign Language Education Press. 2001. pp. 56-57.

文体特征而言，最终的翻译产品呈现出的文本特征，通常是居于二者之间的某种协商，间杂着原语文化和目标语文化文本样式的特征，这便出现一种既有别于原语文化，又与目标语文化不同的文体类别，即译入文体。目前中国的翻译文学研究对诗学元素如何影响翻译文学不乏成果，然而对译者主体在其中发挥能动作用的探讨却相对缺乏。

一、译者的译入文体意识

20 世纪初叶是中国社会与文化急剧变化的时期，汉语文学体系在自身的发展轨迹中，首次与来自域外的文学系统大规模相遭遇，翻译文学成为不同诗学短兵相接的地带。这一时期翻译文学中本土和异域诗学元素呈现的多少和方式，体现着译者译入文体的选择意识，也是译者审视他者与自我的文化态度的呈现。在比较与审视、冲突与对话、抵制与妥协中，翻译文学不同程度地杂糅了本土和异域的诗学元素，使得翻译文学形成了既不同于原作文体，也与目标语文化中的文体相区别的文类。而翻译文学成为一种独特文体，即译入文体的载体。

杜慧敏在研究晚清小说期刊中提出了"译入文体"的概念，认为从理论上"译入文体"有两层含义：首先指"译者在译介域外小说时所采用的文体"，其次"指小说原作同中国传统文学的诗学准则相互'协商'、经由译者笔述而最终确定下来的译作文本的文体形态，它可能与原作固有的文体形态近似，也可能有很大差别"。[①] 显然此研究中的"译入文体"概念，是从目标语文本的既成文体样态来定义的。虽然研究者提出译入文体"同译者的主观意图和文学修养、文学习惯等因素直接相关"[②]，但却没有涉猎译者主体的文体意识如何影响最后译入文体的选择和形成。然而，译者对原语文本和目标语文学中文体异同的主观认知，无疑是形成最终译入文体选择的关键。陶东风将文体意识定义为"一个人在长期的文化熏陶中形成的关于文体的或明确或朦胧的意识"[③]，特定文化中的文体传统和规范经主体内化后，就形成文体意识。对于译者而言，翻译过程中所面对的是两种不同文化传统的文体规范。译者对不同文体规范差异的主动认知和内化，是选择恰当译入文体的前提。

---

① 杜慧敏：《晚清小说期刊译作"译入文体"论略》，《学术论坛》，2008 年第 5 期，第 134～135 页。

② 杜慧敏：《晚清小说期刊译作："译入文体"论略》，《学术论坛》，2008 年第 5 期，第 135 页。

③ 陶东风：《文体演变及其文化意味》，昆明，云南人民出版社，1994，第 1 版，第 99 页。

译者对于自己译作样态的预设，会受到目标语文化中文体传统和读者期待的制约，如果发生过度偏离，会导致译作的接受受到影响。但这并不意味着译者是全然的被动者，尤其当目标语文化的文学面临巨变，需要借助对外国文体的借鉴，来赋予本土文体新的活力时，译者掌控译作的文体形态，引导读者逐渐接受新文体样式的主动性会表现得更加明显。译者（往往也是这一时期的重要作家）会期待在译作中引入新的文体元素，以打破目标语文化中固有的文体常规，实现文体的创新。从这一层面而言，译者对自己的译作应该选择何种文体存在主动的期待，且译者期待可能与目标语读者的期待相偏离。译者尝试以自己的文体意识来影响读者期待，以实现自己的文学及文化目的。

"译者译入文体意识"这一概念，是指译者主体对原语文化与目标语文化中的两种文体规范进行有意识地认知与比较，并在比较的基础上主动寻求两种文体规范的协商与对话，以目标语文化能接受的方式，在目标语文本中再现原文的文体特征，形成兼有两种文体规范特征的译入文体。正如图里在讨论初始规范中译文的充分性和可接受性时指出，充分性和可接受性两个极端的划分，是出于理论和方法上的考虑，而实际的翻译决定总是二者之间的某种协调①，对于译者试图在译作中再现原文所有的文体特征，而不考虑目标语文化的文体传统，或者是译者全然漠视原语文化的文体规范，以目标语文化的文体规范鲸吞原文所有不同的文体特征，这两种情况在某些译者的主观意识中也应该存在，但从实际发生的翻译活动来看，译作呈现出来的更多是或多或少两种文体规范的杂合。译入文体中哪一种文体特征呈现更多，跟译者主观意识中的译入文体意识息息相关。译者的译入文体意识是一个动态的概念，既同译者对原语文化和目标语文化力量对比的主观认同有关，也与译者个体的文学修养和期待实现的文体目标相关。同一个译者的译入文体意识也处在不断变化之中，在不同阶段可能表现出较大差异。考察特定时代译者的译入文体意识，对于揭示译者在翻译活动中的主体作用，探寻翻译如何影响主体文化中的语言和文学样式，具有重要意义。

中国 20 世纪初叶的女性译者群体中，不少人是所在时代颇有成就的诗人、小说家和戏剧家，她们具有很高的文学修养。虽然因各自所植根的文化背景存在差异，显现出她们文体意识的不同，但在文学翻译活动

---

① See Gideon Toury. *Descriptive Translation Studies and Beyond*. Shanghai Foreign Language Education Press. 2001. p. 57.

中面对异质文体规范时，女性译者表现出有意识的比较与借鉴，主动表达自己的译入文体意识，期待在译作中实现原语文化和目标语文化两种不同文体规范的对话与融合。

二、女性译者翻译小说的译入文体意识

在中国传统诗学中，小说地位卑微，正统文人不屑为之，而女性书写由于"内言不出于阃"的限制，很少能涉足小说创作。在刚开始接触并尝试翻译西方小说之初，中国男女译者显现出对这一文体的不同态度。

被称为中国近代翻译小说第一人的林纾，1897 年在翻译法国作家小仲马的小说《巴黎茶花女遗事》时，显现出对这一文体的犹豫：

> 世但知畏庐先生，以译巴黎茶花女遗事始得名，不知启导之者，魏季渚先生（瀚）也。季渚先生瑰迹奇年，近人所无，时主马江船政工程处，与畏庐狎，一日季渚告以法国小说甚佳，欲始译之，畏庐谢不能，再三强，乃曰：须请我游石鼓山，乃可。……季渚慨诺，买舟导游，载王子仁先生往，强使口授，而林笔译之。译成，林署冷红生，子仁署王晓斋，以初问世，不敢用真姓名。①

林纾在初次接触外国小说时是拒斥的态度，不愿意翻译。一则因为对于当时的林纾，域外小说无疑还是陌生的文类。而对于当时的中国文人，虽然逐渐意识到中国文化落后于西方，但文学无疑还是不少中国知识分子心目中最后的精神堡垒，依然视中国文学为正统，对外国文学持轻慢的态度。二则中国文学传统中小说被文人所轻视，即使林纾因翻译博得极大名声时，当康有为称赞"译才并世数严林"，依然引起林纾的不满，因为他认为自己是古文家。在林纾的意识里，古文的价值依然高过小说。相较于林纾刚接触外国小说时的排斥心理，与他几乎同时开始翻译外国小说的女性译者薛绍徽却表现出不同的态度。

薛绍徽随丈夫陈寿彭"游吴越，始知舟车利用。及见汽轮电灯，又骇然欲穷其奥，觅译本读之，叹曰：'今而知天地之大，学力各有所精，我

---

① 黄濬：《花随人圣庵摭忆：附补编》，上海，上海古籍出版社，1983，第 1 版，第 238 页。

向者硁硁自信,失之固矣'"。① 全新的现代体验极大触动了薛绍徽,她意识到国人盲目自信的不可取,开始以世界的眼光重新打量和定位中国文化。薛绍徽以主动的姿态希望了解西学,请求陈寿彭为她推荐西书。陈寿彭选择了《八十日环游记》,他明确指出:

> 是记,说部也……中括全球各海埠名目,而印度美利坚两铁路尤精详。举凡山川风土、胜迹教门,莫不言之历历,且隐合天算及驾驶法程等。著者自标,此书罗有专门学问字二万。是则区区稗史,能具其大,非若寻常小说仅作诲盗诲淫语也,故欧人盛称之,演于梨园,收诸蒙学,允为雅俗共赏。②

陈寿彭在指出《八十日环游记》是"说部"、"稗史"的同时,强调该小说与中国小说"仅作诲盗诲淫语"不同,在主题上以"专门学问"的实学为主,是很好的实学启蒙读物。陈寿彭显然对中国小说抱着不屑的态度,希望廓清《八十日环游记》与中国小说的不同。薛绍徽作为当时杰出的女诗人和古文家,自幼深受中国古典文学浸润,造诣颇深。但她并不因循守旧,往往"兼容各种体裁流派,无门户之见"③,使得她的创作突破了传统女性书写规范,获得强大的表现力。1899 年翻译《八十日环游记》是薛绍徽初次接触西方小说,与陈寿彭相同,她也意识到该小说与中国小说的差异:"是记文脉开合起伏,辞旨曲折变幻,与中文实相表里。且不务纤巧,不病空疏,吾不敢以说部视之。"④在薛绍徽的观念里,"纤巧"和"空疏"是说部的通病,她用中国古典文论中的术语"开合起伏"来描述《八十日环游记》在谋篇布局上的紧凑,指出该作在文体上与中国说部并不相同。薛绍徽缺乏必要的西方文学常识,但她意识到西方小说与中国说部具备不同的文体特征,从中国古典文论中寻求资源,来阐发她所认识到的外国小说的文体特征,并借此试图廓清与中国说部之间的区别。在翻译时"不敢以说部视之",而把该作看为游记,并阐述了"游之可记"的几

---

① 陈寿彭:《八十日环游记·序一》,见施蛰存编:《中国近代文学大系·翻译文学集二》(1840—1919),上海,上海书店,1990,第 1 版,第 5 页。

② 陈寿彭:《八十日环游记·序一》,见施蛰存编:《中国近代文学大系·翻译文学集二》(1840—1919),上海,上海书店,1990,第 1 版,第 5 页。

③ 钱南秀:《晚清女诗人薛绍徽与戊戌变法》,见陈平原等编:《晚明与晚清:历史传承与文化创新》,武汉,湖北教育出版社,2002,第 1 版,第 353 页。

④ 陈寿彭:《八十日环游记·序一》,见施蛰存编:《中国近代文学大系·翻译文学集二》(1840—1919),上海,上海书店,1990,第 1 版,第 5 页。

大主要内容①，说明薛绍徽在主观上形成了她所认可的译入文体。在序言中，薛绍徽提出了她的翻译方法："变六书之妙法，会意谐音；烦重译之苦心，勾元索要"②，基于译者的译入文体意识，薛绍徽从中国古典文学中寻求表达外国小说的文体方法，不仅要译出原作的内容与结构，还要再现原作的音韵节奏。薛绍徽尝试打破中国不同文体之间的界限，在融合的基础上来表现西方的文体特征，这既体现出薛绍徽不拘泥于体裁流派的门户之见，更在缺乏西方文学知识的历史条件局限下，力图表现西方文体难能可贵的尝试。

晚清的文学创作中，短篇话本小说已经衰落，而文言短篇的体式较为流行，但优秀的短篇小说则很少见。在清末民初的短篇小说翻译中，这两种文体均被译者采用。陈鸿璧是女性译者中较早尝试短篇小说翻译者，她谈到翻译《印雪簃译丛》的经过："余喜阅西国报章杂志。及小说家言。又喜甄录。是以片纸零墨。印雪簃中。满吾篋者。以十数焉……若维多夫人著之短篇侦探谈（定名印雪簃译丛）亦篋中物之一也。"③陈鸿璧明确自己翻译的是短篇小说体裁，每个短篇用"第一回"、"第二回"来分隔标注，没有其他文字作对仗工整的回目，每一回是独立的故事，语言采用文言，显现出译者对文言短篇和章回小说文体上的某些结合，打破了中国传统小说固有的文体规范，并以此将西方短篇小说与中国短篇小说区分开来。陈鸿璧的译入文体虽然与同时代的男性译者类似，都是利用中国传统文体资源来表现域外文学的文体特征，但"当时林琴南翻译的小说风行一时，女士译品颇能保存原有的句法和风格，而又曲折委婉，善能达意，于林译之外别树一帜"④，说明陈鸿璧的译入文体较之林纾，在语言上体现了更多异质文体特征，同时又兼顾了译文对于目标语读者而言的可接受程度。

中国女性译者在翻译域外小说之初，站在中国传统文体规范的立场来理解域外小说的文体特征，虽然其间的误读难以避免，但她们尝试突破中国传统文学的原有体式，表现域外小说与中国小说在文体上的不同。这种主动的译入文体意识，促使译者在融合中国文学文体规范的基础上，

---

① 参见薛绍徽：《八十日环游记·序二》，（1840—1919），上海，上海书店，1990，第1版，第6～7页。

② 薛绍徽：《八十日环游记·序二》，见施蛰存编：《中国近代文学大系·翻译文学集二》（1840—1919），上海，上海书店，1990，第1版，第7页。

③ 陈鸿璧：《印雪簃篦屑·识》，《小说林》，1907年第2期，第1页。

④ 春雷女士：《几个女教育家的速写像》，《生活》，1930年第5卷第15号，第227～228页。

在一定程度上实现了译作"陌生化"的审美效应。

三、女性译者翻译戏剧的译入文体意识

戏剧翻译是民初以后女性译者比较活跃的领域，至 1930 年译有戏剧 25 种。1915 年薛琪瑛译王尔德的《意中人》，是女性译者翻译西方戏剧这种全新文学类型的首次尝试。① 民初以后的女性译者，多具备了在新式女学堂受教育的背景，她们对域外文学的知识比清末的女性译者更为丰富和系统。这也形成了她们开始摆脱中国传统文体规范，更加关注原文的译入文体意识。

薛琪瑛在"译者识"中首先介绍原作的特点："此剧描写英人政治上及社会上之生活与特性。风行欧陆。每幕均为二人对谈。表情极真切可味。王尔德。晚近欧洲著名之自然派文学大家也。"②薛琪瑛指出剧本的形式是分幕，其中人物的对话是整个文本的表现形式，并在译作发表时采用中英文对照的方式。虽然对王尔德为"自然派文学大家"的提法有误，但也是译者尝试告知目标语读者该剧作流派特征的一种主观努力。在薛琪瑛之前，1908 年中国已有第一部翻译戏剧问世，即李石曾所译《夜未央》。该剧保留了原作剧本的对话形式，在文体上保持了与原作的一致，但该作除了附上原剧作家廖抗夫的序言，介绍该作所体现的政治意识形态主张外，无论是作为原剧作家的廖抗夫还是作为译者的李石曾，都没有文字涉及剧作的文体介绍。对于当时对西方戏剧知之甚少的中国读者而言，这样的文体无疑是全然陌生的审美体验。译者李石曾注重的是该剧的虚无党政治主张，在主观上并没有形成主动的译入文体认知。从当时读者评论该译作"似小说而非小说，且不如小说好看"③，可见由于缺乏译者对西方戏剧作为一种文学样式的必要介绍，对于毫无西方戏剧概念的目标语读者，只有从小说的角度来揣度这一新的文学体裁。薛琪瑛虽然只在序言中寥寥数语，内容也较浅显，但确定了作品的体裁是戏剧，并介绍了西方戏剧作品最基本的表现形式，她的译入文体意识，客观上引导了目标语读者逐渐认识西方戏剧这一全新的文学样式。

进入五四时期，女性译者的西方文学修养进一步提高，在戏剧翻译

---

① 虽然 1914 年《新剧杂志》第 1 期发表了署"许啸天编，高剑华女士述"的剧本《白牡丹》，但该剧是根据 1909 年《女报》上"懊侬女史述意，啸天生笔记"的"女子教育小说"《白牡丹》改编的，所以笔者在此将薛琪瑛所译《意中人》看作女性译者直接翻译西方戏剧最早的尝试。

② 薛琪瑛：《意中人·译者识》，《青年杂志》，1915 年第 1 卷第 2 号，第 1 页。

③ 田禽：《中国戏剧运动》，上海，商务印书馆，1944，第 1 版，第 105 页。

活动中显现出更为自觉的译入文体意识。袁昌英是女性译者中戏剧翻译的杰出代表。在翻译英国勃拉得霍士所著《寂寥似的》一剧时，袁昌英指出，该剧作在主题的选材和艺术表现方式上都值得中国作家学习。① 袁昌英有非常明确的译入文体意识，她以原剧文体为出发点，希望原剧的艺术可以成为中国戏剧的借鉴，才能创造出"有生命的戏剧"。② 同时袁昌英还介绍了原剧作的语言特点："这篇剧本是用兰开夏的土话写的。发音、用字及构造，与普通英文大有出入。然而我用 *Webster's New International Dictionary* 的页底注解竟把它译出来了。"③对于原剧中的土话，译者说明自己采用标准语体来翻译，这为如何处理原语中的方言提出了一种切实可行的翻译策略。杨润馀所译法国作品《两老》（*Les Vieux*）前的"引论"为袁昌英所作，详细描述了多德（即都德）的创作特点，如"著述风雅可爱。富于同情"，"诙谐之致"，"趣味油然"，"字句丰富，杂以土语、方言。而其意义仍昭然若揭"，"音韵特著精彩"，"全文则异常和美"④等。袁昌英在西方文学上的高深造诣，让她在译介西方戏剧时非常注重对原剧作文体特点的分析和介绍，引导目标语读者对西方剧作的欣赏。她的译入文体意识显然已经是以原语文体为导向了。

四、女性译者翻译诗歌的译入文体意识

诗歌作为中国传统文学中的主流，一直备受文人推崇。晚清时期已经有本土男性译者开始涉足外国诗歌翻译，在文人的传记、游记和日记中，如张德彝、王韬等人，零星地译介了西方诗歌或一些片段，"以中国传统的诗式，输入了不少西方诗质"。⑤ 1902 年至 1912 年，参与诗歌翻译的译者增多，译作的数量也在增长。这一时期的译者具备了一定自觉的诗歌翻译意识，但诗歌翻译"重视诗歌的政治价值，并把他用来作为为革命斗争服务的武器"⑥，呈现出明显的政治化倾向。至五四新文化运动前后，中国译者才真正开始重视外国诗歌的美学价值，并尝试翻译外国诗歌，作为中国新诗的借鉴。

中国 20 世纪初叶的女性译者中，不乏在古典诗词创作中颇有造诣的

---

① 参见本章第一节。

② 杨袁昌英：《寂寥似的·译者识》，《东方杂志》，1926 年第 23 卷第 9 号，第 126 页。

③ 杨袁昌英：《寂寥似的·译者识》，《东方杂志》，1926 年第 23 卷第 9 号，第 126 页。

④ 杨袁昌英：《引论》，见《两老》，《太平洋》，1922 年第 3 卷第 8 号，第 1 页。

⑤ 邓庆周：《外国诗歌译介对中国新诗发生的影响研究》，博士论文，首都师范大学，2007，第 12 页。

⑥ 郭长海：《试论中国近代的译诗》，《社会科学战线》，1996 年第 3 期，第 182 页。

杰出女诗人，如薛绍徽、张默君、陈翠娜、刘韵琴等，她们有不少的诗歌创作，但却没有独立发表的翻译诗歌。女性译者独立发表诗歌翻译作品，是在五四新文化运动时期，而五四之前的女诗人兼翻译家甚少参与诗歌翻译。在女性译者的翻译诗歌中，除了1915年《眉语》上发表的高剑华参与译介的《美人百咏》采用古典诗歌形式之外，其余译诗均采用新诗体。这一现象在一定程度上折射出女性译者在五四前后翻译选材方策和译入文体意识的变化。20世纪的头十几年间，男性译者开始从政治功用的角度关注外国诗歌的翻译，女性译者除了所翻译的小说中涉及诗歌翻译外，基本保持了对诗歌翻译的疏离状态。但在她们创作的诗词中，不乏对时事政治的关注。这一时期她们对外国诗歌的疏离从主观上可能存在以下几个原因：首先，诗歌作为中国传统女性书写最主要的体裁，是女性抒发情感和思想的重要载体。20世纪初始，女诗人的诗歌主题从传统的个人情感表达，扩展到对民族国家命运的关注，是对传统女性书写规范的极大突破。她们在古典诗词方面的精深艺术造诣，让她们在新题材的创作中仍然游刃有余，因此外国诗歌作为一种新文体形式对她们而言，尚缺乏足够的吸引力，她们在中国诗歌上所持有的文化优越感较之男性译者会更胜一筹；其次，在传统性别规范的制约下，小说一直是女性作家难以进入的领域。维新知识分子对翻译小说的大力提倡，让女性得以撕裂传统书写在体裁上的性别禁忌，介入小说翻译和小说创作活动。五四新文化运动之前，翻译小说是女性译者最为活跃的领域，外国小说的艺术元素也为她们的小说创作所借鉴。当小说作为女性可以尝试的文学文体，热衷于小说翻译无疑是女作家突破千百年来书写禁锢之后的能量释放。加之外国小说在篇幅上的优势，所能涉及的内容远比外国诗歌更为丰富，外国小说为女性译者打开了一个新的奇异世界，外国小说的吸引力大过外国诗歌也成为一种自然而然的结果。因此在五四之前女性译者的翻译活动中，形成了一个客观事实，即女性译者青睐域外小说而忽视外国诗歌。

五四新文化运动催生了中国的新诗，而诗歌翻译是中国新诗发展的重要催化剂。这一时期的译者进入了具有艺术自觉的诗歌翻译时期，对外国诗歌艺术性的关注超越了对其政治功用的重视。女性译者也开始参与诗歌翻译，并于1923年出现了一部新诗集《浪花》，除了创作的新诗外，该诗集的第一辑和第三辑共收录翻译诗歌94首，由新潮社出版。《浪花》的著者为CF女士，即张近芬（生卒年代不详），曾就读同德医学校，后留学德国柏林大学研究公共卫生。张近芬在诗歌、童话和小说的翻译上十分活跃,发表作品多以 C F 女士为笔名。《浪花》中很多译诗都曾在报纸杂志上发表过。较之 1909 年苏曼殊(1884～1918)以中国古典诗歌形式翻译、被视为中国翻译史上第一部翻译诗集的《拜伦诗选》,《浪花》的问世晚了 14 年。但较之被尊为中国新诗史上第一部诗集、1920 年亚东出版社出版的胡适的《尝试集》(里面共有译诗 5 首)而言,《浪花》在翻译诗歌的数量上无疑是惊人的。1923 年赵景深(1902～1985)对该诗集中的译诗做了高度评价:

> 在我国近数年的新文艺界看来,介绍域外文学方面以小说戏剧为多,诗的译述很少,张近芬的诗歌小品集《浪花》给与我们的贡献可以说稍免去了这种畸形的发展;伊虽不是整部的介绍过来,但在一二年的努力之中,能够以一己的艺术手腕,译伊爱好的诗,至少也可以使人略窥域外诗的一斑。伊的译笔是这样的流利、美丽、调谐……几乎要误认作著诗,看不出译的痕迹;"唯有诗人才能译诗",这句话我在如今得着证明了。①

《浪花》不仅在翻译诗歌的数量上令人惊叹,而且译者的翻译艺术也得到评论家的认同,"看不出译的痕迹"说明译者的译入文体,高度吻合了当时对新诗艺术的期待。张近芬对翻译诗歌的总结是"要保存作者的优美的思想,伊不敢妄用主观的见解,轻于辞意的斟酌"②,张近芬认为原诗的思想与语言不可分离,作为译者需用恰当的语言再现原诗的优美思想,不可以译者主观的想法,任意改变原诗的表现形式。张近芬的译入文体意识已把内容和形式作为整体来考虑。该诗集在 4 年内再版了 3 次,足见其在中国新诗发展期引起的重视和受欢迎程度。

杨润馀 1924 年在译诗《湖》("Le Lac")的"译者附志"中写道:"词旨极为凄美,读之不忍释手,归来固试用语体译之"③,译者"试用语体译之"明确表达了译者采用的译入文体,在翻译中对新诗文体的实践成为女性译者主动自觉的选择。

从五四之前对诗歌翻译的无所问津,到五四译诗的发表以及新诗诗

---

① 赵景深:《浪花所激动的》,见《近代文学丛谈》(第三版),上海,新文化书社,1934,第 1 版,第 77 页。

② C F 女士:《再版自序》,见《浪花》(第二版),上海,北新书局,1927,第 1 版,第 2 页。

③ 杨润馀:《湖·译者附志》,《学艺杂志》,1924 年第 5 卷第 9 号,第 1 页。

集的出版，女性译者对诗歌翻译的兴趣表现出一个转折。五四时期的女性译者对翻译诗歌的译入文体提出了内容与形式兼顾，采用语体翻译的主张，反映出她们在新诗翻译中十分清晰的译入文体意识。

五、原语文体导向的倾向

译者的译入文体意识与特定时代的诗学观和文化观息息相关，但更是译者个体主体性的直接体现，具有相似文化身份的译者群体往往呈现出具有共性的译入文体意识。译者的译入文体意识对翻译文学的最终形态有着决定性影响，在协调不同诗学传统中发挥着重要作用，也是启发本土文学变革创新的重要环节之一。

当中国本土译者第一次大规模介入文学翻译，尝试通过翻译来实现目标语文化的变革，中国既有文体规范必将面临来自域外的异质文体规范的挑战。对译入文体的选择，已然成为译者的一种文化选择。在不同的文学体裁上，女性译者的译入文体意识呈现出差异。在翻译域外小说之初，女性译者的文体意识相对于男性译者而言，显现出更为开放和接纳的主动态度，积极整合传统文体规范，来再现域外小说的文体特征，从传统中求变，而走向新的文体实践。而在戏剧翻译方面，女性译者从一开始就表现出较为鲜明的原语文体导向意识，并逐渐将原语文体作为本土戏剧创作借鉴的样本。在诗歌翻译中，女性译者甚少参与用旧体诗来翻译外国诗歌的实践，在五四之前她们均表现出对诗歌翻译的疏离，直至新诗运动才激发了女性译者的参与。女性译者对新文体的期待，呈现出一些独特的变化特征。正是这些差异化的特征，在一定程度上折射着作为个体的女性译者，在与时代主流规范互动中的主体期待与自觉选择。

第六章　女性译者的操作规范

"操作规范与实际翻译行为发生过程中、而非实际翻译行为发生之前所做的决定有关"①，操作规范与译者具体的文本实践息息相关，译者如何处理文本的整体结构，如何选择目标语的语料来再现原文的内容和风格，目标语的使用呈现何种特征，是否在文本中插入译者的声音、以何种方式插入等，这些微观选择是将译者的预备规范和期待规范现实化的必经步骤。翻译是在特定历史文化语境中发生的选择行为，译者主体的文本实践既会受到主流翻译规范的影响和制约，也会因译者文化身份和文化态度的个体差异，呈现出多样性。性别作为主体的重要文化身份，对两性的语言行为会形成影响。② 作为文本层面的翻译实践行为，也是一种语言交际行为，意大利学者丹妮莎·伦纳迪(Vanessa Leonardi)对比实证研究，揭示了译者的性别会在翻译过程中发挥一定程度的影响或者调解作用，主要表现在四个方面：第一，相较于女性译者，当男性译者翻译女作家、尤其是翻译女性主义作家时，表现得更为间接，与语境更为疏离，更为谨慎；第二，当女性译者翻译男性作家作品时，表现得并不一致，要么忠实于原文，要么在文本中(通过增加、删减和明晰化的方式)显现出女性译者的存在，从而改变文本；第三，当男性译者翻译男性作家作品时，少有较大偏离原文的情况；第四，当女性译者翻译女性作家作品时，也许因为女性译者比男性译者更贴近"女性状况"，倾向于同时翻译出指称意义和情感意义。③虽然伦纳迪指出由于研究分析的语料样

---

① Mona Bake, ed. *Routledge Encyclopedia of Translation Studies*. Shanghai Foreign Language Education Press. 2004. p. 164.

② 已有研究从社会语言学及其他相关语言学分支的角度，论证了男女两性语言使用的差异，如 Barrie Thorne, Cheris Kramarae and Nancy Henley, eds. *Language*, *Gender and Society*. Newbury House, 1983；Jennifer Coates, and Deborah Cameron, eds. *Women in their Speech Communities*：*New Perspectives on Language and Sex*. Longman, 1988；Deborah Tannen. *Gender and Conversational Interaction*. Oxford University Press, 1993；Deborah Tannen. *Gender and Discourse*. Oxford University Press, 1994. etc.

③ Vanessa Leonardi. *Gender and Ideology in Translation*：*Do Women and Men Translate Differently? A Contrastive Analysis from Italian into English*. Peter Lang, 2007. pp. 302-303.

本较小,"这些结果尚不能普遍化,还不能推导出共性的结论"①,但她的发现无疑揭示了性别作为译者最基本的文化身份,对译者的翻译行为产生着影响,虽然可能因为译者个体的差异,表现形式会有所不同。

本章从性别角度分析 20 世纪初叶女性译者的操作规范特征,采用文本比较的方法,选用一本多译的个案,将女性译者与同时期男性译者的译作相比较,关注这一特定历史语境中,女性译者与男性译者在操作规范中的相同性和相异性,尝试探寻女性译者在操作规范上的主体能动性。本章对女性译者操作规范的分析,从母体规范和篇章语言规范两个变量展开,母体规范注重描写目标语文本篇章结构的整体变化特征,篇章语言规范的描述则侧重于译入语体和翻译策略两个方面。本章尝试揭示这些变量与译者预备规范和期待规范之间的内在逻辑关联,分析女性译者的主体认知和文本实践模式之间的相互关联,以揭示性别作为译者最基本的文化身份,对译者操作规范所产生的影响。

第一节 女性译者的母体规范

在图里的操作规范定义中,母体规范制约目标语语料的存在形态和在文本中的位置,以及文本的分割形式。② 其他学者对图里的母体规范概念进行了阐释,芒迪认为:"母体规范与译文的完整性有关,表现在段落的删减或重置、篇章的分割以及段落或脚注的增加上。"③ Mona Baker认为"母体规范涉及文本语料的分布方式,文本的内容翻译了多少,文本分割形式上的变化等,例如大规模的删减"。④ 如何在目标语文本中体现原作的结构、对原作内容保留是否完整,原文的哪些内容被大量删改,译者是否通过添加注释或按语的方式插入自己的声音等,目标语文本中整体结构上发生的变化,虽然与特定历史文化语境中目标语文化接受域外文学的主流模式相关,但具体的选择更是译者主体如何协调两种文化,

---

① Vanessa Leonardi. *Gender and Ideology in Translation*: *Do Women and Men Translate Differently? A Contrastive Analysis from Italian into English*. Peter Lang, 2007. p. 303.

② Gideon Toury. *Descriptive Translation Studies and Beyond*. Shanghai Foreign Language Education Press. 2001. pp. 58-59.

③ Jeremy Munday. *Introducing Translation Studies*: *Theories and Applications*. Routledge. 2001. p. 114.

④ Mona Baker, ed. *Routledge Encyclopedia of Translation Studies*. Shanghai Foreign Language Education Press. 2004. p. 164.

如何在原语文学系统与目标语文学系统之间寻求对话的体现，其中彰显着译者的主体性与个体差异。

一、分析语料的选择

本文探讨中国 20 世纪初叶女性译者的母体规范，采用个案分析和男、女译者文本对比研究的方法。这一历史时期中，目前发现男、女译者一本多译的文学作品有 12 种。本文选择分析的语料排除了寓言作品，因为寓言文本篇幅短，母体规范的分析难以显现其典型性；也排除了莎士比亚戏剧/故事，因译作依据的原作可能不一致；此外还排除了男、女译者翻译同一原作的时间差异过大的译作，如清末翻译的作品和新文化运动时期重译的作品，文化语境的巨大变迁导致翻译观念的巨变，大大降低了男、女译者翻译行为和主体意识的可比性。本文选择分析的文本有 6 组，包括法国凡尔纳著《八十日环游记》的两个汉译本：陈寿彭、薛绍徽所译《八十日环游记》(1900)和叔子译《八十日》(1914)；丹麦安徒生著《皇帝的新装》的三个汉译本：周作人译《皇帝之新衣》(1911)、刘半农译《洋迷小影》(1914)和绿筠女史译《金缕衣》(1915)；法国都德著《最后一课》的三个汉译本：胡适译《最后一课》(又名《割地》，1913)、黄静英译《最后之授课》(1915)和江白痕译《小子志之》(1915)；英国王尔德著《夜莺与玫瑰》的两个汉译本：逾之译《莺和蔷薇》(1920)和林徽因译《夜莺与玫瑰》(1923)；法国莫泊桑著《旅行》的两个汉译本：李青崖译《旅行中》(1923)和杨润馀译《旅行》(1924)；王尔德《温德米尔夫人的扇子》的三个汉译本：神州天浪生译《扇》(1918)、沈性仁译《遗扇记》(1918)和潘家洵译《扇误》(1919)。虽然这些语料样本有限，并不足以全面、详尽展示男、女译者在母体规范上的全部特征，但这些译作翻译的时间相对比较接近，即两性译者翻译行为发生在相同的文化语境中，这些译作呈现出的两性译者在母体规范上的共性与差异，应该具有相当的典型性，可以在一定程度上揭示女性译者对母体规范的主体认知和自主选择倾向。

二、译作结构及内容的完整性特征

译者是在目标语文本中较为完整地保留原作的结构和内容，还是出现较随意的大规模删减或增添，与译者如何平衡目标语文本的充分性和可接受性相关。清末翻译文学兴起，对于当时绝大部分译者而言，涉足外国文学翻译无疑是崭新的文化之旅。对这一未知领域的探索，清末译者从自己所处的文化和文学传统出发，来理解和翻译外国文学作品，译文的可接受性成为译者关注的重点。而当时翻译文学的受众，大部分"也没要求如此高水平的译作，只要能把域外小说的大致情节译过来就行了。故一大批胆大而心不细的'豪杰译作'风行一时，在理论上也没受到抵制和批评"①，以目标语文化为导向、忽视原作成为当时文学翻译的主流翻译规范。重视原作的翻译规范成为主流要到五四时期才开始形成。

（一）凡尔纳《八十日环游记》

法国作家儒勒·凡尔纳的《八十日环游记》第一个汉译本是1900年由陈寿彭口译、薛绍徽笔述的《八十日环游记》，由经世文社出版。该译本是根据 M. Towle 和 N. D. Anvers 的英译本转译的，英译本在结构上分为37章，每章有章节标题点明该章的主要内容。虽然陈寿彭、薛绍徽的汉译本采用的是中国传统章回体小说的体式，用37回取代原作的37章，用对仗工整的回目来翻译原文每章的标题，但汉译本在章节结构上的分割上与原作保持了高度一致，并且在内容上也无大量删减或增添的现象，较完整地保留了原文的故事情节。陈寿彭在序言中记录了薛绍徽翻译《八十日环游记》的起因：

> 秀玉宜人，归余二十年，井臼余暇，惟以经史自娱，意谓九州以外，无文字也。迩来携之游吴越，始知舟车利用。及见汽轮电灯，又骇然欲穷其奥，觅译本读之，叹曰："今而知天地之大，学力各有所精，我向者硁硁自信，失之固矣。"乃从余求四裔史志。②

这段文字描述了薛绍徽在之前专注于中国典籍的阅读，对域外文明一无所知。在亲眼目睹声光电化的现代文明之后，薛绍徽受到激烈的文化冲击，认识到西方文明有优于中国文化之处，并对西方文化产生了强烈的好奇心，欲探究其中奥秘。她转变了原来封闭的我族文化自傲心理，意识到以前的"硁硁自信"缘自对世界的无知，从而产生阅读并翻译外国文献的意愿。薛绍徽最初明确的阅读目标是"四裔史志"，陈寿彭给她推荐涉猎各种"专门学问"的《八十日环游记》。薛绍徽以中国古典诗学为出发点来理解原作，认为原作具备完整有序的结构，与中国说部相比，更具

① 陈平原：《20世纪中国小说史·第一卷（1897—1916）》，北京，北京大学出版社，1989，第1版，第35页。
② 陈寿彭：《八十日环游记·序一》，见施蛰存编：《中国近代文学大系·翻译文学集二》（1840～1919），上海，上海书店，1990，第1版，第5页。

有"不务纤巧，不病空疏"①的优点。薛绍徽将该作视为游记，非常看重
原作中涉猎的地理人文知识："琢评邑勒，谁知内外攸分；撑犁孤涂，大
非唇舌可尽"，②原作中丰富的地理人文信息在她的序言中娓娓道来，如
数家珍。薛绍徽对待域外文明态度的转变，对《八十日环游记》中西方知
识的重视，对该作艺术造诣的推崇，揭示出原语文化和原作在译者心目
中具有重要地位。译作在篇章结构、语料的组织顺序和完整性上与原作
保持了较高程度的一致。但是译本在段落的分割上出现大量合并现象，
对话也不分行书写，显现出中国传统小说体式影响的痕迹。此外译者在
文本中添加了较多注释，一类注释为对西方年历的解释，对应中国的时
间概念，如"一千八百七十二年（同治壬申）"、"一千八百十四年（嘉庆甲
戌）"③等；一类为对西方文化特有现象的解释，如"非利士（名）福格
（姓）"、"卑母郎（英之诗人，有世爵者）"④；一类为译者解释音译西方译
名的含义，如"《士登打得（太晤士，译言时也。士登打得，译言旗也）》"、
"《地利（译言日日）电报》（此电以伦敦为总归，所谓路透电音者是也）"⑤；
一类为对地理名词的解释，如"苏尔士（埃及东北一埠名，临于红海。是
为非、亚两洲之交，法人为凿一渠通于红海）"⑥，几乎所有地理名词译
者均加以注释解释；一类为译者对比中外文化的评论，如原作对女子小
巧之足的赞美，译者便添加注释加以评论："纤跌菡萏尤妍妙（西国妇女
虽不裹足，而贵家妆束亦鞋底高跷鞋头束削以为轻雅。此诗竟以菡萏为
比，则印度之俗亦复尔尔然。钿尺裁量之习，奚怪于中国哉）"。⑦译本中
大量添加的注释，为对域外文化知之甚少的中国读者提供了有效参考
信息。

　　1914 年商务印书馆发行了署名"译述者叔子"的另一汉译本《八十

① 陈寿彭：《八十日环游记·序一》，见施蛰存编：《中国近代文学大系·翻译文学集二》（1840～1919），上海，上海书店，1990，第 1 版，第 5 页。
② 薛绍徽：《八十日环游记·序二》，见施蛰存编：《中国近代文学大系·翻译文学集二》（1840—1919），上海，上海书店，1990，第 1 版，第 7 页。
③ 陈绎如译：《八十日环游记》，见施蛰存编：《中国近代文学大系·翻译文学集二》（1840—1919），上海，上海书店，1990，第 1 版，第 10 页。
④ 陈绎如译：《八十日环游记》，见施蛰存编：《中国近代文学大系·翻译文学集二》（1840—1919），上海，上海书店，1990，第 1 版，第 10 页。
⑤ 陈绎如译：《八十日环游记》，见施蛰存编：《中国近代文学大系·翻译文学集二》（1840—1919），上海，上海书店，1990，第 1 版，第 15 页。
⑥ 陈绎如译：《八十日环游记》，见施蛰存编：《中国近代文学大系·翻译文学集二》（1840—1919），上海，上海书店，1990，第 1 版，第 16 页。
⑦ 陈绎如译：《八十日环游记》，见施蛰存编：《中国近代文学大系·翻译文学集二》（1840—1919），上海，上海书店，1990，第 1 版，第 54 页。

日》，并于 1915 年发行第二版，该译作标为"冒险小说"。该译作译入语采用文言，以"章"来分割文本内容，每章没有章节标题，全书仅分为 26 章。叔子译本改变了原作的篇章分割形式，将原作的第七章、第八章合并为一章，原作的第九章、第十章合并为一章，原作的第十七章、第十八章合并为一章，原作的第二十二章、第二十三章和第二十四章的前半部合并为一章，将原作的第二十四章从福哥①穿越子午线处分割为译本的第二十章，原作的第二十五章、第二十六章、第二十七章合并为一章，原作的第二十八章至第三十章福哥决定前去营救仆人拍斯派德处断开，合并为译作的第二十二章，原作第三十章的后半部分与第三十一章合并为一章，原作第三十二章、第三十三章合并为一章，原作第三十四章、第三十五章合并为一章。叔子译本在内容上"偏重历险多于游记，因此亦顺理成章归入'冒险小说'一类"。② 译者不仅在篇章的分割上改变了原作的篇章结构，篇幅较之原作也大大缩短，对原作的内容进行大量删减，相应段落的分割也出现明显的重置现象。例如，原文第一章中描写俱乐部的建筑特征和饮食细节在译文中被删除；原文第十章开篇有较长篇幅文字介绍印度的地理、人口及英国殖民的情况，中间有印度 Parsee Festival 的庆祝场景描写，叔子译本第八章中全然删除了这些内容③；原文第二十七章有关盐湖城摩门教传教士宣教的描写，在译作第二十一章仅剩"湖长七十英里。阔三十五里。食盐分甚富。鱼类不生。高出海平面约三英里强"④，摩门教在译文中根本就没出现。虽然叔子译本发表于 1914 年，但明显受到清末文学翻译中流行的"豪杰译"的影响。译作注重突出故事情节的推进，对福哥历险行程的具体日子和事件都有较为完整的保留，但原文中丰富的地理地貌和风土人情描写却被大幅删减。

（二）安徒生《皇帝的新装》

译介丹麦作家安徒生的童话作品，高潮出现在五四时期，但五四前已有汉译本发表，其中《皇帝的新装》在五四前出现了三个汉译本：1911 年周作人译《皇帝之新衣》；1914 年《中华小说界》第 7 期刊发刘半农译《洋迷小影》，标为"滑稽小说"；1915 年《女子世界》第 4 期刊发绿筠女史译《金缕衣》，标为"埃及童话"。

---

① 此处讨论叔子译本，固涉及的译名出处为叔子译：《八十日》，上海，商务印书馆，1914，第 1 版。

② 卜立德：《凡尔纳、科幻小说及其他》，见王宏志编：《翻译与创作：中国近代翻译小说论》，北京，北京大学出版社，2000，第 1 版，第 141 页。

③ 参见叔子译：《八十日》，上海，商务印书馆，1914，第 1 版，第 19 页。

④ 参见叔子译：《八十日》，上海，商务印书馆，1914，第 1 版，第 48 页。

图 6-1   1900 年经世文社陈寿彭口译、   图 6-2   1914 年商务印书馆
薛绍徽笔述《八十日环游记》   叔子译《八十日》

根据周作人 1919 年所作未刊稿《墨痕小识》中记录:"辛亥六月,归越。为《公报》译安兑尔然著《皇帝之新衣》"①,可见该作译于 1911 年,是《皇帝的新装》在中国的第一个汉译本。1920 年上海群益出版社出版《域外小说集》的增订本中,收录了该译作。该译作采用浅近文言,译者开篇没有副文本一类的文字,直接切入文本,整个故事结构与英译本②完全一致。在段落的分割上,译者进行了调整,例如,

> "They are waiting outside with the canopy that is to be carried over your majesty's head in the procession,"said the master of the ceremonies, now coming in.
>
> "I am quite ready, as you may perceive," answered the emperor. "My dress fits nicely—does it not?" added he, turning once more to the glass, to make it appear as if he were examining its beauties most minutely.
>
> The lords of the bedchamber, who were to bear the train, pretended to pick it up from the floor with both hands, and then

①   周作人:《墨痕小识》,见钟叔河编:《周作人文类编·希腊之余光》,长沙,湖南文艺出版社,1998,第 1 版,第 520 页。《公报》指的是《绍兴公报》。

②   See Hans Christian Anderson. *The Fairy Tales of Hans Christian Andersen: with Upwards of Four Hundred Illustrations by Helen Stratton*. J. B. Lippincott Company, 1899. pp. 43-46.

did as if they were holding something in the air; for they did not venture to show that they saw nothing. ①

礼官启曰："今华盖已俟门外、请陛下行矣。"帝曰："吾服已具,"又顾谓曰："此衣不亦善耶!"复回身对镜,如自视其衣。侍中为君执裾者,乃俯伏,以手掬地,如援拾状,即执之随帝行,不敢使人知其无见也。②

英译本中,往往在每个人物的直接引语前或者所描述的人物对象发生变化时,进行段落分割。汉译者对这部分进行了合并,更多是以故事发生的场景为依据,将在同一故事场景中发生的事件合并在一起,减少了汉译本段落的分割数量,汉译本共 11 个段落。周作人的翻译秉持了 1909 年翻译《域外小说集》采用的直译方法,在内容和结构上是 20 世纪第 2 个十年中最贴近原作的汉译本。

刘半农的译本译入语采用白话。译作开篇刘半农添加了一段译者言:

是篇为丹麦物语大家安德生氏(一八〇五至一八七五)原著。名曰《皇帝之新衣》。陈义甚高。措辞诙诡。日人曾节取其意。制为喜剧。名曰《新衣》。大致谓某伯爵崇拜欧人。致贻裸体之笑柄。今兼取安氏原文及日人剧本之义。复参以我国习俗。为洋迷痛下针砭。但求不失其真。非敢以推陈出新自诩也。③

鉴于译者想"为洋迷痛下针砭"的翻译目的,译者把故事发生的场景移植到中国,改换了作品的人物形象,把原作的主人公皇帝换成了海外游学归来的某公子,"简直是洋货的奴隶"④,原作中皇帝打发两位大臣前去查看织衣的情况,刘译本改为老仆、艳婢和爱妾三人前去查看。故事结尾处,原作中一位儿童一语道破真相,大家都议论开来,皇帝也觉得百姓的话似乎是对的,但他依然觉得必须把游行举行完毕。当百姓和皇帝都认识到真相时,彼此之间的关系并未形成强大的张力。刘译本改为真

---

① Hans Christian Anderson. *The Fairy Tales of Hans Christian Andersen*; *with Upwards of Four Hundred Illustrations by Helen Stratton*. J. B. Lippincott Company, 1899. p. 46.
② 周作人译:《皇帝之新衣》,见《域外小说集》,上海,中华书局,1936,第 1 版,第 43～44 页。
③ 半农:《洋迷小影》,《中华小说界》,1914 年第 7 期,第 1 页。
④ 半农:《洋迷小影》,《中华小说界》,1914 年第 7 期,第 1 页。

相说破后，各儿童说"那裸体的贼，我们拾石子掷他"，大人们也大骂"混账东西"，而公子仍然执迷不悟："这是西洋新发明的织物，你们都不是好东西，那有看得见的资格呢"，① 坚持对洋货的盲目崇拜。由于人物关系的改写，导致其间权力关系的变化，刘译本将原作中平和的结局改变成人物之间的激烈对抗。译者改变了原文的叙事结构，将国王"喜欢新衣—被骗—真相揭露—认识真相"这一结构，改写为"崇拜洋货—被骗—真相揭露—拒绝接受真相"的结构。德国翻译理论家汉斯·弗米尔（Hans Vermeer）认为翻译是在"目标语情境中为某种目的及目标受众而生产的语篇"，原文仅仅只是"提供信息"（offer of information）②，刘半农为了实现针砭盲目崇拜洋货时弊的目的，对原作进行了大刀阔斧的删改，译者仅保留了原文故事的框架，其中的语料都被替换成中国情景的描写。

　　1915 年《女子世界》第 4 期刊发绿筠女史译《金缕衣》，译入语采用文言。开篇译者增加了一段对王宫美景的渲染和国王相貌的描写，补充了一段国王对已有衣服不满的情节，为他后来不惜杀戮以求新衣的举动做了铺垫。当国王新衣的真相揭露后，原作只写他坚持完成游行即结束，译者则增补了国王盛怒，即刻派人捉拿两位裁缝，而裁缝早已逃走，只剩下织布用的金机。皇帝命人捣碎金机，并存入库中。数年后国王死，国中大乱，国人熔金机时发现原来是铁铸成的，两位裁缝早就把金机偷梁换柱了。结尾处译者以"外史氏"的身份点评道："外史氏曰。天下事之相蒙者。类此正多。岂独一查理却得斯之金缕衣为然。"③译者采用中国传统文言小说的篇章结构，即主干部分的客观记录加结尾处的主观评述形式：事件—解释—证明。为了完成这一结构，译者增补了相关情节。在原作基本叙事结构上，译者进行了扩展，"国王喜欢新衣—不惜代价求新衣—被骗—真相揭露—认识真相—解释、证明原委"，改变了原作的叙事结构。此外，译本保留了故事发生的异域场景，原作人物并无姓名，译本中均为人物添加了外国人的姓名，如国王为"查理却得斯"，侍从为"维齐挪威"，被遣去查看织衣状况的大臣为"柏理迷亚"，显现出译者尝试在中国文言小说的结构中讲述异域故事的努力。

---

① 半农：《洋迷小影》，《中华小说界》，1914 年第 7 期，第 5 页。

② Christiane Nord. *Translating as a Purposeful Activity*：*Functionalist Approaches Explained*. Shanghai Foreign Language Education Press, 2001. p. 12.

③ 绿筠女史：《金缕衣》，《女子世界》，1915 年第 4 期，第 27 页。

图 6-3　1914 年刘半农译《洋迷小影》 　　图 6-4　1915 年绿筠女史译《金缕衣》

　　比较三个汉译本在母体规范上的特征可见，周作人的译本无疑最贴近原作，在当时意译风行的背景下，周译本可谓难能可贵的新尝试。刘半农和绿筠女史两人的汉译本都改变了原作的叙事结构，但相比较而言，绿筠女史的译本是在原作叙事结构上进行扩充，而刘半农译本是改变了原作的基本结构。两篇译作的文本均未分段。

　　（三）都德《最后一课》

　　法国作家都德（Alphonse Daudet，1840—1897）的短篇小说《最后一课》（"La Dernère Classe"），在 20 世纪第二个十年中出现了三个汉译本①：1912 年胡适译《割地》，刊《大共和日报》，1915 年在《留美学生季报》第 2 卷第 1 号上重刊时，改译名为《最后一课》，1919 年收入亚东图书馆发行的《短篇小说》第一集中，此后重印达 21 次之多；1915 年江白痕译《小子志之》，刊《中华小说界》第 2 卷第 5 期，标"爱国小说"；1915 年黄静英译《最后之授课》，刊《礼拜六》第 24 期，标"普法战争轶事"。

---

①　1913 年《湖南教育杂志》第 2 卷第 1 期上发表署名"匪石译"的《最后一课》，经韩一宇（《〈陈匪石译〉〈最后一课〉与胡适〈最后一课〉考略》，《出版史料》，2002 年第 3 期）和郭延礼（《都德〈最后一课〉的首译、伪译及其全译文本》，《中华读书报》，2008 年 4 月 16 日）的研究论证，该作是对胡适译本的修改，是"伪译作"，因而未在本文中探讨。

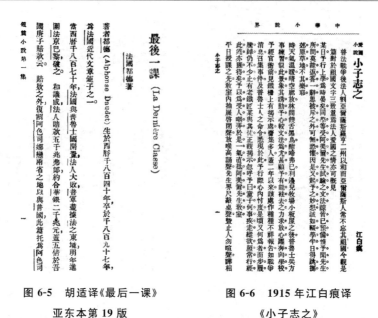

最後一課 (La Dernière Classe)

法國都德著

著者都德(Alphonse Daudet)生於西曆千八百四十年，卒於千八百九十七年，為法國近代文章鉅子之一。

當西曆千八百七十年，法國與普魯士國開釁，法人大敗，普軍盡據法之東境，明年進圍法京巴黎，破之。和議成，法人賠款五千兆弗郎，約合華銀二千兆元，蓋五倍於吾國庚子賠款云。賠款之外，復割阿色司娜戀兩省之地以與普國。此篇託為阿色司

短篇小說第一集 一

图 6-5 胡适译《最后一课》亚东本第 19 版

中華小說界

愛國小說 小子志之 江白痕

普法戰爭後法人割亞爾薩斯羅亨二州以和而亞爾薩斯人常不忘其祖國今觀是篇對於祖國文字三致意焉法人愛國之情亦可概見

某日予行上學為時晏矣同學等受阿美爾先生試驗之文法諒皆已預備惟予聞先生所問莫能返答一辭恐被斥之外可無恐懼因是又起予之妙想誠如輟學半日得跳擲郊原草地不其樂耶

時天氣溫暖晴空廓放林間饒舌黑鳥酣啼弗已利邊見牧場小板屋之後普魯士兵方事練習似此景象其誘動予心較文法為尤甚顧予有能耘去之力求放心躍奔向學校

予經官衙前見鐵欄上有揭示處聚集多人蓋二年以來該處作種種不祥報告如戰爭消息召集事件及普魯士人之命令悉現於此予行際心內忖度是項又何為者而步履騰踔仍不少止有老鐵匠某與其徒正觀揭示忽呼予曰童子何事疾走縱欲照常行經此道亦匪得矣予以為受人嘲弄於是一氣直抵阿美爾先生教室

平日授課之先教室內抽屜啓閉聲放喉高誦聲先生界尺敲桌聲暨止人勿喧聲譁相

小子志之 一

图 6-6 1915 年江白痕译《小子志之》

第四十二期

最後之授課 二四

水手道兒郎們把他們三人身上搜索一下子立刻帶回去嚴密看管那三人明知抵抗也沒用他們搜了一搜便跟着他們出屋而去那一夥人的腳步聲還沒去遠葛龍猛然間換着一本冊子從桌子下跳將出來歡呼道好啊冊子在這裡那軍事部裏遺失的冊子在這裏米亞司把桌子上散着的許多紙兒收拾起來一面說道正是他們還在這裏紀錄打算送到他們本國軍中去咧不上五分鐘這兩偵探又在頂樓上發見發電機裝得甚是完備那『飛南』和『德國皇帝』船上的水手分明都死在這上邊的末後回去時偉勒曼少佐向葛龍道葛龍先生那萬惡的間諜都已墮入吾們的手沒一個漏網這可怖的陰謀也仗着你老人家的大力得以破露吾撰你感謝你可是你造福於祖國簡直不小呢後來那三個間諜都受了軍事裁判一一處死那發電機立即毀棄不用那大偵探葛龍還得了一封皇帝的御書謝他替國家盡力言辭很為懇切於是這馬格爾葛龍的大名不久就傳遍全歐沒一個不知道不論是誰說起了偵探界上的巨擘都道馬格爾葛龍馬格爾葛龍

普法戰爭紀事 最後之授課 靜英女士譯

一日余上學殊遲恩梅爾先生課文法方及分詞取前日所課逐一致詢先生夙重國文課授特嚴

图 6-7 1915 年黄静英译《最后之授课》

胡适译本采用白话翻译，相较于原文，译本在内容上有较多删节，主要表现在以下几个方面：第一，原作主人公弗朗茨的名字被删除；第二，删去了弗朗茨去学校的路上与铁匠相遇的情节；第三，删去了坐在教室里听课的赫叟①老头的衣着描写；第四，删去了汉麦先生在最后一

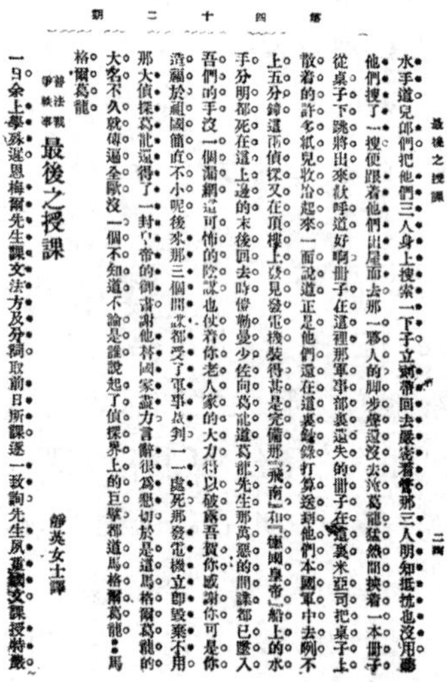

① 此段分析胡适译本，故人名、地名均采用胡适译本的译名。

堂课上批评学生家长与自我反省的话；第五，课堂中练习写字时，面对飞入教室的金龟子同学都毫不分心，屋顶上鸽子低低的叫声引发小弗朗茨的心理活动，均在译本中删去。即只要于整个情节发展无碍的细节描写，包括人物对话、心理和景物描写多被删除。此外整个译作仅分为3个段落，所有人物对话均无分行书写。胡适在该作开篇的译者言中，对法国战败被迫割地赔款充满了同情：

> 当西历千八百七十年，法国与普鲁士国开衅，法人大败，普军尽据法之东境，明年进围法京巴黎，破之。和议成，法人赔款五千兆弗郎，约合华银二千兆元，盖五倍于吾国庚子赔款云。赔欵之外，复割阿色司娜恋两省之地以与普国，此篇托为阿色司省一小学生之语气，写割地之惨，以激扬法人爱国之心。①

译者将中国近代以来被迫对外割地赔款与法国相比照，可见原作主题让译者产生了强烈的情感共鸣。译者在 1915 年 5 月 19 日的日记中，称都德为“文豪”，“近代文学巨子之一，其著短篇小说尤动人”②。译者对原作无论在主题还是艺术成就上都报以高度赞许，但原作在译者心目中的崇高地位，并没有必然导致译者对原文语篇结构的完整保留。

江白痕译本并未标注原作者名和原作名，也未说明该作为译作，可见译者尚未形成明确的原文意识。该译文采用浅近文言，在译文前有一段译者言：“普法战争后，法人割亚尔萨斯、罗亨二州以和。而亚尔萨斯人常不忘其祖国，今观是篇，对于祖国文字三致意焉，法人爱国之情亦可概见。”③从这段文字和小说题目改为“小子志之”，并标注为“爱国小说”可见，激发译者翻译该作的动机与胡适相同。江白痕译文比较完整保留了原作的内容，胡适译本中删减的部分均在江白痕译本中译出，如主人公的姓名译作“弗兰慈”④；弗兰慈经过告示栏时，“有老铁匠某与其徒。正观揭示。忽呼予曰。童子何事疾走。继欲照常行经此道。亦匪得矣。予以为受人嘲弄。于是一气直抵阿美尔先生教室。”⑤这一部分被译

---

① 胡适译：《短篇小说·第一集》，上海，亚东图书馆，1919，第 1 版，第 1～2 页。
② 胡适著、曹伯言整理：《胡适日记全编（1915—1917）》，合肥，安徽教育出版社，2001，第 1 版，第 153 页。
③ 江白痕：《小子志之》，《中华小说界》，1915 年第 2 卷第 5 期，第 1 页。标点为笔者所加。
④ 此段分析江白痕译本，故人名、地名均采用该译本的译名。
⑤ 江白痕：《小子志之》，《中华小说界》，1915 年第 2 卷第 5 期，第 1 页。

出；教室里"一戴三角帽老翁。状至古穆"①，保留了老者的衣着描写；译者译出阿美尔先生批评家长并自我反省的话语②；学生练习写字时，黄金虫飞入教室，连年龄最小的学生也"聚精会神。目不旁瞬"，屋顶有鸠长叫，弗兰慈"且听且思。岂此鸠亦有人教颇以德意志语乎"。③ 较之胡译本，江译本可算是一个完整的全译本了。此外，江译本更注重再现人物的心理活动和行为细节，如弗兰慈迟到进教室时"念斯际不能不投身恐怖寂寞之间。乃启扉。乃入。至于耳红面热。肺叶震击。其丑态实无可掩"④，胡译本中为："我没法，只好硬着头皮，推门进去，脸上怪难为情的"。⑤ 先生并未责怪于他，于是弗兰慈"飞越小橙。立归己座。颇不迟滞。先顷恐怖之念。至是稍释"⑥，胡译本为"我一跳跳上我的座位，心还是拍拍的跳。"⑦江译本把作品的题目改为"小子志之"，并在译文中作为增添部分出现了两次，一次在先生开始讲课时，成为先生的第一句话，一次是在结尾处，是先生下课时的最后一句话。这是原文没有而译者添加的部分，是译者强化作品教育主题的体现。整个译作分为13个段落。

黄静英是近代小说家兼翻译家，苏州人，系苏州宏志女学堂的外语教师⑧，至今关于她的生平依然知之甚少，译有长篇小说《妒妇遗毒》，商务印书馆发行，多次再版；翻译短篇小说5篇，《最后之授课》和《五万元》发表于《礼拜六》，《钓丝姻缘》、《覆水》和《独臂少尉》发表在《小说月报》上。虽然《钓丝姻缘》、《覆水》和《独臂少尉》这三篇没有标注为翻译作品，但作品人物姓名皆为外国人姓氏，故事发生的场景也皆在域外，与黄静英发表的其他以中国为故事背景，以中国人物为小说角色的作品，如《阿凤》、《负心郎》、《人月重圆》等有明显差异。正如茅盾所指出当时商务印书馆的刊物主编常常把原作者姓名删除，"看内容明明是翻译的东西，题下署名却是个中国人。《小说月报》的大部分小说（林琴南的除外）就是这样"⑨，因此笔者将黄静英的这几篇短篇小说视作翻译小说。黄静

---

① 江白痕：《小子志之》，《中华小说界》，1915年第2卷第5期，第2页。
② 江白痕：《小子志之》，《中华小说界》，1915年第2卷第5期，第4页。
③ 江白痕：《小子志之》，《中华小说界》，1915年第2卷第5期，第6页。
④ 江白痕：《小子志之》，《中华小说界》，1915年第2卷第5期，第2页。
⑤ 胡适译：《短篇小说·第一集》，上海，亚东图书馆，1919，第1版，第3页。
⑥ 江白痕：《小子志之》，《中华小说界》，1915年第2卷第5期，第2页。
⑦ 胡适译：《短篇小说·第一集》，上海，亚东图书馆，1919，第1版，第3页。
⑧ 参见郭延礼：《黄静英：被尘封的女翻译家和小说家》，《文汇读书周报》，2008年9月19日。
⑨ 茅盾：《商务印书馆编译所和革新〈小说月报〉的前后》，见蔡元培等：《商务印书馆九十年：我和商务印书馆》，上海，商务印书馆，1987，第1版，第163页。

英所译《最后之授课》，采用浅近文言为译入语。在篇章结构上，黄译本没有在译文前加上介绍原作者和作品主题、表达译者翻译意图的译者话语，而是开篇直接进入文本。在人名、地名的翻译上，黄译本可算是三个译本中翻译最完整的，首次将铁匠的名字"阿鲁台"译出。此外黄译本准确地将小说中的 participe 一词译作"分词"，较之胡译本的"动静词"不可谓不精确，而江译本将该词省去不译，以"文法"粗略带过，足见黄静英的外语知识非同一般。但黄译本并非"基本上是逐字逐句地译"①，这表现在对原作内容部分的删减和译者的增补两个方面。黄译本将胡译本中删除的大部分内容都翻译出来，但依然删除了先生批评家长为谋生计让孩子放弃上学去赚钱，以及先生自我反省的环节。在增添方面，黄译本多处增添了人物的心理描写，如开篇小主人公佛伦特上学路上增加了"既又转念。先生或未必如余。余何庸过虑"②的内心活动；练习书写时，佛伦特听见屋顶鸽子咕咕叫处，译者增加了"思及我辈既因割地而沦为奴隶。国语且不之保矣"③的心理活动，等等。此外在开始上课时，译者加上了"恩梅克先生一上讲坛。村人及学生咸起立致敬"④的环节，表达对先生的尊敬之情。整个译文没有分段。

比较三个汉译本，1912 年的胡译本更为自由，对原作的内容删减较多，而 1915 年发表的江译本和黄译本在内容上更加完整，删减的部分明显减少，更趋近于原作。

（四）王尔德《夜莺与玫瑰》

王尔德的作品自 1909 年首次译介到中国后，五四运动前后他的戏剧、诗歌和童话等作品在中国进入了一个译介的高潮期。在"王尔德热"中，他的童话《夜莺与玫瑰》（*The Nightingale and The Rose*）在 20 世纪 20 年代出现了三个汉译本，一为 1920 年发表于《东方杂志》第 17 卷第 8 号上胡愈之（1896—1986）所译《莺和蔷薇》，注明为"英国王尔德原著"，并附有作品英文题目。在译文前附有一段"译者识"，介绍王尔德为唯美派文学的代表，以及唯美派的起因和作家特点，认为王尔德"那种奇美的想象，怪异的天才，不可思议的魔力，唯有诗和 Fairy Tales 中，最来得明显；所以我们要研究唯美主义的王尔德，却不可不看他的诗和 Fairy

① 郭延礼：《都德〈最后一课〉的首译、伪译及其全译文本》，《中华读书报》，2008 年 4 月 16 日。
② 静英女士译：《最后之授课》，《礼拜六》，1915 年第 42 期，第 25 页。
③ 静英女士译：《最后之授课》，《礼拜六》，1915 年第 42 期，第 26 页。
④ 静英女士译：《最后之授课》，《礼拜六》，1915 年第 42 期，第 25 页。

Tales 呢"。①译者说明了选择翻译该作的目的。第二个汉译本为 1922 年泰东图书局出版、穆木天选译的《王尔德童话》中的《莺儿与玫瑰》。第三个汉译本《夜莺与玫瑰》发表于 1923 年 12 月 1 日的《晨报五周年纪念增刊号》上，署名为"奥司克魏尔德神话，尺棰译"。"尺棰"为林徽因②(1904～1955)笔名。《夜莺与玫瑰》是林徽因首次公开发表的作品，"夜莺与玫瑰"这一译名为后来大多数译本所采用。该译作中，林徽因没有撰写任何译者序言或跋语。

该作描写夜莺为实现一位年青人的爱情，不惜付出自己的生命为年青人获得一朵绽放的玫瑰。可当年青人拿着玫瑰去找教授的女儿，姑娘却告诉他玫瑰比不上珠宝，她已经接受赠送珠宝给她的大臣的侄子。于是青年回他的屋子里继续读书去了，而那朵玫瑰被车轮碾碎。三个汉译本均采用白话作为译入语，就译文的整体结构和内容而言，三个汉译本比较完整保持了与原作的一致，均无大规模的删减或随意增添的现象，译作在段落的分割上也与原作结构相一致，对话分行书写。这说明 20 世纪 20 年代的译者，无论性别，在翻译活动中都开始关注原作，译者的翻译观中原文得到更多尊重，原文导向的翻译规范在 20 世纪 20 年代正在逐渐形成。

图 6-8　1920 年胡愈之译《莺和蔷薇》　图 6-9　1922 年穆木天译《王尔德童话》

① 愈之：《莺和蔷薇·译者识》，《东方杂志》，1920 年第 17 卷第 8 号，第 110 页。
② 林徽因，福建闽侯人，曾就读培华女子中学，随其父林长民(1876～1925)游学欧洲，1924 年留学美国，1927 年毕业于宾夕法尼亚大学，成为我国杰出的建筑师。在文学方面也卓有成就，著有诗歌、小说、剧本，译作目前为止发现的有两篇，一为 1923 年译王尔德的《夜莺与玫瑰》，一为 1952 年与梁思成(1901～1972)合译苏联 N. 窝罗宁著作《苏联卫国战争被毁地区之重建》，由上海龙门书局出版。

图 6-10　1923 年林徽因译《夜莺与玫瑰》

（五）莫泊桑《旅行》

　　法国作家莫泊桑的短篇小说《旅行》（"En Voyage"）在 20 世纪 20 年代的中国出现了两个汉译本：一为 1923 年商务印书馆出版、李青崖（1886～1969）译《莫泊桑短篇小说集（一）》的《旅行中》；一为 1924 年《小说月报》第 13 卷号外"法国文学研究"上发表的杨润馀①译《旅行》。该作描写火车经过一个曾发生凶案的地方，旅客们开始谈论，一位医生讲述了他的女病人，一位美丽的俄国女子的奇异经历。她身患重病，丈夫却冷漠地叫她独自去法国养病，并不陪伴她。在去法国的火车上她遇到一位流血的青年上车。夫人以为他发现自己身上携带的金币，异常惊恐。青年将夫人滚落的金币全部拾起交还给她，并请求夫人帮助自己过国境。夫人将随行的仆人遣回，让青年扮作她的仆人，但提出一个条件，即青年不得与她说话，也不必道谢。他们顺利过境后，青年并未离开，而是时时向医生打听夫人的病况，并在她窗下守候，但一直遵守约定，不与夫人说话，直至夫人病逝。

　　在整体语篇结构上，两个汉译本均与原作保持一致，没有语料顺序

---

① 　杨润馀（1899～?），毕业于湖南省立第一女子师范学校，1919 年参加新民学会，1921年去法国勤工俭学，取得法国地雄大学文学硕士学位，1928 年回国后，被商务印书馆编译所聘为编译员。1929 年任《妇女杂志》主编，兼《少年杂志》主编。译有法国都德、莫泊桑、罗霭伊等作家的作品。

的调整或大量删减。但杨译本将文本分为两个部分，分别以（一）、（二）为标识来分割，第一部分从故事开头到他们到达漫东结束，第二部分是青年关心夫人病情，一直远远守候，直至夫人病逝，医生结束故事讲述。这与原文以"Ⅰ"、"Ⅱ"为标志，将文本分割为两个部分完全一致。李译本则删除了序号，在两部分之间用一空行加以分割。此外李译本增添了两处夹注，第一处是解释夫人将去养病的地方"芒东"（Menton），译者在后面加括号解释"（法国南方滨海的地方，尼司即其首市——译者）"①第二处是对青年的比喻，说他是"董奇硕特"（Don Quichotte）一路的人，译者在后面加括号解释为"（为爱情而专牺牲本身的人——译者）"②，而杨译本将这一文化专有名词省略，仅解释为"他真是英雄的态度"。③ 此外从段落的分割而言，李译本有一处将原作中的一个段落分割成了两个段落：

> 他们都坐着不动。静默的伊依然被恐怖心制住，不过渐渐减轻一些。他也笔挺地坐着，手足身体毫无动作，两眼发呆，脸色青得和死人一样。偶然，伊用迅疾而立刻折回的眼光，向他瞧一下。
>
> 这是一个三十来岁年纪上下的人，容仪伟壮，带着一副纯粹上流人的外表。④

而杨译本则保持了与原作段落划分的一致：

> 他二人一点儿不动。她静默的坐着，还是吓得发软，但渐渐地减少起来。至于他呢，不表示一点动作，他直直地坐着，眼光射着前面，颜色苍白，好比一个死人。有时她窥视他一眼，马上又回转来。他的年纪约三十上下，很美，像是一个很正当的人。⑤

李译本对段落的重新分割，将这位先生作为段落突出描述的对象，疏离

① 李青崖译：《莫泊桑短篇小说集（一）》，上海，商务印书馆，1923，第1版，第102页。
② 李青崖译：《莫泊桑短篇小说集（一）》，上海，商务印书馆，1923，第1版，第110页。
③ 润徐译：《旅行》，《小说月报》，1924年第13卷号外"法国文学研究"，第55页。
④ 李青崖译：《莫泊桑短篇小说·集一》，上海，商务印书馆，1923，第1版，第105页。
⑤ 润徐译：《旅行》，《小说月报》，1924年第13卷号外"法国文学研究"，第53页。

了夫人偷偷观察的眼光，改变了原作中他是夫人眼光下观察的对象这一关系，变成了叙事者的声音在描述，使得信息分布的格局被改变。总体而言，杨译本在篇章结构上更忠实于原作。

图 6-11　1923 年李青崖译《旅行中》　　图 6-12　1924 年杨润馀译《旅行》

（六）王尔德戏剧《温德米尔夫人的扇子》

王尔德戏剧在中国的第一个汉译本，是薛琪瑛所译《意中人》，1915年至 1916 年在《青年杂志》上连载。该译作采用中英文对照的方式，但只翻译了该剧的第一幕。该剧的第一个全译本于 1928 年由上海金屋书店出版，译名为《一个理想的丈夫》，徐培仁译。而王尔德的社会喜剧在五四时期最流行、引起反响最大的，要数《温德米尔夫人的扇子》。该剧围绕两个女性人物展开，温德米尔夫人（Lady Windermere）的母亲 Mrs. Erlynne 二十年前抛弃家庭，与情人私奔。二十年后她得知女儿嫁了贵夫，便向温德米尔勋爵（Lord Windermere）勒索，并希望借机重返上流社会。温德米尔夫人在自己二十一岁生日那天了解到丈夫在母亲 Mrs. Erlynne 身上花了大笔的钱，误会丈夫背叛了自己，于是离家出走，想和追求自己的 Lord Darlington 私奔，后在母亲 Mrs. Erlynne 的劝解和帮助下回到家里。该剧在 20 世纪 20 年代的中国，引发了关于女子解放是应该出走还是归来的讨论热潮。①

该剧作最早的汉译本是 1918 年 5 月刊载于《民铎》杂志第 1 卷第 4 号

①　参见罗列：《出走与归来：从易卜生与王尔德戏剧中出走女性的译介看"五四"女权话语的多样性》，《妇女研究论丛》，2008 年第 4 期，第 42～51 页。

由神州天浪生翻译的《扇》，该译作在形式上遵从了原作的戏剧形式，分为四幕，以人物之间的对话展开。在开幕前列有四幕的场景，为"第一幕温德梅勋爵之书斋"，"第二幕 温德梅勋爵之客厅"，"第三幕 温德梅勋爵之私室"，"第四幕（同第一幕）"①，在开幕后每一幕前译者将该幕的场景作为标题，显现出中国传统章回小说形式遗留的痕迹。此外开幕前还列出了故事发生的时期、场所、登场人物，开幕后的布景部分也较完整地翻译出来。该译作的译入语采用文言。但该作并不是一个全译本。

1918 年 12 月《新青年》上开始连载沈性仁的译本《遗扇记》，分三次刊完。开篇附有沈性仁的丈夫陶履恭所作序言，介绍了王尔德在中国的译介状况、王尔德的生平、文学成就及作品特点，以及沈性仁翻译该剧的缘由等。该译作在整体语篇结构上与原作形态保持一致，没有出现对语料的重新分割或者合并现象，也没有明显删减的情况。但译者对原作中一些文化专有名词或西方特有文化现象添加了注释，如"塞尔皮（地名）"②，"我想你当我是一个清净教徒罢？（译者按清净教徒的意思并不是属于清净教派，不过保守严格的宗教道德的。凡是肉体上的快乐一概戒除的意思）"③，"给我看你的名单（西洋跳舞的时候各人都有一个次序单，上边列着同跳的人名字）"④，"我想这节（伦敦的高等交际社会里，每年到四五月的时光特别多开跳舞会、宴会、茶会等。而此时期名之曰节 Season）里的跳舞会这回算是末一次了罢？"⑤，"现在的女子都是金钱主义。我们的祖母辈，不管他怎么样，只把他们的帽子丢过风车就算完事了。但是现在他们的孙女们，把他们的帽子丢过风车之后，立刻要使风起来才好。（英国乡间的旧迷信，把帽子掷过风车，可以使风车转。但是现在先要知道风车必转动，才肯把帽子掷起，此言实利主义之意，恭注）"⑥，等等。其中最后一个注释为陶履恭所加。添加注释虽然在一定程度上改变了原文表层的篇章结构，但无疑让"读者走向原作"，更好实现了译者在译作中保留异域文化的意图。

几乎与沈性仁发表《遗扇记》同时，1919 年 3 月，潘家洵的译本《扇误》在《新潮》的第 1 卷第 3 期上发表。该译本没有译者前言，除此基本与

---

①　神州天浪生译：《扇》，《民铎》，1918 年第 1 卷第 4 号，第 221 页。
②　沈性仁译：《遗扇记》，《新青年》，1918 年第 5 卷第 6 号，第 598 页。
③　沈性仁译：《遗扇记》，《新青年》，1918 年第 5 卷第 6 号，第 600 页。
④　沈性仁译：《遗扇记》，《新青年》，1919 年第 6 卷第 1 号，第 41 页。注释里的标点为笔者所加。
⑤　沈性仁译：《遗扇记》，《新青年》，1919 年第 6 卷第 1 号，第 41 页。
⑥　沈性仁译：《遗扇记》，《新青年》，1919 年第 6 卷第 1 号，第 295 页。

沈译本相同，在整体语篇结构上保持与原作一致。与沈译本的不同之处在于，潘译本没有添加注释来解释原作中的异域文化现象。

比较三个汉译本，沈译本和潘译本更完整地再现了原作的母体规范。

图 6-13　1918 年神州天浪生译《扇》　　图 6-14　1918 年沈性仁译《遗扇记》

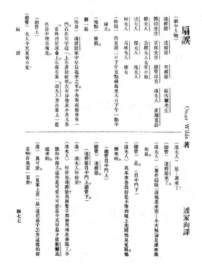

图 6-15　1919 年潘家洵译《扇误》

三、女性译者母体规范分析

通过对 6 组语料的分析显示，女性译者中除了 1915 年绿筠女史译《金缕衣》篇章结构的完整性与原作出入较大之外，其余女性译者的译作都较好保持了译文内容和结构的完整性，没有出现大规模的删减或增添现象。而男性译者中对作品进行明显删改的有叔子、刘半农和胡适三人，三篇译作均在五四之前发表。在段落的分割上，1915 年及之前的译本对段落的划分普遍比较随意，或者整个篇章不分段，中国传统小说的体式特征在译本中有较为明显的体现；1915 年之后发表的译作则比较吻合原作的段落分割形式，在这一点上男女译者并无明显区别。

陈平原总结了晚清小说翻译"译意"的四种表现，其中三种表现都与母体规范相关，即"改变小说体例、割裂回数，甚至重拟回目"、"删去'无关紧要'的闲文和'不合国情'的情节"、"译者大加增补，译出好多原作中没有的情节和议论来"。① 根据本节分析的语料显示，从 20 世纪初叶男女两性译者对母体规范的实践看，可以将 1915 年作为一个分界线。1915 年及之前发表的译作依然带有较明显的中国传统小说特征，男性译者对原作的章节和语篇结构改动的随意尤为突出，可见清末流行的母体规范影响一直持续到 1915 年。而女性译者相对而言，虽然也存在对分段的无意识以及对细节的删减，但整体上比男性译者大刀阔斧删改译作的程度低很多，表现得更尊重原作的篇章结构和内容的完整性，显现出这一时期女性译者作为整体对强调"译笔"和译入语文化导向的主流母体规范的偏离，这可以视作以原文为导向的母体规范的先兆。1915 年之后，无论是小说翻译还是戏剧翻译，译作的篇章结构呈现出与原作更为一致的倾向，译作内容的完整性也得到较好保证，段落的分割也与原作几乎一致或者完全一致，女性译者表现出更为忠实于再现原作的篇章结构特征。在添加注释方面，译者并未显现出具有典型性的性别差异。

第二节　篇章语言规范之译入语体

图里认为，篇章语言规范"规约对语料的选择，以生成目标语文本，或者通过语料的选择来替换原文语篇及语言的材料"。② 赫曼斯指出："篇章语言规范影响文本微观层面，如句子结构、遣词、是否使用斜体或大写以表示强调等"③，因此篇章语言规范涉及译作在文字层面的具体操

① 陈平原：《20 世纪中国小说史·第一卷(1897—1916)》，北京，北京大学出版社，1989，第 1 版，第 37～38 页。
② Gideon Toury. *Descriptive Translation Studies and Beyond*. Shanghai Foreign Language Education Press. 2001. p. 59.
③ Theo Hermans. *Translation in System: Descriptive and Systemic Approaches Explained*. Shanghai Foreign Language Education Press. 2004. p. 76.

作。译者对目标语文本微观层面字、词、句的选择，并非单纯的语言行为，实际上也是译者审视他者与自我的过程。译者在语言层面的选择，折射出译者的文化选择，是译者将译者期待具体化的过程。对译者篇章语言规范的描写可以从译入语体和翻译策略两个方面展开。

一、译入语体

林裕文将语体定义为：由于交际目的、内容、范围不同，在运用民族语言时也会产生一些特点，这种特点的综合而形成的风格类型，叫做"语体"。① 语体强调的是语言的特征，而不是文章的体裁。在翻译中，译作文本虽然是用目标语书写，但该语言往往与主体文化中的非翻译类文本所使用的语言有所差异，形成一种特殊的语体——译入语体。译入语体的形态主要受到两方面因素的影响：一是原语，一是目标语文化中的各种语言变体。虽然"翻译绝非简单的平等对象之间的交流，因为翻译在根本上是民族中心主义的"②，归化是难以避免的倾向，但由于翻译的中介者角色，绝大多数译入语体仍或多或少会受到原语的影响，呈现出一些异质特征。此外，翻译文本虽然是用目标语来书写，但目标语文化中存在多种语言变体，且彼此之间的关系并不平等，译者选择哪一种语言变体作为译入语并非单纯的语言行为。"任何语言的使用都是权力关系的场域，因为任何语言在任何历史时刻，都是主流形式影响边缘变体的特定结合体"③。译者如何选择译入语体，与译者如何认同原语与目标语之间的权力结构，以及目标语中各种语言变体之间的地位有关，同时也与译者的翻译目的和预设的读者对象有关。

二、20 世纪初叶中国翻译文学的主要译入语体类型

对于 20 世纪初叶的中国译者而言，选择哪一种目标语语言变体作为译入语与译者的意识形态诉求有着密切关联。中国古代长期以来形成文、言分离的传统，书面语采用文言，口语采用白话，精英知识分子使用文言，而普通大众则倾向于使用白话，语言的使用成为使用者文化身份和社会地位分层的表征。至清末开始，知识分子出于启蒙民众的目的，开

---

① 林裕文：《词汇、语法、修辞》，上海，新知识出版社，1957，第 1 版，第 91 页。

② Lawrence Venuti. *The Scandals of Translation：Towards an Ethics of Difference.* Routledge，1998. p. 11.

③ Lawrence Venuti. *The Scandals of Translation：Towards an Ethics of Difference.* Routledge，1998. p. 10.

始倡导白话，1898 年裘廷梁在《苏报》上发表《论白话为维新之本》，力陈文言的弊端和白话的优势，并于同年创办《无锡白话报》，是"为广开民智之助"①的尝试。此时改良知识分子对白话的倡导，是将自身放在与普通读者相疏离的立场，作为启蒙者凌驾于被启蒙者之上，白话在他们心中依然是针对知识粗浅的大众读者而言的语言。虽然文言在精英知识分子的心目中和文本实践中依然占据主流地位，但白话开始进入部分精英知识分子有意识的书写实践，为白话作为一种语言变体跻身于书写语言争取合法性提供了历史契机。后来胡适曾评价道："一边是应该用白话的'他们'，一边是应该做古文古诗的'我们'。我们不妨仍旧吃肉，但他们下等社会不配吃肉，只好抛块骨头给他们吃去罢。"②这一评价有所偏颇之处，在于忽视了清末改良知识分子推动白话实践的功绩。清末对白话的倡导与实践，可以说是中国语言文字系统发生现代转型的开端，为之后五四白话文运动培育了生发的土壤。五四新文化知识分子将白话作为现代性的表征之一而大加提倡，将之标榜为"进步"、"活的"及"文学之正宗"。同时将文言作为抨击的对立面，贴上"死的"、"非人性的"、"妖孽"等标签。通过一系列有关文言、白话的理论话语建构，五四新文化知识分子采用二元对立的阐释，以文言价值的贬低和消解，来论证白话的合法身份。至 1920 年教育部下令，从当年秋季学期开始，国民学校一、二年级的国文教科书改用白话，从此文言被放逐到汉语语言系统的边缘，白话的中心地位得以最终确立。在这一场中国语言文字系统的巨大裂变中，翻译从始至终都扮演了重要角色。据樽本照雄统计，1902—1907年，翻译小说的数量甚至超过创作。③从翻译小说出版数量占据如此重大份额来看，翻译小说在这一历史时期的文学活动中无疑占据不容忽视的地位。而"清末民初翻译文学的语言采用离不开当时语言文字现实中文言、白话等发展的纠葛，在翻译语言中呈现出适应时代语言文字变革的种种特征。"④译入语体的选择必然在汉语各种变体对中心地位的争夺以及汉语系统的演变中发挥重要作用。

从清末至五四前，主要出现过四种有代表性的译入语体。第一种为

① 裘廷梁：《无锡白话报序》，《时务报》，1898 年第 61 册，第 5 页。
② 胡适：《五十年来之中国文学》，上海，申报馆，1924，第 1 版，第 78 页。
③ 参见樽本照雄：《清末民初的翻译小说：经日本传到中国的翻译小说》，见王宏志编：《翻译与创作：中国近代翻译小说论》，北京，北京大学出版社，2000，第 1 版，第 157、162 页。
④ 邓伟：《分裂与建构：清末民初文学语言新变研究(1898—1917)》，北京，中国社会科学出版社，2009，第 1 版，第 146 页。

文言译入语体。清末最受追捧的林译小说采用古意盎然的文言作为译入语。这种译笔深受读者文人的推崇，"其笔墨古朴顽艳，足占文学界一席而无愧色"①，至 1916 年恽铁樵(1878—1935)还盛赞林纾译笔"高尚淡远"。② 古雅流利的文言作为译入语得到受众高度认可，即便作为译者的林纾多次申明自己并不通晓外文，也并未引起读者及评论家对其"翻译"的质疑。林纾从同时代通晓外文的译者中脱颖而出，并非因翻译技巧高超，而是其古雅隽永的文言译述域外故事唤起了读者的强烈共鸣。第二种为白话译入语体。在以林译小说为代表的文言译入语体广受欢迎之际，白话作为译入语体的提倡和尝试也同步开始。1898 年裘廷梁在阐明办白话报的必要性时，以日本为例道："日本诗词歌赋之类，喜用汉字，译书撰报，纯用和文……其书愈切于民用者，和文愈多，汉文愈少，务令易晓而以，是以变法不数载，民智大开。"③裘廷梁将日本近代民智的开启，归功于翻译和报纸选用了民众易懂的和文，其中暗含了选择译入语体的标准，即选择通俗易懂的语言。而当时的中国要达到启蒙的目的，白话是优于文言的选择，这与维新知识分子将翻译作为启蒙工具的观念是相辅相成的。《无锡白话报》成为最早使用白话译入语体的报刊。第三种是文白夹杂的译入语体。不少译者开始尝试用白话翻译，但从古文传统教育中走来的译者，不免会遇到书面语言使用上的困难。译者难以娴熟运用白话来翻译，如梁启超 1902 年翻译《十五小豪杰》时道："本书原拟依《水浒》、《红楼》等书体裁，纯用俗话，但翻译之时，甚为困难。参用文言，劳半功倍。"④鲁迅 1903 年翻译《月界旅行》时也采用了同样的方法："初拟译以俗语，稍逸读者之思索，然纯用俗语，复嫌冗繁，因参用文言，以省篇页。"⑤译者在翻译时不乏采用白话作为译入语的初衷，可在实际运用中力不从心，继而采用"参用文言"、"文俗并用"的方法，形成文白夹杂的译入语体。第四种为带有欧化特征的古奥文言译入语体。鲁

①　觉我：《余之小说观》，见陈平原、夏晓虹主编：《二十世纪中国小说理论资料·第一卷(1897—1916)》，北京，北京大学出版社，1997，第 1 版，第 336 页。

②　陈光辉、树珏：《关于小说文体的通信》，见陈平原、夏晓虹主编：《二十世纪中国小说理论资料·第一卷(1897—1916)》，北京，北京大学出版社，1997，第 1 版，第 566 页。

③　裘廷梁：《无锡白话报序》，《时务报》，1898 年第 61 册，第 4 页。标点为笔者所加。

④　少年中国之少年：《〈十五小豪杰〉译后语》，见陈平原、夏晓虹主编：《二十世纪中国小说理论资料·第一卷(1897—1916)》，北京，北京大学出版社，1997，第 1 版，第 64 页。

⑤　鲁迅：《〈月界旅行〉辨言》，见鲁迅：《鲁迅全集·第 11 卷》，北京，人民文学出版社，1973，第 1 版，第 11 页。

迅和周作人在《域外小说集》的翻译中尝试了新的翻译方法，由此产生了一种特别的译入语体。在序言中译者指出："《域外小说集》为书，词致朴讷，不足方近世名人译本"①，"近世名人"所指乃林纾，译者从开始便明确该译作采用的译入语体与林纾译笔差异很大。1932 年 1 月鲁迅在写给日本学者增田涉的信中谈到："《域外小说集》发表于一九〇七年或一九〇八年，我与周作人在日本东京时。当时中国流行林琴南用古文翻译的外国小说，文章确实很好，但误译很多。我们对此感到不满，想加以纠正，才干起来的"。② 译者认可林纾的文言译笔，但发现林纾翻译中存在诸多误译，于是决定采取直译的翻译方法，在古奥的文言中夹进欧化的词汇和句法特征，使得"译文很艰涩"。③ 携带异质元素的古奥文言译入语体对于当时的读者过于陌生，导致译作的接受不成功，也没有影响其他译者在翻译中尝试这样的译入语体。

语言传统因袭的力量不但延伸在读者的阅读习惯中，也会制约译者对目标语表达传统的突破，因而五四前虽然多种译入语体共存，但文言仍是译入语体中的主流。作为译入语体的文言因书写的是域外文化，与目标语中原有的文言已经产生差异，开始出现欧化的词汇和表达方式。至五四，白话作为言说现代性唯一合法的语言，被提上新文化运动日程，但五四知识分子依然感受到同样的不适应。傅斯年 1919 年在《怎样做白话》道：

> 现在我们使用白话做文，第一件感觉苦痛的事情，就是我们的国语，异常质直，异常干枯……我们使用的白话，仍然是浑身赤条条的，没有美术的培养；所以觉着非常的干枯，少得余味，不适用于文学。④

白话书写对于五四初期的知识分子而言，依然是一个新课题。对于如何改进白话，增强其艺术表现力，傅斯年提出"惟有欧化中国语"⑤的主张，并指出："像周作人先生译的小说，是极好的。那宗直译的笔法，不特是

---

① 鲁迅：《域外小说集·序言》，北京，人民文学出版社，1973，第 1 版，第 185 页。
② 鲁迅：《致增田涉》，见鲁迅：《鲁迅全集·第 14 卷》，北京，人民文学出版社，2005，第 1 版，第 196 页。
③ 鲁迅：《致增田涉》，见鲁迅：《鲁迅全集·第 14 卷》，北京，人民文学出版社，2005，第 1 版，第 196 页。
④ 傅斯年：《怎样做白话文》，《新潮》，1919 年第 1 卷第 2 号，第 178～179 页。
⑤ 傅斯年：《怎样做白话文》，《新潮》，1919 年第 1 卷第 2 号，第 179 页。

译书的正道，并且是我们自己做文的榜样。"①直译的方法被视作输入西洋词法、句法和章法的重要途径，欧化的白话成为发展白话的借鉴。这一译入语体与前四种译入语体的不同之处在于，原文的语体特征得到有意识突出，与目标语的白话语体相结合，带有明显的异质语体特征。而前四种译入语体的选用除了接受极不成功的带有欧化特征的古奥文言译入语体之外，受到外语的影响要小很多。"随着白话文取代文言文的语体革命，西方语言，首先是英语，借助翻译的途径，直接参与了现代汉语语体文的创造。"②译入语体，尤其是有意识借鉴原语语体特征的译入语体，成为改变目标语文化中各种语体之间权力结构的催化剂。

三、女性译者译入语体选择的演变

20 世纪初叶女性译者的翻译书写，在译入语体的选择上从一开始就呈现出多元、杂合的特征。根据其变化特征，可以分为三个阶段：1898 年始至 1912 年、1913 年至 1919 年、1920 年至 1930 年，下面从共时和历时两个角度来观察女性译者译入语体选择变化的复杂性和主要趋势。

（一）文言为主体，白话为尝试：1898 年至 1912 年

第一阶段从有女性译者署名译作正式发表的 1898 年至 1912 年《女铎》报创刊。之所以以 1912 年为界，是因为是年 4 月广学会创办月刊《女铎》，语言多用白话，中国本土女性译者开始在上面发表以白话为译入语体的翻译作品。这期间女性译者发表的翻译文学作品共计 26 种，其中白话译作 4 种，在数量上文言为译入语体占据绝对优势。

1. 偏离传统文言规范的文言译入语体

1898 年至 1912 年期间，女性译者选择文言为译入语的居多数。共有 10 位女性译者发表了 22 种文言译作，除裴毓芳、凤仙女史、竞雄女史及听荷女士发表过白话译作之外，其余女性译者均只选择文言作为译入语体，她们是薛绍徽、陈鸿璧、秋瑾、黄翠凝、陈信芳、张默君、吴弱男、汤红绂和罗季芳。其中薛绍徽、陈鸿璧、张默君和罗季芳四人的译作是从西方语言翻译而来，其余译者从日文翻译。译作影响最广的，属薛绍徽和陈鸿璧。

女性译者最早用文言译入语体发表的译作，是薛绍徽与陈寿彭合译的法国凡尔纳所著《八十日环游记》，自 1900 年由经世文社出版后，短短

---

① 傅斯年：《怎样做白话文》，《新潮》，1919 年第 1 卷第 2 号，第 183 页。

② 潘文国：《汉英语对比纲要》，北京，北京语言文化大学出版社，2004，第 1 版，第 66 页。

几年时间内多次再版。薛绍徽自幼修习儒家传统经典,诗文成就很高,并不通晓外文,与陈寿彭采用口译笔述的方式,与同时代的林纾采用的翻译模式相同。陈鸿璧通晓外文,1907 年《小说林》创刊号上推出她的三部长篇翻译小说:科幻小说《电冠》、侦探小说《第一百十三案》和历史小说《苏格兰独立记》。《小说林》共出版 12 期,每期都有陈鸿璧的译作发表。且杂志社还向其索稿:"小说林社发行社报。屡以笔墨见询。余性疏放。不喜拘拘于绳墨。即举篦以界之。而谢吾责。"①《小说林》是中国近代最重要的文学期刊之一,主动向陈鸿璧约稿,其译作能如此高频率地被采用,足以说明她的翻译艺术得到读者认可。下面以为时人所称道的林纾的文言译笔为参照,试比较薛绍徽、陈鸿璧和罗季芳三位女性译者的译作语言:

> 迦茵者,非名门闺秀,盖村墟中一好女子,美文而通;文通之弊,其忧患转甚于目不知书者;顾蹇运虽乖,而赋秉绝厚,姿容既媚,复涉猎文史,操守至严。以清隽之才,乃所托不类,因是颇鞅鞅于造化之弗公。②

> 却说那一伙印度人,正在算计其牺牲。此牲乃有名最美巴司之苗裔,为孟买富商之女,曾在其地学习英国语言文字,秀颖出侪辈上,而思为欧洲之人也,小名曰阿黛,少孤露,及长误嫁于邦德尔戴特老王子。老王子之意,不过欲图阿黛,为送终之具而已。阿黛不乐之,常逃匿,又为乌拉查亲属追回,是咸利阿黛之死耳。③

> 余与卓士德君。将回家晚膳。余友结婚至今。已一年矣。伊近来恒家居。余因事出城数礼拜。昨日始回。即蒙余友卓君亲来招余。有暇同至其家晚膳。余明知我友此举。乃满意于其家庭之幸福。并欲以馀荫沃我也。卓君年中入息。足以供其心志所向。购置家具。装点其温饱气象。伊妻为大家闺秀。有殊色。琴瑟和好。余颇羡其艳福。余与卓君为总角交。其结婚时。余曾为伴新郎者。④

---

① 陈鸿璧:《印雪簃簏屑·识》,《小说林》,1907 年第 2 期,第 1 页。
② 林纾、魏易译:《迦茵小传》,北京,商务印书馆,1981,第 1 版,第 6 页。
③ 陈绎如译:《八十日环游记》,见施蛰存编:《中国近代文学大系·翻译文学集二》(1840—1919),上海,上海书店,1990,第 1 版,第 48~49 页。
④ 陈鸿璧述:《印雪簃译丛》,上海,小说林社,1906,第 1 版,第 1 页。

有亚瘦名。黑特生姓者。在嚣浦塞特中办公处。操笔作书。手不停挥。当拒人入焉。忽有年近五旬。髮秃髭缁。身材短小之书傭入。谓之曰。顷有怪状富翁。踵门求见。再三拒之。彼固请焉。将奈何。言毕。书傭略作欸声。形不自安。以其达主人之命也。黑特生欲拒之。目视书傭。投笔起。愠言曰。丕耕君乎。（书傭名）姑置此。收信时迫。作书尚未就。何暇兼顾。书傭曰。诚然。仆亦知之。然来者要求急。强之再三。请转达必欲一见。①

林纾这段译文描述了小说女主人公迦茵的出身、教育背景及其品貌。原文中所有以 she 为主语的句子，在林纾的译文中均变成无主句。大量无主句和四字词组的频繁使用，使得译文语言紧凑练达。薛绍徽与林纾均不通外文，但在翻译《八十日环游记》时，薛绍徽注意到原文语言"旁行斜上，格礚钩輈"②不同于汉语的书写方式和读音，意识到原语和目标语的不同。上述薛译文中，原文中以 she 为主语的句子也多译为无主句。但四字词组的使用较少，单句的长度较之林纾显得更长。"却说"一词在白话小说中使用频繁，表示另开话题，薛绍徽的文言译入语体中，显露出白话渗透的痕迹。陈鸿璧的译文以第一人称叙事，带人称主语"余"和"伊"的句子明显增多，而有些主语在汉语中是可以省略的，如"伊近来恒家居"、"余明知我友此举"、"余曾为伴新郎者"等，省去主语并不影响意义表达。此外是宾语的增加，如"即蒙余友卓君亲来招余"中的宾语"余"，根据汉语的习惯可以省略。陈鸿璧的文言译入语体，已经显露出西方语言的句式特点。有评论道："女士译品颇能保存原有的句法和风格，而又曲折委婉，善能达意，于林译之外别树一帜。"③说明当时读者已经注意到陈鸿璧的译入语体与林纾的存在差异，在语言上体现出异质语言的句法特征，但并没因此削弱其语言的表现力，形成了林纾译笔之外的不同风格。罗季芳的译文开头介绍人物，通过增补的方法说明西方人姓名的特点，在整段译文中，无主句依然是主要的句式。但译文语言中出现了一些不符合传统汉语的表达方式，如"在嚣浦塞特中办公处"介绍了人物

① 罗季芳译：《三玻璃眼》，《月月小说》，1906 年第 1 号，第 119 页。
② 薛绍徽：《八十日环游记·序二》，见《中国近代文学大系·翻译文学集二》（1840—1919），第 7 页。
③ 春雷女士：《几个女教育家的速写像》，《生活》，1930 年第 5 卷第 15 号，第 227～228 页。

所处的地点,"就中国语言而论,'在'字当然是十足的动词"①,译文中"在……处"显然是表达英文中的 in 这一介词,具有比较明显的欧化倾向。又如"忽有年近五旬。髪秃髭缁。身材短小之书佣入",在名词前一连排列了三个修饰词,造成句子的延长。文言句法通常具有判断句不用系词、省略主语和宾语的情况较多、倒装句较多等特点。② 以上几种译文语言中,林纾"遣词缀句,胎息史汉"③的文言译笔更好体现出了上述句法特征,经由评论家的推崇,成为当时译入语体的范本。而女性译者的文言译入语体,悄然显露出更多吸收西方语言表达方式的一些语体特征,薛绍徽的译文还呈现出白话的痕迹,她们的译入语体已经开始显现对传统文言规范的偏离。

2. 初现欧化的白话译入语体

1898 年至 1912 年期间,女性译者发表了 4 种白话译作:1898 年裘毓芳在《无锡白话报》连载的《海国妙喻》,即《伊索寓言》的第一个白话译本,这是中国本土译者中最早使用白话为译入语体的尝试;1903～1906 年《新民丛报》连载凤仙女史译述的《美人手》,共 61 回;1905 年小说林社发行竞雄女史译《影之花》;1906 年广智书局发行听荷女士译《铁假面》,全书共 3 卷 32 回。这一阶段的翻译实践中,选择文言作为译入语体是主流,且"文言小说之销行,较之白话小说为优"④,读者市场更倾向于文言小说。而女性译者的白话译作从在报刊上连载,到发行单行本,以及再版的情形看,她们的白话译作在同时代的白话小说中具有更良好的读者接受。虽然在数量上采用白话译入语体的翻译文学作品仅 4 种,但从时间上看,女性译者无疑是同时代译者中实践白话译入语体的先驱。

首个尝试白话译入语体的裘毓芳,是白话的积极推行者。对于裘毓芳 1898 年发表的《海国妙喻》是文言的白话改写本还是翻译一直存在争议,这与她是否通晓外文密切相关。有的认为裘毓芳"通晓英文"⑤,有的认为《海国妙喻》是文言译本的白话译本,因为对于裘毓芳"精通外文是

---

① 王力:《中国现代语法》,北京,商务印书馆,1985,第 1 版,第 362 页。

② 参见陈志杰:《文言语体与文学翻译:文言在外汉翻译中的适用性研究》,上海,上海外语教育出版社,2009,第 1 版,第 49～50 页。

③ 觉我:《余之小说观》,见陈平原、夏晓虹主编:《二十世纪中国小说理论资料(第一卷 1897—1916)》,北京,北京大学出版社,1997,第 1 版,第 336 页。

④ 觉我:《余之小说观》,见陈平原、夏晓虹主编:《二十世纪中国小说理论资料(第一卷 1897—1916)》,北京,北京大学出版社,1997,第 1 版,第 335 页。

⑤ 李九伟:《裘毓芳与〈无锡白话报〉》,《新闻爱好者》,2004 年第 5 期,第 30 页。

不确切的"①，郭延礼认为"梅侣女士并不是自希腊文或英文译出，而是将张赤山《海国妙喻》中的文言改译成白话"。② 对于裴毓芳是否通晓外文笔者没有查到确切的文献证据，尝试将她的译本与张赤山1888年发表在《天津时报》上的《海国妙喻》进行对比③，两译本故事的基本情节相差不大，但裴译本增添了许多细节，其中有些表达方式带有异质特征，如张译本《蝇语》中的"俄有一蝇从外飞入"，在裴译本《苍蝇上学墨吃汁》中，译作"隔一小时，又看见一个苍蝇，从外面飞进来"，中国古代的计时单位是"时辰"，"小时"这一概念是近代从西方传入的计时单位。张译本《鼠防猫》中老鼠们"于是纷纷献策，皆格碍难行"，在裴译本《老鼠献计结响铃》中为"一群老鼠都要想献出好计策来，你说这样，我说那样，却都是有关碍、做不到的"，其中的"你说这样，我说那样"跟Joseph Jacobs（1854～1916）编辑的英译本中Some said this, and some said that④ 的表达几乎一致。此外裴译本中"一个"、"一群"等量词的使用较多。裴毓芳白话译入语体中的文言痕迹，较之梁启超和鲁迅"参与文言"的语体，已经甚少。语言学家王力（1900～1986）总结了汉语受西洋语法影响出现"欧化"的六种主要表现：复音词的创造；主语和系词的增加；句子的延长；可能式、被动式、记号的欧化；联结成分的欧化；新替代法和新称数法。⑤以此分析女性译者四种汉译本的译入语体，其中已经出现欧化现象。如在裴译本《老鼠献计结响铃》这一则短短的寓言中，以"我"、"我们"、"你"、"他"等人称代词为主语的句子多达9处，这与汉语习惯多使用无主句的传统显然出现了偏离。如果裴译本是张译本的白话译本，作为语内翻译，裴毓芳选择的白话译入语体已经开始显露出西方语言影响的迹象。

凤仙女史所译《美人手》和听荷女士所译《铁假面》均采用章回体小说的体例，每回增加了对仗工整的回目，译者不时以说书人的身份从叙事中抽离，站在局外的立场与"看官"们直接对话，发表自己的观点。两部译作的译入语体带有典型白话章回小说的语言特征，但二者之间也存在

---

① 裴维蕃：《农苑历程散记》，北京，北京农业大学出版社，1996，第1版，第590页。

② 郭延礼：《中国近代伊索寓言的翻译》，《东岳论丛》，1996年第5期，第103页。

③ 本文引用的译文采用金匮梅侣女史演：《海国妙喻》，《无锡白话报》，1898年第1期。标点为笔者所加。和张赤山译：《海国妙喻》，见施蛰存编：《中国近代文学大系·翻译文学集三》(1840—1919)，上海，上海书店，1991，第1版。

④ Joseph Jacobs, ed. *The Fables of Aesop*. eBooks@Adelaide. 2009. 29 June 2011. ⟨http://ebooks. adelaide. edu. au/a/aesop/a3j/chapter1. html#section67⟩。该译本最早于1889年Caxton出版。

⑤ 参见王力：《中国现代语法》，北京，商务印书馆，1985年，第334～365页。

差异。试比较以下两段译文：

> 话说法兰西本来是个共和政体的国分。怎么叫做共和呢。因为一千八百四十八年。法国的人民。将专制的政府掀翻了。以后不许强权的人再有长远盘踞君位之事。大家合着在议院里议定。将这个君位的旧制删除了。改立一个名位。叫做伯理玺天德。这伯理玺天德即系大统领的意思……①

> 却说晏守雄自从受伤以后。一连四五日。昏昏沉沉。不省人事。日日到来诊治的医生。仍然不敢断定他的生死。幸亏苹花细心服侍。到了第七日以后，渐有起色。及至调养了三个礼拜。问准了医生。搬到一间上等客栈去。那时平日相识的朋友。才渐渐也来看他。就是奥利夫人。也曾到过几次……②

以上两段译文的语言虽然在整体上均为白话，但《美人手》的口语体特征更为明显，浅显质朴，句式上"的"字结构使用比较频繁，对人名、地名的翻译均采用音译法。而《铁假面》的白话中夹杂着文言语体的一些特征，四字词组的使用较为突出，措辞更为简练，专有名词的翻译采用归化和音译两种方法。一般在概念上认为，汉语书面语的欧化基本上是五四以后的事，但从这两部翻译小说的译入语体中，已经显现出受到西方语言影响的痕迹。

以《美人手》第 11 回"见色起心借端挑逗 即物示信无计弥缝"③为例，第一表现在主语使用的增多上。该回中出现了大量以"我"、"你"人称代词为主语的句子，如"但我有一句话。要先同你讲定。你送到我住宅这条巷子。你就不要跟我进去……我送到府上的巷口。我不进去就是了。"在人物对话中，人称代词主语出现的频率相当高，但在中国传统句法中，"当说话人和对话人都知道谓语所说的是谁（或什么）的时候，主语可以不用"④，该译作频繁使用人称代词为主语的句式，显现出受到西方语言每一个句子里通常必须有主语的影响。第二表现在连词使用上，"因为"、"如果"、"虽然"、"但"、"倘若"的使用比较频繁，其中"因为"出现 4 次，

---

① 香叶阁凤仙女史译述：《美人手》，《新民丛报》，1904 年第 46～48 号合本，第 323 页。
② 听荷女士译：《铁假面》(上卷)，上海，广智书局，1906，第 1 版，第 45 页。
③ 香叶阁凤仙女史译述：《美人手》，《新民丛报》，1904 年第 46～48 号合本，第 323～329 页。
④ 王力：《中国现代语法》，北京，商务印书馆，1985，第 1 版，第 341 页。

"如果"出现3次，而从语意连接上看，并非必须使用这些连词。第三表现在系词的增加，如"我是正正大大出来的"、"我就是在这里巴黎生长的"等，而这些"是"根据中国传统表达是可以省略的。

再以听荷女士所译《假铁面》的第一回"风雪夜夫妇密谈心 血光灾英雄初遇劫"①为例，语言的异质元素更在多层面得以呈现。第一表现在连词的使用更为常见，且类型更加丰富，如表条件的"一旦"、"若是"、"倘然"、"倘若"、"若"等，表因果的"所以"、"因为"、"因"、"因此"等，表转折的"纵然"、"但是"、"却"等；第二表现在主语的增加，人称代词"你"、"我们"、"我"作主语的情况比较常见，如"你试想一个受过伯爵封典。好好的武士"、"我这么问你。你却一言不答"，这些句子可以用无主句来表达；第三表现在句子的延长，如"今晚正是欧罗巴全洲的形势从此一变的大关键"、"只因接了一封系从一个许字女子寄来的信儿"、"倘见今日的荷兰新闻第三页上有了罗马那两个字"、"这回的马车是应该把那荷兰新闻送到的"等；第四表现在"地"（写作"的"）结构的增加，"的"字用来做末品（副词）的记号，如He works carefully译作"他很留心的工作"，这种用法欧化程度很深②，在《铁假面》中已经出现较多这类用法，如"旁若无人的要看那新闻"、"慢理斯条的准备好了"、"不转睛的看望"、"这般没精打采的把事情都忘记了"等。

竞雄女史③译《影之花》（*Fleur d'Ombre*）一作并未采用章回体，对译入语体译者有明确选择："本书文过委屈。稍涉词华。便掩真境。今译者改用京话。取其流丽可听"④，选用京话是译者斟酌后的主动选择。试看译文："一个中年妇人恩怜德（名）庞嫩华（姓）刚刚靠在巴西街楼下屋，半开的大窗前，望见一个年轻女子推开了铁格子门，跑进这小园子来。"⑤文中白话译入语体中量词和长句的使用欧化特征较为明显。

裘毓芳作为维新时期活跃的女性知识分子，积极呼吁女学与男学并重，宣传新思想，与裘廷梁共同创办了中国历史上第一个"白话学会"，倡导和推广白话文。她在《无锡官话报》的译作选用白话为译入语体，是

① 听荷女士译：《铁假面》（上卷），上海，广智书局，1906，第1版，第1～14页。
② 参见王力：《中国现代语法》，北京，商务印书馆，1985，第1版，第350页。
③ 郭延礼（《〈影之花〉的译者竞雄女士不是秋瑾：兼说该小说的译者也不是曾朴》，《中华读书报》，2012年2月8日）认为竞雄女史应为曾朴之妹曾季肃（1891～1972）。曾季肃还译有哈代的《玖德》，1935年在郑振铎所编《世界文库》上发表，1948年上海生活书店出版。
④ 竞雄氏：《影之花叙例》，见《影之花》，上海，小说林社，1905，第1版，第2页。
⑤ 竞雄女史译意、东亚病夫润词：《影之花》，上海，小说林社，1905，第1版，第1页。

其推广白话以启蒙民众的主动实践。1903 年在裘毓芳去世后，《政艺通报》第 2 年第 2 号上发表署名"慧云"的《吊裘女士梅侣三首》，其中"高冈凤哕彩云鲜，报界详明白话传。纵使须眉也心折，那教男女不平权"①，高度评价了裘毓芳的白话文成就。在梁启超、鲁迅等人感慨无法自如运用白话来翻译的几年前裘毓芳已经开始了白话译入语体的大胆尝试。目前发现凤仙女史所发表的译作共两种，一为 1903 年开始发表的带有侦探性质的虚无党小说《美人手》，采用白话翻译，一为 1906 年广智书局出版的日本江见忠功所著侦探小说《地中秘》，采用文言翻译。邱炜萲评价《美人手》为"如柳岸晓风，其叶湑湑"②，可见其白话译入语体具备了吻合时人审美的文学性。听荷女士所译《铁假面》具有政治小说的性质，故事以推翻路易十五专制政府为背景，评论家认为该作"布局致密，足以刻励人情，陶冶心性，益增其坚持忍耐之度。历史小说中之良构也"。③如果没有流畅而富有感染力的语言，就不可能达到"刻励人情，陶冶心性"的阅读效果，听荷女士的白话译入语体得到了读者的认可。梁启超提倡翻译政治小说，认为西方政治小说可以普及"下而兵丁、而市侩、而农氓、而工匠、而车夫马卒、而妇女、而童孺"④这些文化程度不高的读者，那么翻译政治小说要在中国实现同样的阅读效果，让这一读者群体受教益，自然不能选用古奥的语言。女性译者在两部带有政治色彩的译作中均选用白话为译入语，这样的巧合，应该与梁启超提倡翻译小说的启蒙功能相关。在同时代男性译者感叹白话难以运用自如之际，女性译者已经悄然在白话中借鉴西方语言的表达方式，并达到良好的接受效果。

（二）文言与白话的共荣：（1913 年至 1919 年）

这一时间段的划分有两个标志性事件：1912 年《女铎》的创刊，增加了女性译者发表译作的途径，该报上发表的译作中不少采用白话，包括小说和短剧，大大增加了白话译入语体的实践。而 1919 年见证了女性译者文言翻译活动的尾声，1918 年《小说大观》第 13 集开始连载陈翠娜（1907～1968）的文言译作《露莳婚史》，1919 年第 14 集连载完结，虽然

---

① 高旭：《吊裘女士梅侣三首》，见《高旭集》，北京，社会科学文献出版社，2003，第 1 版，第 339 页。
② 邱炜萲：《客云庐小说话》，见阿英编：《晚清小说丛钞·小说戏曲研究卷》，北京，中华书局，1960，第 1 版，第 420 页。
③ 《小说管窥录》，见阿英编：《晚清小说丛钞·小说戏曲研究卷》，北京，中华书局，1960，第 1 版，第 519 页。
④ 任公：《译印政治小说序》，见陈平原、夏晓虹主编：《二十世纪中国小说理论资料·第一卷(1897—1916)》，北京，北京大学出版社，1997，第 1 版，第 37～38 页。

1921 年上海文明书局发行了该作的单行本，但 1919 年之后新的文言译作发表数量大大减少。1913 年至 1919 年期间，女性译者共发表翻译文学作品 68 种，其中白话译作的数量与第一阶段相比增长很快，其中《女铎》上发表的白话译作占很大比例。据朱静的统计，自《女铎》报创刊至 1922 年，该报上女性译者发表白话译作共计 38 种。① 此外《妇女杂志》、《新青年》和《新潮》杂志上发表女性译者白话译作 7 种，白话译作的数量应该接近这一阶段翻译文学作品数量的一半左右。

这一时期女性译者的翻译活动中，白话作为译入语体在数量上开始呈现出与文言译入语体分庭抗礼的态势。女性白话翻译活动的赞助人主要有两类，一是基督教会机构的报刊《女铎》和广学会，另一类是新文化运动的刊物。从时间上看，《女铎》对女性译者白话翻译的赞助早于《新青年》和《新潮》等新文化运动的主要刊物。《女铎》对白话的提倡，既与传教士汉语修养的局限性和传教的目的有关，也与该报以普通中国女性为读者相关。《女铎》对白话译入语体的提倡和实践，在清末白话运动和五四白话运动的历史间隙中，体现出语言变革并非一蹴而就，而是具有历史的延续性。这一时期的白话译入语体除了出小说翻译之外，还开始了戏剧的翻译。

文言译入语体仍然是这一时期女性译者译作的重要语言载体，参看以下译文：

> 米尔特来女士。性喜读书。手不释卷。一日。乘电车入纽约市。车中无聊。则倚窗而读。读何书。爱情小说邂逅缘也。细意咀嚼。神味隽永。忽有狂风掀帘而入。女士膝上之白手套不翼飞去。女士掩卷急起。欲下车拾之。突觉有人力捉其臂。怪而回顾。则一少年丰姿英发。意态温和。释手道歉。状至诚恳。②
>
> ……汝为窃贼之一。以五万元之多。决非一人所可负而趋也。汝试以详状告我。桥巨曰。我审知铁路公司发薪及捷运公司到款之时日。久欲设法窃取。后思得一策。每在咖啡肆中。辄与钦痕倾谈。久之。知公司中锁钥悉在钦痕怀中。③

① 朱静：《清末民初外国文学翻译中的女译者研究》，《国外文学》，2007 年第 3 期，第 64 页。该数据包括了西方女传教士的白话译作。

② 毛秀英译：《邂逅缘》，《礼拜六》，1915 年第 82 期，第 1 页。

③ 静英女士译：《五万元》，《礼拜六》，1915 年第 41 期，第 45 页。

……妪步行甚疾。行数武。必俯视地上。似有所觅。且喃喃自语。依稀可闻。但不辨其何然耳。少顷。妪行渐近。去余辈仅十数武之远。且行且俯首至地如前状。口中微呻曰。此马拉之坟也。行数武。又曰。此巴拉之坟也。[①]

这一历史时期的文言译文在整体上变化不大。在句式上仍以文言传统规范为主导，无主句、短句多，少用连接词。从词汇层面看，人名和地名采用音译为主，此外一些词语的翻译，如"同事"、"总经理"及"发薪"等新名词的使用，表现出现代社会的人际关系，而"报馆"、"咖啡肆"、"电车"等名词无一不标志着现代生活空间的建构，原语文化的诸多异质元素以文言为载体呈现在译文中，不经意地改变着传统文言原有的形态。

这一时期的白话译作，在体裁上除了小说之外，增加了戏剧。女性译者的翻译戏剧，除了1914年在《新剧杂志》第1期发表，署"许啸天编，高剑华女士述"的《白牡丹》未见到文本外，其他翻译戏剧的译入语体均使用白话，或者以白话为主。但女性译者的白话译入语体特征各有特点，如薛琪瑛译王尔德戏剧《意中人》：

（八角式室内。灯烛辉煌宾客满座。纪尔泰夫人立于楼梯口。容貌端丽。如希腊美人。年事约廿七岁。立此迎接宾客。楼梯对面。悬一大枝形灯架。上置腊烛数支。烛光正照一大幅十八世纪法兰西之图画。乃名画师布丘所绘。表明恋爱胜利之意。右首一门。通音乐室。微闻四声乐器之弦声。左首一门。通接待室。二美女马孟德夫人及裴锡敦夫人。并坐睡椅之上。楚楚动人。媚态欲仙。王陀[画师名]见之。当欲图入画中也。）

马　你今晚赴哈脱洛克夜会吗。

裴　我想要去的。你呢。

马　要去的。你看这些会不是怪麻烦吗。

裴　实在是麻烦。究竟不知道我为什么要到那里去。我无论到何处都是这样。

马　我到此地来受教训。

裴　呀。我最厌受人家的教训。

[①] 高君珊译：《慈母泪》，《妇女杂志》，1918年第4卷第9号，第3页。译文中的"巴拉"应为"马拉"，是老妪独子，可能为当初排印错误。

> 马　我也是这样。这件事几乎教人和生意买卖人一般。岂不是
> 　　吗。那亲爱的纪尔泰夫人辫屈路特时常告诉我。人生当有
> 　　高尚的志向。所以我来此地看看有什么高尚的人。①

这段译文使用的语言呈现出分化特点，人物对白部分的语言白话特征明显，而舞台提示部分的语言文言特征显著。整部译作均保持了文言与白话各尽其责的特点。薛琪瑛在"译者识"中指出该剧"每幕均为二人对谈，表情极真切可味"②，译者清楚地认识到原剧作的艺术表现形式以人物对白为核心，采用白话来翻译对白部分是译者有意识的选择。而舞台提示部分的语言除了文言特征外，还频繁使用"状"和"介"等中国传统戏曲的术语。译者良好的古典文学修养让其从中获得借鉴来表现新文学形式。薛琪瑛是第一个译介王尔德戏剧的中国译者，《意中人》是使用白话翻译戏剧的早期代表，为后来探索翻译适于表演的剧本，奠定了一定的基础。再看郑申华 1917 年发表的翻译戏剧《薏波》：

> 太子　（叹）若凡会纺纱的女子。都有你们三位的记号。我
> 　　　却情愿得一不会纺纱的女子为妃。
> （言毕、四顾、瞥见薏波坐室隅、惊其艳、趋其前）
> 太子　你是那一位。
> 薏波　我名薏波。
> 太子　（大喜）就是我的妃么。③

郑申华的译入语体特征与薛琪瑛所译《意中人》相似，剧本的对白部分白话特征显著，而舞台提示部分依然保留了相当的文言特点，但传统戏剧使用的术语已经不再出现。再看 1918 年吴弱男译易卜生著《小爱友夫》（*Little Eyolf*）：

> （顷之，亚斯达女士从右门入，着淡黄夏服。带冠，外套及
> 一伞在手，另挟一手皮包。女士身材合度，微瘦，发黑，眼奕
> 奕有光。年事二十五岁。）
> 亚斯达　（甫入门）好早呀！荔达。

---

① 薛琪瑛译：《意中人》，《青年杂志》，1915 年第 1 卷第 2 号，第 3～4 页。
② 薛琪瑛：《意中人·译者识》，《青年杂志》，1915 年第 1 卷第 2 号，第 1 页。
③ 郑申华译：《薏波》，《妇女杂志》，1917 年第 3 卷第 8 号，第 8～9 页。

> 荔达 　（转面向女士点首）呀！是你吗？亚斯达你这早由城里来
> 　　　的吗？①

比较同年沈性仁所译王尔德的《遗扇记》：

> 　　（布景）　温特米尔爵邸之早憩室。室有二门（中左）。写字
> 台上置有书籍报纸。（右）沙法一张，旁立一个小茶几（左）。一
> 窗向草地开着（左）。长椑一（右）。
> 　　（温特米尔勋爵夫人立在椑前（右）。两手在那里摆弄一个蓝
> 瓷碗里的玫瑰花。）
> 泊克尔　（入）夫人，今天下午会客么？
> 温夫人　会客谁来拜会我？②

吴弱男的译本延续了薛琪瑛的译入语体运用策略，在舞台提示部分文言特征依然较为明显。在沈性仁的译本中却出现了变化，虽然布景语言的文言特点尚有保留，但介绍人物的语言却已经是白话了。1919 年新发表的翻译戏剧只一种，沈性仁译 Anatole France 所著的《哑妻》，发表在《新潮》第 2 卷第 2 号，译入语体不再有文言、白话各自在剧本中发挥不同作用的现象，全剧均采用白话翻译。

　　同时期男性译者翻译戏剧的译入语体主要有三种类型：一种是无论对白、独白、旁白还是舞台提示语言均采用白话，如 1908 年广州革新书局出版的李石曾译波兰戏剧家廖抗夫的剧作《夜未央》，1911 年《女学生杂志》刊载的包天笑编译的《女律师》，1918 年《新青年》刊载的罗家伦、胡适译易卜生（Henrik Ibsen，1828～1906）的《娜拉》（A Doll's House）等；一种是全部采用文言，如 1915 年《大中华杂志》连载的马君武译德国西喇（J. C. F. Von Schiller，1759～1805）的《威廉退尔》（William Tell）；一种是舞台提示语言带有些许文言特点，对白部分用白话，如 1918 年商务印书馆出版陈嘏译易卜生的《傀儡家庭》。从时间上看，男性译者翻译戏剧的译入语体并非逐步由文言过渡到白话，白话的选用从第一部翻译戏剧《夜未央》开始一直存在，1919 年之后不再有新的文言译本，同一译本中文言、白话分别发挥各自功能的现象也迅速减少。而女性译者没有发

---

① 吴弱男译：《小爱友夫》，《新青年》，1918 年第 4 卷第 6 号，第 598 页。
② 沈性仁译：《遗扇记》，《新青年》，1918 年第 5 卷第 6 号，第 598 页。

表过全文言的翻译剧本，译入语体选择具有持续性特征，文言、白话功能明确，且文言语体随着时间的推移渐渐淡出戏剧翻译。文言作为传统文人的身份符号，在清末以来受到诸多冲击，一方面是来自知识分子启蒙大众的需要，另一方面来自知识分子面对世界新秩序的焦虑。对于如何再现西方戏剧这种新文学形式，译者对译入语体的选择可以视作是对自我文化身份探寻和定位的体现。男性译者对译入语体的选择方式，隐含了对文言和白话泾渭分明的取舍态度，折射出他们在新的历史语境中对自我身份进行定位的迫切。相较而言，女性译者对译入语体的选择更具稳定性和持续性，认同文言和白话各自的优势并加以区分利用，逐步过渡到全部使用白话，体现出面对传统和现代更为平和的文化态度。

总之，1913 年至 1919 年间女性译者的翻译活动中，对白话译入语体的选择开始出现上升趋势。在小说体裁上，文言译作与白话译作数量相当，在时间上两种译入语体一直共存，且均存在不同程度的欧化。在戏剧翻译活动中，一开始就出现了同一翻译剧本里文言与白话功能区分的使用策略，文言翻译舞台提示语言，白话翻译对白，至 1918 年文言的使用才开始减少，1919 年除薛琪瑛外不再有女性译者选用文言。

（三）白话为主流，文言退守：1920 年至 1930 年

1917 年 1 月，胡适在《新青年》第 2 卷第 5 号上发表《文学改良刍议》一文，提出白话文学为文学之正宗的观点。1918 年《新青年》第 4 卷第 5 号起全部改用白话，《新潮》、《每周评论》等白话刊物也相继出现。至 1919 年下半年起，白话刊物数量剧增，连《东方杂志》、《小说月报》等曾经一直偏重文言的期刊，也开始改用白话。1920 年，国民政府教育部通令从当年秋季学期开始，国民学校一、二年级的国文教科书改用白话，白话就此获得正统的合法地位。女性译者在 1920 年后，基本上都选用白话为译入语体，白话已然取代了文言的主流地位，成为大多数女性译者的自觉选择。

然而历史上长期的文言分离，以及原有语体文发展的缓慢，造成新文化运动时期知识分子在白话的书写实践中，感到在思想和艺术上的表现力存在不足，难以充分表达新思想和新艺术形式，为改变这种状况，汉语的欧化得到提倡。"所以凡是思想精密、知道修辞、了解文法的人，一定不会反对语体文的欧化，而且认为必要。"①从西方语言中寻求借鉴，

---

① 陈望道：《语体文欧化的我观》，见《陈望道语文论集》，上海，上海教育出版社，1997，第 1 版，第 64 页。

以丰富汉语的表现力，成为时代的选择。20 世纪 20 年代的欧化论争中，鲜见女性译者发表观点，她们在翻译中悄然实践自己的语言观。试看张近芬 1922 年所发表的《夜莺之巢》：

> "你们唱得比我好，"他对两姊妹说，"因为我的骄傲，想胜过你们，以致断送了我的生命。我请求你们赐我一件恩德：我有一巢，巢里有三只小鸟，在池旁第三株蔷薇上。派人去取到你这里来，等他们长大了，教导他们像你们一样唱，因为我将死了。"①

译文整体语言较简洁，以短句为多，其中"因为"、"以致"等连词的使用较频繁，人称代词作主语的句子较多，而有些根据汉语的表达习惯是可以省略的。再看杨润馀 1922 年发表的《两老》：

> "我有一封信，阿藏老?"
> "是，先生，这是从巴黎来的。"
> 他是非常得意这信从巴黎来的，这个很好的阿藏老……但不是我。那不过是告诉我这个巴黎人忽然在这个破晓的是从蒋仁夏克街落到我的桌上将要费去我一天的时光。我不要弄错了，快点看吧：
> "我的朋友，你必须替我做一件事。你去将你的磨坊关闭一天并且马上就到伊齐儿去……"②

译文中的句式与汉语表达习惯出现较大差异，"是"字句、"将"字句原本都可以简洁化表达，第三段中长长的欧化句式一开始让读者有些摸不着头脑，看了下文才知道，原来是朋友来信，要求男主人公放下一天的工作去帮忙。这个长句中用"那"来指代来信，并把来信的时间、寄信的地址和收到该信后将发生的情况并置在一起作为修饰语，可以看到原文语言表达方式对译入语的影响，形成了比较典型的欧化句。再看 1923 年高君箴译《缝针》：

---

① CF 女士译：《夜莺之巢》，《文学》，1921 年第 110 期，第 3 页。
② 杨润馀译：《两老》，《太平洋》，1922 年第 3 卷第 8 号，第 3 页。

There was once a darning-needle who thought herself so fine that she fancied she must be fit for embroidery. "Hold me tight," she would say to the fingers, when they took her up, "don't let me fall; if you do I shall never be found again, I am so very fine."①

有一只缝衣服的针，她自己以为是一根很细的绣花针。

当手指把她拿出来的时候，她对手指说道："看呀！你手上拿的是什么东西！不要把我丢掉了！如果把我丢掉了；你一定不能再找着我了，因为我是很细的。"②

译文使用连接词"当……的时候"来翻译 when、"如果"来翻译 if，原文中的连接词均在译文中翻译出来，用"把"字句分别翻译 let 和被动句式，英文句式对译文语言的影响很明显。

再看袁昌英 1924 年发表的《磨坊里的威罗》：

The parson's Marjory was a lass about nineteen, when Will would be about thirty; well enough looking, and much better educated than any other girl in that part of the country, as became her parentage. She held her head very high, and had already refused several offers of marriage with a grand air, which had got her hard names among the neighbours. For all that she was a good girl, and one that would have made any man well contented.③

牧师的马爵利是一个十九岁上下的女儿，那时候威罗约有三十岁光景。她的容颜颇不恶；因为与她的父母位置相称的缘故，所受的教育比那乡中别的女儿也要高尚些。她的态度很是轩昂，并且很傲慢的拒绝了数次婚姻的提议，所以她在邻居之中得了许多恶名号。虽然如此，她总是一个好女儿，可以使一个男子十分的安慰。④

---

① Hans Christian Anderson. *Hans Andersen's Fairy Tales: a New Translation*. Trans. H. P. Paull. S. A. Maxwell & Co. 1888. p. 217.
② 高君箴译：《缝针》，《小说月报》，1923 年第 14 卷第 5 号，第 1 页。
③ Robert Louis Stevenson. *The Merry Men, and Other Tales and Fables*. Charles Scribner's Sons. 1887. p. 90.
④ 杨袁昌英译：《磨坊里的威罗》，《太平洋杂志》，1924 年第 4 卷第 7 号，第 1 页。

从语序看，除了"因为与她的父母位置相称的缘故，所受的教育比那乡中别的女儿也要高尚些"这一句根据汉语前因后果的表达习惯，把因果顺序进行调整外，译文其他部分比较完整地体现了原文的既有语序和表达形式，如所有格 The parson's Marjory 直译为"牧师的马爵利"，而根据汉语习惯一般会说"牧师的女儿马爵利是……"原文中 be 动词构成的判断句如 The parson's Marjory was a lass about nineteen，she was a good girl 在译文中均译成"是"字句结构，原文中的连接成分如 as，and，for all that 在译文中均译出，甚至译者还将原文隐性的逻辑关系显性化处理，增补了"所以"一词，如此多连接词的使用并非汉语的习惯表达方式。原文中表示非特指的冠词 a，在译文中也一一译成"一个"。异质语言结构和表达方式影响的痕迹在译文语言中几乎无处不在。

再看沈性仁 1925 年发表的《玛丽玛丽》：

> One morning Mary Makebelieve jumped out of bed and lit the fire. For a wonder it lit easily：the match was scarcely applied when the flames were leaping up the black chimney，and this made her feel at ease with the world. Her mother stayed in bed chatting with something more of gayety than usual. It was nearly six o'clock，and the early summer sun was flooding against the grimy window. The previous evening's post had brought a post-card for Mrs. Makebelieve，requesting her to call on a Mrs. O'Conner，who had a house off Harcourt Street. This，of course，meant a day's work — it also meant a new client. ①

一天早晨玛丽跳下床来点着了火。她狠惊奇这一次会这样容易点着。洋火刚凑近，火焰便直向黑烟囱里窜上去，这件事使她觉得对于这世界是没有困难的。她妈还在床上偎着，比往日格外高兴的讲着话。这时将近六点，初夏的阳光照满了那扇积满尘垢的窗子。头天晚上的邮差送来一张邮片给莫须有太太，要她去见一位叫奥康诺太太的，这位太太的房子是在阿库耳街

---

① James Stephens. *Mary，Mary*. Boni and Liveright，Inc.，1912. p. 43.

上。当然这是整天的工作了——又是一个新主人。①

对比原文与译本，译文在语序上与原文保持高度一致，其中 For a won-der it lit easily 和 The previous evening's post had brought a post-card for Mrs. Makebelieve 的翻译更是具有典型意味，译文语句几乎对原文表达语序亦步亦趋，虽然译文语言并不符合汉语原有的表达习惯。原文中的句式结构，译文也保留较多，如 scarecley … when … 译为"刚……便……"；原文中的现在分词短语 chatting 译为"讲着话"，用"着"来再现原文所表达的伴随状态；原文的所有格 the previous evening's post 在译文中也保留，译作"头天晚上的邮差"；原文的与格（dative）结构 brought a post-card for Mrs. Makebelieve 翻译为"送来一张邮片给莫须有太太"，译文根据原文的语言结构翻译，并未根据汉语习惯进行语言上的调整。

　　总体而言，20 世纪 20 年代女性译者在小说翻译活动中，白话成为主流译入语体，目前仅发现一部文言翻译小说，即薛琪瑛所译《哥哥》。在戏剧翻译方面，除薛琪瑛 1925 年在《京报副刊》上连载的《产妇》一剧坚持在舞台提示语言中运用文言，对白采用白话外，其她女性译者的翻译剧本均全采用白话。这一时期女性译者的白话融入更多西方语言的特点，从语序、句式结构、修辞到短语表达方式，更为贴近原语，1922 年甚至还出现了冗长难解的长句②，很有鲁迅的"硬译"风范，但在鲁迅提出"硬译"主张的 1929 年，女性译者已经放弃了这种"硬译"，在译入语的表达上更倾向于适度欧化。

四、译入语体的选择与民族现代身份的建构

　　语言并非单纯的交流工具，同时也是民族身份认同的重要基础。"我们从自己生存的'想象共同体'中获得身份，从一种需求成为一种归属，并与他者建立关系"，③ 语言在民族这个"想象共同体"的建构中，一直扮演着重要角色。在中国历史上，汉语持续成为书写历史的主要语言，而文言作为书面语一直占据主流，成为精英文化的载体和象征。而在 20 世

---

① 沈性仁译：《玛丽玛丽》，《晨报附刊》，1925 年第 70 号，第 2 版。
② 这在杨润馀 1922 年所译《两老》中尤为突出，但在她之后的翻译中，那种极度欧化的句子大大减少。
③ Ronald Wardhaugh. "Language and Identity in an Age of Globalization". In Lin Jinghua, Ken Henshall, and Xiao Hong, ed. *Ethnic Identities and Linguistic Expressions：Language，Literatures and Cultural Interaction in an Age of Globalization*. The People's Literature Publishing House. 2006. p. 5.

纪初叶中国社会从传统向现代转型的巨大裂变中，知识分子出于启蒙和探求现代民族身份建构的目的，将汉语的变革提上议程。从清末对白话的提倡，到五四将白话奉为文学之正宗，得到官方的认可，白话在短短二十年时间里迅速取代文言的正统地位，并在借鉴外语的基础上，成为现代汉语发展的开端。在汉语这一历史演进过程中，翻译为输入新表达方式、丰富汉语发挥了重要作用。吸纳了异质元素的译入语体作为一种语言实践，成为汉语的一种变体，并逐渐内化为推动汉语发生变迁的资源之一。在历史语境提供的文化可能中，女性译者对译入语体的选择见证了她们对自我文化身份的审视和不断建构，推动了汉语演进过程中的语言实践。

　　在男性知识分子倡导白话，对文言和白话优劣争辩的众声喧哗之中，女性译者鲜见发表激烈的相关评论，她们更多是通过对译入语体的选择，来实践自己的语言观。清末民初文学翻译活动大规模展开，虽然最初归化是主流翻译规范，但在女性译者的译入语体中，开始融入异质元素，从词汇、修辞到句法，都或多或少显现着原语影响的痕迹，文言译入语体亦不例外。至五四白话译入语体成为主流，但因白话的"模糊"和"不精密"，难以充分表达复杂的现代新思想，五四知识分子倡导借鉴西洋文法以实现白话的改良和不断完善。"语言形成民族凝聚的特定基础，但任何语言都具有吸纳新用法的开放性，让民族叙事得以重写——当这一语言是异化翻译的目标语时尤其如此，异化翻译最关注域外文本中的文化差异。"①五四对欧化的提倡，将大量异质语言用法引入了汉语。女性译者的白话译入语体在这一时期明显紧贴原语，虽然有女性译者尝试过极度欧化的语体，如杨润馀，但很快放弃。她们对西洋文法的借鉴，没有过于极端的态度，可见对读者接受的考虑在她们译入语体欧化的过程中起到了平衡作用。对于文言和白话，女性译者表现出更为宽容的接纳态度，这一方面表现在同一女性译者既有文言译作发表，又有白话译作问世，如清末的凤仙女史和五四时期的薛琪瑛；另一方面表现在1919年前戏剧翻译的译入语体选择上，女性译者在这一时期形成了较为稳定的译入语体选用策略，文言翻译舞台提示语，白话翻译对白。女性译者充分利用两种语体各自的优势，并未将文言与白话视为势不两立的两个对垒阵营。在她们的译入语体书写中，呈现了传统与现代之间千丝万缕的承接、吸

---

① Lawrence Venuti. *The Translator's Invisibility*: *A History of Translation*. Routledge. 1995. p. 100.

纳与转变的关系。在女性译者从传统身份向现代身份的转型过程中，以务实的态度，以兼容并蓄的方式，通过译入语体的不断试验，逐渐向新的文化身份敞开，实现了现代身份建构的转身。她们的尝试和努力，体现了时代的共性和作为独立主体的个性，是中国民族现代身份形成过程中不可分割的一部分。

第三节　篇章语言规范之翻译策略

笔者将翻译策略作为分析篇章语言规范的第二个变量。翻译策略是指"根据[译者]的意图，针对特定[文本]而定的连贯一致的翻译计划"[①]，翻译策略的采用跟译者主体息息相关。

一、翻译策略选择的文化动因

对翻译策略的探讨，在中西翻译史上都由来已久。支谦（约 3 世纪）于 224 年所作《法句经序》被视作中国最早带有佛经翻译理论性质的文章，他提出的"因循本旨，不加文饰"开始了直译和意译的探讨。古罗马的西塞罗（Marcus Tullius Cicero，公元前 106—前 43）所指"我不是作为解释者，而是作为演讲者来进行翻译的"[②]，已经明确涉及了翻译策略的论争。当代翻译理论对翻译策略的探讨更多纳入了文化维度的思考，例如，韦努蒂从后殖民语境出发，认为异化翻译具有特殊的社会文化意义，"译本应该是另一种文化现身的场域，让读者可以看到文化他者，阻抗式（resistancy）翻译是以不流畅审美为基础的翻译策略，通过提醒读者翻译过程中存在得与失，文化之间存在无法弥合的距离，可以最好程度地保存文化之间的差别"。[③] 韦努蒂提倡异化翻译策略，根本目的在于消解欧美中心主义。而巴西的食人主义翻译主张"吞食殖民者及其语言，但却是以经过精炼补充、适应本地民族需求的新方式，来增强吞食者自身的力量"[④]，"吃掉"原文，获取力量，经过创造性翻译，让目标语文化获益。

---

① 孙艺风、仲伟合编译：《翻译研究关键词》，北京，外语教学与研究出版社，2004，第 1 版，第 140 页。

② Jeremy Munday. *Introducing Translation Studies：Theories and Applications*. Routledge. 2001. p. 19.

③ Lawrence Venuti. *The Translator's Invisibility：A History of Translation*. Routledge. 1995. p. 306.

④ Jeremy Munday. *Introducing Translation Studies：Theories and Applications*. Routledge. 2001. p. 136.

而女性主义译者提倡干预性（interventionist）的翻译策略，在女性主义"真理"（truths）的名义下对所翻译的文本进行"修正"（correct），对偏离女性主义视角的部分进行干预和改写。① 干预性的翻译策略是为女性主义的"政治议题"（political agenda）服务的。翻译策略的提倡和实践，译者选择翻译策略的背后，既与目标语文化中的翻译传统和对域外文化的需求程度有关，也与译者主体所期许实现的文化目的有关。

二、清末至五四前直译策略的边缘化

总体而言，20世纪初叶从清末至五四落幕的30年间，中国翻译文学所实践的翻译策略经历了从清末意译风尚的流行，到五四对直译的推崇。在中国漫长的翻译历史中，虽然佛经翻译中的文质之争长期存在，但"在这过程中，对'文'的追求始终没有停止，译经者越来越意识到只有富有文采的译文才能得到文人雅士和达官贵人的重视"②，意译自然成为主要的翻译策略。明末清初的西方传教士为了赢得在华传教的机会，一直采取文化适应策略，翻译中的归化成为主流。历史上强大的我族中心主义，在中国形成了以目标语文化为中心的翻译传统，意译和归化成为延续持久的主流操作规范。清末中国知识分子首次大规模与域外文学发生接触，虽然在器物层面已经认识到中国的落后，但强大的文学传统依然让他们认为，外国文学还无法与中国文学比肩，或者至少中国文学并不输于外国文学。从译者主体的角度看，这种心理上的文化优越感，以及维护我族中心的潜意识，造成译者原文观念淡薄，让这一时期的文学翻译多以中国文学规范为参照来改写域外文学，归化异域文本，加之当时译评对"雅驯流利"译笔的称颂，读者市场的广泛接受，令意译为译者普遍所采纳，成为主导的翻译策略。而至五四时期，清末奉行的"中学为体，西学为用"的"中学"和"西学"之间的主次关系被打破，五四新文化知识分子急于通过西化来实现中国现代身份的塑造。他们以西方文化为本位，将传统文化作为声讨、抨击和摒弃的对象。随着文化价值观的改变，五四新文化知识分子也启动了翻译观念的重大变化，翻译活动中"权威的来源亦慢慢从译者移回原著身上"③，以原文为导向的翻译观逐渐占据主

---

① Luise von Flotow. *Translation and Gender：Translating in the "Era of Feminism"*. Shanghai Foreign Language Education Press，2004，p. 24.

② 章艳：《清末民初小说翻译规范及译者的对应》，博士论文，上海外国语大学，2006，第59页。

③ 关诗珮：《从林纾看文学翻译规范由晚清中国到五四的转变：西化、现代化和以原著为中心的观念》，《中国文化研究所学报》，2008年总第48期，第352页。

导。随着原作权威性的提高，必然导致翻译策略的变化，"论到翻译的文词，最好的是直译的笔法"，而曾经备受推崇的林纾被斥为"最下流"①，"严几道先生那种'达旨'的办法，实在不可为训，势必至于'改旨'而后已"②，直译的翻译策略在五四时期获得理论上的肯定，取代了清末的意译，成为好翻译的重要标准。在不同语境中，目标语文化需求的变化可能引导和激发翻译策略的嬗变，20世纪头30年间中国主导翻译策略的转变，见证了中国社会从近代向现代转型的过程。

三、女性译者以原文为中心的策略

从意译到直译虽然可以大致描述从清末至五四时期翻译策略的发展主线，但事实上在任何时候都存在译者采用非主流翻译策略的情况，如在1909年出版的《域外小说集》中鲁迅提出了他的直译观。在《略例》中鲁迅指出："任情删易，即为不诚。故宁拂戾时人，迻徙具足矣"③，明确反对当时翻译界任意删改原文的风气，提出译文须保持原作语篇结构上的完整。在《序言》中鲁迅指出译作语言"词致朴讷"，与当时备受推崇的雅驯流利译笔反其道而行之，但"迻译亦期弗失文情"④，希望达到与原文同等的艺术效果。周氏兄弟不但在理论上试图为直译正名，还在翻译实践中运用这一策略，可谓是20世纪倡导直译策略的先声了。只是当时意译的流行与评论家的推崇，以及读者市场对意译作品的偏好，让直译策略边缘化。

前文的分析中已经发现，相较于同时期的男性译者而言，女性译者表现得更为明确的原作意识和名家名作意识⑤，在母体规范上也表现得更为尊重原作的篇章结构和内容的完整。⑥作为这一时代中的译者亚群体，女性译者在翻译活动中所选择的翻译策略，是否也遵循主流操作规范，大致体现从意译到直译的发展轨迹，还是因具有更强的原作意识而表现出不一样的特征？下文将从原文本和目标语文本以及同一原作的不同目标语文本两个比较角度，结合相关的副文本和元文本资料，重点观

① 傅斯年：《译书感言》，《新潮》，1919年第1卷第3号，第533页。
② 傅斯年：《译书感言》，《新潮》，1919年第1卷第3号，第537页。
③ 鲁迅：《域外小说集·略例》，见《鲁迅全集·第11卷》，北京，人民文学出版社，1973，第1版，第187页。
④ 鲁迅：《域外小说集·序言》，见《鲁迅全集·第11卷》，北京，人民文学出版社，1973，第1版，第185页。
⑤ 参见本文第四章第三节及第四节。
⑥ 参见本章第一节。

察在意译风行的清末民初时期，几位有影响力的女性译者对翻译策略的认识和选择。

（一）薛绍徽对直译策略的首倡

薛绍徽是晚清杰出的女诗人，戊戌时期活跃的女性知识分子，不仅参与创立中国的首个女学会，为第一份女子报刊《女学报》撰文，参与第一所女学堂的创建，还发表与男性维新知识分子康有为、梁启超等在女学上意见相左的观点，坚持自己独立的立场。她在翻译领域也颇有建树，1900 年她与陈寿彭合译《八十日环游记》，陈寿彭所作序言中说明了转译的英译本译者名。在译者序中可见，薛绍徽初步形成了自己的翻译观。薛绍徽指出："是记文脉开合起伏，辞旨曲折变幻，与中文实相表里。"[①]薛绍徽评价了原作的叙事结构和语言特征，给予原作很高的评价。她还描述了翻译该作的过程：

> 客窗阑月，绮阁凉灯，耳提面命，展纸濡毫，如聆海客奇谈，诠写寰瀛稗乘。历年仅半，阅月者五，划然脱稿，褒然成帙。逸儒又从润色之，笺注之，而原书之精华奥突，于是乎著。[②]

薛绍徽虽不通外文，但从口译者陈寿彭处充分感受到了丰富的异域信息。作为笔述者，她"诠写寰瀛稗乘"，将原作中描写的世界各地的信息均记录下来。笔述完成后，陈寿彭还对书中有关部分加上注释，薛绍徽认为这使得"原书之精华奥突"——尽显。可见薛绍徽认为，充分传达原作中的异质信息十分重要。于是对于原作"旁行斜上，格磔钩辀"[③]不同于中文的书写形式和读音，她采用了"变六书之妙法，会意谐音"[④]的翻译方法，尝试既翻译出意思，又保留其不同的读音，体现出异域气息。薛绍徽的论述涉及了几方面的问题：第一，作为译者，她具备了清楚的原作意识，并赋予原作重要的地位；第二，意识到原文无论从书写形式、读

---

① 陈寿彭：《八十日环游记·序一》，见施蛰存编：《中国近代文学大系·翻译文学集二》（1840—1919），上海，上海书店，1990，第 1 版，第 5 页。

② 薛绍徽：《八十日环游记·序二》，见施蛰存编：《中国近代文学大系·翻译文学集二》（1840—1919），上海，上海书店，1990，第 1 版，第 7 页。

③ 薛绍徽：《八十日环游记·序二》，见施蛰存编：《中国近代文学大系·翻译文学集二》（1840—1919），上海，上海书店，1990，第 1 版，第 7 页。

④ 薛绍徽：《八十日环游记·序二》，见施蛰存编：《中国近代文学大系·翻译文学集二》（1840—1919），上海，上海书店，1990，第 1 版，第 7 页。

音还是内容，都与目标语有很大差异；第三，译者应该在目标语文本中再现原作完整的结构和信息，具体的翻译方法有"会意谐音"和添加注释。这些论述凸显出薛绍徽的直译观，这一观点在翻译《外国列女传》时得到重申："据事直书，适从其类；钩玄索要，悉如所言"①，强调保存原作信息的重要性。而且薛绍徽把直译策略付诸文本实践，如《八十日环游记》在篇章结构上表现为，译者用 37 回取代原作的 37 章，用对仗工整的回目来翻译原文每章的标题，在章节结构的分割上与原作保持了高度一致，并且在内容上也无大量删减或增添的现象，较完整地保留了原文的故事情节。此外，译者在文本中添加了较多的注释，在涉及西方文化特有现象处，几乎都采用直译加注释的方法。试比较以下文本：

> Hong Kong is an island which came into the possession of the English by the Treaty of Nankin, after the war of 1842; and the colonizing genius of the English has created upon it an important city and an excellent port. The island is situated at the mouth of the Canton River, and is separated by about sixty miles from the Portuguese town of Macao, on the opposite coast. Hong Kong has beaten Macao in the struggle for the Chinese trade, and now the greater part of the transportation of Chinese goods finds its depot at the former place. Docks, hospitals, wharves, a Gothic cathedral, a government house, macadamised streets, give to Hong Kong the appearance of a town in Kent or Surrey transferred by some strange magic to the antipodes. ②

> 香港一岛，乃一千八百四十二年（道光壬寅）中英战事后，南京合约，许英设作商埠。英乃创为要地，特开精美口岸。此岛在珠江口，与葡萄牙所占之澳门，仅隔六十迷当，并居其海滨，遥遥相对，以争中国生意。今则转运与存储中国货物，以香港为巨擘。若船坞、若医院、若码头、若教牧之礼拜堂、若政府之衙署、若大小马路，将香港化出一热闹之场，俨如海市

---

① 薛绍徽：《〈外国列女传〉序》，见薛绍徽著、林怡点校：《薛绍徽集》，北京，方志出版社，2003，第 1 版，第 122 页。

② Jules Verne. *Around the World in Eighty Days*. Trans. George Makepeace Towle. Bantam Books, 1984.

蜃楼之幻境。①

　　一千八百四十三年。中英缔结南京条约。香港遂为英领。不及数年。蕞尔小岛。忽成要港。有船坞。有病院。有仓库。有寺院市厅。其繁荣之状况。几无异于英之康德州矣。②

本段介绍香港成为英国属地的历史缘由、香港的地理位置、贸易地位和香港的繁华。薛译文比较完整地翻译了原文的内容，对西历年代加以注释，保留了英式计量单位"迷当"（英里）和"礼拜堂"这些外来文化符号。因文本涉及中国两个被迫割让的地区，译者没有采取当时流行的大段增加评论的方式，而是在尊重原作结构的情况下，较为客观地修正了相关信息，如 Portuguese town of Macao 改译为"葡萄牙所占之澳门"。此外仅删改了最后把香港和外国城市比较的信息，改译为"如海市蜃楼之幻境"，强调其完全不同的风貌。而在叔子译本中，译作将原作的章节进行删减与合并，仅剩 26 章，在内容上也大幅删减原作。③ 本段译文对信息的删减也十分突出。叔子的译本发表于 1914 年，在时间上比薛译本晚了14 年，出版时封面明确标注"新译"二字，这说明译者和出版社均知道此次的译本是个重译本。有薛译本在前，有 14 年时间域外文化更多的输入，但无论论者还是出版社依然坦然接受对原作进行大规模删改的翻译，可见意译风尚依然相当流行。反观之下，在大规模文学翻译活动刚刚开启的 1900 年，薛绍徽对直译的认识和实践更显珍贵。且薛译本并未因采纳直译策略，招致译本在读者市场上的滑铁卢，而是不断再版，与《域外小说集》的命运相差万里了。

　　（二）陈鸿璧直译策略的实践

　　清末另一位有影响的女性译者陈鸿璧，同时也是积极的社会活动家，她主办报纸，参与革命，积极投身教育事业。陈鸿璧从 1906 年至 1922年共发表 11 种长篇翻译小说和翻译小说集，其中除《苏格兰独立记》署"英佚名著"，《印雪簃籝屑》是从国外书籍和报刊上摘译的名人逸事、时事奇谈及笑话趣事，没有标注原作者，《捕鬼奇案》因笔者尚未见到原作，不能确定是否标注原作者，其余作品均明确标注了原作者名。虽然译作因没有标注原作品名，导致现在难以确定具体的原文作品，但相对于同

①　陈绎如译：《八十日环游记》，见施蛰存编：《中国近代文学大系·翻译文学集二》（1840—1919），上海，上海书店，1990，第 1 版，第 70 页。

②　叔子译：《八十日》，上海，商务印书馆，1914，第 1 版，第 35 页。

③　参见本章第一节。

时代绝大多数译者均忽视原作者、而只在译作上标注译者名的情况而言，陈鸿璧亦算得上是一位有着较强原作意识的译者了。1913 年之后，陈鸿璧不再翻译文学作品，转而投身教育事业，翻译的选材也转向教育类作品，如译有英国细拉著《儿童之训练》，1923 年由商务印书馆出版，至1928 年已再版四次之多；1923 年译美国马尔腾（Orison Swett Marden，1850—1924）著《思想之伟能》（*Every Man a King or Might in Mind-Mastery*）。放弃原本获得的文学翻译家的声名，陈鸿璧的翻译选材不再追随主流的翻译选材方策，而是服务于自己投身的教育事业，这一变化体现出她作为译者强烈的独立主体意识。以陈鸿璧所译侦探小说《第一百十三案》为例，该作陆续连载于 1907 年至 1908 年《小说林》第 1～12 期，1909年广智书局以《一百十三案》为题发行了单行本。从陈鸿璧所有的译作看，除了《第一百十三案》是法国作家作品外，其余译作全部以英文作品为原文，且文献记载中只见陈鸿璧通晓英文，由此推测，这部作品应该是通过英译本转译的。原作第一章描写报纸上报道银行失窃的消息，引入对案件的调查。译作开篇直接从原作第二章开始，把原作第一章删除不译，但并未影响故事的完整性。笔者没找到该译作的单行本，但从刊载在《小说林》上的 15 章来看，除了第一章删除，其余部分译作均根据原作章节逐章翻译。试比较译本与英文本：

The banking-house of Andre Fauvel, No. 87 Rue de Provence, is an important establishment, and, owing to its large force of clerks, presents very much the appearance of a government department.

On the ground-floor are the offices, with windows opening on the street, fortified by strong iron bars sufficiently large and close together to discourage all burglarious attempts.

A large glass door opens into a spacious vestibule where three or four office-boys are always in waiting.

On the right are the rooms to which the public is admitted, and from which a narrow passage leads to the principal cash-room.

The offices of the corresponding clerk, book-keeper, and general accounts are on the left.

At the farther end is a small court on which open seven or eight

little wicket doors. These are kept closed, except on certain days
when notes are due; and then they are indispensable. ①

　　傅安德银行者。在巴黎柏鲁芬士路八十七号。层楼高耸。
书记成群。不知者或疑为政务所也。楼下窗牖。皆护以坚粗铁
栏。以防宵小。门前有弧形顶廊。有大玻璃门一扇。通至前厅。
仆从三五辈。常立于此以候命。右手为公事室。有一狭道。可
由此通至会计长之事务室。左手为书记及司簿者之办事所。顶
廊之末处。有一盖玻璃小庭。庭中有门七八扇。通至他室。日
常紧闭。惟于盛忙时。始一开之。②

　　这段文字主要描写银行建筑的外观和内部结构。对比英文，陈鸿璧的译
文可谓相当完整，几乎完全根据原文的叙事顺序一一翻译，信息再现很
充分，这样的直译贯穿整个译作。以译者如此严谨的翻译风格，让笔者
不禁揣度译作删除原文第一章很可能不是译者故意的行为，而与获得的
原文本是否完整有关，然而没有找到相关史料能够加以佐证。陈鸿璧的
译作得到当时评论家的认可，如认为《第一百十三案》"结构曲折，情事离
奇，侦探中杰作也"，《电冠》"亦一佳本"③，邱炜萲评《苏格兰独立记》为
"如枫叶霜红，停车爱玩"。④ 陈鸿璧的直译，也引起了评论家的注意：

　　　　当时林琴南翻译的小说风行一时，女士译品颇能保存原有
　　的句法和风格，而又曲折委婉，善能达意，于林译之外别树一
　　帜。这因她中英文均有深潜的修养，所以翻译时有游刃有余之
　　乐，读者亦不致有诘屈聱牙之苦。⑤

在清末，直译往往跟"佶屈聱牙"、"味同嚼腊"、"读者几莫名其妙"等评
价联系在一起。在意译广受欢迎、译者随意删减和增添原文、或者添加

① Emile Gaboriau. *File No*. 113. A. L. Burt Publisher. 1902. p. 6.
② 陈鸿璧译：《一百十三案》，《小说林》，1907 年第 1 期，第 1 页。
③ 新庵：《月刊小说平议》，见陈平原、夏晓虹主编：《二十世纪中国小说理论资料·第一卷(1897—1916)》，北京，北京大学出版社，1997，第 1 版，第 529 页。
④ 邱炜萲：《客云庐小说话》，见阿英编：《晚清小说丛钞·小说戏曲研究卷》，北京，中华书局，1960，第 1 版，第 417 页。
⑤ 春雷女士：《几个女教育家的速写像》，《生活》，1930 年第 5 卷第 15 号，第 227～228 页。

译者评论的语境中，陈鸿璧"严守译者的中立"①，选择直译策略，并能获得评论家与读者的认可，显现出译者独立于主流翻译策略的见识和卓越的翻译才能。

（三）其他女性译者的直译实践

竞雄女史"浅涉法语"②（竞雄氏，1905：1），在翻译法国作家嘉禄傅兰仪（Charles Foley，1861～1956）著《影之花》一作时谈道："译者惧失原文本意。字里墨端。力求吻合。且欲略存欧西文学之精神。故凡书中引用之俗谣惯语。悉存度秒钩。以意演绎。非万不得已。决不以我国类似之语代之。"③竞雄女史因通晓法文，在翻译过程中有明确的原文意识，且译者抱有向中国读者传递西方文学精神的目标，对"原文本意"和作品中保存原语文化的"俗谣惯语"十分看重，力求自己的译文能很好与之吻合，尽可能不采用归化的翻译。其译文采用白话译入语体，其中量词和长句的使用欧化特征较为明显。可见竞雄女史的主观意识里，以原文为中心的观念非常突出，并将之付诸自己的翻译实践。

薛琪瑛译王尔德戏剧《意中人》，1915 年开始在《青年杂志》上连载。发表时采用中英文对照的方式，这在当时极为少见，足见《青年杂志》在开办之初，已显露出与众不同的原文意识。而译者能面对这样的排印方式，也说明在翻译中译者充分尊重了原作。薛琪瑛翻译的戏剧《意中人》采用文言翻译布景和舞台提示语，而用白话翻译对白部分，这一翻译方法在白话翻译成为主流之前，为女性译者戏剧翻译普遍采纳。④ 相关研究发现清末民初的文学翻译中，文言译作相对于白话译作而言，译者的态度更严谨，对原作的忠实度更高⑤，试比较以下文本：

Mabel Chiltern is a perfect example of the English type of prettiness, the apple-blossom type. She has all the fragrance and freedom of a flower. There is ripple after ripple of sunlight in her hair, and the little mouth, with its parted lips, is expect-ant, like the mouth of a child. She has the fascinating tyranny

① 卜立德：《凡尔纳、科幻小说及其他》，见王宏志编：《翻译与创作：中国近代翻译小说论》，北京，北京大学出版社，2000，第 1 版，第 149 页。
② 竞雄氏：《影之花叙例》，见《影之花》，上海，小说林社，1905，第 1 版，第 1 页。
③ 竞雄氏：《影之花叙例》，见《影之花》，上海，小说林社，1905，第 1 版，第 1 页。
④ 参见本章第二节。
⑤ 参见卜立德：《凡尔纳、科幻小说及其他》，第 121 页；杜慧敏：《晚清主要小说期刊译作研究（1901—1911）》，上海，上海书店出版社，2007，第 1 版，第 148～151 页。

of youth, and the astonishing courage of innocence. To sane people she is not reminiscent of any work of art. But she is really like a Tanagra statuette, and would be rather annoyed if she were told so. ①

> 纪尔泰美白儿乃英国绝色美人之标本。玉貌亭亭。与香花并艳。头上华发。光洁映日。樱唇小口。绝类婴儿。举动娇憨活泼。毫不装腔作态。明白者皆知其为天真烂熳可爱之人。酷似塔拿格拉（古希腊城以发见多种造像著名）小像。然彼不乐人道其如此也。②

这段文字是对剧中人物 Mabel Chiltern 的描写，薛琪瑛采用文言翻译，从内容的完整性而言，除了其中"玉貌亭亭"与"樱唇小口"两处比较明显的归化翻译外，薛译本较充分再现了原文信息。对原文中出现的 Tanagra statuette 这一对中国读者全然陌生的专有名词，译者通过注释加以介绍，保留了这一异质形象。译文整体而言忠实度较高。再看下例：

MRS. CHEVELEY. Yes. She has just reminded me that we were at school together. I remember it perfectly now. She always got the good conduct prize. I have a distinct recollection of Lady Chiltern always getting the good conduct prize!

SIR ROBERT CHILTERN. [Smiling.] And what prizes did you get, Mrs. Cheveley?

MRS. CHEVELEY. My prizes came a little later on in life. I don't think any of them were for good conduct. I forget!

SIR ROBERT CHILTERN. I am sure they were for something charming!

MRS. CHEVELEY. I don't know that women are always rewarded for being charming. I think they are usually punished for it! Certainly, more women grow old nowadays through the faithfulness of their admirers than through anything else! At least that is the only way I can account for the terribly haggard

---

① Oscar Wilde. "An Ideal Husband". *Five Major Plays*. Airmont Publishing Company, Inc, 1970. p. 140.
② 薛琪瑛译:《意中人》,《青年杂志》,1915 年第 1 卷第 2 号, 第 5 页。

look of most of your pretty women in London! ①

齐　真的。他刚才提醒我们还是同学。他时常得着好品行的赏
　　物。我记得狠清楚。他常常得赏。因为他的品行好。

洛　（微笑介）齐佛雷夫人。你得着的是什么赏赐呢。

齐　我生平得着的赏物。来得略为迟些。我想没有一件是因为
　　品行好得来的。我忘记了。

洛　我确实知道那些赏物。是为了别样可爱的事。

齐　我不知道女子因为可爱受人奖赏。我想他们时常为了这个
　　受些责罚。现在时代。最容易使妇人容颜衰老的。就是他
　　们忠心的情人。我敢说。伦敦城内的美人。大半都为着这
　　事。可怜形容憔悴了。②

在人物对白部分，译者采用白话翻译。剧中齐佛雷夫人（Mrs. Chever-ley）与纪尔泰夫人（Lady Chiltern）多年后重新在伦敦见面，纪尔泰夫人是一位品行端正的女子，以为自己有一位品德高贵的"理想丈夫"，而齐佛雷夫人却是一位手段高明的反派人物。这段对话中，齐佛雷夫人嘲笑所谓的好品行，女子常常遭受情人的欺骗，讽刺了男子的"忠心"，隐射男性的不忠是普遍存在的社会现实。而在中国传统伦理中，只有对女性忠贞的单方面要求，男性的不忠被排除在伦理道德规范之外。1915 年的中国，从官方到民间依然推崇着单方面的女子贞节观，而五四时期对传统贞节观的声讨尚未到来。作为译者，薛琪瑛并未对原文中悖逆中国传统伦理的观点进行改写，也未像其他白话译作那样阐发译者的高论，而是忠实地翻译出原文的内容。

在"译者识"中，薛琪瑛指出原剧作者王尔德为"晚近欧洲著名之自然派文学大家也"，而"此篇为其生平得意之作"。③ "当原文在译入语文化中享有较高声望时，翻译通常采用直译"④，薛琪瑛高度认同原作者和原文的艺术地位，无论选择文言还是白话，她都采用了直译。她对直译策略的选择与她重视原文的观念应该说不无关系。

---

① Oscar Wilde. "An Ideal Husband". *Five Major Plays*. Airmont Publishing Company, Inc，1970. p. 144.

② 薛琪瑛译：《意中人》,《青年杂志》，1915 年第 1 卷第 3 号，第 4 页。

③ 薛琪瑛：《意中人·译者识》,《青年杂志》，1915 年第 1 卷第 2 号，第 1 页。

④ André Lefevere. *Translation*，*Rewriting and the Manipulation of Literary Fame*. Shanghai Foreign Language Education Press，2004. pp. 90-91.

（四）直译策略的先行者

虽然有研究者已经指出："尽管在 20 世纪初，中国翻译界的风尚是以意译为主，但其实一直都有一些人以直译的方法去进行翻译"①，例如，吴梼的《银钮碑》、马君武的《心狱》、曾朴的《九十三年》等，但女性译者的直译实践却全然未提。虽然本节对女性译者直译策略分析的个案有限，但却显现了 20 世纪初叶自女性译者介入翻译活动以来，一直存在直译倾向。当然五四之前女性译者采用的直译是相对于同时代流行的意译而言，不少作品中的直译与五四时期提倡的直译还存在差异性，比如，有一些句子漏过不译，译作中依然存在不少归化的痕迹，等等。但翻译"不可避免地会归化异域文本，并印刻上本土的语言文化价值观念，便于本土特定读者群体的理解"②，女性译者在直译策略的运用中，结合了目标语社会所处时代对异质文化可接受的程度，综合了必然也是必要的归化，让译作能为当时的读者所接受。在清末民初意译为主流翻译策略的语境中，从薛绍徽启发的对直译的理论探索和对直译策略的实践开始，女性译者从未间断对直译的尝试，陈鸿璧的直译可以说已经达到了很高的水准。相对于特定语境中译者大刀阔斧删改原文的风气，女性译者的直译较完整地保存了原文语篇结构，比较充分再现了原文信息，建构了当时意译风尚之外，以原文为中心的翻译策略，她们是 20 世纪初叶中国的文学翻译活动中直译策略的先驱。

四、女性译者带有性别意识的干预性翻译策略

20 世纪初叶出现的中国历史上第一个本土女性译者群体，是在晚清以降的救亡启蒙话语所推动的女权运动背景中生成的，她们可谓是当时中国女性知识分子精英和新女性的代表。作为女权启蒙运动的参与者和见证人，虽然她们并非每个人都具有现代意义上的女权思想，但都或多或少具备了性别意识的自觉，对女性的教育、健康、情感、经济以及政治权益等方面的问题给予关注。在中国社会从近代走向现代的转型过程中，翻译成为建构时代话语的重要力量之一。作为父权文化机制中的"他者"，女性译者的性别身份赋予了她们不同于男性的生命体验和感受。在翻译过程中，她们原有的性别观与异质的性别观相遭遇，这一交接地带

---

① 王宏志：《民元前鲁迅的翻译活动：兼论晚清的意译风尚》，《鲁迅研究月刊》，1995 年第 3 期，第 52 页。

② Lawrence Venuti. *The Scandals of Translation: Towards an Ethics of Difference*. Routledge. 1998. p. 67.

成为她们表达各自性别话语的场域。女性译者在其预备规范的翻译选材方策中，对以性别问题为主题的原作显现出更高程度的关注①，在其期待规范中，也表达出译者性别政治的诉求②，而要最终在文本层面实现女性译者的翻译目的，必须通过对翻译策略的选择。虽然在女性译者的翻译中体现出直译的倾向，但面对原作中涉及性别问题的地方，女性译者的干预性翻译策略也表现得很充分。

（一）增补：增强女性的在场

在以男权文化为价值核心的文学书写中，女性形象往往只是一个空洞的能指，要么被刻画成贞洁顺从无私的"天使"，要么则被塑造成充满欲望和邪恶的"妖女"③，女性的主体意识在文学书写中沦为沉默的他者，失去言说自我真实体验的权力。女性主义者认为，在翻译中也要争取女权，在翻译中应"让女性在语言中显身，让女性的身影尽量被看到，女性的声音尽量被听到"④，实现女性主体的在场。

在男性中心文化形成的强大文学传统中，语言作为"操纵的工具"（manipulative tool）⑤，建构着男权的神话，"父权语言"（patriarchal language）掌控着文本的创造、阅读和阐释，让女性难以表达自身的真实处境和独特感受。20 世纪初叶的女性译者也面临如何从父权语言中突围的困境。薛绍徽译《八十日环游记》中的女主人公阿黛（Aouda）⑥被迫嫁给了一个年迈的老王公，不久便沦为他的陪葬，she was married against her will to the old rajah of Bundelcund；and，knowing the fate that awaited her，she escaped，was retaken…⑦原文采用被动语态表达女主人公没有自主的婚姻选择权。而中国传统文学话语描述女子婚姻不幸时常用"误嫁"一词，掩盖女性在婚姻问题上没有自主权的真实状况，透露着男权文化对女性屈从地位的粉饰与掩盖。薛绍徽将之译作"及长误嫁于邦德尔戳

---

①　参见本文第四章第二节和第三节。

②　参见本文第五章第二节。

③　Sandra Gilbert, and Susan Gubar. "The Madwoman in the Attic". In Julie Rivkin, and Michael Ryan, eds. *Literary Theory: An Anthology*. 2nd ed. Blackwell Publishing Ltd, 2004. pp. 812-820.

④　Sherry Simon. *Gender in Translation: Cultural Identity and the Politics of Transmission*. Routledge, 1996. p. 20.

⑤　Luise von Flotow. *Translation and Gender: Translating in the "Era of Feminism"*. Shanghai Foreign Language Education Press, 2004, p. 8.

⑥　今多译为阿乌达。

⑦　Jules Verne. *Around the World in Eighty Days*. Trans. George Makepeace Towle. Bantam Books, 1984. p. 47.

特老王子。老王子之意，不过欲图阿黛，为送终之具而已。阿黛不乐之，常逃匿……"，① 译者增补了"阿黛不乐之"，表现女性内心的真实感受，又将原文中阿黛的逃跑增加了频度描写，"常逃匿"揭示出阿黛对不公正命运的不断反抗。在父权语言的限制下，薛绍徽通过增补的方法，让女性主体感受呈现在文本中。原文对阿黛的描述为 She had received a thoroughly English education in that city，and，from her manners and intelligence，would be thought a European，汉译本为"曾在其地学习英国语言文字，秀颖出侪辈上，而思为欧洲之人也"②，译者增补了接受教育的阿黛"秀颖出侪辈上"，加上了译者的主观评论，接受良好教育能让女子彰显才智，从同辈人中脱颖而出，这同薛绍徽支持女学的态度相吻合。良好的教育能增加女性的魅力，译者的增补表达了不同于传统儒家伦理评价女子的新标准，将女性接受教育的缺失改变为女性的在场。因福格出手搭救及一路上的关照，阿黛对福格的感激之情与日俱增。she owed Phileas Fogg her life，and she always regarded him through the exalting medium of her gratitude. 原文采用第三人称叙事，叙述声音来自故事之外的叙述者，Aouda 是叙事的客体，使其形象产生疏远的效果。汉译本的译文为："阿黛自思：此后性命，原由福格再造，宜尽此生以答之，且须出于寻常报恩之上，方足以表芳心。"③译者插入"阿黛自思"作为引述语，将阿黛放置在叙述者的位置上，把原文来自故事之外的叙述声音，改写成故事中人物阿黛的声音，阿黛从叙事的客体变成了主体，原文的客观表述改变成人物的内心独白，让人物的主体意识得到充分体现，让女性的声音和内心意识嵌入到文本中。译者把阿黛从被叙述者变为叙述者，赋予了阿黛言说自我内心感受的权利。译者在多处增补了引述语，让阿黛作为叙事主体展现自己在各种场景中微妙的心理活动和情感变化。译者赋予了阿黛作为女性的生命存在，解构了原作中对她白描式的单调描写，令她的主观情感和思想从原文中的不在场转变为译文中的在场。

陈鸿璧译《第一百十三案》中，少女兰卿(Valentine)与吉士(Gaston)彼此爱慕，却因两家为世仇而困难重重，两位恋人在绝望中相约永不相忘，但也永不再见。原文描写兰卿的心理 Alas! Valentine was not with-

① 陈绎如译：《八十日环游记》，见施蛰存编：《中国近代文学大系·翻译文学集二》(1840—1919)，上海，上海书店，1990，第1版，第48~49页。

② 陈绎如译：《八十日环游记》，见施蛰存编：《中国近代文学大系·翻译文学集二》(1840—1919)，上海，上海书店，1990，第1版，第48页。

③ 陈绎如译：《八十日环游记》，见施蛰存编：《中国近代文学大系·翻译文学集二》(1840—1919)，上海，上海书店，1990，第1版，第61页。

out excuse. With a timid, loving heart, her expansive affection was repressed and chilled by a harsh mother. ①原文只描写兰卿一想到严厉的母亲，便不得不压制她的爱情。陈鸿璧译为："兰卿年小胆怯。用情深挚。祇以母民严肃。仪态凛然。日处家庭。曾未一致其天性之爱。今见吉士披肝胆相示。和蔼近人。虽欲无动于中。其可得乎。"②汉译本增添了兰卿的心理活动，虽然两家延续多代的世仇让两人的关系无望，但面对吉士的真挚情感，兰卿无法不动容。对女性心理活动的增补，让女性主体的情感得以显现。

沈性仁译英国剧作家汉更所作短剧《常恋》中，男女主人公分别表达了不同的爱情观。青年西西尔·哈勃顿崇尚杜鹃的生活方式，只愿享受恋爱的甜蜜，拒绝承担结婚和养育子女的责任。姑娘爱维连·利福思却认为恋爱和婚姻是严肃的事，不愿结婚的人就不应该去恋爱。最终爱维连拒绝了西西尔，打算接受勤恳工作并向她求婚的黎吉。当西西尔宣扬杜鹃不用承担责任，不用哺育子女的自在恋爱生活时，爱维连非常愤怒地说道：I think cuckoos detestable. They're mean, horrid, disgusting birds.③沈性仁的译文为"我想杜鹃鸟顶讨厌。他实在是鸟类之中最下贱，最可怕，最讨厌的"。④译者增补了形容词的最高级形式"最"，极大渲染了女主人公的强烈反对情绪。

薛琪瑛所译《产妇》一剧中，白利那与露仙为夫妻，结婚四年中生养了三个女儿，妻子提出暂时不再怀孕生子，希望自己能有更多时间修养、旅行和陪伴丈夫。而白利那却坚持必须先要生个儿子，露仙对此非常生气。原文为 My consent was asked for before I was given a husband, but my consent is not asked for before I am given a child. ⑤原文采用被动语态，揭示女性在生育问题上得不到尊重，无法决定自己的身体。译文为："我嫁丈夫之前，明明有人时常请问我的同意；无论什么事，不曾受过委屈的。但现在生小孩的事，却没有自主了。"⑥译者增补了"无论什么事，

① Emile Gaboriau. *File No.* 113. A. L. Burt Publisher. 1902. p. 152.
② 陈鸿璧译：《第一百十三案》，《小说林》，1907 年第 10 期，第 30 页。
③ St. John Hankin. "The Constant Lover". In Frank Shay, and Pierre Loving, eds. *Fifty Contemporary One-act Plays*. The World Publishing Company, 1946. p. 162.
④ 沈性仁译：《常恋》，《小说月报》，1922 年第 13 卷第 10 号，第 17 页。
⑤ Eugene Brieux. "Maternity". Trans. Mrs. Bernard Shaw. In Eugene Brieux. *Three Plays by Brieux*：*Maternity*；*the Three Daughters of Mupont*；*Damaged Goods*. Kessinger Publishing, 2005. p. 13.
⑥ 薛琪瑛译：《产妇》，《京报副刊》，1925 年第 228 号，第 27 页。

不曾受过委屈的"，让露仙表达出内心的感受。结婚前女性尚能得到尊重，但结婚后的生育自己的意见却丝毫得不到重视，女性的生活沦为不停生育子女的机器，译者增补的部分让露仙表达出女性对自己意见不受尊重的受伤感，以及对生育占据所有时间的生活方式的抗拒。

（二）改变词汇的性别指向

在薛琪瑛所译《意中人》里，少女美白儿纯真而又不乏独立的个性和见解，认为伦敦的上流社会 It is entirely composed now of beautiful idiots and brilliant lunatics.① 嘲讽伦敦上流社会的庸俗和虚伪，把那些自命高贵的人称为 beautiful idiots and brilliant lunatics，原作中的 idiot 和 lunatic 二词，既可指男性又可指女性，并无性别上的区分。薛译本的译文为"所有的人。都是些好看的呆汉和豪阔的狂徒"②，将这两个词译为"呆汉"和"狂徒"，在汉语中它们具有明确的性别指向，把男性放置在批判的中心。

沈性仁译《常恋》中，女主人公爱维连非常愤怒地谴责杜鹃鸟式的恋爱观 I think cuckoos detestable. They're mean，horrid，disgusting birds. 沈性仁的译文为"我想杜鹃鸟顶讨厌。他实在是鸟类之中最下贱，最可怕，最讨厌的。"③ 原文中杜鹃鸟是泛指，第三人称复数 they 也没有性别上的区分，而汉译本中译成第三人称单数的"他"。在近代之前的汉语中，没有区分性别的第三人称代词，"他"字通指男女两性。而在与西方语言的大规模接触中，对第三人称代词进行性别区分的呼声日渐强烈。1918 年周作人在《新青年》第 5 卷第 2 号上发表译作《改革》的序言中指出："中国第三人称名词没有性的分别，狠觉不便。半农想造一个'她'字，和'他'字并用"，但"现在只怕'女'旁一个'也'字，印刷所里没有，新铸许多也为难，所以不能决定用他"④，由于当时印刷条件的限制，周作人采用了在"他"字下面注释一个"女"字的方法。之后新文化知识分子陆续开始探讨区分第三人称代词性别的方法，对"她"字的书写实践也展开。《常恋》发表的时间为 1922 年，在语言的使用上，这时的新文化知识分子已经具备区分第三人称代词性别的自觉意识，因而可以推论作为译者的沈性仁对"他"一字的选择具有明确的目的，直接指向男性，批判男性将女

---

①　Oscar Wilde. "An Ideal Husband". In *Five Major Plays*. Airmont Publishing Company, Inc，1970. p. 141.

②　薛琪瑛译：《意中人》，《青年杂志》，1915 年第 1 卷第 2 号，第 6 页。

③　沈性仁译：《常恋》，《小说月报》，1922 年第 13 卷第 10 号，第 17 页。

④　周作人：《改革·序》，《新青年》，1918 年第 5 卷第 2 号，第 113 页。

性作为把玩的性对象和愉悦的客体，而不愿承担婚姻的责任。译者对人称代词的性别化，让爱维连的女性立场鲜明突出出来，洞察甜言蜜语背后对女性权益的侵害，明确表达了女性对不负责任的男子的鄙视，对严肃恋爱观的支持。

沈性仁译英国 James M. Barrie 所作一幕剧《十二镑钱的神气》中，喀德（Kate）在思考了一年，在确定自己可以有能力赚取十二镑钱养活自己之后，决定放弃锦衣玉食的生活，离开追逐功名的丈夫海理爵士（Sir Harry）。在离开前喀德给丈夫留了封信，假称是和一位男士私奔，而实际上是为了方便海理通过法律获得自由，I knew the law would back you in your opinion. For the law, like you, Harry, has a profound understanding of women. ①沈译本中为："我也知道法庭一定会按你的意思判的。因为他们，如同你一样也是很知道女子的"②，译者没有重复翻译 law 一词，而是用人称代词"他们"来指代，揭示了法律深层的男权文化机制，法律是男权的代言，虽然表面上声称维护女子的权益。

弗洛图总结了女性主义翻译实践的三种常用方法：增补（supplementing）、加写前言和脚注（prefacing and footnoting）、劫持（hijacking）③，其中"劫持"指女性主义译者对原本并不一定具有女性主义意图的文本根据自己的意图进行具有女性主义的操纵，比如，把原文中的全称阳性词在译文中改写为包括阳性和阴性的词，让被遮蔽的女性在文本中显身。沈性仁和薛琪瑛把包含两性的词翻译为只指男性的词汇，虽然在方法上与"劫持"相反，但在揭露男权文化机制与争取女性的权益地位方面却有异曲同工之妙。

（三）改写：从被注视对象到行为主体

文学中的女性形象常常根据父权文化的女性观来塑造，女性是男性目光注视的对象，是被观赏的客体，女性处于被动的地位。在女性译者的翻译中，出现了对这类女性形象的改写。例如，陈鸿璧译《第一百十三案》中描写少女兰卿的美貌：

> The renown of her great beauty, carried on the rapid wa-

---

① J. M. Barrie. *The Twelve-pound Look and Other Plays*. Hodder and Stoughton, 1921. p. 26.

② 沈性仁译：《十二镑钱的神气》，《太平洋》，1924 年第 4 卷第 6 号，第 20~21 页。

③ Luise von Flotow. "Feminist Translation: Context, Practices and Theories". *TTR: Traduction, Terminologie, Rédaction*. 4: 2. 1991. p. 74.

ters of the Phone, was spread far and wide.

　　Often the bargemen and the robust wagoners, driving their powerful horses along the road, would stop to gaze with admiration upon Valentine seated under some grand old tree on the banks of the river, absorbed in her book. ①

　　……每当夕阳西下。兰卿挟书至河畔。苍茂葱浓之古树下读之。其雪色长衣。适与彼碧水绿茵相掩映。其斌媚之容。若与天际晚霞争其艳美。见者咸目为神仙中人。②

　　原文中的兰卿是男性目光注视的对象，她的美是通过男性目光来呈现的，原文中的两个过去分词 seated, absorbed 勾画出的兰卿形象是静态的，被动的。而在陈鸿璧的译本中，兰卿成为独立的行为主体，她"挟书至河畔。苍茂葱浓之古树下读之"，译者将兰卿转换为实施行为的主体，将兰卿放置在主动的行为发出者位置，男性成为被唤起的客体，"见者咸目为神仙中人"的男性目光，仅仅成为对兰卿美貌的附和和点缀。

　　在王尔德的《理想丈夫》一剧中，少女美白儿一出场，作者对她的描写均为正面之辞，对比薛琪瑛 1915 年的译文和徐培仁 1928 年的译文：

　　　　纪尔泰美白儿乃英国绝色美人之标本。玉貌亭亭。与香花并艳。头上华发。光洁映日。樱唇小口。绝类婴儿。举动娇憨活泼。毫不装腔作态。明白者皆知其为天真烂熳可爱之人。酷似塔拿格拉（古希腊城以发见多种造像著名）小像。然彼不乐人道其如此也。③

　　　　美蓓是英国绝色佳人，有闭月羞花之貌。全身香气袭人。金丝黄发，映照发光，樱口朱唇，无人不存亲其如孩童之小口也。她非特有销魂荡魄之青春，且具惊人天真之勇毅。在知礼之士观之，她的色艺固无可眷恋，然一入登徒子眼中，她实无异汤兰格之雕像。（译者注：汤兰格 Tanagra 是希腊的地名。）且不愿受人之称诲。④

---

① Emile Gaboriau. *File No*. 113. A. L. Burt Publisher. 1902. p. 150.
② 陈鸿璧译：《第一百十三案》，《小说林》，1907 年第 10 期，第 28 页。
③ 薛琪瑛译：《意中人》，《青年杂志》，1915 年第 1 卷第 2 号，第 5 页。
④ 徐培仁译：《一个理想的丈夫》，上海，金屋书店，1928，第 1 版，第 5～6 页。

薛译本中的美白儿美丽、可爱而单纯，译者弱化了原文中 tyranny、courage 二词的意义，将原文对美白儿天真性情中骄横、任性和果敢一面的直接描述，改译为"举动娇憨活泼，毫不装腔作态"，在展示少女纯真的同时，从侧面表现了她的与众不同和不流于世俗的勇气。原文 To sane people she is not reminiscent of any work of art 表达了心智健全之人不会将美白儿看作一件艺术品，一个被观看的、静态的客体，译者薛琪瑛将之改写为在所有"明白者"的眼里，美白儿都是"天真烂熳可爱之人"，强调在观看者眼中，被看者是一个充满生命活力的主体，而非一个被动的客体。剧中的齐佛雷夫人曾说在伦敦的交际季节，"伦敦人所忙的大半是婚姻的事"①，而正值待嫁年龄的美白儿却"毫不装腔作态"，无丝毫取悦男性的矫揉造作，使她独立于男性的审美目光，充分展现了女性不媚世俗、独立独行的勇气和鲜明的个性，与原文中的 courage 一词在精神原旨上相通。在徐译文中，男性视角的切入十分明晰，"销魂荡魄"、"色艺"等语汇的选择无不昭示着男性目光对女性的把玩，"无人不存亲其如孩童之小口也"、"在知礼之士观之"和"登徒子眼中"的插入，更是将美白儿放置在被男性观赏和评判的位置上，使这一女性形象的魅力依附于男性目光的凝视，失去了薛译本中美白儿的独立脱俗形象。

翻译作为文化生产活动的一种重要形式，译者主体的参与发挥着重大作用，往往决定着异域文本以何种面貌出现在目标语文化中。在对译者主体性的研究中，西方女性主义学者引入了译者的性别身份问题，主张译者干预性的翻译实践，如果原文与女性主义观点相悖，女性主义译者可以对文本进行修正②，这种干预性的翻译实践，如加拿大女性主义译者哈伍德（Susanne de Lotbinière-Harwood）指出的，"让女性在语言和社会中显现"。③ 在文学翻译中，译者的创造性要受到原文的制约。译者有限度的创造行为，建构在译者对原文的阐释基础上，而阐释方式总与阐释者的主体身份有着内在联系。中国第一个女性译者群体产生于女权启蒙运动，晚清开始的女权启蒙其重点多关注废缠足、兴女学、女性选举权、如何塑造新型贤妻良母及女国民等方面。对女性独立人格的重视至五四才成为女权呼声中的强音。而上述译本产生于五四之前，虽然目

① 薛琪瑛译：《意中人》，《青年杂志》，1915 年第 1 卷第 4 号，第 3 页。
② Luise von Flotow. *Translation and Gender：Translating in the "Era of Feminism"*. Shanghai Foreign Language Education Press，2004. p. 24.
③ Luise von Flotow. *Translation and Gender：Translating in the "Era of Feminism"*. Shanghai Foreign Language Education Press，2004. p. 28

前发现的案例较少，但它们的存在揭示了女性译者试图塑造疏离男性目光注视、作为独立行为主体的女性形象的尝试。这些改写已然显露出译者较强的女性意识。

结　语

　　20 世纪 80 年代翻译研究开始发生"文化转向"，促使研究范式从规定走向描写，以目标语为导向的描写研究把翻译作为特定历史文化语境中的活动加以考察，"规范"作为一个重要的描述性概念和分析工具被引入翻译研究。随着翻译规范研究的发展，其不足之处也日渐受到学界关注，即对译者主体的忽视。任何翻译规范的形成，都离不开译者主体的参与。译者并不是翻译规范被动的接受者和遵循者，任何翻译规范的发生、形成和变迁都离不开译者主体的翻译实践。译者个性化的选择会加强或削弱某一规范的力量，逐渐改变不同规范之间力量的对比，不断消解多元规范共存中既有中心和边缘之间疆界的划定。鉴于此，本文提出"译者规范"这一概念，从译者的预备规范、译者的期待规范和译者的操作规范三个层面展开，将译者主体作为建构翻译规范的能动力量，以其翻译作品为客观事实，分析其中呈现出来的共性特征，来探讨译者主体如何认同、内化或者偏离主流翻译规范，推动翻译规范的发展和变迁。

　　译者主体不是生活在文化真空中的个体或者群体，而是特定历史文化语境中的文化沟通者和协调者。由于特定时代译者主体的文化身份既存在共性，又存在差异，对译者规范的描写应该注重译者个性化的选择，在此基础上进一步探寻个体化选择中呈现出的、作为特定译者群体的整体性特征，由此而形成的在特定历史文化语境中，在某一译者群体中实践的译者规范。当对不同历史时期中各个译者群体的规范描写得到不断完善和丰富，将逐渐获得对译者主体和翻译行为更为全面的认知。本文以性别为分析范畴，以 20 世纪初叶中国历史上出现的第一个本土女性译者群体为研究对象，通过对文本、副文本及元文本的分析，系统描写了这一女性译者群体的译者规范。

一、20 世纪初叶女性译者规范的主要特征

　　20 世纪初叶中国出现了第一个本土女性译者群体，她们的出现既是中国女性作为一个性别群体，在救亡启蒙话语中被推向历史的前台，开始浮出历史地表的见证，也是中国文化现代性追求进程中的必然产物。曾经被幽闭的中国知识女性通过翻译活动进入了公共领域。较之于 20 世

纪之前历史中的女性书写者,女性译者突破了传统女性书写囿于诗词歌赋体裁的规范,广泛涉猎各类新体裁。在文学书写方面,她们参与各类新小说和戏剧的翻译,作品主题也从传统上占绝对地位的伦理情爱主题,拓展到教育、政治、历史、法律、科学、军事及经济等方面。在白话成为官方推行的书写语言之前,女性译者在自己创作的文学作品中以文言居多,而在其翻译文学作品中白话作品约达一半,表现出对白话的自觉尝试。在表现风格上,女性译者不再局限于传统女性书写委婉含蓄的特征,她们的译作有的雄浑深沉,有的委婉曲折,有的幽默生动,有的典雅畅达,有的豪放洒脱,多样风格不断涌现。女性译者以翻译为载体,开始逐渐摆脱历史上长期形成的对女性书写的各种束缚,实现了女性书写对传统规范的全方位超越。本文从女性译者主体出发,考察了其翻译活动中的预备规范、期待规范和操作规范。较之于同时代的男性译者,这一女性译者群体在翻译规范上既与他们呈现出诸多共性,但也不乏女性译者的独特性。

从译者预备规范来看,女性译者的翻译选材方策反映了传统女性书写规范与 20 世纪初叶主流翻译规范之间的角力。在她们的翻译选材中,承袭了传统女性书写重文学体裁的规范;但在文学翻译活动中,她们对原语文本类型的选择,显示出对小说和戏剧体裁的偏好,对诗歌体裁的疏离,大大偏离了传统女性书写重诗歌体裁的规范。而同时期男性译者的翻译选材方策对文本类型的选择总体上依次呈现出重小说、诗歌和戏剧的特征。虽然以陈独秀、胡适为代表的新文化知识分子力倡重视戏剧的翻译选材方策,但实践中诗歌在译介的数量和广度上依然持续超过戏剧。在戏剧翻译的选材上,女性译者从一开始便显现出强烈的名家名著意识,这吻合了五四时期男性知识分子的戏剧翻译选材方策。但在具体文本的选择上,应当先译哪些名家的哪些著作,女性译者却并不完全趋同。即便在胡适批评薛琪瑛对王尔德戏剧作品的翻译并不适合国人接受心理的境况下,沈性仁仍然选择翻译了他的戏剧,表现出女性译者的个性化选择。以薛琪瑛、郑申华和沈性仁为代表的女性译者在戏剧翻译的选材中显现出强烈的女性生命关怀立场,在男性知识分子发起的新女性话语面前,保持冷静的判断力和洞察力,女性意识十分突出。在晚清以来的文学翻译活动中,对间接翻译表现出"高度认可或容忍"①,译者普

---

① 廖七一:《从"信"的失落看清末民初文学翻译规范》,《外语与外语教学》,2011 年第 1 期,第 54 页。

遍忽视中介文本及其译者。直到 20 世纪 20 年代对间接翻译的利弊展开理论探讨，提出直接翻译的主张，在翻译实践中译者才开始普遍重视中介文本及其译者。本土女性译者中除极个别不通外文者，大都在近代女学的发展中，具备了外语能力和独立翻译的能力，英语、日语和法语是她们掌握的主要外语语种。她们的翻译实践中间接翻译一直存在。1909年之前中介语以日语居多，而之后中介语便以英文为主了。有间接翻译作品发表的女性译者共计 20 位，间接翻译作品共计 38 种。而其中标注了原作者(有些还用英文注出原作者的名字)、但没有注明转译的中介文本及其译者的，共计 27 种；标注了原文或原作者、也注明转译的中介文本译者，共计 5 种。这说明在整体上女性译者对间接翻译具备了较强的认知，超前于同时代的其他译者。

从译者期待规范来看，女性译者对自己的翻译活动存在多重期待，有意识形态的、诗学的、经济的、文化的等多方面的目的。在政治期待方面，随着近代以来女权启蒙运动的日益发展，男性知识分子打造了"女子救国"的话语，同时女性的独立意识和抗争意识逐渐得以加强，关心国家民族命运不再是男性知识分子的特权，不少女性也加入其中，而翻译是她们表达政治诉求的渠道之一。她们在自己的译作中，或者以人物或说话人的身份，阐发自己的政治观点，传播自由平等的观念；或者在类似"译者识"功能的副文本中，宣扬革命和民主思想。作为在近代女权启蒙思潮中产生的知识分子，女性译者中的不少人具备了一定性别意识的自觉，她们或者运用写前言或译者识的方式，或者通过选择作品主题，来表达自己的性别政治诉求。她们的翻译活动中关注两性之情、女学目标、婚恋问题、女子贞节、女性生育、女子独立人格等时代焦点问题，在宏大的历史主流叙事中插入了女性自身的性别政治诉求，女性关怀立场十分突出。翻译的诗学目的一直贯穿女性译者的文学翻译活动。在五四之前与域外文学的接触中，女性译者多从中国传统诗学出发，能比较敏锐地捕捉到中西文学在内容、人物和篇章结构等方面的异同，对异质诗学采取了较为宽容的接纳态度。至五四时期的女性译者，她们不仅深受中国古典文学浸润，更是在新学培养中成长起来的新知识女性。其中不少人有留学海外的经历，深受西方文学的熏陶，或者对西方文学进行了专门研究，她们在翻译中体现出对域外诗学的高度推崇和接纳。这一时期的女性译者审视西方文学的视点发生了转移，不再以中国传统诗学为标尺来衡量或者评价西方文学，而是着重于原作者的生平与文学成就、语言特点、风格特征、文学效果和文学流派等方面的内容，对西方文学进行介绍和分析。有的译者还以西方文学来考量中国文学的不足之处，推崇借鉴西方诗学的元素，来实现中国文学系统的演进。此外，驱动女性译者参与翻译的还有经济方面的期待。随着近代稿酬制度的不断完善，翻译成为女性译者谋求经济能力的重要手段。翻译的报酬让她们可以或补贴家用，或独立承担生活的重负。在译者期待方面，女性译者的翻译目的并不脱离时代的主潮，但其中也彰显着知识女性审视自我与他者的独特眼光，以及女性政治、文化和经济意识发生的转变。译入文体意识方面，在翻译域外小说之初，女性译者相对于男性译者而言，对异质文体显现出更为开放和接纳的主动态度。她们积极整合传统文体规范，来再现域外小说的文体特征。而在戏剧翻译方面，女性译者从一开始就表现出较为鲜明的原语文体导向意识，并逐渐发展为将原语文体作为本土戏剧创作的借鉴。在诗歌翻译中，女性译者甚少参与用旧体诗来翻译外国诗歌的实践，在五四之前她们均表现出对诗歌翻译的疏离，直至新诗运动才激发了女性译者的参与。女性译者对新文体的期待，在一定程度上折射出作为个体的女性译者，在与时代主流规范互动中的独立意识与自觉选择。

　　在译者操作规范方面，就母体规范而言，1915 年及之前女性译者虽然也存在对分段的无意识，以及对细节的删减，但整体上比男性译者大刀阔斧删改译作的程度低很多，更尊重原作的篇章结构和内容的完整性，显现出这一时期女性译者群体对强调"译笔"和译入语文化导向的主流母体规范的偏离。1915 年之后，无论是小说翻译还是戏剧翻译，译作的篇章结构呈现出与原作更为一致的倾向，译作内容的完整性也得到了较好保证，段落的分割也与原作几乎一致或者完全一致，女性译者在再现原作篇章结构特征方面比前一时期更忠实于原作。在译入语体的选择上，女性译者从一开始就呈现出多元、杂合的特征：1898～1912 年，译入语以文言为主体，但也出现白话的尝试。但在她们的文言译入语体中，已经开始显露出吸收西方语言表达方式的特征，薛绍徽的文言译文还呈现出白话的痕迹，她们的译入语体已经开始显现对传统文言规范的偏离。而在早期白话译入语体的尝试中，当男性译者感叹白话难以运用自如之时，女性译者已经悄然开始借鉴西方语言的表达方式，显现出欧化的迹象。1913～1919 年，女性译者白话译作的数量接近这一阶段翻译文学作品总数量的一半，开始呈现出与文言译入语体分庭抗礼的态势，且均存在不同程度的欧化。这一时期的白话译作，在体裁上除了小说之外，还增加了戏剧。在 1919 年之前的戏剧翻译中，女性译者形成了特定的译入语体策略，即选用文言翻译舞台提示语言，白话翻译对白，文言和白话各自的功能明确。1919 年之后白话基本成为翻译戏剧的主流语言。1920～1930 年女性译者的小说翻译中，白话成为主流译入语体；戏剧翻译中绝大多数女性译者均全采用白话。这一时期女性译者的白话融入了更多西方语言的特点，从语序、句式结构、修辞到短语表达方式，更为贴近原语。也曾出现过带有"硬译"特征的译作，但很快女性译者就放弃了这种"硬译"，在译入语的表达上更倾向于适度欧化。在翻译策略上，女性译者从介入文学翻译之初，就显现出直译倾向。在意译为风尚的清末民初，女性译者直译策略的运用，结合了目标语社会所处时代对异质文化的可接受程度，综合了必要也是必然的归化，让译作能为当时的读者所接受。相对于特定语境中"豪杰译"的风气，女性译者的直译较完整地保存了原文语篇结构，比较充分再现了原文信息，大篇幅删减原文或大段增加译者主观评论阐发的情况较少，建构了当时意译风尚之外，以原文为中心的翻译策略，是 20 世纪初叶中国文学翻译活动中直译策略的先驱。此外，女性译者还表现出带有女性意识的干预性翻译策略，如通过增补以增强女性的在场，改变词汇的性别指向以抨击不平等的性别制度，通过改写来塑造疏离男性目光注视的、作为独立行为主体的女性形象等。

二、女性译者与男性译者在翻译规范上存在的差异

20 世纪初叶作为中国翻译文学发起并繁荣的时期，中国本土译者大规模参与翻译活动，因各自文化身份和对待域外文化态度的差异，形成不同的亚群体，实践着各自的文学观和文化观，也形成翻译规范多元共存的局面。对特定历史语境中翻译规范的描写与特定译者群体相结合，有助于深入发现多元翻译规范之间的共性和特性。

相较于同时期的男性译者，20 世纪初叶的本土女性译者在预备规范的翻译选材方策中，表现为依次重小说、戏剧和诗歌，而男性译者实际翻译活动中则表现出依次重小说、诗歌和戏剧的特征。在戏剧翻译上，女性译者有更明确的原作意识和名家名作意识。在男性译者普遍忽视原文、原文作者和间接翻译中的中介文本及译者时，女性译者表现出更为明确的原文意识和间接翻译意识。

在期待规范上，女性译者表现出性别政治上的诉求。她们为书写中的言情正名，在翻译的选材中关注女性的生存状态，洞察男性知识分子推崇的新女性话语中隐藏的危险，揭示新话语之下可能存在的陷阱，以激发女性读者保持清醒的判断。在与异质文化诗学系统的近距离接触中，

不少女性译者有意识地在原语文化和目标语文化两种不同的诗学差异和冲突中，寻求协调和借鉴的途径，实现她们的诗学目的。总体而言她们体现出对西方诗学从包容到全面接纳和推崇的过程，比较清晰地呈现出由表及里、从中国诗学中心到西方诗学中心的发展路径。相比于同时代激进的男性文学家和翻译家一味强调外国文学的政治功用，女性译者有意识将新的诗学元素引进目标语文学系统，逐渐改变中国既有诗学的构成，推动中国文学系统的演进。

操作规范上，当意译成为风尚之时，女性译者在母体规范方面更为尊重原作的篇章结构和内容的完整性，在翻译策略上也一直存在直译的倾向。女性译者的直译较完整地保存了原文语篇结构，比较充分再现了原文信息，建构了当时意译风尚之外，以原文为中心的翻译策略。此外，女性译者还采用了带有女性意识的改写翻译策略，正如弗洛图指出，"女性主义译者会把自己的人生经历和政治立场带入翻译中，让译者的主体性显现出来"①，虽然 20 世纪初叶的女性译者并非现代意义上的女性主义译者，但她们干预性的翻译策略却在一定程度上实现了对原文所掩盖的性别权力机制的修正，突出了女性主体意识的在场。

三、特定译者群体的译者规范与主流翻译规范之间的互动

译者规范作为翻译规范中最活跃的部分，连接并催化着规范与规范之间的传承与演化。对 20 世纪初叶中国首个女性译者群体译者规范的研究发现，她们"实然"（is）发生的翻译选择，既有与主流规范相一致的一面，同时也有诸多偏离和超前的部分。

女性译者规范与主流规范相吻合的部分有：在翻译选材方策中积极选择译介国外各类新本文类型，戏剧翻译中显现出显著的名家名著选材意识；在翻译目的中均体现出传播西方进步思想与文化的积极态度；在母体规范上经历了从开始对原语文本篇章结构的无意识合并或删改，到 1915 年开始忠实再现原文的篇章结构；在译入语体的选择上整体呈现出从文言逐步过渡到白话的过程；在翻译策略的选择上也由意译逐步过渡到以直译为主。这些与主流规范相吻合之处，一方面体现出特定译者群体作为社会存在，其行为必然受到所处文化语境的影响，另一方面译者主体在内化和接受主流规范之后的行为选择，将增强该规范的力量和影

---

① Luise von Flotow. *Translation and Gender*：*Translating in the "Era of Feminism"*. Shanghai Foreign Language Education Press，2004. p. 39.

响，进一步稳固和强化相关规范的主导地位。

女性译者规范超前于主流规范的部分有：女性译者戏剧翻译选材中的名家名作意识从她们开始翻译戏剧之初便体现出来，早于新文化知识分子对"只译名家著作"的倡导；对间接翻译的认知也早于同时代的其他译者；对异质诗学元素和文体具有更宽容的接纳态度，为中国文学系统的演进注入了新的因子；在"豪杰译"风行之际，她们对原作篇章结构和内容的完整性更为尊重，并体现出以原文为中心的翻译策略导向，是直译策略实践的先驱；她们译作中的译入语体无论是选择文言还是白话，都表现出不同程度的欧化，对选择白话作为译入语的尝试更早，积极推动了现代汉语的形成。女性译者这些超前的"实然"规范在五四时期成为主流规范，显现出女性译者卓越的前瞻意识。可见特定译者群体超前的译者规范，其始发之初虽然处于边缘地位，但因其内在的先锋性，随着目标语文化诉求的演变，将成为打破既有规范稳定性的因子，逐步形成挑战主流的力量，当适时的文化土壤出现之际，便催化主流规范发生变化，原来曾居于边缘的规范便移向中心，成为新的主流。

女性译者规范中还存在独具特色之处，即性别意识的自觉。女性译者在选材方策中体现出关注爱情、婚姻和两性关系的明显倾向，在持续翻译言情小说的同时，还有意识选择译介具有新性别观念和道德价值的作品。但她们并不趋附主流的性别话语，而是保持客观冷静的视角，洞察主流性别话语中掩盖的对女性的不利因素，体现出深刻的女性关怀意识。在翻译策略上出现了干预性的翻译策略，增强女性的在场和女性的主体地位。女性译者规范中的性别意识自觉体现出特定译者群体文化身份的特性，会影响到译者"实然"翻译规范的发生，形成多元翻译规范的共存与互动。

"'应然'是'实然'的一个子集：某些既存行为现象（在特定社会和特定时代）被看作是理想行为，因而便成为追求的模式。换言之，这些现象建立了规范"，翻译规范与此相同，"'应然'是从已有的'实然'中生发的：当我们认为已有的译者亚群体及文本体现了规范，便从中衍生出其他译者个体和文本应该遵守的'应然'规范"。[1] 特定译者群体实然发生的译者规范可能超前于主流规范，但正是这些先锋元素会不断打破现有规范的稳定性，在出现适时的文化土壤时，推升成为新的应然规范。当特定译

---

[1] Andrew Chesterman. "From 'Is' to 'Ought': Laws, Norms and Strategies in Translation Studies". *Target* 5: 1. 1993. p. 12.

者群体实然发生的译者规范吻合主流规范时，会增强主流规范的强度和主导地位。而特定译者群体形成的特有的译者规范，将形成对主流规范的补充，滋生出特色多样的翻译文化，满足目标语社会不同文化群体的需求。

四、译者规范之于翻译规范研究的重要意义

翻译规范作为描述翻译学的重要概念和工具，试图从客观发生的翻译行为和翻译文本出发，强调对目标语文化中的翻译活动和翻译文本进行语境化的研究，描述出制约、影响翻译过程和产品接受的翻译规范，通过重构不同历史时期的翻译规范，揭示出翻译的本质。

翻译规范具有社会文化特性、不稳定性和多样性的特征①，不存在适用于目标语文化各个层面需求的、同一的翻译规范。因而在特定历史时期中运行的翻译规范并不是一个统一整体，会因目标语社会各阶层不同的翻译需求、参与翻译的译者群体各自所认同的翻译观、文学观及文化观等而呈现出差异。不同主体对域外文化的不同需求，对翻译的不同期待和认识，催生了目标语文化中多元翻译规范的交织共存，与此同时带来不同规范之间的竞争，打破原有规范之间的稳定格局，推动翻译规范发生变迁。多元翻译规范的生成，与具有不同文化身份和文化目的的译者主体密切相关。译者并非翻译规范被动的接受者和遵循者，任何翻译规范的萌生、形成和演变都离不开译者主体的参与。译者对规范的选择、内化、遵循、实践或者偏离，是翻译规范建构过程中最活跃的因子，是形成多元规范的重要元素。本文以 20 世纪初叶中国历史上出现的第一个本土女性译者群体为研究对象，因她们共同作为中国近代女学和女权思潮发展的直接产物，在文化身份上具有相当的共性，把她们作为一个相对的整体和当时译者中的一个亚群体，探讨她们的预备规范（采用的翻译选材方策和对间接翻译的认知）、她们的期待规范（翻译目的与译入文体意识）和操作规范（翻译过程中实践的母体规范、译入语体策略和翻译策略）。研究结果表明，女性译者的翻译活动并不完全吻合当时的主流翻译规范。女性译者对翻译活动的主动认知和自觉实践的方式，与她们的文化身份有着内在逻辑关联，由此建构了与主流翻译规范有差异的女性译者规范。女性译者规范在多方面超前于同时代的主流规范，如翻译选材方策中对名家戏剧翻译的重视、间接翻译中更为明确的原文意识、翻

---

①　参见本文第一章第三节。

译目的中对原文诗学元素的重视、译入语体中的欧化、直译策略倾向等。此外在翻译选材方策和翻译策略上显现出的女性意识更是女性译者主体性的彰显。女性译者群体所实践的译者规范对同时代主流规范的偏离，是新规范孕育和萌芽的土壤。当目标语社会文化系统发生演变，对翻译提出不同要求的时候，新规范便迅速生长，取代原有主流规范的中心地位，推动翻译规范发生变迁。可见译者规范是翻译规范中最活跃的力量，其动态的发展与变化将引发原有翻译规范的格局逐渐发生裂变，推生出新的翻译规范并获取其合法地位。

本文描述了 20 世纪初叶这一特定历史阶段里，中国首个本土女性译者群体的译者规范。虽然以性别为区分度来划分译者的文化身份，容易导致忽略女性译者群体内部的个性化差异，在重点探析她们之间共性的同时，忽视她们彼此之间存在的差异，但本文以文化身份相似的译者群体为研究对象来描写和重构翻译规范，是将译者主体纳入翻译规范研究的有益尝试。研究结果表明，对历史中翻译规范的描写如果脱离了对特定译者群体的研究，就容易流于宏大，而失去对其中共存的多元规范的充分认识。译者并非被动受制于主流翻译规范，作为翻译活动的主体，不同译者群体个性化的选择改变着多元规范之间力量的对比，参与着翻译规范的建构。只有充分描写了不同译者群体所实践的翻译规范，才能重构该历史文化语境中翻译规范的在场。

译者规范概念的提出以译者思维习惯和翻译规范为基础，将译者的翻译活动语境化，还原到其发生的具体社会文化语境中进行探讨，描写特定译者或译者群体的翻译行为如何受到主流规范的影响，译者的主体参与如何内化或者偏离甚至违背这些规范，推生新的翻译规范，并在其个性化的选择中推动规范发生变迁。译者规范用以分析译者主体实然发生的翻译行为，既可运用于研究个体译者的翻译活动，亦可探讨译者群体的翻译行为。译者规范的概念虽有助于描述和解释译者的选择行为，但因对规范概念及其分析方法的借鉴，容易打上结构主义和决定论的痕迹，但笔者希望这一尝试可以在一定程度上发现译者主体在翻译规范演变过程中的重要性，不断推进对翻译本质的认识。其不足之处可以在后续研究中进一步完善。

附录 1：1898～1930 年中国本土女性译者翻译作品目

（姓名以拼音顺序排序）[①]

陈璧君（1891～1959）

[1]蔡惠雅夫人（Madame de Sévigné）著，冰如译：《记路易十四逸事》，《旅欧杂志》，1916 年第 1 期。

[2]费黎龙著，冰如译：《蜜蜂与蝇》，《旅欧杂志》，1916 年第 2 期。

[3]冰如译：《蛙求王》，《旅欧杂志》，1917 年第 22 期。

[4]冰如译：《湾水》，《旅欧杂志》，1917 年第 24 期。

[5]冰如译：《寡妇与孤儿》，《旅欧杂志》，1917 年第 26 期。

[6]冰如译：《贫女》，《旅欧杂志》，1917 年第 26 期。

陈翠娜（1907～1968）

[1]小翠译著，天虚我生润文：《疗妒针》，上海，中华图书馆，1915，第 1 版。

[2][法]丁纳而夫人著（Marcelle Tinayre）、陈翠娜译：《法兰西之魂》，《小说海》，1916 年第 2 卷第 9 号。

[3]翠娜女史译：《薰莸录》（上下两册），上海，中华书局，1917，第 1 版。

[4]翠娜女史译述：《薰莸录续编》，上海，中华书局，1917，第 1 版。

[5]陈翠娜译：《露莳婚史》，《小说大观》，1918～1919 年第 13～14 集；1921 年上海文明书局发行单行本。

陈鸿璧（1884～1966）

[1][英]维多夫人著，陈鸿璧女士述：《印雪簃译丛》，上海，小说林社，1906，第 1 版。

[2][英]佚名著，陈鸿璧女士译：《苏格兰独立记一》，上海，小说林总编

[①] 在本文定稿后，又发现了凤云女士、韩邝瑞生、沈骏英、曾兰、俞庆棠等几位女性译者及翻译作品，一并增补进本目录，共计收录 52 位女性译者的 214 种译作。

译所，上海，小说林社，1906，第 1 版。

[3]苏婉夫人（Mrs. Southworth）著，陈鸿璧女史译：《沉埋爱海》（*In the Depths*），上海，月月小说社，具体出版时间不详（《月月小说》1906年第 3 号第 219 页"译书交通公会报告"上列有该作）。

[4][英]佳汉著，陈鸿璧女士译：《电冠》，《小说林》，1907～1908 年第 1～8 期连载；

1908 年小说林社发行单行本。

[5]陈鸿璧女士译：《苏格兰独立记二》，《小说林》，1907～1908 年第 1～12 期连载。

[6][法]加宝耳奥原著，陈鸿璧女士译：《第一百十三案》（*Le Dossier No. 113*），《小说林》，1907～1908 年第 1～12 期连载；

[法]加宝耳奥原著，陈鸿璧女士译：《一百十三案》，上海，广智书局，1909，第 1 版。

[7]陈鸿璧女士：《印雪簃籧屑》，《小说林》，1907～1908 年第 2～10 期连载。

[8][美]葛德耳撰、陈鸿璧女士译：《薛蕙霞》，上海，广智书局，1909，第 1 版；

1911 年上海广智书局、群益书局、千倾堂书局同时再版。

[9][英]查克著，张默君、陈鸿璧合译：《裴迺杰奇案之一》，上海，广智书局，1911，第 1 版。

[10][美]白乃杰著，陈鸿璧、默君译：《盗面》，上海，广智书局，1911，第 1 版。

[11]陈鸿璧译：《捕鬼奇案》，上海，上海国光印刷部，1912，第 1 版。

[12][英]细拉（G. Shiller）著，陈鸿璧译：《儿童之训练》（*Training of Children*），上海，商务印书馆，1923，第 1 版。

[13][美]马尔腾（Orison Swett Marden）著，陈鸿璧译：《思想之伟能》（*Every Man a King or Might in Mind-Mastery*），出版单位不详，1923，第 1 版。

陈守黎

[1]陈守黎女士译：《不可思议之侦探》，《中华小说界》，1914 年第 1 卷第 8 期。

陈信芳

[1][日]雨洒舍主人原译、黄翠凝女士、陈信芳重译：《地狱村》，《小说

林》，1907 年第 9～12 期；

1908 年小说林社出版单行本。

单士厘（1858～1945）

[1][日]下田歌子撰，单士厘译：《家政学》，上海，作新社，1902，第 1 版。

[2][日]永江正直撰，钱单士厘译述：《女子教育论》，上海，教育世界社，1903，第 1 版。

德馨

[1][英]休斯（Thomas Hughes）著，德馨节译：《白朗多马在校历史》（"Scenes from Tom Brown at Rugby"），《女铎》，1918 年第 7 卷第 1 号。

[2][法]莫泊桑著，德馨节译：《庸人自扰》（"Necklace"），《女铎》，1918 年第 7 卷第 2 号。

[3][美]陶梅溪著，德馨译：《独身女子之奋斗》，《女铎》，1929 年第 17 卷第 12 号。

[4][日]铃木米司著，德馨译：《果实标本的原色保存法》，《自然界》，1930 年第 5 卷第 4 号。

凤仙女史

[1][法]某著，香叶阁凤仙女史译述：《美人手》，《新民丛报》，1903～1906 年第 36～85 号连载；1906 年广智书局发行单行本；1924 年上海世界书局再版。

[2][日]江见忠功著，香叶阁主人凤仙女史译：《地中秘》，上海，广智书局出版，1906，第 1 版。

凤云女士

[1]毛柏桑原著，张枕绿口译、凤云女士笔述：《荣耀》，《小说月报》，1920 年第 11 卷第 9 号，1920。

高剑华

[1]许啸天编、高剑华女士述：《白牡丹》，《新剧杂志》，1914 年第 1 期（该剧根据 1909 年发表于《女报》第 1、3 期上，署名"懊侬女史述意，啸天生笔记"的小说《白牡丹》改编）。

[2]高剑华译：《婉娜小传》，《眉语》，1914 年第 1 卷第 1 号。

[3][日]晚红园和久光德厚辑，中国俪华馆主高剑华重选：《美人百咏》，《眉语》，1915 年连载。

高君珊（1893～1964）

[1]Mrs. Sarah K. Bolton，高君珊女士译：《泰西列女传》（*Girls Who Become Famous*），《妇女杂志》，1917 年第 3 卷第 5～12 号连载；

S. K. Bolton 著，高君珊译：《近世泰西列女传》，上海，商务印书馆，1918，第 1 版。

[2]Lieutenant Milutin Krunich 原著，高君珊译：《慈母泪》（*The Place of the Skull*，原名《骷髅窟》，译自美国大西洋杂志），《妇女杂志》，1918 年第 4 卷第 9 号。

[3]高君珊：《虎口余生》（译自海滨杂志），《小说月报》，1918 年第 9 卷第 12 号。

[4]高君珊：《金鱼饲养法》（译自美国妇女杂志），《妇女杂志》，1918 年第 4 卷第 11 号。

高君韦（？ ～1928）

[1][美]海伦克勒（Helen Keller）著，高君韦译：《盲聋女子克勒氏自传》（*The Story of My Life*），上海，商务印书馆，1920 年出版，1930 年再版，1933 年收入万有文库出版。

[美]海伦克勒著，高君韦译：《盲聋女子克勒氏自传》，《妇女杂志》，1927 年第 13 卷第 7～12 号、1928 年第 14 卷第 4～8 号连载。

[2]波尔克尔（J. Balkle）著，高君韦译：《希腊小史》（*Ancient Greece*），上海，商务印书馆，1925 年初版，1928 年再版，1933 年国难后 1 版。

[3]高君韦译：《当代化学之进步》，《科学》，1927 年第 11 卷第 12 期。

[4]高君韦译：《瑞士一瞥》，上海，商务印书馆，1927，第 1 版。

[5]高君韦译：《新原质之发见》，《东方杂志》，1927 年第 24 卷第 20 号。

高君箴（1901～1985）

[1]高君箴译：《怪戒指》，《儿童世界》，1922 年第 4 卷第 10 期。

[2][丹麦]安徒生著，高君箴译：《缝针》，《小说月报》，1923 年第 14 卷第 5 号。

[3]高君箴译：《白雪女郎》，《小说月报》，1924 年第 15 卷第 2 号。

[4]高君箴译：《兄妹》，《小说月报》，1924年第15卷第3号。

[5]高君箴译：《熊与鹿》(美洲印第安人的传说之一)，《小说月报》，1924年第15卷第3号。

[6][丹麦]安徒生著，高君箴译：《天鹅》，《小说月报》，1924年第15卷第10号。

[7]高君箴译：《黑猫冒险记》，《儿童世界》，1924年第9卷第8号。

[8]高君箴译：《玛利夫人的玫瑰花秧》，《儿童文学》，1924年第1卷第5号。

[9]郑振铎、高君箴译述：《天鹅》，上海，商务印书馆，1925，第1版。(收入丹麦、日本、英国等童话34篇)

[10][英]爱特加华士(Maria Edgeworth)著，高君箴译：《天真的沙珊》(*Simple Susan*)，《小说月报》，1925年第16卷第2~6号。

[11]高君箴译：《奇异的礼物》，《小说月报》，1925年第16卷第1号。

[12]高君箴译：《无礼的老虎》，《儿童世界》，1927年第20卷第15期。

[13]高君箴译：《莱因河黄金》，《小说月报》，1929年第20卷第11号。

韩邝瑞生

[1]韩邝瑞生女士译述：《模范家庭》，上海，协和书局，1926，第1版；上海，光学会，1929，第2版。

黄翠凝(1875~?)

[1][日]雨逦舍主人原译，黄翠凝女士、陈信芳重译：《地狱村》，《小说林》，1907年第9~12期；

1908年小说林社出版单行本。

[2]却而斯士著，黄翠凝译：《牧羊少年》，上海，中国图书公司和记，1915，第1版。

黄静英

[1]黄静英女士译：《五万元》，《礼拜六》，1915年第41期。

[2]黄静英女士译：《最后之授课》，《礼拜六》，1915年第42期。

[3]黄静英女士译：《钓丝姻缘》，《小说月报》，1915年第6卷第10号。

[4]黄静英女士译：《覆水》，《小说月报》，1915年第6卷第11号。

[5]黄静英女士译：《独臂少尉》，《小说月报》，1916年第7卷第1号。

[6]罗兰斯著，黄静英译：《妒妇遗毒》(*Money or Wife?*)，上海，商务印书馆，1918，第1版。

惠凤英

[1]窦惠凤英译：《千里姻缘因道成》(*Love Constrainth Us*)，《女铎》，
　　1921 年第 10 卷第 9 号。

姜清如

[1][英]狄更斯著，姜清如译：《上天有路》("Child's Dream of a Star")，
　　《女铎》，1913 年第 2 卷第 5 号。

金陵女子大学学生

[1]金陵女子大学学生编译：《世界巾帼英雄传》，中华基督教女青年会全
　　国协会，1923，第 1 版。

竞雄女史(1891～1972)

[1][法]嘉绿傅兰仪(Charles Foley，1861—1956)著，竞雄女史译：《影
　　之花》(*Fleur d'Ombre*)，上海，小说林社，1905，第 1 版。

李冠芳

[1][美]玛丽·道奇(Mary Mapes Dodge)著，李冠芳译：《荷兰小孩》
　　(*The Silver Skates*)，《女铎》，1915～1916 年第 4 卷第 9 号至第 5 卷
　　第 4 号。

[2][俄]托尔斯泰著，李冠芳译：《三种训言》("What Men Live By")，
　　《女铎》，1916 年第 5 卷第 7～8 号。

[3][美]伯内特夫人(Frances Hodgson Burnett)著，李冠芳译：《秘园》
　　(*The Secret Garden*)，《女铎》，1917～1918 年第 6 卷第 9 号至第 7 卷
　　第 4 号(第一回由许之业、周兆桓译，第二回之后由李冠芳译)。

[4]李冠芳译：《强自挫抑》("The Princess and the Vagabond")，《女铎》，
　　1918 年第 7 卷第 3 号。

[5][波兰]显克微支(Henryk Sienkiewicz)著，李冠芳译：《问津处》(*The
　　Story of Lygia*，选自《你往何处去》[*Quo Vadis*])，《女铎》，1918～
　　1919 年第 7 卷第 6 号至第 8 卷第 8 号。

[6][波兰]显克微支著，李冠芳节译：《为主作证》("Let us Follow
　　Him")，《女铎》，1920 年第 9 卷第 1 号。

[7]李冠芳译：《破镜重圆》("The Sweat of her Brow")，《女铎》，1920 年

第 9 卷第 6 号。

[8]韦思德(J. Webster)著，李冠芳、朱懿珠译：《长腿蜘蛛爹爹》(*Daddy-Long-Legs*)，上海，广学会，1923，第 1 版。

[9]李冠芳译述：《司勒沙耳美王传》，广学会，1925，第 1 版。

[10][美]卜克约瑟(S. J. Baker)著，李冠芳译：《幼年母职团》(*Little Mothers' League*)，上海，广学会，1930，第 1 版。

林徽因(1904~1955)

[1]奥司克魏尔德神话，尺棰译：《夜莺与玫瑰》("The Nightingale and The Rose")，《晨报五周年纪念增刊号》，1923 年 12 月 1 日。

刘韵琴(1884~1943)

[1][日]菊池幽芳著，刘韵琴译：《乳姊妹》，上海，中国图书公司和记，1916，第 1 版。

[2]George J. Kneeland 著，倚虹、刘韵琴合译：《纽约娼妓的生活》(*Commercialized Prostitution in New York City*)，《社会之花》，1924 年第 1、5、6、7、8 期。

陆慎仪(1900~?)

[1][英]莎士比亚著，陆慎仪译：《虚荣梦》(*Macbeth*)，《女铎》，1920 年第 9 卷第 2 号。

绿筠女史

[1]绿筠女史：《金缕衣》，《女子世界》，1915 年第 4 期。

罗季芳

[1][英]葛威廉原著，罗季芳译：《三玻璃眼》(*The Three Glass Eyes：A Story of to-day*)，《月月小说》，1906~1908 年第 1、2、4、5、6、7、9、11、13、16 号。

毛秀英

[1]毛秀英译：《寻夫记》，《礼拜六》，1915 年第 60 期。

[2]毛秀英女士译：《杀妻记》，《礼拜六》，1915 年第 77 期。

[3][英]尼古拉著，毛秀英译：《邂逅缘》，《礼拜六》，1915 年第 82 期。

孟词查

[1]孟词查女士译：《宝石鸳鸯》，《小说大观》，1915 年第 1 集。

秋　瑾（1875～1907）

[1]鉴湖女侠秋瑾译：《看护学教程》，《中国女报》，1907 年第 1～2 期。

裘毓芳（1871～1902）

[1]金匮梅侣女史演：《海国妙喻》，《无锡白话报》，1898 年连载；

梅侣女史：《海国妙喻》，商务印书馆，1898 年；

金匮梅侣女史原演：《海国妙喻》，《京话报》，1901 年连载。

[2]李提摩太著，金匮裘毓芳演：《俄皇彼得变法记》，《中国官音白话报》，1898 年第 13～14 期连载。

[3][美]贝德礼撰，裘毓芳演：《家学新法》，南清河王氏出木活字本，光绪年间（具体出版年代不详）。

沈骏英

[1][美]欧高德（Louisa May Alcott，1832～1888）著，贝厚德（Martha E. Pyle）、沈骏英译：《竹马天真》（*Jack and Jill：Child Life in a Village*），上海，广学会，1924，第 1 版。

[2]贝厚德（Martha E. Pyle）、沈骏英译：《悬崖勒马》，上海，广学会，1925，第 1 版。

[3][美]欧高德（Louisa May Alcott，1832～1888）著，沈骏英、贝厚德（Martha E. Pyle）译述：《四姊妹》（*Little Women*），上海，广学会，1925，第 1 版。

[4]哥克（Edward Tyas Cook）著，沈骏英译：《南丁格尔传》（*The Life of Florence Nightingale*），上海，广学会，1927，第 1 版。

[5][美]欧高德（Louisa May Alcott，1832～1888）著，贝厚德（Martha E. Pyle）、沈骏英译：《贤妻模范》（*Good Wives*），上海，广学会，1927，第 1 版。

[6]Maurice Gerard 著，沈骏英译：《希望的曙光》，上海，广学会，1927，第 1 版。

沈性仁(1896～1943)

翻译戏剧

[1][英]王尔德著，沈性仁译：《遗扇记》(*Lady Windermere's Fan*)，《新青年》，1918～1919 年第 5 卷第 6 号和第 6 卷第 1、3 号发表。

[2]Anatole France 原著，沈性仁译：《哑妻》(*The Man Who Married A Dumb Wife*)，《新潮》，1919 年第 2 卷第 2 号；

法朗士(Anatole France)原著，[英]Curtis Hidden Page 原译，沈性仁重译：《哑妻》，《小说月报》，1924 年第 15 卷号外"法国文学研究"；收入小说月报社编：《法朗士集》，上海，商务印书馆，1925，第 1 版。

[3][那威]Björnson 卜尔生著，沈性仁译：《新闻记者》(*The Editor*)，《新青年》，1920 年第 7 卷第 5 号、第 8 卷第 1 号、1921 年第 9 卷第 2 号。

[4][英]德林瓦脱著，沈性仁译：《林肯》(*Abraham Lincoln*)，上海，商务印书馆，1921，第 1 版。

[5][英]St. John Hankin 原作，沈性仁译：《常恋》(*The Constant Lover*)，《小说月报》，1922 年第 13 卷第 10 号。

[6][美]Percival Wilde 著，沈性仁译：《上帝的手指》(*The Finger of God*)，《小说月报》，1922 年第 13 卷第 12 号。

[7][俄]Anton Tchekoff 著，沈性仁译：《蠢货》，《太平洋》，1923 年第 4 卷第 2 号；

[8][英]James M. Barrie 著，沈性仁译：《十二镑钱的神气》(*The Twelve-pound Look*)，《太平洋》，1924 年第 4 卷第 6 号。

[9][英]George Caldron 著，沈性仁译：《小坟屋》(*The Little Stone House*)，《小说月报》，1927 年第 18 卷第 1 号。

翻译小说

[1][俄]Maxim Gorky 著，沈性仁译：《一个病的城里》("From a Sick Town")，《新潮》，1919 年第 1 卷第 3 号。

[2][俄]Maxim Gorky 著，沈性仁译：《私刑》("Lynch Law")，《新潮》，1919 年第 1 卷第 3 号。

[3]James Stephens 著，徐志摩、沈性仁合译：《玛丽，玛丽》(*Mary, Mary*)，《晨报附刊》，1925 年连载(徐志摩译文载第 30～35 期，沈性仁译文从第 68 期开始连载)；

司帝芬斯著，徐志摩、沈性仁合译：《玛丽，玛丽》（*Mary*，*Mary*），
上海，新月书店，1927，第 1 版。

翻译诗歌

[1]［俄］屠格涅甫著，沈性仁译：《门槛》，《小说月报》，1922 年第 13 卷
第 5 号。

非文学作品

[1]坎斯著，陶孟和、沈性仁译：《欧洲和议后之经济》，上海，新青年
社，1920，第 1 版。

[2]房龙著，沈性仁译：《人类的故事》（*The Story of Mankind*），上海，
商务印书馆，1925，第 1 版。

汤红绂

[1]［日］龙水齐贞原著，汤红绂女士译：《女露兵》，见王瀛州编：《爱国
英雄小史》，上海，交通图书馆，1918，第 1 版；
《女露兵》收入波罗奢馆主人编：《中国女子小说》，上海，广益书局，
1919，第 1 版。

[2]小波节译、汤红绂重译：《无人岛大王》，《民呼日报图画》，1909 年 6
月 13 月至 6 月 25 日；后收入民呼画报社《红绂女史三种》。

听荷女士

[1]［法］波殊古碧著，听荷女士译：《铁假面》，上海，广智书局，1906，
第 1 版。

吴弱男（1886～1973）

[1]［日］押川春浪著，吴弱男译：《大魔窟》（原名《塔中之怪》），上海，小
说林社，1906，第 1 版。

[2]易卜生著，吴弱男译：《小爱友夫》（*Little Eyolf*），《新青年》，1918
年第 4 卷第 6 号、第 5 卷第 3 号。

吴毓欢

[1]［英］莎士比亚著，吴毓欢译：《懊煞侬》（*Othello*），《女铎》，1920 年
第 9 卷第 5 号。

萧　惠

[1][英]莎士比亚著，萧惠译：《黑姆勒脱传》（*Hamlet，Prince of Denmark*），《女铎》，1920 年第 9 卷第 4 号。

徐珠宝

[1][美]乔治·艾略特著，金陵李贤贞女士、安慰徐自华女士、南京徐珠宝女士节译：《罗麦娜》（*Romola*），《女铎》，1920～1921 年第 8 卷第 12 号至第 10 卷第 7 号；

1922 年改名为《乱世女豪》，署名"亮乐月译"，广学会出版。

[2][英]弗兰克·斯托克顿（Frank R. Stockton）著，徐珠宝译：《树神》（"Old Pipes and the Dryad"），《女铎》，1920 年第 9 卷第 4～5 号。

[3][美]华盛顿·格莱登（Washington Gladden）著，徐珠宝译：《赎罪》（"Closer Than A Brother"），《女铎》，1921 年第 10 卷第 2 号。

[4][美]鲁丝·斯图尔特（Ruth McEnery Stuart）著，徐珠宝译：《重赋结褵》（"A Golden Wedding"），《女铎》，1921 年第 10 卷第 6 号。

薛琪瑛

[1][英]王尔德著，薛琪瑛女士译：《意中人》（*An Ideal Husband*），《青年杂志》，1915 年第 1 卷第 2、3、4、6 号、第 2 卷第 2 号。

[2][美]威尔逊（Robert Newton Willson）著，薛琪瑛译：《青年须知》（*The American Boy and the Social Evil：From a Physician's Standpoint*），上海，译者刊，1924，第 1 版。

[3][法]白立阿（Brieux）原著，萧伯纳夫人英译，薛琪瑛女史中译：《产妇》（*Maternity*），《京报副刊》，1925 年第 225、227、228、231、232、246、248 号。

[4]祁恩史屈顿卜土（Gene Stratton-Porter，1886～1924）著，薛琪瑛译述：《哥哥》（*Laddie：A True Blue Story*），上海，广学会，1928，第 1 版。

[5][英]奥斯汀柔毅（Jane Austen）著，薛琪瑛译：《婚姻镜》（*Sense and Sensibility*），《女铎》，1929 年第 18 卷第 1～2 号；

[英]奥斯汀柔毅（Jane Austen）著，朱薛琪瑛译：《婚姻镜》（*Sense and Sensibility*），上海，广学会，1929，第 1 版。

[6][美]清洁理女士（K. R. Green）编著，朱薛琪瑛译：《女教育家蓝梅侣

小传》(*Biography of Mary Lyon*)，上海，广学会，1929，第 1 版。

[7] 田贝立著，朱薛琪瑛译：《蓝窗》(*The Blue Window*)，上海，广学会，1930，第 1 版。

薛绍徽（1866～1911）

[1] [法] 房朱力士著，薛绍徽女士译：《八十日环游记》(*Around the World in 80 Days*)，上海，经世文社，1900，第 1 版；

　　[法] 房朱力士著，陈绎如译：《寰球旅行记》，上海，小说林社，1906，第 1 版；

　　[法] 房朱力士著，陈绎如译：《环球旅行记》，上海，务本书局，1906，第 1 版；

　　[法] 房朱力士著，雨泽译：《环球旅行记》，上海，有正书局，1906，第 1 版。

[2] [英] 儒厄冷 (Ellen Thorneycroft Fowler) 著，逸儒口译，秀玉笔述：《双线记》(*A Double Thread*，一题《淡红金刚钻》)，上海，中外日报馆，1903，第 1 版。

[3] 陈寿彭译，薛绍徽编：《外国列女传》，南京，金陵江楚编译官书总局，1906 年。

[4] 陈寿彭译，薛绍徽编：《格致正轨》，具体出版信息不详。

杨季威

[1] [美] 嘉德夫人著，季威译述：《黄奴碧血录》，《神州女报》，1913 年第 3 期；

　　收入波罗奢馆主人编：《中国女子小说》，上海，广益书局，1919，第 1 版。

杨润馀（1899～ ?）

[1] 乔治桑著，杨润馀节译：《乔治桑之〈我的生活史〉》，《妇女杂志》，1920 年第 17 卷第 7 号。

[2] 杨润馀：《不断的努力》("The Girl Reserves")，《太平洋》，1921 年第 3 卷第 1 号。

[3] [法] A. Daudet 原著，杨润馀译：《两老》(*Les Vieux*)，《太平洋》，1922 年第 3 卷第 8 号。

[4] [法] 莫泊三 (Maupassant，1850～1893) 著，杨润馀译：《旅行》("En

Voyage"），《小说月报》，1924 年第 15 卷号外"法国文学研究"。

[5][法]拉马丁（Alphonse de Lamartine，1790～1869）著，润馀女士译：《湖》（"Le Lac"），《学艺杂志》，1924 年第 5 卷第 9 号。

[6][法]Alphonse Daudet 著，杨润馀女士译：《星》，中华学艺社编：《短篇小说集（一）》，上海，商务印书馆，1926，第 1 版。

[7][法]罗霭伊夫人（Comtesse de Noailles）著，杨润馀、索以译：《俊颜》（*Visage Emerveille*），上海，商务印书馆，1930，第 1 版。

[8][法]Alphonse Daudet 著，杨润馀女士译：《塞干先生的羊》，《少年》，1930 年第 20 卷第 7 号。

[9][法]博孟著，杨润馀译：《美人与怪兽》，《少年》，1930 年第 20 卷第 8～9 号。

俞庆棠（1894～1949）

[1][美]克伯屈（William Heard Kilpatrick）著，孟宪承、俞庆棠译：《教育方法原理》（*Foundations of method*），上海，商务印书馆，1927，第 1 版。

袁昌英（1894～1973）

翻译戏剧

[1][奥]显尼志劳（Arthur Schnitzler）著，杨袁昌英译：《生存的时间》，《东方杂志》，1925 年第 22 卷第 13 号。

[2][奥]显尼志劳（Arthur Schnitzler）著，杨袁昌英译：《最后的假面孔》，《东方杂志》，1925 年第 22 卷第 24 号。

[3][英]勃拉得霍士（Harold Brighouse）著，杨袁昌英译：《寂寥似的》（*Lonesome-like*），《东方杂志》，1926 年第 23 卷第 9 号。

[4]H. R. Lenormand 著，袁昌英译：《时间是梦幻》（*Le Temps est un Songe*），《现代评论》，1928 年第 8 卷第 199～203 期。

[5][法]班拿（Jean-Jacques Bernard）著，袁昌英译：《玛婷；痛苦的灵魂》（*Martine；L'ame en peine*），上海，商务印书馆，1930，第 1 版。

小说

[1]Robert Louis Stevenson 原著，杨袁昌英译：《磨坊里的威罗》（*Will of the Mill*），《太平洋杂志》，1924 年第 4 卷第 6～7 号。

[2]Georges-Eugens Bertin 作，袁昌英译：《一只手》，《现代评论》，1927 年第二周年增刊。

文学理论

[1]［法］莫泊三（Maupassant）著，杨袁昌英译：《创作与批评》，《太平洋》，1922 年第 3 卷第 6 号。

[2]Anatole France 原著，杨袁昌英译：《灵魂之探险》，《太平洋》，1923 年第 4 卷第 4 号。

袁玉英

[1]锐斐德、袁玉英：《论美国感谢节之由来》，《女铎》，1912 年第 1 卷第 8 号。

[2]亮乐月、袁玉英译述：《圣迹抉微》（*Scenes from Ben Hur and Other Tales of the Christ*），上海，广学会，1916，第 1 版。

[3]［俄］托尔斯泰著，袁玉英译：《神在爱中》（"Where Love Is，God Is"），《女铎》，1916 年第 5 卷第 9 号。

[4]Susan Chenery 作，［美］亮乐月口译，金陵袁玉英笔述：《蒙养准绳》（*As the Twig is Bent：A Story for Mothers and Teachers*），上海，广学会，1916，第 1 版。

[5]袁玉英译：《律师之舍己》（*Story of Sidney Carton*，选自狄更斯的《双城记》），《女铎》，1918 年第 6 卷第 12 号。

[6]［美］亮乐月（Laura M. White）著，袁玉英译：《改良家政小史》（*The Home Makers*），上海，广学会，1918，第 1 版。

[7]袁玉英译：《首创节制会维丽德女士小传》（Life of Frances E. Willard），《华东教育》，1923 年第 3 卷第 2～3 号。

曾兰（1875～1917）

[1]曾兰编译：《经国美谈》，《娱闲录》，1914 年第 5 期至 1915 年第 13 期。

张近芬（？～1939）
文学作品

[1]［法］Théophile Gautier 著，C F 女士译：《夜莺之巢》（"The Nightingale's Nest"），《文学》，1921 年第 109～110 期。

[2]Longfellow（1807～1882）著，C F 女士译：《多雨之日》，《诗》，1922 年第 2 卷第 1 号。

[3]Wordsworth（1770～1850）著，C F 女士译：《虹》，《诗》，1922 年第 2

卷第 1 号。

[4][英]勃莱克著，Ｃ Ｆ 女士译：《鸟儿》，《诗》，1922 年第 2 卷第 1 号。

[5]费伯理著，张近芬译：《归家》，《晨报附刊》，1922 年 2 月 26 日。

[6][英]王尔德著，张近芬译：《行善的人》，《晨报附刊》，1922 年 11 月 13 日。

[7]安徒生著，张近芬译：《雏菊》，《晨报附刊》，1922 年 12 月 31 日。

[8]Ｃ Ｆ 女士：《浪花》，新潮社，1923，第 1 版（该书分为三辑，第一辑和第三辑为翻译作品。1923 年版中，第一辑收 76 首译诗，第三辑收 18 篇翻译散文诗）；

Ｃ Ｆ 女士：《浪花》，上海，北新书局，1927，第 1 版（第一辑收 69 首译诗，第三辑收 14 篇翻译散文诗）。

[9]须莱纳尔（Olive Schreiner）著，Ｃ Ｆ 女士译：《梦》，北京，阳光社，1923，第 1 版（其中收录了周作人的两篇译作《沙场间的三个梦》与《欢乐的花园》）。

[10][法]巴比塞 Barbusse 著，Ｃ Ｆ 女士译：《初恋》（"The First Love"），《小说月报》，1923 年第 14 卷第 4 号。

[11][丹麦]安徒生（Hans Anderson）著，Ｃ Ｆ 女士译：《拇指林娜》，《小说月报》，1923 年第 14 卷第 8 号。

[12][丹麦]安徒生（Hans Anderson）著，Ｃ Ｆ 女士译：《麻的一生》，《晨报附刊》，1923 年 10 月 5 日。

[13]Catulle Mendés 著，Thomas J. Vivian 英译，Ｃ Ｆ 女士重译：《纺轮的故事》，上海，北新书局，1924，第 1 版。

[14][丹麦]安徒生著，林兰、Ｃ Ｆ 女士合译：《旅伴》，上海，新潮社，1924，第 1 版。

[15][法]巴比塞（Henri Barbusse）原著，Ｃ Ｆ 女士译：《四个人的故事》，《小说月报》，1924 年第 15 卷号外"法国文学研究"。

[16]孟代（Catulle Mendès，1841～1909）原著，Ｃ Ｆ 女士译，《三个播种者》，《小说月报》，1924 年第 15 卷号外"法国文学研究"。

非文学作品

[1]巴克能著，Ｃ Ｆ 女士译：《一个六月里的设计》，《觉悟》，1922 年 7 月 6 日。

张默君（1884～1965）

[1][美]沈威廉著，张默君译：《尸光记》，上海，广智书局，1909，第

1 版。

[2][英]查克著，张默君、陈鸿璧合译：《裴逦杰奇案之一》，上海，广智书局，1911，第 1 版。

[3][美]白乃杰著，陈鸿璧、张默君合译：《盗面》，上海，广智书局，1911，第 1 版。

[4][英]魏瀚谡著，涵秋译意：《瞳影案》，《神州女报》，1912～1913 年第 1、2、4 期。

[5]张墨君译：《美国女子教育之概况》，《教育潮》，1919 年第 1 卷第 2 号。

章　珏

[1]莎士比亚著，章珏译：《珠还》（*A Winter's Tale*），《女铎》，1920 年第 9 卷第 2～3 号。

郑申华

[1]郑申华译：《伞蚁》（"The Parasol Ant"），《女铎》，1916 年第 5 卷第 7 号。

[2]郑申华译：《以德报怨》（"The Man and the Alligator"），《女铎》，1916 年第 5 卷第 7 号。

[3]郑申华译：《绝处逢生》（"The Grateful Lion"），《女铎》，1916 年第 5 卷第 8 号。

[4]郑申华译：《花之感恩》（"The Thankful Flowers"），《女铎》，1916 年第 5 卷第 8 号。

[5][丹麦]安徒生著，郑申华译：《圣诞夜之烛》（"The Christmas Candle"），《女铎》，1916 年第 5 卷第 9 号。

[6]郑申华译：《义犬》（"A Dog of Flanders"），《女铎》，1916～1917 年第 5 卷第 9～12 号。

[7]郑申华译：《敏儿审判》（"The Children of Judges"），《女铎》，1917 年第 5 卷第 11 号。

[8]郑申华译：《因祸得福》（"The Story of Joseph"），《女铎》，1917 年第 5 卷第 12 号。

[9]郑申华译：《施德拉》（"Cinderella"），《女铎》，1917 年第 6 卷第 1 号。

[10]郑申华译：《薏波》，《妇女杂志》，1917 年第 3 卷第 8 号。

[11][美]凯特·威金（Kate Douglas Wiggin）著，郑申华译：《余之幼稚时

代》(*When I was a Little Girl*)，《女铎》，1917 年第 6 卷第 7 号。

[12]郑申华译：《美但尼女士参观美国大学之演说词》，《女铎》，1917 年第 6 卷第 3 号。

[13]郑申华译：《猫与鼠》，（"The Mouse Who Lost Her Great Long Tail"），《女铎》，1919 年第 7 卷第 10 号。

[14][俄]托尔斯泰著，郑申华译：《贪夫鉴》（"Three Arshins of Land"），《女铎》，1919 年第 7 卷第 11 号。

周澈朗

[1][美]步奈特（Frances H. Burntett）著，亮乐月译意，周澈朗演话：《小公主》(*Sara Crewe*)，《女铎》，1913 年第 1 卷第 11 号至第 2 卷第 2 号；

1914 年广学会发行单行本。

[2]J. 林肯（J. S. Lincoln）著，周澈朗译：《鳏叔与孤侄之恶感》（"Uncle Nose's Nephew"），《女铎》，1913 年第 2 卷第 1 号。

[3][美]霍桑（Nathaniel Hawthorne）著，周澈朗译：《凉血动物》（"The Miraculous Pitcher" in *Tauglewood Tales*），《女铎》，1913 年第 2 卷第 7 号。

[4][英]乔治·艾略特（George Eliot）著，周澈朗译：《马赛勒斯》(*Silas Marner*)，《女铎》，1913～1914 年 2 卷第 8 号至第 3 卷第 2 号。

[5]周澈朗译：《骨肉重逢》（"Das Gestohlene Kind"），《女铎》，1913 年第 2 卷第 9 号。

[6][美]霍桑（Nathaniel Hawthorne）著，周澈朗译：《希腊创世说》（"Story of Pandora"），《女铎》，1914 年第 3 卷第 3 号。

朱懿珠

[1]丁玲女士（Miss C. I. Tinling）著，朱懿珠译：《经上说》，上海，广学会，1922，第 1 版。

[2]韦思德（J. Webster）著，李冠芳、朱懿珠译：《长腿蜘蛛爹爹》(*Daddy-Long-Legs*)，上海，广学会，1923，第 1 版。

[3]朱懿珠译：《亲爱的冤家》，上海，广学会，1929，第 1 版。

附录 2：部分女性译者小传

（姓名以拼音顺序排序）①

陈璧君(1891～1959)

陈璧君，字冰如，原籍广东新会，为南洋巨富陈耕基之女，汪精卫(1883～1944)之妻。1891 年出生于马来西亚，早年参加同盟会活动，为革命活动提供经费。1909 年留学日本，1912 年留学法国。曾任国民党中央党部妇女部委员，国民党中央监察委员。1938 年随汪精卫投降日本，1946 年以叛国罪被判终身监禁，1959 年病死于上海监狱医院。

陈翠娜(1907～1968)

陈翠娜，名翠，号翠娜，别署翠候、翠吟楼主，斋名翠楼，浙江杭州人。其父陈蝶仙(1879～1940)，号天虚我生，为清末民初著名作家、报人。陈翠娜自幼从其父学诗，十三岁作诗，出版译著小说 50 余种，曾获教育部褒奖，印有《翠楼吟草》十三卷，有"三百年来女布衣"之誉。与浙江省督军汤寿潜之长孙汤彦耆结婚，但婚后因性格不合，长期分居。陈翠娜曾任上海女子文艺专校诗词教授、上海无锡国专教授、中国女子书画会编辑、上海画院画师，在诗词、书法和国画方面造诣甚高。

陈鸿璧(1884～1966)

陈鸿璧，原名陈碧珍，广东新会人。其父陈兆桐曾任招商轮船局总办，编译《万国舆图》一卷。少年时陈鸿璧就读于上海中西女塾及圣约瑟西童女校，1907 年就读于宏文馆。1917 年在上海女子中学和育贤女学校任教。辛亥革命时期任《神州日报》主编、"神州女界协济社"实业部长，参加女子参政同盟会，任《大汉报》编辑。1912 年创办旅沪广东幼稚园，自任校长兼授英语课，致力于教育事业。这所学校后来扩建为小学、中

---

① 20 世纪初叶女性译者的相关资料散见于各种文献中，至今仍有部分译者的生平知之甚少，或者身份难以确定。在此附上目前笔者查证到的部分女性译者相关信息，以期在后续的研究中能得以不断补充，也希望其他研究者可以不断修正其中可能存在的错误，并在新史料的发掘中进一步完善对这一女性译者谱系的建构。

学，影响甚大。

陈守黎

以"陈守黎女士"或"守黎女士"署名，在《五铜圆》、《小说丛报》上发表有小说和诗赋作品。

陈信芳

陈信芳，祖籍湖南衡山，《苏报》馆主陈范（1860～1913）之次女，《女学报》创办人陈撷芬（1883～1923）之妹，曾留学日本。

单士厘（1858～1945）

单士厘，字蕊珠，号受兹，浙江萧山人。其父单恩溥，系饱学之士，丈夫钱恂（1853～1927）为清廷外交官。单士厘随夫游历日、俄、法、德、英等国。学会日语，能任翻译。归国后著《癸卯旅行记》、《归潜记》，在我国最早系统介绍古希腊、罗马神话。著有《清闺秀艺文略》、《受兹室诗稿》、《清闺秀正始再续集》、《懿范闻见录》等。

凤仙女史

凤仙女史，为留日女学生。

凤云女士

凤云女士，民初小说家张枕绿（1904～?）之妻，应不通外文，与张枕绿合作翻译，采用口译笔述的方式进行。

高剑华

高剑华，曾就读于北京师范学校，近现代剧作家、小说家许啸天（1886～1946）之妻，工诗文、书法。夫妻二人于1914年创办《眉语》杂志，高剑华为主编，该刊成为鸳鸯蝴蝶派名刊之一。编有《治家全书》、《红袖添香室丛书》、《修养与法律》、《性爱与结婚》、《美容与健身》等书籍，与许家恩合作将《聊斋志异》译成白话。

高君珊（1893～1964）

高君珊，福建长乐人，著名出版家高梦旦（1870～1936）之女，教育家。1925年毕业于美国哥伦比亚大学，1931年获美国哥伦比亚大学教育学硕士学位。回国后曾任教于国立北京女子高等师范学校、国立东南大学、国立中央大学、暨南大学、震旦女子文理学院等多所高校，著有《心理学概论》、《教育测验与统计》、《学校之视察与指导》等作品。

高君箴（1901~1985）

高君箴，字蕴华，福建长乐人，高梦旦之女，郑振铎（1898~1958）之夫人，儿童文学作家。1922 年毕业于上海神州女校，精通诗词和英文。1923 年经郑振铎介绍，加入新文学团体"文学研究会"。译作以儿童文学作品为主。在郑振铎撰写《中国文学者生卒考》、《文学大纲》和《插图本中国文学史》的工作中协助整理了大量资料。1949 年之后，高君箴先后在国家文物局、文物出版社供职。1979 年之后口述了《郑振铎与〈小说日报〉的变迁》、《"孤岛"时期的郑振铎》、《"五卅"期间的一张报纸》，由其子郑尔康记录整理公开发表，为后人留下了珍贵的文学史料。

高君韦（？ ~1928）

高君韦，福建长乐人，高梦旦之女。幼时入上海爱国女学，毕业于民立女子中学及圣玛利亚书院，之后进入沪江大学。1924 年转入美国康乃尔大学，主修食物化学，并获得学士及硕士学位。回国后 1927 年受聘于燕京大学，但不久患病于 1928 年 1 月 26 日辞世。其姐高君珊捐助中国科学社，成立"高君韦女士纪念奖金"，奖励在算学、物理、化学、生物、地学等学科方面的优秀论文，获奖论文在《科学》杂志上发表。

黄翠凝（1875~？）

黄翠凝，广东番禺人，近代小说家兼翻译家。丈夫早逝，其子张毅汉（又名张其切）是清末民初小说家兼翻译家。黄翠凝靠译著抚养幼子。著有小说《猴刺客》、《姊妹花》、《离雏记》等。

黄静英

黄静英，苏州人，系苏州宏志女学堂的外语教师，近代小说家兼翻译家，作有多篇小说，在《小说月报》、《礼拜六》、《小说海》等杂志上发表。

惠凤英

惠凤英，为教会女校学生。

姜清如

姜清如，为教会女校学生。

竞雄女史（1891～1972）

曾季肃，又名曾竞雄，江苏常熟人，教育家。其兄曾朴（1872～1935）为清末民初小说家、出版家。曾季肃由其兄做主，1907年与留美的翰林嵇芩孙（1884～1944）结婚，但因年龄悬殊，志趣相异，最终选择离婚，离家求学。曾季肃曾就读于上海爱国女校，30余岁报考金陵女子大学，而该校不收已婚学生，经上书校长吴贻芳（1893～1985）被破格录取，就读中文系。毕业后，曾任杭州女子学校教师、教导主任，上海私立南屏女子中学校长。1956年被任命为胶州中学校长。曾季肃还译有哈代所著《玖德》，1935年收入郑振铎所编《世界文库》，1948年上海生活书店出版单行本。

康同薇（1879～1974）

康同薇，字文僴，号薇君，广东南海人。康有为（1858～1927）之长女，中国最早的妇女报刊创办人之一。在父亲的主张下，从小不缠足，精通英、日等国语言。1897年在维新派澳门创办的《知新报》中担任该报的日文翻译并参与撰稿。1899年与康有为弟子麦仲华（1876～1956）结婚，后一直侨居海外，曾翻译大量日文书籍。

李冠芳

李冠芳，四川泸县人，曾就读于上海中西女塾、金陵女子文理学院。后赴美国留学，获得波士顿大学文学硕士和宗教教育学硕士学位。回国后任上海广学会《女铎》杂志编辑主任，1936年应聘为福建协和大学教授。她积极抗日，宣传女权，后被绑架失踪。

林徽因（1904～1955）

林徽因，福建闽侯人，曾就读于培华女子中学，随其父林长民（1876～1925）游学欧洲，1924年留学美国，1927年毕业于宾夕法尼亚大学，成为杰出的建筑师。林徽因在文学方面也卓有成就，著有诗歌、小说、剧本多种，译作目前为止发现的有两篇，一篇为1923年译王尔德的《夜莺与玫瑰》，一篇为1952年与梁思成（1901～1972）合译苏联N. 窝罗宁著《苏联卫国战争被毁地区之重建》，由上海龙门书局出版。

刘韵琴（1884～1943）

刘韵琴，江苏兴化人，祖父刘熙载（1813～1881）为清末著名文学家。刘韵琴幼年丧父，由其母许氏抚养成人。曾就读于南京女校，1900 年由母亲做主嫁与邑人书生李宜璋，但婚后夫妻感情不睦，1903 年刘韵琴离家赴上海任女校国语教师。1908 年旅居马来西亚，在马六甲华侨小学任校长。1913 年赴日本留学，1914 年回国后被《中华新报》聘为记者，作品有诗、词、小说、传奇等多种。1917 年辞去记者职务，在上海任教。1933 年回到兴化至辞世。

陆慎仪（1900～？）

陆慎仪，金陵人，1921 年考取清华庚子赔款生，留学美国威尔士廉大学，回国后曾任湖南大学数学教授、金陵女子大学教务主任。1935 年中国数学会成立，陆慎仪当选为评议。

绿筠女史

朱绿筠，钱塘人，工诗文，矢志不嫁，以出售诗画自给。

毛秀英

毛秀英，以"秀英女士"或"毛秀英女士"署名，作有多篇短篇小说，发表于《礼拜六》、《游戏杂志》、《中国商业研究会月报》等杂志上。

秋　瑾（1875～1907）

秋瑾，福建闽县人，原名秋闺瑾，字璇卿，号旦吾，乳名玉姑，留学日本后改名瑾，字竞雄，自称"鉴湖女侠"，近代民主革命志士。1907 年，秋瑾与徐锡麟（1873～1907）等组织光复军，拟于 7 月 6 日在浙江、安徽同时起义，事泄被捕，于 7 月 15 日就义。

裘毓芳（1871～1902）

裘毓芳，字梅侣，江苏无锡人。少时读经书，习新学，国学基础深厚，文笔优美，有"才女"之称。因不满父母安排的婚约，裘毓芳一再推迟婚期，出阁很晚，嫁给出身无锡望族的杨钟石。1898 年在其叔父裘廷梁（1857～1943）创办的中国最早的白话报之一《无锡白话报》主持编务工作，创办了中国第一个"白话学会"，后为《女学报》主笔之一，是中国近代史上第一个女报人。可惜一代才女得时疫早逝。

沈骏英

沈骏英，曾就读于浙江胡郡女学，美国监理会传教士贝厚德（Martha E. Pyle）的助手。

沈性仁（1896～1943）

沈性仁，浙江嘉兴栅口人，曾赴日本长崎活水女学读书，因父亲生病回国，后进北京女子高等师范学校，曾为《努力周报》编辑。其丈夫陶孟和（1887～1960）为中国社会学的奠基人。沈性仁译作中戏剧体裁较多，对中国五四戏剧的发展起到积极的推动作用。此外她翻译的《人类的故事》，在中国掀起了"房龙热"。抗战期间沈性仁因患严重肺结核去世。

汤红绂

汤红绂，为留日女学生。

吴弱男（1886～1973）

吴弱男，安徽庐江人，吴保初（1869～1913）之女，章士钊（1881～1973）的第一位夫人，中国最早一代妇女运动的先驱。1902年赴日本东京，在青山女子学院攻读英语，回国后曾在苏州景海女校任英文教员。1905年加入同盟会，任孙中山的英文秘书，是中国同盟会最早的女成员之一。1909年与章士钊在英国结婚，后因不接受章士钊纳妾，与之分居，携三子长期旅居欧洲，至第一次世界大战爆发才回国。1949年之后出任上海市政协委员、文史馆馆员。1973年4月1日在上海去世。

徐珠宝

徐珠宝，就读于教会女校，美国美以会传教士亮乐月（Laura M. White，1867～?）的学生。

薛琪瑛

薛琪瑛，江苏无锡人。其祖父是清末改良派思想家、外交家薛福成（1838～1894），母亲是清末改良派思想家、桐城派大师吴汝纶（1840～1903）的女儿，父亲薛南溟（1862～1929）是无锡有名的富商。薛琪瑛毕业于苏州景海女学英文高等科，丈夫朱文长(1891～1914)早逝，育有一女如意珠，是诗人朱湘(1904～1933)的二嫂，曾数度资助朱湘求学、谋生。薛琪瑛是最早译介王尔德戏剧的翻译家。

薛绍徽(1866～1911)

薛绍徽，字秀玉，号男姒，福建侯官人，近代著名的女诗人，中国历史上最早的女性期刊《女学报》的主笔之一。薛绍徽不通外文，与丈夫陈寿彭(1855～?)采用口译笔述的方式翻译。薛绍徽亦擅长诗、词、骈文的创作，并善绘画，精音律，著有《黛韵楼诗集》四卷、《文集》二卷、《词集》四卷，及《女文苑小传》百余篇。46岁病逝于北京。

杨季威

杨季威，中国近代妇女运动的先驱，民初女子参政运动中的积极分子，积极呼吁男女平等的教育权利和参政权利。任1912年成立的"神州女界协济社"副社长，神州女学教务长。《神州女报》1913年3月改为月刊，杨季威、谈社英任主编。

杨润馀（1899～ ?）

杨润馀(1899～?)，毕业于湖南省立第一女子师范学校，1919年参加新民学会，1921年去法国勤工俭学，取得法国第戎大学文学硕士学位，1928年回国后，被商务印书馆编译所聘为编译员。1929年任《妇女杂志》主编，兼《少年杂志》主编。译有法国都德、莫泊桑、罗霭伊等作家的作品，著有《莫里哀》。

俞庆棠(1894～1949)

俞庆棠，字凤岐，江苏太仓人，出生于上海，教育家。1911年进入上海务本女校就读，1916年就读于上海中西女塾，后转入圣玛利亚书院。1919年留学美国，先进入特拉华女子大学，一年后转入哥伦比亚大学，1922年毕业，同年与教育家唐庆诒(中国教育家、国学大师唐文治的长子)结婚。回国后曾任上海大夏大学讲师、江苏省立教育学院院长、上海东吴大学、震旦大学、沪江大学教授。俞庆棠倡导并推行民众教育，被尊为"民众教育的保姆"。1947年担任联合国教科文组织中国委员会委员，翌年又任联合国远东基本教育会议中国代表团顾问，赴美国研究并考察教育。1949年5月受邀回国，任国家教育部社会教育司司长，同年脑溢血逝世。

袁昌英 (1894~1973)

袁昌英，字兰子、兰紫，湖南醴陵人，著名的女学者、教授、作家。早年在上海中西女塾学习，1916 年至 1921 年赴英国留学，获爱丁堡大学文学硕士学位，1921 回国在北平女子高等师范学院任教，与经济学家杨瑞六 (1885~1966) 成婚。1926 年赴法国巴黎大学留学，学习文学戏剧。1928 年回国，在中国公学任教。翌年任武汉大学教授，教授外语和外国文学，并从事文学戏剧创作和理论研究。

袁玉英

袁玉英，金陵人，曾就读于南京汇文女校，《女铎》主笔之一。

曾兰 (1875~1917)

曾兰，字仲殊，号香祖，成都人。为举人曾恒夫第四女，著名文学家、教授吴虞 (1971~1949) 的夫人，南社成员。酷爱书法，造诣极深。1912 年为成都《女界》主笔，并题写报名《女界》二字。1915 年为《家庭》题写报名，并为之撰稿。著有《女权平议》、《〈女界〉缘起》等文。曾兰离世后，吴虞将其平生所作诗文和小说进行检校编定为《定生慧室遗稿》2 卷传世。

张近澂

张近澂，张近芬之妹，江苏嘉定人，曾就读于上海持志大学，后留学美国华盛顿大学，发表过一些翻译诗歌。

张近芬 (？~1939)

张近芬，字崇南，江苏嘉定人，曾就读同德医学校，后留学德国柏林大学研究公共卫生。精通英文和德文，为"文学研究会"会员，发表作品多以 C F 女士为笔名，在 20 世纪 20 年代翻译了不少诗歌和童话。

张默君 (1884~1965)

张默君，原名昭汉，号涵秋，湖南湘乡人，近代妇女活动家、教育家、记者、南社社员。其父张伯纯 (1859~1915)，号天放楼主。1906 年加入同盟会，1907 年毕业于上海务本女校，即被聘为江苏粹敏女学教务长。1912 年发起成立神州妇女协会，任会长，并创办《神州日报》，后任神州女校校长。历任杭州市教育局局长、考试院院长、立法委员、中央常务监察委员、国民党史编纂委员会和国史馆编辑等职。著有《白华草堂诗集》、《默君诗草》等诗集。1965 年在台湾逝世。

章　珏

章珏，为教会女校学生。

郑申华

郑申华，曾就读于上海圣玛利亚女学，在《女铎》、《妇女杂志》上发表著、译小说和戏剧多种。

周澈朗

周澈朗，江宁人，曾就读于南京汇文女校，亮乐月的学生兼助手。

朱懿珠

朱懿珠，曾就读于杭州弘道女中、金陵女子大学，留学美国，为基督教女青年会董事，广学会干事。

附录 3：部分女性译者肖像

图附录 3-1　陈璧君（1891～1959）
见《汪精卫与陈璧君》，团结出版
社，2004

图附录 3-2　陈翠娜（1907～1968）
载《女声》1942 年第 1 卷第 3 期

图附录 3-3　陈鸿璧（1884～1966）
载《妇女时报》1912 年第 1 卷第 5 期

图附录 3-4　单士厘（1858～1945）
见《癸卯旅行记·归潜记》，湖南人
民出版社，1981，时年 81 岁

图附录 3-5　高君珊（1893～1964）

高君珊（中），曾季肃（右），沈亦云（左），见《亦云回忆》，台北传记文学社，1971

图附录 3-6　高君箴（1901～1985）

见《走进世纪文化名门》，海南出版社，2006

图附录 3-7　高君韦（？～1928）

载《科学》1928 年第 13 卷第 3 期

图附录 3-8　高剑华

载《红叶》1931 年第 5 期

图附录 3-9　康同薇(1879～1974)

后排康同薇(右)，康同复(中)，康同璧
(左)，载新华网 2005 年 4 月 1 日《历史上
的今天》

图附录 3-10　林徽因(1904～1955)

见《你是人间四月天》，中国文联出版
社，2005，林徽因 1927 年获美国宾夕
法尼亚大学美术学士学位

图附录 3-11　刘韵琴(1884～1943)

见《韵琴杂著》，泰东图书局，1916

图附录 3-12　秋瑾（1875～1907）　　　　图附录 3-13　沈性仁（1896～1943）

见《人世间》，1935 年第 28 期　　　　见《亦云回忆》，台北，传记文学社，1971

图附录 3-14　吴弱男（1886～1973）　　　图附录 3-15　曾季肃（1886～1973）

见《风云际会：五四文化名人掠　　　　《献身教育的女教育家曾季肃》，载

影》，黑龙江大学出版社，2009　　　　《世纪》，1999 年第 3 期

图附录 3-16　薛绍徽（1866～1911）
见《福建翻译家研究》，福建教育出版社，2004

图附录 3-17　杨季威
载《神州女报》，1913 年第 1 号

图附录 3-18　俞庆棠（1894～1949）
见《巾帼风采》第三卷，中国画报出版
社，2008
1927 年任江苏镇江教育厅社会教育科
科长时留影

图附录 3-19　袁昌英（1894～1973）
载《今代妇女》，1928 年第 2 期
1921 年在英国爱丁堡大学获文学
硕士

附录 4：重返女性主体：翻译与
性别研究范式的演变

Return to Women: The Paradigms of Translation and Gender
—— Interviewing Luise von Flotow

Luise von Flotow is a professor for Translation Studies and the director of the School of Translation and Interpretation at University of Ottawa, Canada. She has been exploring the academic field of translation and gender for years with many publications. Since her book *Translation and Gender: Translating in the "Era of Feminism"*(1997), she has edited and co-written 5 books, more than 20 book chapters and 25 articles on this topic, which established her international reputation as a feminist scholar in translation studies. She has critically studied feminist theories and translation practice, and her efforts to bring gender issues into translation studies have shed light on translation as a social, cultural and political activity. Professor von Flotow is also a productive translator. She has translated 15 books of literature from French and German and a number of short texts as well. This rich experience of working as a translator has provided her with insights on cultural difference regarding gender and on the impact gender issues have on translation. She seeks to stay abreast of developments in the field of translation and gender despite the fluidity of social and cultural contexts. As feminism seems to be fading somewhat in the west, the research on translation and gender has been facing new challenges. In her new book *Translating Women*, Professor von Flotow argues that gender studies as applied to translation have gone through several paradigms. In the first paradigm, women translators and women authors in translation were the major targets of research (2011: 1). In the second paradigm queer theories and the performative in translation were developed (2011: 9). However, Luise von Flotow suspects that the blurring of gender categories due to identities being viewed as a continuum rather than a female-male binary has caused a decrease, indeed a dearth, of research in the area of gender and translation (2011: 3). The field has become very broad and unwieldy. In her view, it is time to return to and expand on "women and translation," and to incorporate performance theory since the performance paradigm can both enhance and complicate the very fertile area of women and translation(2011: 9).

The topic of translation and gender was introduced into China in the early 21st century(王建国、贾佳, 2001; 刘军平, 2004; 蒋骁华, 2004; 徐来, 2004; 张景华, 2004)and Professor von Flotow's *Translation and Gender: Translating in the"Era of Feminism"* was published in China by Shanghai Foreign Language Education Press in 2004. Her book was a strong contribution to the development of translation studies from a gender perspective in China. It stimulated a number of fruitful research projects about Chinese women translators, women authors, and fictional characters in the translated texts. Nonetheless, translation and gender is still not considered a serious academic topic in China, and is often marginalized, although it can help reveal hidden aspects of the history of translation in China while also enhancing the study of present translation activity, which is an indispensable part of translation studies.

In this interview, Professor von Flotow shares her views about the present situation of feminism, the research paradigms which gender studies as applied to translation have gone through, and developments in research on gender and translation.

Luo: The 20th century feminist movement has contributed greatly to the improvement of women's situation in regard to equality before the law, in education, professional opportunities, economic independence and so on in many parts of the world. But now, in the early 21st century, feminism seems to be waning somewhat as its major political agenda has been fulfilled in the first and second waves. Many people hold that feminism is out of date and belongs to history. As a social and political movement, feminism is no longer as powerful as it was in the 1970s and 1980s, especially in those countries where the legal system guarantees the equal rights of men and women. Since the development of feminism as a field of research was closely related to the social movement in the past, what is the situation of feminism at present?

von Flotow: Look at this *Feminism Revisited*, the most recent issue of a journal I founded in Germany years ago in the early 1990s. It is still coming out, and this issue is addressing exactly this question. It is a very current issue among people who have been working with feminism. The socio-critical aspects of feminism have indeed been waning, and many young women are unwilling to identify as feminists.

Feminism has had many positive effects: one is the broadening of discussions to include other genders, which have thereby entered the mainstream. Because of feminism, discussions around human rights, law, politics and public spending have all had to consider gender, which was not the case in the decades preceding the 1960s and 1970s. Feminism has caused us to see and understand the differences between the sexes and the enormous and unacceptable power differences that these set off. It seems, however, that it is time to take an interest in women again, and show them how to fight the insidious effects of popular culture and the marketplace: starting with fashion, with the dangerously high heels we are again expected to consider high fashion, and the huge advertisements of almost naked young girls advertising some kind of underwear on the sides of city buildings. There are ongoing campaigns by the various consumer industries to again use women's juvenile bodies to sell junk. When feminism relaxes, this will eventually reflect on abortion laws and other kinds of human rights issues for women. This is why journals with titles like *Feminism Revisited* are now proliferating: feminism is and should be of contemporary concerns not only in the western contexts but also in any context where women are mistreated.

In September 2010 when the new English translation of Simone de Beauvoir's book *The Second Sex* came out, the translators came to New York for a panel discussion. They are in their early 70s. Asked whether they have seen a difference in terms of what Simone de Beauvoir said about women in society, they said yes, but that today's society is losing the advantages and improvements that were achieved due to feminism. Simone de Beauvoir was the starting point of post Second World War feminism, but all the work that was done as a result of Beauvoir's thinking is dormant now. Rather than recognize the fact that women are often better organized, more disciplined, and more perseverant, physically and emotionally stronger as well, society is once again deliberately undermining what has been achieved by women, and implementing lots of ways to isolate and silence those women who are considered a danger or a threat.

Luo: As feminism is on the wane and gender issues have become the mainstream, what new research paradigms or approaches can feminism offer to the present Gender Studies?

von Flotow: I think feminism needs to draw attention to women again and forget about other genders: feminism needs to focus on the large portion of any given population (about 50%) that identifies as female. That's where the process has to begin again. In the book that I edited recently, entitled *Translating Women*, the title very deliberately draws attention to women, and does not mention gender. In the first line of "Introduction", I write "it is time to talk about women again." This is where feminism needs to pick up again.

Luo: Nowadays the image of feminism is often stereotyped as activism and extremism which causes many women to be reluctant about calling themselves feminists. If feminism is still of contemporary concern, is it necessary to redefine the name and the very nature of feminism in this new social context?

von Flotow: Who creates such "extremist" images of feminism? It is easy to brand and to label something as extremist, or make fun of it. You could just as well label industrialists or politicians extremists. The women who see feminists as extremists conveniently forget that less than a hundred years ago in Canada, women were not considered persons. Without the labour and public struggle by women in the 1920s against the idiotic statement that women are not persons (and therefore not allowed

to vote, not allowed to participate in public life and the affairs of state),
those women who today claim to dislike feminism would not be able to
vote, or be present in PHD seminars, or participate in public life.

Luo: As far as gender in translation is concerned, what's your view on
the development of research in this area? Are there any new directions or
new perspectives?

von Flotow: There has not been much development in research for maybe
eight or ten years. We are basically doing the same type of textual analy-
sis that was done in the 1990s, and observing how in translation langua-
ges often become even more patriarchal than in their source applications.
A new application of such research — to audiovisual texts, to translated
film — provides interesting new avenues for research — especially as aud-
iovisual texts reach many more people than books.

　　A new, more conceptual, development has recently come from psy-
choanalytic theory and focuses on the female body in late pregnancy.
Mother and child then form two complete and separable entities (or
three, or four) in one: theirs is a relationship that is marked by interde-
pendence, inter-relationship and communication. There is a constant cy-
cle of interdependence between these several entities in one — not only as
a result of movement and sentiment — but simply because two humans
are intimately sharing their blood, their food, their fluids, in order to
stay alive. Interestingly this is not just a female experience — everyone
has been through it. When translation is thought about in these terms, it
can be understood as a very interdependent activity where the translated
text is dependent upon the original text, and where the original text simi-
larly depends on the translation for its dissemination, for its understand-
ing and misunderstanding, and for its penetration into the other part of
the world and so on. The relationship of a woman in late pregnancy with
her child allows us to apply women's physical experience of their bodies
and related psychological effects to translation. Freudian theory has much
to do with separation, with the trauma of the boy who has to separate
from his mother and hate his father; this makes it easy to consider sepa-

ration, separateness, borders and frontiers as important. It transfers to translation where the original and translation have historically been seen as separate entities. But research has shown that these texts are never completely separate; they are always in contact, and the image of women's experience of being two lives in one, is very poignant. That is one new area for "gender and translation" that I have uncovered recently.

To keep criticizing the abuse of language, the abuse of the images of women, and women's work would be to keep repeating or expanding upon what has already been done. That becomes repetitive after a while. But why is it repetitive? Because we need to keep addressing these problems. They do not cease.

Luo: Feminism and Gender Studies have offered theoretical bases to highlight aspects of the society that are ignored or hidden away in history. But in some cultures, the value of translation studies from a gendered or feminist approach are questioned and even denied. How would you evaluate this type of translation research?

von Flotow: Research that involves "feminism" or "gender" almost always point to social hotspots. Working in this area, allows a researcher to show how translation can always be and has always served in power struggles. Questions posed in terms of feminism or gender almost always draw attention to power and inequalities in social, political and cultural influence. For translation studies, this is important research because it shows that translation is not a neutral activity. If, as a researcher, you choose to look at texts written and translated by women, you can expect to see that translation is very political. And you can show that translation and research on translation really matters. If, instead, you study texts written by a mainstream male author, translated by a mainstream male translator there may be very little to say.

Luo: How would you evaluate the research on women translators in history.

von Flotow: Research on women translators in history is often interesting. In the west, at least, you can see that women translated when they were not allowed to write. Translation was thus coded as something lesser. By studying women translators, researchers have not only uncovered historical facts, but also historical attitudes toward translation as well as very interesting lives and projects which women carried out despite terrible limitations that were imposed on them. This is very interesting and informative research.

Luo: In the interview with NuriaBrufau Alvira(2010), you say that you do not think there is a "male" or "female" way of (re)writing. Is the way how the translator translates more related to their consciousness of being a male or female and which sex they are?

von Flotow: I don't think a translator's biological sex will necessarily affect how they work. Attitudes toward translation depend on the social context, the translator's life experience, on their self-perception, their identity and the text they are dealing with. What matters is what being a male or female means at that particular moment in time and in the given context and whether the male or female has such consciousness.

Luo: Feminist translators practice a gender sensitive way of translating to make women visible and their voice heard in the text. It seems that the link between feminist theory has always had a supportive effect upon feminist translation practice. With the waning of feminism have there been any new developments in feminist translation strategy? Or will such feminist translation disappear altogether?

von Flotow: Feminist theory, which is basically political theory, allows for a certain methodology of translation. It provides concepts and justifications with which translators can challenge and reject equivalence. The translator makes changes in the text and explains these in terms of her political affiliations. Feminist theory justifies that the translator has the right and ability to do something that is culturally and politically meaningful, and does not need to stick to the often unspoken requirements of equivalence. As the focus on women has been replaced with an interest in other genders, the effect on translation has been minimal. There has been a kind of stagnation, in fact. The newest, and most interesting development is the psychoanalytic angle on women in late pregnancy as an image of the communicative and interdependent aspects of translation.

Luo: As we know, a group of feminist translators were very active for two or three decades in Canada. They developed numerous translation strategies among which supplementing, prefacing and footnoting, and hijacking(von Flotow, 1991: 74)are most well-known. With the change of social and cultural context, how is the situation of feminist translation practice in Canada at present?

von Flotow: I have not seen anything new recently that develops what was done in the 1980s to mid-1990s. That work came to a stop. Some of those feminist translators keep working and translating, one very important theorist, Barbara Godard, has died recently, but it seems that for the moment that type of work has subsided. It is impossible to earn a living by translating feministically.

Luo: In some universities there are Centers for Women's Studies or Gender Studies. What's the connection between the Women's Studies and feminism? And what are your views on the criticism of white feminism?

von Flotow: Whenever you use the term "feminist", you talk in terms of politics, that is, writing, researching, thinking and holding talks that are really socially activist on the behalf of women. These are relatively aggressive activities. Women's Studies can be just descriptive. It is possible to study the conditions of women, the lives of women in the past, write long descriptive historical texts about such things. It does not necessarily require or imply political action. As for the attack on white, bourgeois, middle-class and educated feminism, this is an attack on the group of women in the 1960s and 1970s who had the money, the time, and the education to promote and develop feminism. Feminism developed where the conditions allowed it. Of course, white feminists first studied their own environments, that is logical. It is not logical, though, to expect the findings of white feminism to apply to all other cultures. Those cultures have to do their own work.

Luo：With the rapid development of Translation Studies in China, a lot of western theories have been introduced into China. It seems that the western theories are so overwhelming that the local theories have lost their voices. What is your view towards this?

von Flotow：I imagine it can be quite problematic to have one's own culture drowned out by the noisy West. But often western theories can be adapted to local conditions and help illuminate them. I think that in the end local voices always come through.

* 笔者 2010～2011 年在渥太华大学访学期间，Luise von Flotow 教授给予诸多帮助和耐心指导，本文亦经过 von Flotow 教授的亲自校订与修改，特此致谢。

Bibliography

Brufrau Alvira, Nuria. "Interviewing Luise von Flotow: A New State of the theArt"[J]. *Quaderns: revista de traducció*. 17, 2010. pp. 283-292.

von Flotow, Luise. ed. *Translating Women*[C]. Ottawa: University of Ottawa Press, 2011.

von Flotow, Luise. "Feminist Translation: Context, Practices and Theories"[J]. *TTR: Traduction, Terminologie, Rédaction*. 4: 2. 1991. pp. 69-84.

王建国、贾佳. 翻译文学中的女权主义创造性叛逆[J]. 广东外语外贸大学学报. 2001(4)：57～60.

刘军平. 女性主义翻译理论研究的中西话语[J]. 中国翻译. 2004(4)：3～9.

徐来. 在女性的名义下"重写"：女性主义翻译理论对译者主体性研究的意义[J]. 中国翻译. 2004(4)：16～19.

蒋骁华. 女性主义对翻译理论的影响[J]. 中国翻译. 2004(4)：10～15.

张景华. 女性主义对传统译论的颠覆及其局限性[J]. 中国翻译. 2004(4)：20～25.

参考文献

I 英文著作

[1] Álvarez, Román. and M. Carmen-África Vidal, eds. *Translation, Power, Subversion*. Clevedon, Philadelphia, and Adelaide: Multilingual Matters Ltd. , 1996.

[2] Anderson, Hans Christian. *Hans Andersen's Fairy Tales: a New Translation*. Trans. H. P. Paull. Chicago: S. A. Maxwell & Co. , 1888.

[3] Anderson, Hans Christian. *The Fairy Tales of Hans Christian Andersen: with Upwards of Four Hundred Illustrations by Helen Stratton*. Philadelphia: J. B. Lippincott Company, 1899.

[4] Baker, Mona, ed. *Routledge Encyclopedia of Translation Studies*. Shanghai: Shanghai Foreign Language Education Press, 2004.

[5] Barrie, J. M.. *The Twelve-pound Look and Other Plays*. London: Hodder and Stoughton, 1921.

[6] Blumenfeld-Kosinski, Renate, Luise von Flotow and Daniel Russell, eds. *The Politics of Translation in the Middle Ages and the Renaissance*. Ottawa: University of Ottawa Press, 2001.

[7] Brieux, Eugène. *Three Plays by Brieux: Maternity; The Three Daughters of M. Dupont; Damaged Goods*. Whitefish, Montana: Kessinger Publishing, 2005.

[8] Chesterman, Andrew. *Memes of Translation: The Spread of Ideas in Translation Theory*. Amsterdam and Philadelphia: John Benjamins Publishing Company, 2000.

[9] Coates, Jennifer, and Deborah Cameron, eds. *Women in their Speech Communities: New Perspectives on Language and Sex*. London: Longman, 1988.

[10] Gaboriau, Emile. *File No.* 113. New York: A. L. Burt Publisher, 1902.

[11] Gentzler, Edwin. *Contemporary Translation Theories*. Rev. 2nd ed. Shanghai: Shanghai Foreign Language Education Press, 2004.

[12] Hatim, Basil, and Ian Mason. *Discourse and the Translator*. Shanghai: Shanghai Foreign Language Education Press, 2001.

[13] Hermans, Theo, ed. *Crosscultural Transgressions——Research Models in Translation Studies II: Historical and Ideological Issues*. Manchester, UK and Northampton MA: St. Jerome Publishing, 2002.

[14] Hermans, Theo. *Translation in Systems: Descriptive and System-oriented Approaches Explained*. Shanghai: Shanghai Foreign Language Education Press, 2004.

[15] Hu Ying. *Tales of Translation: Composing the New Woman in China, 1899-1918*. Stanford: Stanford University Press, 2000.

[16] Hung, Eva, and JudyWakabayashi, eds. *Asian Translation Traditions*. Manchester, UK and Northampton MA: St. Jerome Publishing, 2005.

[17] Jacobs, Joseph, ed. *The Fables of Aesop*. eBooks@ Adelaide. 2009. 30 June 2011.

⟨http://ebooks. adelaide. edu. au/a/aesop/a3j/chapter1. html # section67⟩.

[18] Lefevere, André. *Translation, Rewriting and the Manipulation of Literary Fame*. Shanghai: Shanghai Foreign Language Education Press, 2004.

[19] Leonardi, Vanessa. *Gender and Ideology in Translation: Do Women and Men Translate Differently? A Contrastive Analysis from Italian into English*. Bern, Berlin, Bruxelles, Frankfurt am Main, New York, Oxford, and Wien: Peter Lang, 2007.

[20] Munday, Jeremy. *Introducing Translation Studies: Theories and Applications*. London and New York: Routledge, 2001.

[21] Nord, Christiane. *Translating as a Purposeful Activity: Functionalist Approaches Explained*. Shanghai: Shanghai Foreign Language Education Press, 2001.

[22] Pym, Anthony, Miriam Shlesinger, and Daniel Simeoni, eds. *Beyond Descriptive Translation Studies: Investigations in Homage to Gideon Toury*. Amsterdam and Philadelphia: John Benjamins Publishing Company, 2008.

[23] Pym, Anthony. *Method in Translation History*. Beijing: Foreign Language Teaching and Research Press, 2007.

[24] Rivkin, Julie, and Michael Ryan, eds. *Literary Theory: An Anthology*. 2nd ed. Oxford: Blackwell Publishing Ltd, 2004.

[25] Santaemilia, José, ed. *Gender, Sex and Translation: The Manipulation of Identities*. Manchester, UK and Northampton MA: St. Jerome Publishing, 2005.

[26] Schäffner, Christina, ed. *Translation and Norms*. Beijing: Foreign Language Teaching and Research Press, 2007.

[27] Shay, Frank, and Pierre Loving, eds. *Fifty Contemporary One-act Plays*. Cleveland and New York: The World Publishing Company, 1946.

[28] Simon, Sherry. *Gender in Translation: Cultural Identity and the Politics of Transmission*. London and New York: Routledge, 1996.

[29] Snell-Hornby, Mary. *The Turns of Translation Studies: New Paradigms or Shifting Viewpoints*. Amsterdam and Philadelphia: John Benjamins Publishing Company, 2006.

[30] Stephens, James. *Mary, Mary*. New York: Boni and Liveright, Inc. , 1912.

[31] Stevenson, Robert Louis. *The Merry Men, and Other Tales and Fables*. New York: Charles Scribner's Sons. 1887.

[32] Tannen, Deborah. *Gender and Conversational Interaction*. New York: Oxford University Press, 1993.

[33] Tannen, Deborah. *Gender and Discourse*. New York: Oxford University Press, 1994.

[34] Thorne, Barrie, Cheris Kramarae and Nancy Henley, eds. *Language, Gender and Society*. Rowley, MA: Newbury House, 1983.

[35] Toury, Gideon. *Descriptive Translation Studies and Beyond*. Shanghai: Shanghai Foreign Language Education Press, 2001.

[36] Toury, Gideon. *In Search of a Theory of Translation*. Tel Aviv: The Porter Institute for Poetics and Semiotics, 1980.

[37] Venuti, Lawrence. *The Scandals of Translation: Towards an Ethics of Difference*. London and New York: Routledge, 1998.

[38] Venuti, Lawrence. *The Translator's Invisibility: A History of Translation*. London and New York: Routledge. 1995.

[39] Verne, Jules. *Around the World in Eighty Days*. Trans. George Makepeace Towle. New York: Bantam Books, 1984.

[40] von Flotow, Luise. *Translation and Gender: Translating in the "Era of Feminism"*. Shanghai: Shanghai Foreign Language Education Press, 2004.

[41] von Flotow, Luise. ed. *Translating Women*. Ottawa: University of Ottawa Press, 2011.

[42] Wilde, Oscar. *Five Major Plays*. New York: Airmont Publishing Company, Inc. , 1970.

II 英语论文

[1] Bailey, Paul J. "'Modernising Conservatism' in Early Twentieth-century China: the Discourse and Practice of Women's Education". *European Journal of East Asian Studies*. 3: 2. 2004. pp. 217-241.

[2] Chesterman, Andrew. "Causes, Translations, Effects". *Target*. 10: 2. 1998. pp. 201-230.

[3] Chesterman, Andrew. "Description, Explanation, Prediction: A Response to Gideon Toury and Theo Hermans". *Current Issues in Language and Society*. 5: 1. 1998. pp. 91-98.

[4] Chesterman, Andrew. "From 'Is'to 'Ought': Laws, Norms and Strategies in Translation Studies". *Target*. 5: 1. 1993. pp. 1-20.

[5] Chesterman, Andrew. "Proposal for a Hieronymic Oath". In Anthony Pym. ed. *The Return to Ethics, Special Issue of The Translator*. 7: 2. 2001. pp. 139-154.

[6] Even-Zohar, Itamar. "The Position of Translated Literature within the Literary Polysystem". *Poetics Today*. 11: 1. 1990. pp. 45-51.

[7] He Xianbin. "Translation Norms and the Translator's Agency". *Translation Today*. 2: 1. 2005. 28 June 2011. ⟨www. anukriti. net⟩.

[8] Hung, Eva. "The Role of Foreign Translator in the Chinese Translation Tradition, 2nd to 19th Century". *Target*. 11: 2. 1999. pp. 223-243.

[9] Hung, Eva. "Translation and English in Twentieth-century China". *World Englishes*. 21: 2. 2002. pp. 325-335.

[10] Martin，Alice. "A Translator's View of Translation Norms". *Helsinki English Studies：The Electronic Journal of the Department of English at the University of Helsinki*. 1：Special Issue on Translation Studies. 2001. 28 June 2011.〈http://blogs. helsinki. fi/hes-eng/volumes/volume-1-special-issue-on-translation-studies/a-translators-view-of-translation-norms-alice-martin/〉.

[11] Qian Nanxiu. "'Borrowing Foreign Mirrors and Candles to Illuminate Chinese Civilization'：Xue Shaohui's Moral Vision in the *Biographies of Foreign Women*". *NAN NU*. 6：1. 2004. pp. 60-101.

[12] Robinson，Douglas. "Translation Norms and the Hystericization of Mastery". *Chinese Translators Journal*. 30：4. 2009. pp. 45-48.

[13] Sela-Shefy，Rafeket. "How to be a (recognized) translator：Rethinking habitus，norms，and the field of translation". *Target* 17：1. 2005. pp. 1-26.

[14] Simeoni，Daniel. "The Pivotal Status of the Translator's Habitus". *Target* 10：1. 1998. pp. 1-39.

[15] von Flotow，Luise. "Feminist Translation：Context，Practices and Theories". *TTR：Traduction，Terminologie，Rédaction*. 4：2. 1991. pp. 69-84.

[16] Yannakopoulou，Vasso. "Norms and Translatorial Habitus in Angelos Vlahos' Greek Translation of *Hamlet*". In Pieter Boulogne，ed. *Translation and Its Others. Selected Papers of the CETRA Research Seminar in Translation Studies 2007*. 2008. 28 June 2011.〈http://www. kuleuven. be/cetra/papers/papers. html〉.

Ⅲ 中文著作

[1] 阿英：《晚清小说史》，北京，人民文学出版社，1980，第1版。
[2] 阿英：《小说四谈》，上海，上海古籍出版社，1981，第1版。
[3] 阿英编：《晚清文学丛钞·小说戏曲研究卷》，北京，中华书局，1960，第1版。
[4] 阿英编：《晚清小说戏剧目》，上海，上海文艺联合出版社，1954，第1版。
[5] 包天笑：《钏影楼回忆录》，香港，大华出版社，1971，第1版。
[6] 蔡冠洛：《清代七百名人传》，北京，中国书店，1984，第1版。
[7] 蔡元培等：《商务印书馆九十年：我和商务印书馆》，北京，商务印书馆，1987，第1版。
[8] 陈平原、夏晓虹编：《二十世纪中国小说理论资料·第一卷（1897—1916）》，北京，北京大学出版社，1997，第1版。
[9] 陈平原：《20世纪中国小说史·第一卷（1897—1916）》，北京，北京大学出版社，1989，第1版。
[10] 陈平原等编：《晚明与晚清：历史传承与文化创新》，武汉，湖北教育出版社，2002，第1版。
[11] 陈荣广、伯熙：《老上海》（中册），上海，泰东图书局，1919，第1版。
[12] 陈顺馨 、戴锦华选编：《妇女、民族与女性主义》，北京，中央编译出版社，2004，第1版。

[13] 陈思和：《中国新文学整体观》，上海，上海文艺出版社，2001，第 1 版。

[14] 陈望道：《陈望道语文论集》，上海，上海教育出版社，1997，第 1 版。

[15] 陈学恂编：《中国近代教育文选》，北京，人民教育出版社，1983，第 1 版。

[16] 陈铮编：《黄遵宪全集》，北京，中华书局，2005，第 1 版。

[17] 陈志杰：《文言语体与文学翻译：文言在外汉翻译中的适用性研究》，上海，上海外语教育出版社，2009，第 1 版。

[18] 邓伟：《分裂与建构：清末民初文学语言新变研究(1898—1917)》，北京，中国社会科学出版社，2009，第 1 版。

[19] 杜慧敏：《晚清主要小说期刊译作研究(1901—1911)》，上海，上海书店出版社，2007，第 1 版。

[20] 方梦之编：《译学辞典》，上海，上海外语教育出版社，2004，第 1 版。

[21] [美]费斯克等编撰：《关键概念：传播与文化研究辞典》，李彬译注，北京，新华出版社，2004，第 1 版。

[22] 付克：《中国外语教育史》，上海，上海外语教育出版社，1986，第 1 版。

[23] 谷忠玉：《中国近代女性观的演变与女子学校教育》，合肥，安徽教育出版社，2006，第 1 版。

[24] 顾长声：《从马礼逊到司徒雷登》，上海，上海人民出版社，1985，第 1 版。

[25] 郭力：《二十世纪中国女性文学的生命意识》，哈尔滨，黑龙江教育出版社，2002，第 1 版。

[26] 郭延礼：《文学经典的翻译与解读：西方先哲的文化之旅》，济南，山东教育出版社，2007，第 1 版。

[27] 郭延礼：《中国近代翻译文学概论》，武汉，湖北教育出版社，1998，第 1 版。

[28] [德]哈贝马斯：《公共领域的结构转型》，曹卫东等译，上海，学林出版社，1999，第 1 版。

[29] 胡适：《五十年来之中国文学》，上海，申报馆，1924，第 1 版。

[30] 胡从经：《晚清儿童文学钩沉》，北京，少年儿童出版社，1982，第 1 版。

[31] 胡适著、曹伯言整理：《胡适日记全编(1915—1917)》，合肥，安徽教育出版社，2001，第 1 版。

[32] 胡文楷：《历代妇女著作考》(增订本)，上海，上海古籍出版社，1985，第 1 版。

[33] 胡云翼：《女性词选》，上海，上海教育书店，1947，第 1 版。

[34] 胡壮麟：《理论文体学》，北京，外语教育与研究出版社，2000，第 1 版。

[35] 黄濬：《花随人圣庵摭忆：附补编》，上海，上海古籍出版社，1983，第 1 版。

[36] 蒋瑞藻编：《小说考证》，上海，商务印书馆，1935，第 1 版。

[37] [美]金：《文艺复兴时期的妇女》，刘耀春、杨美艳译，上海，东方出版社，2008，第 1 版。

[38] 孔慧怡：《重写翻译史》，香港，香港中文大学翻译研究中心，2005，第 1 版。

[39] 黎难秋编：《中国科学翻译史料》，合肥，中国科学技术大学出版社，1996，第 1 版。

[40] 李翰章编：《曾国藩文集》，北京，九州图书出版社，1997，第 1 版。

[41] 李欧梵：《现代性的追求》，北京，生活·读书·新知三联书店，2001，第 1 版。

[42] 梁启超：《梁启超全集》，北京，北京出版社，1999，第 1 版。

[43] 廖七一等编著：《当代英国翻译理论》，武汉，湖北教育出版社，2001，第 1 版。

[44] 林裕文：《词汇、语法、修辞》，上海，新知识出版社，1957，第 1 版。

[45] 刘慧英：《遭遇解放：1890—1930 年代的中国女性》，北京，中央编译出版社，2005，第 1 版。

[46] 刘永文编：《晚清小说目录》，上海，上海古籍出版社，2008，第 1 版。

[47] 卢燕贞：《中国近代女子教育史》，台北，文史哲出版社，1989，第 1 版。

[48] 鲁迅：《花边文学》，上海，联华书局，1936，第 1 版。

[49] 鲁迅：《鲁迅全集·第 11 卷》，北京，人民文学出版社，1973，第 1 版。

[50] 鲁迅：《鲁迅全集·第 14 卷》，北京，人民文学出版社，2005，第 1 版。

[51] 鲁云奇辑：《古今名人家庭小史》，上海，中华图书集成公司，1918，第 1 版。

[52] 罗钢、刘象愚编：《文化研究读本》，北京，中国社会科学出版社，2000，第 1 版。

[53] 罗列：《女性形象与女权话语：20 世纪初叶中国西方文学女性形象译介研究》，成都，四川辞书出版社，2008，第 1 版。

[54] 孟悦、戴锦华：《浮出历史地表》，北京，中国人民大学出版社，2004，第 1 版。

[55] 潘文国：《汉英语对比纲要》，北京，北京语言文化大学出版社，2004，第 1 版。

[56] 培良：《中国戏剧概评》，上海，泰东书局，1929，第 1 版。

[57] 乔素玲：《教育与女性：近代中国女子教育与知识女性觉醒 1840—1921》，天津，天津古籍出版社，2005，第 1 版。

[58] 乔以钢：《中国女性与文学》，天津，南开大学出版社，2004，第 1 版。

[59] 秋瑾：《秋瑾集》，北京，中华书局，1960，第 1 版。

[60] 裘维蕃：《农苑历程散记》，北京，北京农业大学出版社，1996，第 1 版。

[61] 沈亦云：《亦云回忆》，台北，传记文学出版社，1980，第 1 版。

[62] 施蛰存编：《中国近代文学大系·翻译文学集二》(1840—1919)，上海，上海书店，1990，第 1 版。

[63] 施蛰存编：《中国近代文学大系·翻译文学集三》(1840—1919)，上海，上海书店，1991，第 1 版。

[64] 舒新城：《近代教育史稿选存》，上海，中华书局，1936，第 1 版。

[65] 舒新城编：《中国近代教育史资料·第 2 卷》，北京，人民教育出版社，1981，第 1 版。

[66] 舒新城编：《中国近代教育史资料·第 3 卷》，北京，人民教育出版社，1981，第 1 版。

[67] 舒新城编：《中国近代教育史资料·上册》，北京，人民教育出版社，1961，第 1 版。

[68] 孙石月：《中国近代女子留学史》，北京，中国和平出版社，1995，第 1 版。

[69] 孙艺风、仲伟合编译：《翻译研究关键词》，北京，外语教学与研究出版社，2004，第 1 版。

[70] 孙毓修：《欧美小说丛谈》，上海，商务印书馆，1916，第 1 版。

[71] 谭正璧：《中国女性文学史话》，天津，百花文艺出版社，1984，第 1 版。

[72] 陶东风：《文体演变及其文化意味》，昆明，云南人民出版社，1994，第1版。

[73] 陶秋英：《中国妇女与文学》，上海，北新书局，1933，第1版。

[74] 田禽：《中国戏剧运动》，北京，商务印书馆，1944，第1版。

[75] 王力：《中国现代语法》，北京，商务印书馆，1985，第1版。

[76] 王政：《越界：跨文化女权实践》，天津，天津人民出版社，2004，第1版。

[77] 王宏志：《翻译与文学之间》，南京，南京大学出版社，2011，第1版。

[78] 王宏志编：《翻译与创作：中国近代翻译小说论》，北京，北京大学出版社，2000，第1版。

[79] 王泉根编：《中国新时期儿童文学研究》，石家庄，河北少年儿童出版社，2004，第1版。

[80] 王向远：《翻译文学导论》，北京，北京师范大学出版社，2004，第1版。

[81] 王延梯辑：《中国古代女作家集》，济南，山东大学出版社，1999，第1版。

[82] 王哲甫：《中国新文学运动史》，北平，杰成印书局，1933，第1版。

[83] 魏源：《海国图志》，郑州，中州古籍出版社，1999，第1版。

[84] [法] 西蒙娜·波伏娃：《第二性》，陶铁柱译，北京，中国书籍出版社，1998，第1版。

[85] 夏晓虹编：《梁启超文选（下）》，北京，中国广播电视出版社，1992，第1版。

[86] 薛海燕：《近代女性文学研究》，北京，中国社会科学出版社，2004，第1版。

[87] 薛绍徽著、林怡点校：《薛绍徽集》，北京，方志出版社，2003，第1版。

[88] 张旭：《视界的融合：朱湘译诗新探》，北京，清华大学出版社，2008，第1版。

[89] 张南峰：《中西译学批评》，北京，清华大学出版社，2004，第1版。

[90] 赵景深：《近代文学丛谈》（第三版），上海，新文化书社，1934，第1版。

[91] 赵景深：《文坛忆旧》，上海，北新书局，1948，第1版。

[92] 郑振铎：《郑振铎文集·第6卷》，北京，人民文学出版社，1988，第1版。

[93] 中国社会科学院文学研究所近代文学研究组编：《中国近代文学论文集1949—1979·诗文卷》，北京，中国社会科学院出版社，1984，第1版。

[94] 钟叔河编：《周作人文类编·希腊之馀光》，长沙，湖南文艺出版社，1998，第1版。

[95] 朱徽：《中英比较诗艺》，成都，四川大学出版社，1996，第1版。

[96] 邹振环：《20世纪上海翻译出版与文化变迁》，南宁，广西教育出版社，2000，第1版。

Ⅳ 中文论文

[1] 陈琳、胡强：《陌生化诗歌翻译与翻译规范》，《外语教学》，2012年第4期。

[2] 陈鹏：《守规与译者的主体性：关于翻译规范的认识》，《郑州航空工业管理学院学报》，2007年第1期。

[3] 陈霞：《从当代中国人的精神需求看外译中翻译规范的重建》，《上海翻译》，2007年第4期。

[4] 陈文忠：《含蓄美探源》，《安徽师大学报》，1998年第1期。

[5] 陈志杰、吕俊：《译者的责任选择：对切斯特曼翻译伦理思想的反思》，《外语与

外语教学》，2011 年第 1 期。

[6] 杜慧敏：《晚清小说期刊译作"译入文体"论略》，《学术论坛》，2008 年第 5 期。

[7] 杜慧敏：《中国传统"寓言"观念的现代转换考论》，《东方丛刊》，2005 年第 1 期。

[8] 傅勇林：《翻译规范与文化限制：图瑞对传统语言学与文学藩篱的超越》，《外语研究》，2001 年第 1 期。

[9] 耿强：《国家机构对外翻译规范研究：以"熊猫丛书"英译中国文学为例》，《上海翻译》，2012 年第 1 期。

[10] 顾卫星：《试论近代国人英语翻译》，《外语与外语教学》，2007 年第 1 期。

[11] 关诗珮：《从林纾看文学翻译规范由晚清中国到五四的转变：西化、现代化和以原著为中心的观念》，《中国文化研究所学报》，2008 年总第 48 期。

[12] 郭长海：《试论中国近代的译诗》，《社会科学战线》，1996 年第 3 期。

[13] 郭浩帆：《近代稿酬略谈》，《文史知识》，2000 年第 11 期。

[14] 郭浩帆：《清末民初小说家张毅汉生平创作考》，《齐鲁学刊》，2009 年第 3 期。

[15] 郭延礼：《中国近代伊索寓言的翻译》，《东岳论丛》，1996 年第 5 期。

[16] 郭延礼：《二十世纪第一个二十年近代女性翻译家群体的脱颖》，《中华读书报》，2002 年 5 月 10 日。

[17] 郭延礼：《都德〈最后一课〉的首译、伪译及其全译文本》，《中华读书报》，2008 年 4 月 16 日。

[18] 郭延礼：《黄静英：被尘封的女翻译家和小说家》，《文汇读书周报》，2008 年 9 月 19 日。

[19] 郭延礼：《〈影之花〉的译者竞雄女史不是秋瑾：兼说该小说的译者也不是曾朴》，《中华读书报》，2012 年 2 月 8 日。

[20] 韩江洪、张柏然：《国外翻译规范研究述评》，《解放军外国语学院学报》，2004 年第 2 期。

[21] 韩江洪：《论中国的翻译规范研究》，《山东外语教学》，2004 年第 6 期。

[22] 韩江洪：《切斯特曼翻译规范论介绍》，《外语研究》，2004 年第 2 期。

[23] 韩庆果：《翻译规范与文本性：整合文本性的翻译规范理论初探》，《中国翻译》，2006 年第 2 期。

[24] 韩一宇：《"陈匪石译"〈最后一课〉与胡适译〈最后一课〉考略》，《出版史料》，2002 年第 3 期。

[25] 洪涛：《翻译规范、意识形态论与〈红楼梦〉杨译本的评价问题：兼论〈红楼梦〉译评与套用西方翻译理论的风险》，《红楼梦学刊》，2008 年第 1 辑。

[26] 胡开宝、陶庆：《记者招待会汉英口译句法操作规范研究》，《外语教学与研究》，2012 年第 5 期。

[27] 胡平：《论翻译规范》，《上海工程技术大学教育研究》，2008 年第 3 期。

[28] 李德超、邓静：《传统翻译观念的逾越：切斯特曼的翻译规范论》，《外国语》，2004 年第 4 期。

[29] 李九伟：《裘毓芳与〈无锡白话报〉》，《新闻爱好者》，2004 年第 5 期。

[30] 廖七一：《从"信"的失落看清末民初文学翻译规范》，《外语与外语教学》，2011 年第 1 期。

[31] 廖七一：《翻译规范及其研究途径》，《外语教学》，2009 年第 1 期。

[32] 廖七一：《晚清集体叙述与翻译规范》，《上海翻译》，2011 年第 1 期。

[33] 廖七一：《晚清文学翻译语言的"变格"》，《解放军外国语学院学报》，2011 年第 2 期。

[34] 廖七一：《五四文学翻译对"信"的重构》，《中国翻译》，2008 年第 4 期。

[35] 廖七一：《周氏兄弟的〈域外小说集〉：翻译规范的失与得》，《外语研究》，2009 年第 6 期。

[36] 林克难：《解读"norm"》，《中国翻译》，2006 年第 1 期。

[37] 刘小刚：《翻译规范：话语的秩序》，《天津外国语学院学报》，2008 年第 1 期。

[38] 刘亚猛：《从"忠实于源文本"到"对源语文化负责"：也谈翻译规范的重构》，《中国翻译》，2006 年第 6 期。

[39] 罗列：《出走与归来：从易卜生与王尔德戏剧中出走女性的译介看"五四"女权话语的多样性》，《妇女研究论丛》，2008 年第 4 期。

[40] 罗列：《女翻译家薛绍徽与〈八十日环游记〉中女性形象的重构》，《外国语言文学》，2008 年第 4 期。

[41] 马萧：《从模因到规范：切斯特曼的翻译模因论述评》，《广东外语外贸大学学报》，2005 年第 3 期。

[42] 苗菊：《翻译准则：图里翻译理论的核心》，《外语与外语教学》，2001 年第 11 期。

[43] 南帆：《话语与影像：书写文化与视觉文化的冲突》，《花城》，1995 年第 2 期。

[44] 彭勇穗：《谁的文本？谁的历史？论图里描写翻译学中的"客观描写"》，《解放军外国语学院学报》，2012 年第 1 期。

[45] 丘铸昌：《20 世纪初中国儿童文学园地里的译作》，《外国文学研究》，2000 年第 3 期。

[46] 佘协斌、陈静：《我国历史上的转译及其利弊得失》，《上海科技翻译》，2004 年第 1 期。

[47] 盛英：《20 世纪中国女性文学特征》，《妇女研究论丛》，1994 年第 2 期。

[48] 司佳：《从"通事"到"翻译官"：论近代中外语言接触史上的主、被动角色的转移》，《复旦学报》，2002 年第 3 期。

[49] 孙艺风：《翻译规范与主体意识》，《中国翻译》，2003 年第 3 期。

[50] 孙永丽：《中国现代儿童文学的萌芽期研究：从晚清到"五四"》，《中国现代文学研究丛刊》，1997 年第 1 期。

[51] 汤惟杰：《"小说界革命"与文类格局的重构：梁启超与中国近代文学观念中比较意识的兴起》，《同济大学学报》，1998 年第 3 期。

[52] 仝亚辉：《当代西方翻译规范研究的发展与特点》，《北京第二外国语学院学报》，2009 年第 2 期。

[53] 王宏志：《马戛尔尼使华的翻译问题》，《近代史研究所集刊》，2009 年第 63 期。

[54] 王宏志：《民元前鲁迅的翻译活动：兼论晚清的意译风尚》，《鲁迅研究月刊》，1995 年第 3 期。

[55] 王友贵：《中国翻译的赞助问题》，《中国翻译》，2006 年第 3 期。

[56] 吴建国、魏清光：《翻译与伦理规范》，《上海翻译》，2006 年第 2 期。

[57] 夏岚：《中国三十年代舞台翻译剧现象之我见》，《戏剧艺术》，1999 年第 6 期。

[58] 项蕴华：《身份建构研究综述》，《社会科学研究》，2009 年第 5 期。

[59] 谢世坚：《从翻译规范论看清末民初小说翻译》，《山东师大外国语学院学报》，2002 年第 2 期。

[60] 邢杰：《译者"思维习惯"：描述翻译学研究新视角》，《中国翻译》，2007 年第 5 期。

[61] 阎广芬：《简论西方女学对中国近代女子教育的影响》，《河北大学学报》，2000 年第 3 期。

[62] 袁邦株、林长洋：《翻译研究：目的论与规范论的结合》，《四川外语学院学报》，2007 年第 6 期。

[63] 张福海：《中国近代戏剧改良导论：1902—1919》，《戏剧艺术》，2004 年第 1 期。

[64] 张建萍、赵宁：《图里翻译理论中译者的使命研究》，《中国矿业大学学报》，2008 年第 2 期。

[65] 张思洁：《描述翻译学中的工具理性反思》，《解放军外国语学院学报》，2004 年第 4 期。

[66] 赵宁：《Gideon Toury 翻译规范论介绍》，《外语教学与研究》，2001 年第 3 期。

[67] 赵淑敏：《跨越，女性书写的往世今生》，《海南师范大学学报》，2008 年第 6 期。

[68] 赵文静、孙静：《从翻译规范视角解析〈骆驼祥子〉伊万·金译本中的语际改写》，《河南师范大学学报》，2012 年第 1 期。

[69] 朱静：《清末民初外国文学翻译中的女译者研究》，《国外文学》，2007 年第 3 期。

V 学位论文

[1] 邓庆周：《外国诗歌译介对中国新诗发生的影响研究》，博士论文，首都师范大学，2007 年。

[2] 韩庆果：《整合文本性的翻译规范理论初探》，博士论文，上海交通大学，2009 年。

[3] 胡显耀：《当代汉语翻译小说规范的语料库研究》，博士论文，华东师范大学，2006 年。

[4] 李丽：《生成与接受：中国儿童文学翻译研究 1898—1949》，博士论文，香港中文大学，2006 年。

[5] 王斌华：《从口译规范描述到译员能力评估：一项基于中国总理记者会交传语料的研究》，博士论文，广东外语外贸大学，2009 年。

[6] 位方芳：《1900—1919 中国女性翻译家初探》，硕士论文，解放军外国语学院，2006 年。

[7] 吴娟：《翻译规范研究：传统翻译标准与描述性翻译规范》，硕士论文，上海外国语大学，2007 年。

[8] 徐斌：《翻译规范与译者对文本及翻译策略的选择》，硕士论文，湖南师范大学，

2006 年。

[9] 张建青：《晚清儿童文学翻译与中国儿童文学之诞生》，博士论文，复旦大学，
2008 年。

[10] 章艳：《清末民初小说翻译规范及译者的对应》，博士论文，上海外国语大学，
2006 年。

[11] 朱静：《清末民初外国文学翻译中的女译者研究》，博士论文，北京大学，
2007 年。

Ⅵ 主要参考的期刊报纸类文献 (1949 年以前)

[1]《晨报附刊》

[2]《东方杂志》

[3]《妇女杂志》

[4]《国民日报·觉悟》

[5]《教育杂志》

[6]《今代妇女》

[7]《京报副刊》

[8]《礼拜六》

[9]《民铎》

[10]《女铎》

[11]《女子世界》

[12]《生活》

[13]《时务报》

[14]《太平洋》

[15]《万国公报》

[16]《文学》

[17]《无锡白话报》

[18]《小说林》

[19]《小说月报》

[20]《新潮》

[21]《新民丛报》

[22]《新青年》

[23]《学艺杂志》

[24]《月月小说》

[25]《知新报》

[26]《中华小说界》

后 记

对翻译与性别这一领域兴趣的发生，始于读博时的论文写作。当时这一领域的研究一直受到较多质疑，可很幸运，我的选题得到恩师朱徽教授的支持，也得到王晓路教授、傅勇林教授、廖七一教授和曹明伦教授等师长们的肯定，更是得到恩师穆雷教授的极大鼓励，才让我有勇气在后来的研究中坚持下去。

在中国翻译史上，20世纪初叶首次出现了一批本土女性译者，可在翻译史及文学史的书写中，这一译者群体一直若隐若现，着墨甚少。一百年前中国从近代社会向现代转型的过程中，这一女性译者群体是率先进入公共领域的女性知识分子，可为何对她们的历史记载如此粗疏？随着阅读的深入和新资料的不断发掘，我对她们的好奇越来越强烈。她们为什么参与翻译活动？她们翻译了哪些作品？翻译对于她们的生活意味着什么？这些问题一直萦绕在脑海中挥之不去。翻开那一页页发黄的旧报刊和书籍，呼吸着近一个世纪之前油墨的气息，随着信息逐渐汇集，她们一点点向我走来。每每发现报刊中刊登的她们的小照，都让我兴奋不已，而阅读她们的译作所感受到的对生命的关怀，对时代潮流的冷静判断，更是深深打动了我，崇敬之情油然而生。在恩师穆雷教授的鼓励和肯定下，我走进了一个世纪之前这个女性译者群体的文字世界，静静地感受她们生命的脉搏和卓尔不凡的翻译成就。近四年漫长的思考、写作和修改，既有灰色的困境，也有收获的欣喜。目前这一书稿虽已完成，即将付梓，但仅仅是探索这一译者群体翻译活动的阶段性成果，要获得对她们的全面认识，还需更多的历史考古和研究工作来不断完善，才能建立中国女性译者的完整谱系，还原她们的历史在场。近期发现的一些新的史料已来不及补充进本书稿，而正是这些遗憾启示着对这一领域的研究需要更持之以恒的深入，希望在今后的研究中可以呈现关于女性译者更丰富的图景。

在学术研究中，性别是一个分析范畴；但在生活现实中，性别却是每个人不能剥离的身份。作为从事书写的女性，无论是一个世纪之前的女性译者，还是今天的我们，无论是在中国，还是在西方，都能发现许多共同的经历。性别视角的翻译研究，不断开启新的研究领域，就仿佛一道光束，穿透并照亮那些模糊的，或者是被遮蔽的部分。探知 20 世纪初叶中国第一个本土女性译者群体，对我而言，犹如从历史中找到的微光，可以逐渐获得关于历史、关于现实以及关于自我更全面的认知。

从沮丧和挫折中一步步走来，师友和亲人们的支持和鼓励，就如黑夜里温暖的灯火，引领陪伴我走过这一段旅程。特别感谢我的恩师穆雷教授，她既是良师，亦为益友，我任何的困顿和迷茫都可以在老师那里释放，没有她的信任、帮助和激励，或许我早就失去坚持的勇气，可以说我的每一点进步都浸透着恩师的启发和扶持。更重要的是，从恩师那里我找到面对压力和挫折的平常心。感谢恩师朱徽教授，总是耐心倾听我的想法，肯定我的成绩，在他承受眼疾折磨之际，仍不时给予我关心。感谢仲伟合教授、艾晓明教授、王东风教授、赵军峰教授和王友贵教授，他们的宝贵建议对我完成本书发挥了重要作用。感谢加拿大渥太华大学翻译学院的 Luise von Flotow 教授和 Salah Basalamah 教授，在渥太华大学访学期间，与他们在翻译理论、女性主义和性别研究方面的深入交流，为我课题的顺利进展打下了良好基础，他们的鼓励也让远在异国的我感受到温暖。感谢我的朋友及同学肖庆华、李建梅、龙彧、桑仲刚、蓝红军、王巍巍等，在求知的同路上我们相互理解，共同分享阅读的快乐。

此外感谢国家社科基金的评审专家，他们提出的修改意见对本书的最终完稿大有裨益。感谢国家社科基金对本书出版的资助，感谢北京师范大学出版社的赵雯婧老师为本书的出版所付出的辛勤努力。感谢西南财经大学对完成此项课题所给予的支持。

在此还要特别感谢我的家人。感谢父母大人对我的理解和长年默默的支持，不顾年事已高，帮我照顾孩子，分担家务。对于父母，其实无以言谢。感谢我的儿子，他的童年几乎大半是在我宅居伏案的状态中度过的，还记得他幼儿园刚学会用笔时，骄傲地在我书上画上龙卷风一般的图画，当年涂鸦的幼儿如今已经是翩翩少年郎，可以与我一起探讨学习与生活中的各种问题，这些岁月见证了我们的共同成长。谢谢儿子在灰色的日子里带给我阳光无限，感谢生活中经历的所有的挫折，让我们学会坚强与珍惜。

谨以此文纪念这一段充满希望与幽暗、充满激动与失落、充满惊喜与平庸、充满收获与遗憾的日子。

罗　列
2013 年秋于蓉城